抗日战争时期中国人口伤亡和财产损失调研丛书

主　编　李忠杰
副主编　李　蓉　姚金果
　　　　霍海丹　蒋建农

山东省百县（市、区）抗日战争时期
死难者名录

9

山东省委党史研究室　编

中共党史出版社

山东省抗日战争时期人口伤亡和财产损失课题研究办公室

（2006 年 9 月）

主　任（重大专项课题组组长）　　常连霆
副主任（重大专项课题组副组长）　席　伟
成　员　　岳绍红　　张绍麟　　丁广斌　　于文新　　王成华
　　　　　陈金亮　　李清汉　　郑世诗　　宋继法　　亓　涛
　　　　　张启信　　范伟正　　李秀业　　崔维志　　张宜华
　　　　　刘如峰　　李双安　　苗祥义　　韩立明　　刘桂林
　　　　　魏子焱　　张艳芳　　王增乾

山东省抗日战争时期人口伤亡和财产损失课题研究办公室

（2008 年 2 月）

主　任（重大专项课题组组长）　　常连霆
副主任（重大专项课题组副组长）　席　伟
成　员　　岳绍红　　张绍麟　　丁广斌　　侯希杰　　张开增
　　　　　陈金亮　　李清汉　　郑世诗　　秦佑镇　　亓　涛
　　　　　张启信　　范伟正　　李秀业　　李克彬　　李凤华
　　　　　刘如峰　　李双安　　魏玉杰　　韩立明

山东省抗日战争时期人口伤亡和
财产损失课题研究办公室

（2010 年 7 月）

主　任（重大专项课题组组长）　　常连霆

副主任（重大专项课题组副组长）　　席　伟　韩立明

成　员　岳绍红　张绍麟　丁广斌　张开增　褚金光

　　　　李清汉　郑世诗　秦佑镇　亓　涛　张启信

　　　　范伟正　李秀业　李克彬　李风华　刘如峰

　　　　李双安　魏玉杰

山东省抗日战争时期人口伤亡和
财产损失课题研究办公室

（2014 年 8 月）

主　任（重大专项课题组组长）　　常连霆

副主任（重大专项课题组副组长）　　席　伟　韩立明

成　员　刘　浩　冯　英　司志兰　张开增　褚金光

　　　　杨仁祥　郑世诗　崔　康　牛国新　肖　怡

　　　　肖　梅　李秀业　李洪彦　刘宝良　张绪阳

　　　　李文进　李允富　张　华

《山东省百县（市、区）抗日战争时期死难者名录》编纂委员会

（2014 年 8 月）

主　　任　　常连霆

副主任　　邱传贵　　林　杰　　席　伟　　李晨玉

　　　　　韩延明　　吴士英　　臧济红

成　　员　　姚丙华　　韩立明　　田同军　　郭洪云　　危永安

　　　　　许　元　　刘　浩　　冯　英　　司志兰　　张开增

　　　　　褚金光　　杨仁祥　　郑世诗　　崔　康　　牛国新

　　　　　肖　怡　　肖　梅　　李秀业　　李洪彦　　刘宝良

　　　　　张绪阳　　李文进　　李允富

主　　编　　常连霆

副主编　　席　伟　　韩立明

编　　辑　　赵　明　　李　峰　　吕　海　　李草晖　　邱吉元

　　　　　王华艳　　尹庆峰　　郑功臣　　贾文章　　韩　莉

　　　　　姜俊英　　曹东亚　　高培忠　　刘佳慧　　韩百功

　　　　　李治朴　　李耀德　　宋元明　　李海卫　　封彦君

　　　　　韩庆伟　　刘　可　　邵维霞　　潘维胜　　郭纪锋

　　　　　刘兆东　　吉薇薇　　杨兴文　　王玉玺　　宁　峰

　　　　　陈　旭　　罗　丹　　焦晓丽　　赵建国　　孙　颖

王红兵	张　丽	樊京荣	曾世芳	田同军
郭洪云	危永安	许　元	肖　夏	张耀龙
闫化川	乔士华	邱从强	刘　莹	孟红兵
王增乾	左进峰	马　明	潘　洋	吴秀才
张　华	张江山	朱伟波	耿玉石	秦国杰
王小龙	齐　薇	柳　晶		

编纂说明

　　本名录以 2006 年山东省抗日战争时期人口伤亡和财产损失大型调研活动收集的见证人、知情人口述资料为基础整理编纂而成。

　　按照中央党史研究室关于开展抗日战争时期中国人口伤亡和财产损失调研方案的总体要求，在中央党史研究室的精心组织和科学指导下，山东省于 2006 年开展了抗日战争时期人口伤亡和财产损失大型调研活动。调研期间，全省组织 32 万余名乡村走访调查人员，走访调查了省内 95% 以上的行政村和 80% 以上的 70 岁以上老人，收集见证人和知情人关于日军屠杀平民的证言证词 79 万余份。此后，在中央党史研究室的指导下，山东省委党史研究室组织各市、县（市、区）委党史研究室以县（市、区）为单位认真梳理证言证词等调研资料，于 2010 年整理形成了包括 140 个县（市、区）和 16 个经济开发区、高新技术开发区的《山东省抗日战争时期伤亡人员名录》，共收录现山东行政区域范围内抗日战争期间（1937 年 7 月至 1945 年 8 月）因战争因素造成伤亡的人员 46.9 万余名。2014 年初，根据中央党史研究室关于编纂出版《抗日战争时期中国人口伤亡和财产损失调研丛书》的部署，我们以《山东省抗日战争时期伤亡人员名录》为基础，选择信息比较完整、填写比较规范的 100 个县（市、区）抗日战争时期死难人员名录，经省市县三级党史部门进一步整理、编纂，形成了《山东省百县（市、区）抗日战争时期死难者名录》，共收录死难者 169173 人。

　　本名录所收录的死难者，系指抗日战争时期因日本发动侵略战争，在山东境内造成死难的平民。包括被杀死、轰炸及其引起火灾等致死和因生化战、被奸淫、被迫吸毒等而死，以及因战争因素造成的饿死、冻死、累死等其他非正常死亡的平民。死难者信息主要来源于 2006 年乡村走访调查的口述资料，也有个别县（市、区）收录了文献资料中记载的部分死难者。死难者信息包含"姓名"、"籍贯"、"年龄"、"性别"、"死难时间"5 项要素。在编纂过程中，我们尽量使各项要素达到规范、完整。但由于历史已经过去了 60 多年，行政区划有很大变动，人口迁徙规模很大，流动状况非常复杂，有的见证人和知情人对死难者信息的记忆本身就不完整；由于参与调查笔录和名录整理的人员多达数万人，对死难者信息各要素的规范和掌握也难以做到完全一致，所以，名录编纂工作非常复杂。为了保证科学性、规范性和准确性，我们尽可能采取了比较合理的处理方式，现特作如下说明：

1. "姓名"一栏中，一律以见证人和知情人的证言证词记录的死难者姓名为依据。证言证词怎么记录的，名录就怎么记载，在编纂中未作改变和加工。有些死难者姓名为乳名、绰号，有的乳名、绰号多则四个字，少则一个字；有些死难者姓名是以其家人或关联人的姓名记录的，用"××之子"、"××之家属之一"、"××之家属之二"等表述；还有些死难人员无名无姓但职业指向明确，如"卖炸鱼之妇女"、"老油匠"等；还有个别情况，是死难人员的亲属感到死难人员的乳名、绰号不雅，为其重新起了名字。上述情况都依据证言证词上的原始记录保留了其称谓。有的死难者只知道姓氏，如"杨某某"、"李××"等，在编纂中我们作了适当规范，其名字统一用"×"号代替，如"杨××"、"李××"等。

2. "籍贯"一栏中，地名为2006年调研时的名称。部分县（市、区）收录了少量非本县（市、区）籍或非山东籍，但死难地在本县（市、区）的死难者。凡山东省籍的死难人员均略去了省名，一般标明了县（市、区）、乡（镇）、村三级名称。但也有个别条目，由于证言证词记录不完整，只记录了县名或县、乡（镇）两级名称或县、村两级名称。村一级名称，有些标注了"村"字，有些标注了"社区"，有些既未标注"村"字，也未标注"社区"，在编纂中我们未作规范。对于死难者籍贯不明，但能够说明其死难时居住地点或工作、就业的组织（单位）情况的，也在此栏中予以保留。

3. "年龄"一栏中，死难者的岁数大多是见证人或知情人回忆或与同龄人比对后估算的，所以整数相对较多。由于年代久远，亦不可避免地存在着部分死难者年龄要素缺失的情况。

4. "性别"一栏中，个别死难者的性别因调查笔录漏记，其性别难以判断和核查，只能暂时空缺。另外，由于乡村风俗习惯造成的个别男性取女性名字，如"张二妮"性别为"男"等情况均保持原貌。

5. "死难时间"一栏中，由于年代久远，当事人或知情人记忆模糊，部分死难者遇难时间没有留下精确的记录。凡确认抗日战争时期死难，但无法确定具体年份的用"—"作了标示。另外，把农历和公历混淆的情况也较多见，也不排除个别把年份记错的情况。

在编纂中，对于见证人或知情人证言证词中缺漏的要素，在对应的表格栏目内采用"—"标示。

本名录所收录的 100 个县（市、区）的名称、区域范围，均为 2006 年山东省开展抗日战争时期人口伤亡和财产损失大型调研活动时的名称和区域范围。各县（市、区）死难者名录填报单位、填表人及填报时间，保留了 2009 年各县（市、区）伤亡人员名录形成时的记录，核实人、责任人除保留原核实人和责任人外，增加了 2014 年各县（市、区）复核时的核实人和责任人。名录所依据的证言证词原件存于各县（市、区）党史部门或档案馆。

编　者

2014 年 8 月

目　　录

肥城市抗日战争时期死难者名录

姓 名	籍 贯	年 龄	性 别	死难时间
李振源	肥城市新城办事处孙庄村	62	男	1938 年 4 月 8 日
李刘氏	肥城市新城办事处孙庄村	60	女	1938 年 4 月 8 日
尹作征	肥城市新城办事处孙庄村	60	男	1938 年 4 月 8 日
孙李氏	肥城市新城办事处孙庄村	50	女	1938 年 4 月 8 日
刘继水	肥城市老城镇	40	男	1938 年 4 月 8 日
王仙坦家看家人	肥城市老城镇	60	男	1938 年 4 月 8 日
张凤水之父	肥城市老城镇	60	男	1938 年 4 月 8 日
李五大眼之妻	肥城市老城镇	50	女	1938 年 4 月 8 日
刘蛮子之妻	肥城市老城镇	40	女	1938 年 4 月 8 日
王兴三	肥城市新城办事处孙家小庄村	30	男	1938 年 4 月
孙开茂	肥城市新城办事处孙家小庄村	55	男	1938 年 4 月
王明生	肥城市潮泉镇潮泉村	24	男	1938 年 4 月
王家琪	肥城市潮泉镇潮泉村	50	男	1938 年 4 月
王法新	肥城市潮泉镇潮泉村	33	男	1938 年 4 月
尹家祚	肥城市潮泉镇杏木岭村	35	男	1938 年 4 月
赵公弼	肥城市潮泉镇杏木岭村	30	男	1938 年 4 月
黄廷俊	肥城市潮泉镇杏木岭村	31	男	1938 年 4 月
尹士传	肥城市潮泉镇杏木岭村	28	男	1938 年 4 月
赵圣之	肥城市潮泉镇杏木岭村	34	男	1938 年 4 月
石采章	肥城市潮泉镇杏木岭村	70	男	1938 年 4 月
罗圣角	肥城市潮泉镇罗家桁村	56	男	1938 年 4 月
罗玉朝	肥城市潮泉镇罗家桁村	20	男	1938 年 4 月
赵传和	肥城市潮泉镇下寨村	30	男	1938 年 4 月
段宗贤	肥城市仪阳乡马廊村	—	男	1938 年 5 月 2 日
张玉芹	肥城市仪阳乡马廊村	—	女	1938 年 5 月 2 日
赵绪绍	肥城市仪阳乡马廊村	—	男	1938 年 5 月 2 日
赵立河	肥城市仪阳乡马廊村	—	男	1938 年 5 月 2 日
赵立河之次子	肥城市仪阳乡马廊村	—	男	1938 年 5 月 2 日
张风江	肥城市仪阳乡马廊村	—	男	1938 年 5 月 2 日
段日茂	肥城市仪阳乡马廊村	80	男	1938 年 5 月 2 日
段日西	肥城市仪阳乡马廊村	80	男	1938 年 5 月 2 日

姓 名	籍 贯	年 龄	性 别	死难时间
段银妮	肥城市仪阳乡马廊村	—	女	1938 年 5 月 2 日
段吴氏	肥城市仪阳乡马廊村	—	女	1938 年 5 月 2 日
段黄妮	肥城市仪阳乡马廊村	—	女	1938 年 5 月 2 日
段兰兰	肥城市仪阳乡马廊村	—	女	1938 年 5 月 2 日
段刘氏	肥城市仪阳乡马廊村	—	女	1938 年 5 月 2 日
赵李氏	肥城市仪阳乡王晋村	—	女	1938 年 5 月 2 日
乔学仁之母	肥城市安临站镇乔界村	40	女	1938 年 5 月
乔兴用	肥城市安临站镇乔界村	46	男	1938 年 5 月
辛衍冰	肥城市安临站镇西界首村	10	男	1938 年 5 月
王芝荣之母	肥城市安临站镇西界首村	40	女	1938 年 5 月
王芝荣之妻	肥城市安临站镇西界首村	20	女	1938 年 5 月
王立言之妻	肥城市安临站镇西界首村	40	女	1938 年 5 月
李庆忠之母	肥城市安临站镇西界首村	20	女	1938 年 5 月
路成财	肥城市王瓜店镇聂庄村	30	男	1938 年 6 月 19 日
王于氏	肥城市王瓜店镇聂庄村	33	女	1938 年 6 月 19 日
王为友	肥城市王瓜店镇聂庄村	18	男	1938 年 6 月 19 日
刘在木	肥城市安驾庄镇安庄村	67	男	1938 年 6 月
梁子同	肥城市安驾庄镇安庄村	58	男	1938 年 6 月
马文诗	肥城市汶阳镇	—	男	1938 年 7 月 8 日
宋纪奎	肥城市汶阳镇	—	男	1938 年 7 月 8 日
孙仲明	肥城市汶阳镇	—	男	1938 年 7 月 8 日
陈丕伍	肥城市汶阳镇大岗子村	—	男	1938 年 7 月 8 日
陈西富	肥城市汶阳镇大岗子村	—	男	1938 年 7 月 8 日
刘汝柏	肥城市汶阳镇大岗子村	—	男	1938 年 7 月 8 日
孔光瑞	肥城市王庄镇东孔村	48	男	1938 年 7 月
李连祥	肥城市王瓜店镇黄叶村	30	男	1938 年 8 月 10 日
张耀宗	肥城市王瓜店镇十里铺村	27	男	1938 年 8 月
张俊堂	肥城市王瓜店镇朱庄村	—	男	1938 年 8 月
汪兆才	肥城市安驾庄镇双村	—	男	1938 年 8 月
王绪齐	肥城市新城办事处西付村	22	男	1938 年 9 月
李玉秀	肥城市王瓜店镇北仪仙村	—	男	1938 年 9 月
杨冠韶	肥城市王瓜店镇东大封村	—	男	1938 年 9 月
李志花	肥城市新城办事处南尚里村	40	男	1938 年 10 月
赵绪之	肥城市桃园镇长山洼村	32	男	1938 年 10 月

姓 名	籍 贯	年 龄	性 别	死难时间
刘安新	肥城市桃园镇业长村	18	男	1938 年 10 月
梁人臣	肥城市安驾庄镇安庄村	42	男	1938 年 10 月
邱运元	肥城市王庄镇演马庄村	37	男	1938 年 11 月
袁 狗	肥城市王庄镇演马庄村	28	男	1938 年 11 月
乔 六	肥城市王庄镇演马庄村	24	男	1938 年 11 月
乔结石	肥城市王庄镇演马庄村	31	男	1938 年 11 月
喻宗平	肥城市仪阳乡大栳山村	—	男	1938 年 11 月
冉祥同	肥城市王瓜店镇冉家庄村	—	男	1938 年 12 月
刘文生	肥城市王瓜店镇王东村	—	男	1938 年 12 月
王庆祥	肥城市安驾庄镇坡庄村	25	男	1938 年 12 月
李玉合	肥城市新城办事处东尚里村	43	男	1938 年
赵传祥	肥城市新城办事处军地村	34	男	1938 年
李瑞一	肥城市老城镇河东村	—	男	1938 年
马玉成	肥城市王瓜店镇马庄村	—	男	1938 年
徐国栋之妻	肥城市王瓜店镇马庄村	—	女	1938 年
贾云良	肥城市湖屯镇贾庄村	23	男	1938 年
贾若胜	肥城市湖屯镇贾庄村	68	男	1938 年
张吉平	肥城市湖屯镇西穆河村	—	男	1938 年
李序宝	肥城市桃园镇东三村	19	男	1938 年
展希泉	肥城市桃园镇里留村	19	男	1938 年
解庆银	肥城市桃园镇上固村	19	男	1938 年
王世须	肥城市桃园镇涝洼村	28	男	1938 年
郭学春	肥城市桃园镇郭刘村	31	男	1938 年
付书芬	肥城市桃园镇东魏村	24	男	1938 年
庞开连	肥城市王庄镇孔庄村	28	男	1938 年
孙孝远	肥城市王庄镇东焦村	24	男	1938 年
刘宗山	肥城市王庄镇孝堂峪村	—	男	1938 年
刘培增	肥城市王庄镇孝堂峪村	—	男	1938 年
赵绪兰	肥城市仪阳乡高庄村	45	男	1938 年
张金邦	肥城市仪阳乡大柱子村	—	男	1938 年
王士迎	肥城市安临站镇刘家村	30	男	1938 年
李韦常	肥城市安临站镇西界首村	16	男	1938 年
李留柱	肥城市安临站镇西界首村	19	男	1938 年
李玉海	肥城市安临站镇西界首村	60	男	1938 年

姓 名	籍 贯	年 龄	性 别	死难时间
李恒昌	肥城市安临站镇西界首村	30	男	1938 年
辛衍荣	肥城市安临站镇后贺庄村	—	男	1938 年
管 伟	肥城市安临站镇站北头村	—	男	1938 年
李庆行	肥城市安临站镇站北头村	—	男	1938 年
李广秀	肥城市孙伯镇五埠村	26	男	1938 年
梁俊贵	肥城市安驾庄镇安庄东村	—	男	1938 年
汪兰田	肥城市安驾庄镇岳家庄村	—	男	1938 年
尹祚泉	肥城市安驾庄镇马家埠村	—	男	1938 年
杜登良	肥城市安驾庄镇马家埠村	—	男	1938 年
翟恒水	肥城市安驾庄镇马家埠村	—	男	1938 年
姚玉运	肥城市安驾庄镇西岭村	—	男	1938 年
李存英	肥城市边院镇宋家庄村	—	男	1938 年
张光冉	肥城市边院镇北湖家庄村	—	男	1938 年
张新启	肥城市汶阳镇张城宫村	—	男	1938 年
李元旺	肥城市汶阳镇宋孝门村	18	男	1938 年
李学水	肥城市汶阳镇宋孝门村	20	男	1938 年
宋其瑞	肥城市汶阳镇宋孝门村	28	男	1938 年
许兴稳	肥城市汶阳镇许楼村	—	男	1938 年
许宝印	肥城市汶阳镇许楼村	22	男	1938 年
许崇全	肥城市汶阳镇许楼村	—	男	1938 年
张义堂	肥城市王瓜店镇南仪仙村	—	男	1939 年 1 月
张玉堂	肥城市王瓜店镇南仪仙村	—	男	1939 年 1 月
李连路	肥城市王瓜店镇垛子石村	—	男	1939 年 1 月
徐怀磐	肥城市王庄镇南尚东村	—	男	1939 年 2 月 17 日
李志坦	肥城市新城办事处东尚里村	—	男	1939 年 2 月
李 氏	肥城市新城办事处东尚里村	—	女	1939 年 2 月
刘尚英	肥城市潮泉镇柳沟村	30	男	1939 年 2 月
李连×	肥城市王瓜店镇黄叶村	32	男	1939 年 3 月 12 日
李连法	肥城市王瓜店镇后李庄村	—	男	1939 年 3 月
贾树更	肥城市石横镇中心村	29	男	1939 年 4 月
邱仲久	肥城市石横镇中心村	27	男	1939 年 4 月
李运仲之妻	肥城市石横镇中心村	—	女	1939 年 4 月
赵绪泉	肥城市仪阳乡王家庄村	—	男	1939 年 4 月
张洪训	肥城市仪阳乡三山坡村	—	男	1939 年 4 月

姓 名	籍 贯	年 龄	性 别	死难时间
孙尚周	肥城市安临站镇牛庄村	70	男	1939 年 4 月
孙荒唐三	肥城市安临站镇牛庄村	30	男	1939 年 4 月
闫永法	肥城市安临站镇牛庄村	40	男	1939 年 4 月
王长明	肥城市安临站镇牛庄村	30	男	1939 年 4 月
闫吉考	肥城市安临站镇牛庄村	30	男	1939 年 4 月
刘恒瑞之弟	肥城市安临站镇刘家村	—	男	1939 年 5 月
王庆泉之二祖父	肥城市安临站镇刘家村	20	男	1939 年 5 月
刘常旺	肥城市安临站镇刘家村	50	男	1939 年 5 月
刘啟引之二伯父	肥城市安临站镇刘家村	—	男	1939 年 5 月
马召诤	肥城市安临站镇东陆房村	50	男	1939 年 5 月
刘荣盛	肥城市安临站镇东陆房村	15	男	1939 年 5 月
孔召印之子	肥城市安临站镇东陆房村	—	男	1939 年 5 月
孔召印之子	肥城市安临站镇东陆房村	—	男	1939 年 5 月
孔光义	肥城市安临站镇东陆房村	—	男	1939 年 5 月
徐夫余之妻	肥城市安临站镇山套村	38	女	1939 年 5 月
郝京海之妻	肥城市安临站镇山套村	39	女	1939 年 5 月
夏乐新	肥城市石横镇中心村	—	男	1939 年 5 月
展光顺	肥城市王庄镇演马庄村	29	男	1939 年 5 月
徐光其	肥城市王庄镇西徐村	42	男	1939 年 5 月
李道同	肥城市王庄镇李山头村	29	男	1939 年 5 月
刘宪旺	肥城市安临站镇刘家村	60	男	1939 年 5 月
刘庆雨	肥城市安临站镇刘家村	50	男	1939 年 5 月
刘常余	肥城市安临站镇刘家村	60	男	1939 年 5 月
王玉东	肥城市安临站镇刘家村	50	男	1939 年 5 月
刘启银	肥城市安临站镇刘家村	19	男	1939 年 5 月
李胡成	肥城市安临站镇刘家村	21	男	1939 年 5 月
刘凡珠	肥城市安临站镇刘家村	28	男	1939 年 5 月
刘庆增	肥城市安临站镇刘家村	29	男	1939 年 5 月
刘庆柏	肥城市安临站镇刘家村	24	男	1939 年 5 月
刘恒瑞	肥城市安临站镇刘家村	60	男	1939 年 5 月
刘士元	肥城市安临站镇刘家村	20	男	1939 年 5 月
王召申	肥城市安临站镇刘家村	50	男	1939 年 5 月
王召恒	肥城市安临站镇刘家村	50	男	1939 年 5 月
刘常东	肥城市安临站镇刘家村	50	男	1939 年 5 月

姓　名	籍　贯	年　龄	性　别	死难时间
王士龙	肥城市安临站镇刘家村	25	男	1939 年 5 月
王士伍	肥城市安临站镇刘家村	18	男	1939 年 5 月
王连城	肥城市安临站镇刘家村	20	男	1939 年 5 月
陈兴才	肥城市安临站镇刘家村	20	男	1939 年 5 月
王玉千之妻	肥城市安临站镇刘家村	60	女	1939 年 5 月
刘长壮	肥城市安临站镇刘家村	50	男	1939 年 5 月
王宪泉	肥城市安临站镇刘家村	20	男	1939 年 5 月
王士田之叔父	肥城市安临站镇刘家村	50	男	1939 年 5 月
刘凡安之兄	肥城市安临站镇刘家村	2	男	1939 年 5 月
孙学军	肥城市安临站镇牛庄村	50	男	1939 年 5 月
王宗冉	肥城市安临站镇牛庄村	70	男	1939 年 5 月
辛允科	肥城市安临站镇五丰村	30	男	1939 年 5 月
辛允营之父	肥城市安临站镇五丰村	40	男	1939 年 5 月
辛允营之叔	肥城市安临站镇五丰村	36	男	1939 年 5 月
辛丙尧之子	肥城市安临站镇五丰村	24	男	1939 年 5 月
辛丙尧之二子	肥城市安临站镇五丰村	22	男	1939 年 5 月
辛丙松二弟	肥城市安临站镇五丰村	—	男	1939 年 5 月
郝京素	肥城市安临站镇山套村	50	男	1939 年 5 月
辛衍龙之子	肥城市安临站镇山套村	10	男	1939 年 5 月
郝京兰	肥城市安临站镇郝峪村	60	男	1939 年 5 月
辛邦休	肥城市安临站镇下庄村	50	男	1939 年 5 月
王培仲	肥城市安临站镇下庄村	—	男	1939 年 5 月
王培泉	肥城市安临站镇下庄村	—	男	1939 年 5 月
杨锡山	肥城市安临站镇下庄村	—	男	1939 年 5 月
张传丙	肥城市安临站镇下庄村	50	男	1939 年 5 月
王宗渭	肥城市安临站镇下庄村	—	男	1939 年 5 月
王宗习	肥城市安临站镇下庄村	50	男	1939 年 5 月
陈京舜	肥城市安临站镇下庄村	29	男	1939 年 5 月
陈文汉	肥城市安临站镇下庄村	30	男	1939 年 5 月
乔学读	肥城市安临站镇乔家界首村	22	男	1939 年 5 月
刘方仁	肥城市安临站镇乔家界首村	37	男	1939 年 5 月
温张氏	肥城市孙伯镇刘庄村	40	女	1939 年 5 月
姚玉刚	肥城市孙伯镇刘庄村	51	男	1939 年 5 月
陈丕扬	肥城市汶阳镇西南庄村	23	男	1939 年 5 月

姓 名	籍 贯	年龄	性别	死难时间
张永喜	肥城市汶阳镇张店村	—	男	1939年5月
贾连芬	肥城市汶阳镇贾北村	—	女	1939年5月
高莲格	肥城市孙伯镇东程村	12	女	1939年6月6日
钱玉成	肥城市湖屯镇钱庄三村	—	男	1939年6月
杨西贤	肥城市王庄镇花园村	25	男	1939年6月
杨西道	肥城市王庄镇花园村	35	男	1939年6月
杨建章	肥城市王庄镇花园村	20	男	1939年6月
刘天才	肥城市孙伯镇东程村	28	男	1939年6月
刘文海	肥城市孙伯镇东程村	27	男	1939年6月
刘天宝	肥城市孙伯镇东程村	26	男	1939年6月
刘××	肥城市孙伯镇东程村	25	男	1939年6月
郝圣武	肥城市王庄镇西徐村	36	男	1939年7月
冯宝财	肥城市安驾庄镇南赵村	57	男	1939年7月
丁玉水	肥城市汶阳镇丁家孝门村	—	男	1939年7月
邹登东	肥城市王瓜店镇南仪仙村	—	男	1939年8月
李连清	肥城市王瓜店镇东大封村	—	男	1939年8月
房翠花	肥城市安驾庄镇安庄村	22	女	1939年9月
郭梁氏	肥城市安驾庄镇安庄村	20	女	1939年9月
孔宪举	肥城市王庄镇西孔村	—	男	1939年10月6日
焦长太	肥城市王庄镇西孔村	—	男	1939年10月6日
陈子源	肥城市新城办事处刘庄村	22	男	1939年10月
尹士丰	肥城市王瓜店镇新镇村	—	男	1939年10月
李 江	肥城市仪阳乡董家南阳村	30	男	1939年11月22日
林 广	肥城市仪阳乡董家南阳村	29	男	1939年11月22日
陈子源	肥城市仪阳乡董家南阳村	32	男	1939年11月22日
孙衍双	肥城市仪阳乡董家南阳村	30	男	1939年11月22日
梁立×	肥城市安驾庄镇安庄村	50	男	1939年11月
魏传林	肥城市边院镇北仇村	—	男	1939年12月
陈洪元	肥城市新城办事处东尚里村	30	男	1939年
董德远	肥城市新城办事处军地村	31	男	1939年
徐宝信	肥城市老城镇五街	—	男	1939年
冉凡需	肥城市老城镇三街	—	男	1939年
乔胜其	肥城市老城镇乔庄村	—	男	1939年
崔玉伍	肥城市王瓜店镇穆庄村	23	男	1939年

姓 名	籍 贯	年 龄	性 别	死难时间
陈永元	肥城市王瓜店镇尚古庄村	21	男	1939 年
杨联武	肥城市王瓜店镇东大封村	—	男	1939 年
安振泉	—	—	男	1939 年
冯光友	肥城市湖屯镇张店村	—	男	1939 年
李兆俊	肥城市湖屯镇山阳铺村	—	男	1939 年
刘元亭	肥城市石横镇四合村	40	男	1939 年
马瑞明	肥城市桃园镇东伏村	39	男	1939 年
李瑞州	肥城市桃园镇涝洼村	25	男	1939 年
郭长俊	肥城市桃园镇涝洼村	18	男	1939 年
白敬告	肥城市桃园镇东魏村	28	男	1939 年
李志法	肥城市桃园镇营里村	42	男	1939 年
尹成东	肥城市王庄镇孔庄村	20	男	1939 年
徐文臣	肥城市王庄镇演马庄村	21	男	1939 年
侯建明	肥城市王庄镇草寺村	24	男	1939 年
孔庆浩	肥城市王庄镇草寺村	24	男	1939 年
孔庆桓	肥城市王庄镇草寺村	24	男	1939 年
姜殿范	肥城市王庄镇南尚西村	18	男	1939 年
韩玉全	肥城市王庄镇南尚西村	28	男	1939 年
韩玉全之妻	肥城市王庄镇南尚西村	26	女	1939 年
周茂法	肥城市王庄镇五里屯村	19	男	1939 年
冀庆宣	肥城市仪阳乡仪阳村	—	男	1939 年
汪兆富	肥城市仪阳乡彭家庄村	—	男	1939 年
陈光生	肥城市仪阳乡王家庄村	—	男	1939 年
张国堂	肥城市仪阳乡王家庄村	—	男	1939 年
张宝廷	肥城市仪阳乡张南阳村	58	男	1939 年
赵英斋	肥城市仪阳乡王晋村	—	男	1939 年
辛丙吉	肥城市安临站镇大辛庄村	20	男	1939 年
辛允汾	肥城市安临站镇大辛庄村	30	男	1939 年
董学典	肥城市安临站镇大董村	30	男	1939 年
董冰秋	肥城市安临站镇大董村	60	男	1939 年
王运录	肥城市安临站镇大董村	40	男	1939 年
李瑞忠	肥城市安临站镇大董村	30	男	1939 年
陈凤栖	肥城市安临站镇西陆房村	70	男	1939 年
孙兴才	肥城市安临站镇西陆房村	—	男	1939 年

姓 名	籍 贯	年 龄	性 别	死难时间
闫吉庆	肥城市安临站镇西陆房村	30	男	1939 年
刘 恒	肥城市安临站镇西陆房村	30	男	1939 年
陈安义	肥城市安临站镇西陆房村	27	男	1939 年
刘恒仁	肥城市安临站镇西陆房村	30	男	1939 年
闫吉章	肥城市安临站镇西陆房村	40	男	1939 年
解庆水	肥城市安临站镇西陆房村	20	男	1939 年
闫 黑	肥城市安临站镇西陆房村	10	男	1939 年
王成美	肥城市安临站镇西陆房村	30	男	1939 年
安振木	肥城市安临站镇西陆房村	30	男	1939 年
马兆贞	肥城市安临站镇东陆房村	48	男	1939 年
马宪英	肥城市安临站镇东陆房村	30	男	1939 年
刘光申	肥城市安临站镇东陆房村	34	男	1939 年
孔宪章	肥城市安临站镇东陆房村	30	男	1939 年
刘 木	肥城市安临站镇东陆房村	15	男	1939 年
刘 圣	肥城市安临站镇东陆房村	15	男	1939 年
刘光福	肥城市安临站镇东陆房村	28	男	1939 年
马宪余	肥城市安临站镇东陆房村	30	男	1939 年
李开田	肥城市安临站镇东陆房村	40	男	1939 年
周 三	肥城市安临站镇东陆房村	30	男	1939 年
刘光举	肥城市安临站镇东陆房村	24	男	1939 年
刘庆于	肥城市安临站镇东陆房村	30	男	1939 年
刘庆平	肥城市安临站镇东陆房村	30	男	1939 年
刘庆功	肥城市安临站镇东陆房村	30	男	1939 年
孔召用之母	肥城市安临站镇东陆房村	70	女	1939 年
孙兆雪	肥城市安临站镇东陆房村	50	女	1939 年
孔庆运之子	肥城市安临站镇东陆房村	2	男	1939 年
刘荣旺之兄	肥城市安临站镇东陆房村	30	男	1939 年
刘恒公	肥城市安临站镇刘家村	60	男	1939 年
刘马四	肥城市安临站镇刘家村	30	男	1939 年
刘宪敏	肥城市安临站镇刘家村	50	男	1939 年
王士行之姐	肥城市安临站镇刘家村	18	女	1939 年
辛衍酌	肥城市安临站镇五丰村	25	男	1939 年
辛衍酌之弟	肥城市安临站镇五丰村	15	男	1939 年
辛衍禄	肥城市安临站镇五丰村	53	男	1939 年

姓　名	籍　贯	年　龄	性　别	死难时间
辛衍禄之女	肥城市安临站镇五丰村	—	女	1939 年
辛允春	肥城市安临站镇五丰村	20	男	1939 年
辛允春之弟	肥城市安临站镇五丰村	—	男	1939 年
刘长柱	肥城市安临站镇五丰村	—	男	1939 年
刘相山	肥城市安临站镇刘庄村	—	男	1939 年
辛丙年	肥城市安临站镇安站村	—	男	1939 年
陈京符	肥城市安临站镇下庄村	—	男	1939 年
梁兴春	肥城市安驾庄镇安庄东村	—	男	1939 年
王小喜	肥城市安驾庄镇安庄西村	—	男	1939 年
马兆坤	肥城市安驾庄镇安庄西村	—	男	1939 年
刘运俭	肥城市安驾庄镇南赵庄村	—	男	1939 年
石宗来	肥城市安驾庄镇后寨子村	—	男	1939 年
李光岭	肥城市安驾庄镇后寨子村	—	男	1939 年
刘芳兰	肥城市安驾庄镇坡庄村	—	女	1939 年
王长德	肥城市安驾庄镇郑东庄村	—	男	1939 年
杨华廷	肥城市安驾庄镇南杨村	—	男	1939 年
肖荣雨	肥城市安驾庄镇南辛庄村	—	男	1939 年
刘松连	肥城市安驾庄镇张侯村	—	男	1939 年
杨克芹	肥城市安驾庄镇马家洼村	—	男	1939 年
刘兰贵	肥城市边院镇赵吕村	—	男	1939 年
王安康	肥城市边院镇岔河店村	—	男	1939 年
范子联	肥城市边院镇过村	—	男	1939 年
丁纪刚	肥城市边院镇济河堂村	—	男	1939 年
于习忠	肥城市边院镇于家老庄村	—	男	1939 年
明传尧	肥城市汶阳镇明新村	22	男	1939 年
石法更	肥城市汶阳镇明新村	27	男	1939 年
宋二黑	肥城市汶阳镇明新村	—	男	1939 年
张凡美	肥城市汶阳镇浊前村	—	男	1939 年
王河香	肥城市汶阳镇北庄村	—	男	1939 年
肖延太	肥城市汶阳镇西浊头村	—	男	1939 年
赵子英	肥城市汶阳镇西浊头村	—	男	1939 年
赵丙英	肥城市汶阳镇东高淤村	—	男	1939 年
梁子进	肥城市安驾庄镇安庄村	61	男	1940 年 1 月
梁尚厚	肥城市安驾庄镇安庄村	61	男	1940 年 1 月

姓 名	籍 贯	年 龄	性 别	死难时间
赵宗刚	肥城市安驾庄镇北石村	59	男	1940 年 1 月
宿国远	肥城市汶阳镇宿楼村	—	男	1940 年 1 月
孙远英	肥城市新城办事处孙家小庄村	22	男	1940 年 2 月
李金水	肥城市石横镇幸福村	26	男	1940 年 2 月
孙庆林	肥城市王庄镇南尚西村	23	男	1940 年 2 月
李耀华	—	47	男	1940 年 2 月
刘培祥	肥城市石横镇对付山村	40	男	1940 年 3 月
史守常	肥城市仪阳乡下三合村	17	男	1940 年 3 月
李 一	肥城市仪阳乡下三合村	18	男	1940 年 3 月
刘长茂	肥城市安驾庄镇正东村	45	男	1940 年 3 月
孙衍增	肥城市新城办事处孙庄村	30	男	1940 年 4 月
于岱平	肥城市湖屯镇西穆河村	25	男	1940 年 4 月
李延耕	肥城市石横镇前衡鱼三村	—	男	1940 年 4 月
范廷山	肥城市石横镇前衡鱼三村		男	1940 年 4 月
屈振甲	肥城市王庄镇尚任屯村	32	男	1940 年 4 月
范洪顺	肥城市仪阳乡王家庄村	—	男	1940 年 4 月
李瑞节	肥城市孙伯镇刘庄村	53	男	1940 年 4 月
尹序文	肥城市王瓜店镇新镇村	—	男	1940 年 5 月
唐庸芝	肥城市湖屯镇张店村	—	男	1940 年 5 月
薛咋呼	肥城市孙伯镇西北角村	28	男	1940 年 5 月
许 国	—	—	男	1940 年 5 月 21 日
张李氏	肥城市安驾庄镇上庄炉村	29	女	1940 年 5 月
刘新章	肥城市湖屯镇冯庄村	—	男	1940 年 6 月
韩吉利	肥城市王庄镇花园村	26	男	1940 年 6 月
于玉瑞	肥城市安驾庄镇夏辉村	37	男	1940 年 6 月
于仁山	肥城市安驾庄镇夏辉村	27	男	1940 年 6 月
于臣瑞	肥城市安驾庄镇夏辉村	39	男	1940 年 6 月
肖思锦	肥城市安驾庄镇夏辉村	41	男	1940 年 6 月
肖国坤	肥城市安驾庄镇夏辉村	40	男	1940 年 6 月
李恒柱	肥城市安驾庄镇夏辉村	40	男	1940 年 6 月
穆学德	肥城市石横镇前衡鱼二村	22	男	1940 年 7 月
张学海	肥城市王瓜店镇冉家庄村	—	男	1940 年 8 月
李茂海	肥城市石横镇石横六村	—	男	1940 年 8 月
李延章	肥城市石横镇前衡鱼三村	27	男	1940 年 8 月

姓　名	籍　贯	年　龄	性　别	死难时间
房志才	肥城市安驾庄镇安庄村	46	男	1940 年 8 月
宋光庆	肥城市汶阳镇宋孝门村	25	男	1940 年 8 月
楚甲林	肥城市王瓜店镇穆庄	—	男	1940 年 9 月
王世财	肥城市王庄镇五里屯村	35	男	1940 年 10 月
刁光仁	肥城市王瓜店镇北仪仙村	—	男	1940 年 11 月
徐重让	肥城市王瓜店镇北仪仙村	10	男	1940 年 11 月
江广生	肥城市湖屯镇张店村	41	男	1940 年 11 月
王鸿逵	肥城市新城办事处西付村	45	男	1940 年 12 月 15 日
吕明进	肥城市湖屯镇白庄村	—	男	1940 年 12 月
魏一恒	肥城市湖屯镇李家寨村	—	男	1940 年 12 月
代玉浩	肥城市石横镇国华村	—	男	1940 年 12 月
辛树生	肥城市仪阳乡东辛庄	45	男	1940 年 12 月
王立传	肥城市仪阳乡东辛庄	46	男	1940 年 12 月
李长典	肥城市汶阳镇新集村	37	男	1940 年 12 月
尹温祚	肥城市新城办事处沙沟村	26	男	1940 年
李瑞云	肥城市老城镇孝门村	—	男	1940 年
尹承彬	肥城市老城镇曹庄村	—	男	1940 年
乔明增	肥城市老城镇乔庄村	—	男	1940 年
乔学芳	肥城市老城镇乔庄村	—	男	1940 年
乔荣胜	肥城市老城镇乔庄村	—	男	1940 年
胡炳荣	肥城市老城镇小胡庄村	—	男	1940 年
张永祥	肥城市潮泉镇潮泉村	25	男	1940 年
尹训怀	肥城市王瓜店镇尚古庄村	24	男	1940 年
郑　奎	肥城市桃园镇东三村	30	男	1940 年
郭长存	肥城市桃园镇涝洼村	35	男	1940 年
张国玉	肥城市桃园镇屯头村	18	男	1940 年
李恒常	肥城市桃园镇纪家洼村	20	男	1940 年
孟宪珍	肥城市桃园镇东四村	43	男	1940 年
闫秀梅	肥城市桃园镇东四村	38	女	1940 年
杜少田	肥城市桃园镇东四村	51	男	1940 年
顾显会	肥城市桃园镇黑牛山村	23	男	1940 年
阴泗兰	肥城市桃园镇张里村	21	女	1940 年
苏保玲	肥城市桃园镇张里村	42	男	1940 年
阴玉三	肥城市桃园镇张里村	19	男	1940 年

姓　名	籍　贯	年　龄	性　别	死难时间
王风远	肥城市桃园镇北台村	32	男	1940 年
韩兆忠之女	肥城市王庄镇南尚东村	18	女	1940 年
韩瑞昌	肥城市王庄镇南尚东村	19	男	1940 年
孙庆来之祖母	肥城市王庄镇南尚东村	—	女	1940 年
杨建荣	肥城市王庄镇花园村	53	男	1940 年
张其昌	肥城市王庄镇演马庄村	45	男	1940 年
张泗森	肥城市王庄镇演马庄村	25	男	1940 年
高祥金	肥城市王庄镇南尚西村	21	男	1940 年
姜殿翠	肥城市王庄镇南尚西村	23	男	1940 年
张玉峰	肥城市王庄镇东徐村	21	男	1940 年
张成香	肥城市王庄镇	—	男	1940 年
王振廷	肥城市王庄镇尚任屯村	—	男	1940 年
王登岩	肥城市王庄镇尚任屯村	—	男	1940 年
郝保申	肥城市王庄镇中于庄村	—	男	1940 年
张连柱	肥城市仪阳乡张南阳村	25	男	1940 年
张玉芹	肥城市仪阳乡张南阳村	65	男	1940 年
张立乾	肥城市仪阳乡大柱子村	18	男	1940 年
韩　洪	肥城市仪阳乡大柱子村	—	男	1940 年
赵立木	肥城市仪阳乡大柱子村	—	男	1940 年
刘刚栋	肥城市仪阳乡袁家庄村	—	男	1940 年
赵吉祥	肥城市仪阳乡董家南阳村	—	男	1940 年
张成德	肥城市仪阳乡赵庄村	—	男	1940 年
王士会之妻	肥城市安临站镇刘家村	—	女	1940 年
王保常	肥城市安临站镇西界首村	40	男	1940 年
赵凤杨	肥城市安临站镇前贺庄村	—	男	1940 年
王绪朋	肥城市安临站镇东张村	—	男	1940 年
葛立香	肥城市安临站镇葛家台村	—	男	1940 年
葛立文	肥城市安临站镇葛家台村	—	男	1940 年
张明成	肥城市安临站镇站北头村	—	男	1940 年
郝来先	肥城市安临站镇郝家峪村	—	男	1940 年
孔宪水	肥城市安临站镇东陆房村	—	男	1940 年
李永河	肥城市安临站镇东陆房村	—	男	1940 年
刘庆法	肥城市安临站镇东陆房村	—	男	1940 年
杨建忠	肥城市安临站镇孟家村	—	男	1940 年

姓　名	籍　贯	年　龄	性　别	死难时间
雷杰三	肥城市孙伯镇孙西村	20	男	1940 年
武传玉	肥城市孙伯镇南栾村	19	男	1940 年
邱仲芳	肥城市孙伯镇西程村	28	男	1940 年
孙士荣	肥城市孙伯镇西程村	23	男	1940 年
陈兴厚	肥城市孙伯镇陈杭村	26	男	1940 年
李本才之妻	肥城市安驾庄镇赵家颜子村	60	女	1940 年
赵传旺之妻	肥城市安驾庄镇赵家颜子村	62	女	1940 年
汪兆新之妻	肥城市安驾庄镇赵家颜子村	58	女	1940 年
李本家	肥城市安驾庄镇赵家颜子村	49	男	1940 年
王保汉之祖父	肥城市安驾庄镇赵家颜子村	70	男	1940 年
王保汉之伯父	肥城市安驾庄镇赵家颜子村	—	男	1940 年
刘如佑	肥城市安驾庄镇安庄西村	—	男	1940 年
梁立志	肥城市安驾庄镇上庄炉村	—	男	1940 年
孟勉斋	肥城市安驾庄镇后寨子村	—	男	1940 年
陈润生	肥城市安驾庄镇陈家埠村	—	男	1940 年
刘玉贞	肥城市安驾庄镇陈家埠村	—	男	1940 年
韩长山	肥城市安驾庄镇大龙岗石村	—	男	1940 年
张会汾	肥城市安驾庄镇双村	—	男	1940 年
扈学生	肥城市安驾庄镇西岭村	—	男	1940 年
牛衍群	肥城市安驾庄镇肖家埠村	—	男	1940 年
武道全	肥城市边院镇王家柳林村	—	男	1940 年
宿国柱	肥城市边院镇东坡庄村	—	男	1940 年
冯清珍	肥城市边院镇官庄村	—	男	1940 年
郑　孝	肥城市边院镇宋家庄村	—	男	1940 年
赵丙正	肥城市汶阳镇田东史村	—	男	1940 年
田西署	肥城市汶阳镇田东史村	—	男	1940 年
武甲兴	肥城市汶阳镇明新村	25	男	1940 年
刘中儒	肥城市汶阳镇张庙村	—	男	1940 年
陈永胜	肥城市汶阳镇河岔口村	30	男	1940 年
赵林爱	肥城市汶阳镇河岔口村	28	男	1940 年
赵林清	肥城市汶阳镇河岔口村	31	男	1940 年
赵林松	肥城市汶阳镇河岔口村	27	男	1940 年
王海兰	肥城市汶阳镇河岔口村	22	男	1940 年
高传江	肥城市汶阳镇砖舍村	20	男	1940 年

姓 名	籍 贯	年龄	性别	死难时间
王富盛	肥城市汶阳镇城西村	—	男	1940 年
宿国晶	肥城市汶阳镇宿楼村	—	男	1940 年
贾田水	肥城市汶阳镇宿楼村	—	男	1940 年
杜允贵	肥城市汶阳镇西浊头村	—	男	1940 年
武其存	肥城市汶阳镇新集村	—	男	1940 年
王宗仁	肥城市湖屯镇后兴隆村	—	男	1941 年 2 月
赵传河	肥城市仪阳乡王家南阳村	—	男	1941 年 2 月
冯宪林	肥城市王瓜店镇聂庄村	—	男	1941 年 3 月
杜春元	肥城市仪阳乡沙沟峪村	—	男	1941 年 3 月
郭兆常	肥城市安驾庄镇西江村	23	男	1941 年 3 月
郭玉德	肥城市安驾庄镇西江村	31	男	1941 年 3 月
郭玉山	肥城市安驾庄镇西江村	28	男	1941 年 3 月
周振斗	肥城市汶阳镇胡庄村	—	男	1941 年 3 月
赵洪岭	肥城市石横镇前衡鱼三村	41	男	1941 年 4 月
邱作西	肥城市石横镇前衡鱼三村	24	男	1941 年 4 月
张传岱	肥城市汶阳镇胡庄村	—	男	1941 年 4 月
苑为周之妻	肥城市安驾庄镇西江村	—	女	1941 年 5 月 3 日
郭玉德之妻	肥城市安驾庄镇西江村	—	女	1941 年 5 月 3 日
郭玉德之女	肥城市安驾庄镇西江村	—	女	1941 年 5 月 3 日
梁庆贞	肥城市王庄镇前于村	35	男	1941 年 5 月
张小六	肥城市仪阳乡东辛庄村	67	男	1941 年 5 月
辛允诚之妻	肥城市仪阳乡东辛庄村	52	女	1941 年 5 月
邓光带之父	肥城市安临站镇安临站村	40	男	1941 年 5 月
李恒久之父	肥城市安临站镇安临站村	40	男	1941 年 5 月
刘启敏	肥城市安临站镇翟家杭村	—	男	1941 年 5 月
梁尚田	肥城市安驾庄镇西江村	49	男	1941 年 5 月
郭兆田	肥城市安驾庄镇西江村	41	男	1941 年 5 月
王庆贵	肥城市边院镇河西村	—	男	1941 年 5 月
马荣久	肥城市王瓜店镇马庄村	40	男	1941 年 6 月
郑崇庆	肥城市王庄镇李井村	20	男	1941 年 6 月
郝振同	肥城市安临站镇山套村	50	男	1941 年 7 月
杜桂芝	肥城市安驾庄镇上庄炉村	31	女	1941 年 7 月
孙开坤	肥城市新城办事处孙家小庄村	25	男	1941 年 8 月
邹洪章	肥城市湖屯镇白庄村	—	男	1941 年 8 月

姓　名	籍　贯	年　龄	性　别	死难时间
吴相昌	肥城市王庄镇南尚西村	35	男	1941 年 8 月
李玉泽	肥城市新城办事处东尚里村	24	男	1941 年 9 月
李玉明	肥城市新城办事处东尚里村	42	男	1941 年 9 月
段绪忠	肥城市仪阳乡仪阳村	—	男	1941 年 9 月
梁子省	肥城市安驾庄镇安庄村	72	男	1941 年 9 月
梁兴×	肥城市安驾庄镇安庄村	71	男	1941 年 9 月
张长亮	肥城市孙伯镇东坞村	25	男	1941 年 10 月
白敬训	肥城市桃园镇东魏村	23	男	1941 年 11 月 15 日
陶廷辰	肥城市仪阳乡马尾山村	—	男	1941 年 12 月
辛俊卿	肥城市安临站镇辛庄村	—	男	1941 年 12 月
赵立怀	肥城市新城办事处孙庄村	25	男	1941 年
孙远盛	肥城市新城办事处尚庄村	—	男	1941 年
刘振英	肥城市老城镇李屯村	—	男	1941 年
乔洪兰	肥城市老城镇乔庄村	—	男	1941 年
栾昌银	肥城市潮泉镇黑山村	30	男	1941 年
栾××	肥城市潮泉镇黑山村	31	男	1941 年
范常新	肥城市王瓜店镇穆庄村	—	—	1941 年
张立泉	肥城市石横镇保安村	25	男	1941 年
陈绪胜	肥城市石横镇泉胜村	19	男	1941 年
阴玉福	肥城市桃园镇前韩村	29	男	1941 年
颜振魁	肥城市王庄镇邓庄村	51	男	1941 年
张凤和	肥城市仪阳乡黄石崖村	50	男	1941 年
张大田之妻	肥城市仪阳乡黄石崖村	60	女	1941 年
张凤德之妻	肥城市仪阳乡黄石崖村	50	女	1941 年
张凤友	肥城市仪阳乡黄石崖村	48	男	1941 年
郭太成	肥城市仪阳乡李家南阳村	38	男	1941 年
李英贤	肥城市仪阳乡张南阳村	23	男	1941 年
张成仪	肥城市仪阳乡张南阳村	19	男	1941 年
刘正来	肥城市仪阳乡刘台村	—	男	1941 年
孙成远	肥城市仪阳乡大栲山村	—	男	1941 年
赵宝衡	肥城市仪阳乡王晋村	—	男	1941 年
李志功	肥城市安临站镇站北村	60	男	1941 年
李志贵之弟	肥城市安临站镇站北村	30	男	1941 年
李恒春	肥城市安临站镇站北村	40	男	1941 年

姓 名	籍 贯	年 龄	性 别	死难时间
孙洪岭	肥城市安临站镇站北村	35	男	1941 年
韩成顺	肥城市安临站镇站北村	30	男	1941 年
刘洪道	肥城市安临站镇站北村	40	男	1941 年
张树松	肥城市安临站镇东张村	—	男	1941 年
张如怀	肥城市安临站镇东虎门村	—	男	1941 年
孙玉章	肥城市安临站镇东虎门村	—	男	1941 年
孙远泉	肥城市安临站镇东虎门村	—	男	1941 年
孙桂山	肥城市安临站镇东虎门村	—	男	1941 年
石相武	肥城市安临站镇沟南村	—	男	1941 年
葛衍祥	肥城市安临站镇葛家台村	—	男	1941 年
刘洪勋	肥城市安临站镇站北头村	—	男	1941 年
张本武	肥城市安临站镇下庄村	—	男	1941 年
王庆珠	肥城市安临站镇西陆房村	—	男	1941 年
郝振银	肥城市安临站镇黑峪村	—	男	1941 年
雷现林	肥城市孙伯镇西坞村	27	男	1941 年
孙广金	肥城市孙伯镇西程村	25	男	1941 年
胡良月	肥城市孙伯镇西程村	20	男	1941 年
刘吉友	肥城市孙伯镇东坞村	26	男	1941 年
梁立清	肥城市安驾庄镇安庄东村	—	男	1941 年
王序家	肥城市安驾庄镇王家颜子村	—	男	1941 年
杜奉传	肥城市安驾庄镇李家店村	—	男	1941 年
肖衍业	肥城市安驾庄镇路家庄村	—	男	1941 年
肖荣居	肥城市安驾庄镇路家庄村	—	男	1941 年
雷现玉	肥城市安驾庄镇店子村	—	男	1941 年
安兴成	肥城市安驾庄镇张侯村	—	男	1941 年
李衍成	肥城市安驾庄镇肖家埠村	—	男	1941 年
李元中	肥城市安驾庄镇肖家埠村	—	男	1941 年
李志生	肥城市安驾庄镇肖家埠村	—	男	1941 年
樊长山	肥城市安驾庄镇陈家埠村	—	男	1941 年
刘玉刚	肥城市安驾庄镇陈家埠村	—	男	1941 年
韩守泉	肥城市安驾庄镇陈家埠村	—	男	1941 年
汪培孝	肥城市安驾庄镇大龙岗石村	—	男	1941 年
聂尚胜	肥城市安驾庄镇洼里村	—	男	1941 年
聂占更	肥城市安驾庄镇洼里村	—	男	1941 年

姓 名	籍 贯	年 龄	性 别	死难时间
杜奉州	肥城市边院镇朱官村	25	男	1941 年
杜奉刚	肥城市边院镇朱官村	28	男	1941 年
赵怀辰	肥城市边院镇朱官村	22	男	1941 年
李长红	肥城市边院镇营盘村	29	男	1941 年
宋光前	肥城市边院镇营盘村	39	男	1941 年
张示秀	肥城市边院镇营盘村	42	男	1941 年
程光刚	肥城市边院镇营盘村	45	男	1941 年
李焕章	肥城市边院镇后黄家庄村	—	男	1941 年
丁如桂	肥城市边院镇后黄家庄村	—	男	1941 年
袁崇俊	肥城市边院镇东向村	—	男	1941 年
汪心光	肥城市边院镇官庄村	—	男	1941 年
张昌宗	肥城市边院镇官庄村	—	男	1941 年
郭长顺	肥城市边院镇葛家小庄村	—	男	1941 年
李存明	肥城市边院镇宋家庄村	—	男	1941 年
聂玉会	肥城市边院镇大王家庄村	—	男	1941 年
聂兆玉	肥城市边院镇大王家庄村	—	男	1941 年
陈岱春	肥城市边院镇东军寨村	—	男	1941 年
杜 明	肥城市边院镇张家庄村	—	男	1941 年
程宪新	肥城市汶阳镇吴店村	27	男	1941 年
田西玉	肥城市汶阳镇田东史村	—	男	1941 年
田西代	肥城市汶阳镇田东史村	—	男	1941 年
田吉来	肥城市汶阳镇田东史村	—	男	1941 年
田西涛	肥城市汶阳镇田东史村	—	男	1941 年
张玉珂	肥城市汶阳镇田东史村	—	男	1941 年
田西奎	肥城市汶阳镇田东史村	—	男	1941 年
赵 柳	肥城市汶阳镇田东史村	—	男	1941 年
田西德	肥城市汶阳镇田东史村	—	男	1941 年
李有本	肥城市汶阳镇塔房村	—	男	1941 年
彭法茂	肥城市汶阳镇武新村	21	男	1941 年
明宝吉	肥城市汶阳镇明新村	—	男	1941 年
刘庆余	肥城市汶阳镇	—	男	1941 年
刘现常	肥城市汶阳镇三娘庙村	—	男	1941 年
张兴扬	肥城市汶阳镇胡家庄村	—	男	1941 年
明传兴	肥城市汶阳镇明新村	—	男	1941 年

姓　名	籍　贯	年　龄	性　别	死难时间
黄白莹	—	—	男	1941 年
张　杰	—	—	男	1941 年
李正华	—	—	男	1941 年
王金章	肥城市安驾庄镇正东村	40	男	1942 年 1 月
刘元泰	肥城市安驾庄镇正东村	51	男	1942 年 1 月
钱兴章	肥城市安驾庄镇正东村	31	男	1942 年 1 月
杨金文	肥城市湖屯镇涧北村	—	男	1942 年 2 月
石汝生	肥城市潮泉镇下寨村	35	男	1942 年 3 月
徐德才	肥城市湖屯镇杨庄村	—	男	1942 年 3 月
张继祥	肥城市汶阳镇胡庄村	—	男	1942 年 3 月
张茂太	肥城市汶阳镇胡庄村	—	男	1942 年 3 月
张大流	肥城市汶阳镇胡庄村	—	男	1942 年 3 月
张恒印	肥城市汶阳镇胡庄村	—	男	1942 年 3 月
张传合	肥城市汶阳镇胡庄村	—	男	1942 年 3 月
王兆法	肥城市石横镇中心村	—	男	1942 年 4 月
李恩祯	肥城市安驾庄镇小龙岗石村	—	男	1942 年 4 月
李连登	肥城市王瓜店镇垛子石村	—	男	1942 年 5 月
石玉祥	肥城市安临站镇沟南村	—	男	1942 年 5 月
周家玉	肥城市汶阳镇胡庄村	—	男	1942 年 5 月
穆兆均	肥城市石横镇幸福村	27	男	1942 年 6 月
刘长源	肥城市安驾庄镇正东村	39	男	1942 年 6 月
郑达伍	肥城市湖屯镇涧北村	30	男	1942 年 7 月
张兆林	肥城市石横镇石横四村	—	男	1942 年 7 月
李有河	肥城市石横镇前一村	20	男	1942 年 7 月
安振国	肥城市安驾庄镇安庄村	41	男	1942 年 7 月
辛允卓	肥城市仪阳乡东辛庄村	38	男	1942 年 8 月
潘占鳌	肥城市王瓜店镇潘台村	—	男	1942 年 9 月
赵吉胜	肥城市湖屯镇张店村	—	男	1942 年 9 月
梁房氏	肥城市安驾庄镇安庄村	32	女	1942 年 10 月
李梁氏	肥城市安驾庄镇安庄村	28	女	1942 年 10 月
孙传河	肥城市新城办事处井楼村	17	男	1942 年 11 月
李振川	肥城市新城办事处井楼村	16	男	1942 年 11 月
张　伊	肥城市王庄镇演马庄村	24	男	1942 年 11 月
王官全之父	肥城市边院镇前黄村	—	男	1942 年 11 月

姓 名	籍 贯	年龄	性别	死难时间
王官全之母	肥城市边院镇前黄村	—	女	1942 年 11 月
王官全之妻	肥城市边院镇前黄村	—	女	1942 年 11 月
李怀法之兄	肥城市新城办事处大桥村	10	男	1942 年
孙建民	肥城市新城办事处尚庄村	35	男	1942 年
何洪山	肥城市新城办事处沙窝村	—	男	1942 年
陈立银	肥城市老城镇陈庄村	—	男	1942 年
高仲全	肥城市老城镇尚质村	—	男	1942 年
范长胜	肥城市老城镇官路店村	—	男	1942 年
尹 辉	肥城市老城镇李屯村	—	男	1942 年
石允玠	肥城市潮泉镇百福图村	25	男	1942 年
王光新	肥城市石横镇石横三村	—	男	1942 年
袁承勇	肥城市石横镇泉胜村	24	男	1942 年
杜庆保	肥城市石横镇国华村	—	男	1942 年
张玉辰	肥城市仪阳乡张南阳村	10	男	1942 年
牛丙庚之妻	肥城市仪阳乡鱼山村	30	女	1942 年
赵绪珍	肥城市仪阳乡鱼山村	20	男	1942 年
牛丙庚	肥城市仪阳乡鱼山村	32	男	1942 年
赵桂新	肥城市仪阳乡鱼山村	18	女	1942 年
赵绪道	肥城市仪阳乡鱼山村	30	男	1942 年
赵绪才	肥城市仪阳乡鱼山村	26	男	1942 年
宋昭林	肥城市仪阳乡鱼山村	50	男	1942 年
牛顺昌	肥城市仪阳乡鱼山村	52	男	1942 年
张金顶	肥城市仪阳乡大柱子村	—	男	1942 年
林兆扬	肥城市仪阳乡大柱子村	—	男	1942 年
赵化明	肥城市仪阳乡百忍村	—	男	1942 年
冀庆秀	肥城市仪阳乡仪阳村	—	男	1942 年
赵绪峰	肥城市仪阳乡北辛庄村	—	男	1942 年
穆敬春	肥城市仪阳乡石坞村	—	男	1942 年
张永其	肥城市仪阳乡张家庄村	—	男	1942 年
张成年	肥城市仪阳乡石房村	—	男	1942 年
刘正河	肥城市安临站镇安临站村	20	男	1942 年
胡良俊	肥城市安临站镇陈楼村	19	男	1942 年
陈光池	肥城市安临站镇陈楼村	—	男	1942 年
胡良臣	肥城市安临站镇陈楼村	20	男	1942 年

姓　名	籍　贯	年　龄	性　别	死难时间
胡挺秀	肥城市安临站镇陈楼村	18	男	1942 年
陈贵喜	肥城市安临站镇陈楼村	20	男	1942 年
陈贵喜外甥	肥城市安临站镇陈楼村	—	男	1942 年
胡良俊之兄	肥城市安临站镇陈楼村	—	男	1942 年
辛珠明	肥城市安临站镇锅店村	—	男	1942 年
辛衍廷	肥城市安临站镇邓家庄村	—	男	1942 年
王泗增	肥城市安临站镇安站村	—	男	1942 年
杨宪瑞	肥城市安临站镇下庄村	—	男	1942 年
陈文玉	肥城市安临站镇下庄村	—	男	1942 年
郝振安	肥城市安临站镇郝家峪村	—	男	1942 年
王宪度	肥城市安临站镇南峪村	—	男	1942 年
刘庆典	肥城市安临站镇东陆房村	—	男	1942 年
安凤俊	肥城市安临站镇西陆房村	—	男	1942 年
李明财	肥城市孙伯镇五埠村	41	男	1942 年
李明旺	肥城市孙伯镇五埠村	38	男	1942 年
许荣常	肥城市孙伯镇大石桥村	21	男	1942 年
赵运芝	肥城市孙伯镇大石桥村	20	男	1942 年
张尚功	肥城市孙伯镇大石桥村	19	男	1942 年
胡琢庭	肥城市孙伯镇西程村	29	男	1942 年
葛延满	肥城市孙伯镇西程村	26	男	1942 年
周启训	肥城市孙伯镇莲花峪村	50	男	1942 年
尹祚成	肥城市孙伯镇莲花峪村	27	男	1942 年
李树珍	肥城市安驾庄镇南赵庄村	—	男	1942 年
梁泽儒	肥城市安驾庄镇北石沟村	—	男	1942 年
李保元	肥城市安驾庄镇红庙村	—	男	1942 年
刘　杰	肥城市安驾庄镇张侯村	—	男	1942 年
武清顺	肥城市安驾庄镇升家庄村	—	男	1942 年
武明星	肥城市安驾庄镇升家庄村	—	男	1942 年
杜登雨	肥城市安驾庄镇马家埠村	—	男	1942 年
杜兆宝	肥城市安驾庄镇马家埠村	—	男	1942 年
王良田	肥城市安驾庄镇肖家埠村	—	男	1942 年
任志读	肥城市安驾庄镇和埠岭村	—	男	1942 年
武传礼	肥城市边院镇东片马村	—	男	1942 年
赵二胜	肥城市边院镇官庄村	—	男	1942 年

姓 名	籍 贯	年 龄	性 别	死难时间
崔连贵	肥城市边院镇官庄村	—	男	1942 年
宋绍信	肥城市边院镇官庄村	—	男	1942 年
张俊顺	肥城市边院镇前黄庄村	—	男	1942 年
丁怀友	肥城市边院镇前黄庄村	—	男	1942 年
聂兆吉	肥城市边院镇东向村	—	男	1942 年
陈金笃	肥城市边院镇陈家洼村	—	男	1942 年
吕家厚	肥城市边院镇北仇村	—	男	1942 年
魏光清	肥城市边院镇北仇村	—	男	1942 年
聂玉山	肥城市边院镇西古城村	—	男	1942 年
张登坦	肥城市边院镇官庄村	—	男	1942 年
聂奉举	肥城市边院镇葛家小庄村	—	男	1942 年
魏家保	肥城市边院镇葛家小庄村	—	男	1942 年
王清富	肥城市边院镇宋家庄村	—	男	1942 年
曹方营	肥城市边院镇北杨家庄村	—	男	1942 年
李效俭	肥城市边院镇小王家庄村	—	男	1942 年
郭学义	肥城市边院镇小王家庄村	—	男	1942 年
崔立旺	肥城市边院镇北湖家庄村	—	男	1942 年
王玉胜	肥城市边院镇宋台村	—	男	1942 年
姜元秋	肥城市边院镇济河堂村	—	男	1942 年
张殿庆	肥城市边院镇母家林村	—	男	1942 年
赵纪功	肥城市边院镇东片马村	—	男	1942 年
程光山	肥城市汶阳镇吴店村	32	男	1942 年
李宝金	肥城市汶阳镇吴店村	28	男	1942 年
杨文泉	肥城市汶阳镇李店村	28	男	1942 年
武其义	肥城市汶阳镇武新村	20	男	1942 年
明关东	肥城市汶阳镇明新村	26	男	1942 年
董延宝	肥城市汶阳镇明新村	—	男	1942 年
武清晋	肥城市汶阳镇袁寨村	—	男	1942 年
袁春歧	肥城市汶阳镇袁寨村	—	男	1942 年
袁荣旺	肥城市汶阳镇袁寨村	—	男	1942 年
张兴厚	肥城市汶阳镇袁寨村	—	男	1942 年
袁荣杰	肥城市汶阳镇袁寨村	—	男	1942 年
袁富贵	肥城市汶阳镇袁寨村	—	男	1942 年
张传顺	肥城市汶阳镇袁寨村	—	男	1942 年

姓 名	籍 贯	年 龄	性 别	死难时间
侯光显	肥城市汶阳镇西徐村	—	男	1942 年
冯汝江	肥城市汶阳镇砖舍村	—	男	1942 年
桑德茂	肥城市	—	男	1942 年
赵公庆	肥城市潮泉镇下寨村	34	男	1943 年 1 月
张德元	肥城市王瓜店镇冉家庄村	—	男	1943 年 1 月
魏相如	肥城市湖屯镇沙庄村	—	男	1943 年 1 月
陶绪友	肥城市湖屯镇小店村	—	男	1943 年 1 月
郭泗河	肥城市湖屯镇杨庄村	—	男	1943 年 1 月
王庆峰	肥城市湖屯镇纸坊村	—	男	1943 年 1 月
魏绪达	肥城市湖屯镇纸坊村	—	男	1943 年 1 月
陈 克	肥城市安驾庄镇安庄村	48	男	1943 年 1 月
王德胜	肥城市王瓜店镇新镇村	—	男	1943 年 2 月
刘松章	肥城市安驾庄镇正东村	24	男	1943 年 2 月
张甲圣	肥城市王瓜店镇西大封村	—	男	1943 年 3 月
王立德	肥城市湖屯镇冯庄村	—	男	1943 年 3 月
梁俊峰	肥城市湖屯镇品仙村	—	男	1943 年 3 月
王乐俭	肥城市湖屯镇品仙村	—	男	1943 年 3 月
王承宪	肥城市湖屯镇董庄铺村	—	男	1943 年 3 月
尹式礼	肥城市湖屯镇董庄铺村	—	男	1943 年 3 月
王世银	肥城市桃园镇东二村	25	男	1943 年 3 月
张怀型	肥城市王庄镇张庄村	40	男	1943 年 3 月
乔金才	肥城市王庄镇演马庄村	26	男	1943 年 3 月
李庆学	肥城市仪阳乡鹿家沟村	—	男	1943 年 3 月
赵继兰	肥城市湖屯镇董庄铺五村	38	女	1943 年 5 月 2 日
燕长合	肥城市王瓜店镇曹家桁村	—	男	1943 年 4 月
刘洪成	肥城市安临站镇杨家庄村	—	男	1943 年 4 月
孙业福	肥城市新城办事处孙家小庄村	23	男	1943 年 5 月
丁二妮	肥城市王瓜店镇曹家桁村	—	男	1943 年 5 月
李道洪	肥城市王庄镇张场村	20	男	1943 年 5 月
王兴吉	肥城市汶阳镇东高淤村	26	男	1943 年 6 月
赵树清	肥城市汶阳镇东高淤村	60	男	1943 年 6 月
古 氏	肥城市汶阳镇东高淤村	64	女	1943 年 6 月
鹿淑炳	肥城市新城办事处白云村	24	男	1943 年 7 月
吴德生	肥城市湖屯镇董庄铺村	—	男	1943 年 7 月

姓 名	籍 贯	年 龄	性 别	死难时间
张光柱	肥城市安驾庄镇安庄村	40	男	1943 年 7 月
吕明义	肥城市湖屯镇白庄村	—	男	1943 年 8 月
赵传佑	肥城市仪阳乡棋石岭村	—	男	1943 年 8 月
朱仲武	肥城市湖屯镇西湖屯村	48	男	1943 年 9 月
冉定宇	—	50	男	1943 年 9 月
尹霭祚	—	46	男	1943 年 9 月
石斌甫	—	52	男	1943 年 9 月
张洪志	肥城市湖屯镇冯庄村	—	男	1943 年 9 月
王常井	肥城市安临站镇王家台村	—	男	1943 年 9 月
武秀峰	肥城市安驾庄镇北石村	60	男	1943 年 9 月
田怀章	肥城市汶阳镇田东史村	—	男	1943 年 9 月
尹成贵	肥城市潮泉镇下寨村	23	男	1943 年 11 月
赵清祥	肥城市潮泉镇上寨村	24	男	1943 年 11 月
曾庆修	肥城市潮泉镇上寨村	23	男	1943 年 11 月
冉祥振	肥城市王瓜店镇新镇村	—	男	1943 年 11 月
孙裕如	肥城市王瓜店镇前赵庄村	—	男	1943 年 11 月
钱厚武	肥城市湖屯镇钱庄一村	—	男	1943 年 11 月
赵宗刚	肥城市安驾庄镇安庄村	47	男	1943 年 11 月
梁立迎	肥城市安驾庄镇安庄村	42	男	1943 年 11 月
郭玉山	肥城市安驾庄镇安庄村	42	男	1943 年 11 月
梁俊才	肥城市安驾庄镇安庄村	40	男	1943 年 11 月
张钦臣	肥城市边院镇母林村	21	男	1943 年 11 月
吕家科	肥城市边院镇北仇村	—	男	1943 年 11 月
吕家全	肥城市边院镇北仇村	—	男	1943 年 11 月
吕传道	肥城市边院镇北仇村	—	男	1943 年 11 月
李殿秀	肥城市边院镇北仇村	—	男	1943 年 11 月
丁大×	肥城市边院镇北仇村	—	男	1943 年 11 月
田吉文	肥城市汶阳镇田东史村	71	男	1943 年 11 月
张合生	肥城市新城办事处东尚里村	21	男	1943 年 12 月
刘凤章	肥城市湖屯镇冯庄村	—	男	1943 年 12 月
张传志	肥城市湖屯镇冯庄村	—	男	1943 年 12 月
张洪信	肥城市湖屯镇冯庄村	—	男	1943 年 12 月
司保庆	肥城市边院镇北杨村	—	男	1943 年 12 月
丁大德	肥城市边院镇北仇村	—	男	1943 年 12 月

姓 名	籍 贯	年 龄	性 别	死难时间
秦殿增	肥城市边院镇姬庄村	—	男	1943 年 12 月
高培英	肥城市边院镇姬庄村	—	男	1943 年 12 月
高殿友	肥城市边院镇姬庄村	—	男	1943 年 12 月
秦殿圣	肥城市边院镇姬庄村	—	男	1943 年 12 月
闫庆泉	肥城市新城办事处阎家小庄村	32	男	1943 年
苏德怀	肥城市新城办事处苏庄村	37	男	1943 年
陈经吉	肥城市老城镇陈庄村	—	男	1943 年
李瑞祥	肥城市老城镇小安庄村	—	男	1943 年
孙贵远	肥城市老城镇孙庄村	—	男	1943 年
罗一朝	肥城市潮泉镇罗家桁村	31	男	1943 年
石允河	肥城市潮泉镇百福图村	27	男	1943 年
王宪广	肥城市王瓜店镇聂庄村	—	男	1943 年
李瑞成	肥城市王瓜店镇北仪仙村	—	男	1943 年
鹿印成	肥城市王瓜店镇穆庄村	—	男	1943 年
李允海	肥城市王瓜店镇西大封村	—	男	1943 年
庞培生	肥城市湖屯镇纸坊村	—	男	1943 年
梅绪庆	肥城市石横镇石横三村	—	男	1943 年
鲍洪路	肥城市石横镇后衡鱼三村	47	男	1943 年
展希庚	肥城市桃园镇里留村	20	男	1943 年
路明扬	肥城市桃园镇东伏村	36	男	1943 年
董继增	肥城市桃园镇中固村	31	男	1943 年
毛传贵	肥城市桃园镇后韩村	23	男	1943 年
喻岱福	肥城市桃园镇屯头村	32	男	1943 年
郭长生	肥城市桃园镇郭刘村	22	男	1943 年
刘文舍	肥城市桃园镇龙阳村	—	男	1943 年
郝圣河	肥城市桃园镇龙阳村	—	男	1943 年
庞开珍	肥城市王庄镇孔庄村	30	男	1943 年
李光岭	肥城市王庄镇西焦村	48	男	1943 年
王庆国	肥城市王庄镇东焦村	29	男	1943 年
郭长付	肥城市王庄镇南尚西村	28	男	1943 年
张彦顺	肥城市仪阳乡三山村	18	男	1943 年
喻宗迎	肥城市仪阳乡大栲山村	41	男	1943 年
孙远秀	肥城市仪阳乡大栲山村	46	男	1943 年
张连泉	肥城市仪阳乡大柱子村	20	男	1943 年

姓　名	籍　贯	年　龄	性　别	死难时间
赵绪仁	肥城市仪阳乡大柱子村	—	男	1943 年
王高廷	肥城市仪阳乡石坞村	—	男	1943 年
李志生	肥城市安临站镇站北村	30	男	1943 年
赵绪海之弟	肥城市安临站镇站北村	20	男	1943 年
胡良荣	肥城市安临站镇东界首村	—	男	1943 年
辛丙启	肥城市安临站镇赵家庄村	—	男	1943 年
吕永昌	肥城市安临站镇后贺庄村	—	男	1943 年
赵京安	肥城市安临站镇前贺庄村	—	男	1943 年
赵风伦	肥城市安临站镇前贺庄村	—	男	1943 年
孙书香	肥城市安临站镇葛家台村	—	男	1943 年
孙诗道	肥城市安临站镇葛家台村	—	男	1943 年
王德公	肥城市安临站镇王家台村	—	男	1943 年
葛立安	肥城市安临站镇葛家台村	—	男	1943 年
王光汉	肥城市安临站镇王家台村	—	男	1943 年
辛衍丙	肥城市安临站镇安站村	—	男	1943 年
邓兆法	肥城市安临站镇邓家庄村	—	男	1943 年
李英吉	肥城市安临站镇邓家庄村	—	男	1943 年
邓光铎	肥城市安临站镇邓家庄村	—	男	1943 年
布书行	肥城市安临站镇安站村	—	男	1943 年
徐洪春	肥城市安临站镇站北头村	—	男	1943 年
王殿盈	肥城市安临站镇林庄村	—	男	1943 年
王　磊	肥城市安临站镇西陆房村	—	男	1943 年
王诗雅	肥城市安临站镇西陆房村	—	男	1943 年
李开元	肥城市安临站镇大董庄村	—	男	1943 年
刘化林	肥城市安临站镇大董庄村	—	男	1943 年
董玉振	肥城市安临站镇大董庄村	—	男	1943 年
辛衍迎	肥城市安临站镇西界首村	—	男	1943 年
王　成	肥城市孙伯镇琶山村	20	男	1943 年
张宝贞	肥城市孙伯镇孙西村	21	男	1943 年
魏德宜	肥城市孙伯镇北栾村	38	男	1943 年
徐茂宜	肥城市孙伯镇孙东村	42	男	1943 年
徐永权之子	肥城市孙伯镇孙东村	18	男	1943 年
雷现廷之妻	肥城市孙伯镇孙东村	39	女	1943 年
雷宪顺	肥城市孙伯镇西坞村	—	男	1943 年

姓　名	籍　贯	年　龄	性　别	死难时间
李广彬	肥城市孙伯镇五埠村	29	男	1943 年
王德芳	肥城市孙伯镇大石桥村	60	男	1943 年
姬　刚	肥城市孙伯镇大石桥村	21	男	1943 年
葛传厚	肥城市安驾庄镇上庄炉村	—	男	1943 年
赵兰田	肥城市安驾庄镇曹家林村	—	男	1943 年
米英俊	肥城市安驾庄镇升家庄村	—	男	1943 年
赵怀松	肥城市安驾庄镇肖家埠村	—	男	1943 年
何庆祥	肥城市安驾庄镇陈家埠村	—	男	1943 年
吕建英	肥城市边院镇雨山村	21	男	1943 年
吕建四	肥城市边院镇雨山村	22	男	1943 年
杜春良	肥城市边院镇朱官村	24	男	1943 年
陈守林	肥城市边院镇	—	男	1943 年
李兴林	肥城市边院镇	—	男	1943 年
宿国文	肥城市边院镇	—	男	1943 年
王学孔	肥城市边院镇	—	男	1943 年
王学孔之母	肥城市边院镇	—	女	1943 年
杨圣宾	肥城市边院镇夏家庄村	—	男	1943 年
王连修	肥城市边院镇南仇村	—	男	1943 年
刘正业	肥城市边院镇王家堂村	—	男	1943 年
周光喜	肥城市边院镇周家庄头村	—	男	1943 年
吕洪祥	肥城市边院镇北仇村	—	男	1943 年
刘正祥	肥城市边院镇宋家庄村	—	男	1943 年
邵学温	肥城市边院镇宋家庄村	—	男	1943 年
吕冠三	肥城市边院镇大王家庄村	—	男	1943 年
陈玉乾	肥城市边院镇大王家庄村	—	男	1943 年
李宝山	肥城市边院镇北湖家庄村	—	男	1943 年
张金富	肥城市边院镇岔河店村	—	男	1943 年
李宝河	肥城市汶阳镇吴店村	27	男	1943 年
王连录	肥城市汶阳镇吴店村	26	男	1943 年
田柏洋	肥城市汶阳镇田东史村	—	男	1943 年
李守本	肥城市汶阳镇塔房村	—	男	1943 年
李洪渠	肥城市汶阳镇塔房村	—	男	1943 年
张纪均	肥城市汶阳镇浊东村	—	男	1943 年
张会义	肥城市汶阳镇浊东村	—	男	1943 年

姓 名	籍 贯	年 龄	性 别	死难时间
张同生	肥城市汶阳镇浊东村	—	男	1943 年
张纪孟	肥城市汶阳镇浊东村	—	男	1943 年
张东庆	肥城市汶阳镇浊东村	—	男	1943 年
杨建章	肥城市汶阳镇李店村	50	男	1943 年
候光英	肥城市汶阳镇西徐村	30	男	1943 年
张荣显	肥城市汶阳镇张楼村	—	男	1943 年
张文田	肥城市汶阳镇张孝门村	40	男	1943 年
张永喜	肥城市汶阳镇张孝门村	30	男	1943 年
张永芳	肥城市汶阳镇张孝门村	60	男	1943 年
李传平	肥城市汶阳镇屯庄村	—	男	1943 年
张传代	肥城市汶阳镇胡家庄村	—	男	1943 年
张传旺	肥城市新城办事处王坊村	—	男	1944 年 1 月 10 日
赵继香	肥城市湖屯镇董庄铺村	—	男	1944 年 1 月
李桂柱	肥城市石横镇红庙村	—	男	1944 年 1 月
张洪春	肥城市湖屯镇董庄铺村	—	男	1944 年 3 月
徐复红	肥城市湖屯镇东湖屯村	—	男	1944 年 3 月
周庆泉	肥城市石横镇红庙村	—	男	1944 年 3 月
陈洼玉	肥城市安临站镇下庄村	20	男	1944 年 3 月
田西耕	肥城市汶阳镇田东史村	—	男	1944 年 3 月
田吉睹	肥城市汶阳镇田东史村	79	男	1944 年 3 月
田　道	肥城市汶阳镇田东史村	77	男	1944 年 3 月
田贴柱	肥城市汶阳镇田东史村	—	男	1944 年 3 月
田老嫂	肥城市汶阳镇田东史村	—	男	1944 年 3 月
王宗禄	肥城市王瓜店镇前赵庄村	—	男	1944 年 5 月
王宣忠	肥城市桃园镇屯头村	41	男	1944 年 5 月
王立举	肥城市潮泉镇潮泉村	—	男	1944 年 6 月
王耀先	肥城市王瓜店镇新镇村	—	男	1944 年 6 月
王春河	肥城市王瓜店镇聂庄村	—	男	1944 年 6 月
王绪印	肥城市石横镇马坊村	26	男	1944 年 7 月
田怀文	肥城市汶阳镇田东史村	—	男	1944 年 7 月
栾昌海	肥城市潮泉镇黑山村	21	男	1944 年 8 月
赵传顺	肥城市潮泉镇黑山村	20	男	1944 年 8 月
尹祚成	肥城市湖屯镇赵庄村	—	男	1944 年 8 月
王冠武	肥城市湖屯镇北王庄村	—	男	1944 年 8 月

姓　名	籍　贯	年　龄	性　别	死难时间
梅辰水	肥城市石横镇石横一村	—	男	1944 年 8 月
赵传伦	肥城市仪阳乡周王墓村	—	男	1944 年 8 月
屈敬之	肥城市王瓜店镇北仪仙村	—	男	1944 年 10 月
张善德	肥城市湖屯镇冯庄村	—	男	1944 年 11 月
赵传胜	肥城市湖屯镇前兴隆村	—	男	1944 年 11 月
李森堂	肥城市新城办事处东尚里村	—	男	1944 年
何洪常	肥城市新城办事处沙窝村	—	男	1944 年
朱增山	肥城市老城镇河东村	—	男	1944 年
梁荣德	肥城市老城镇河东村	—	男	1944 年
李瑞法	肥城市老城镇五里垢村	—	男	1944 年
罗晋卿	肥城市潮泉镇罗家桁村	30	男	1944 年
王洪金	肥城市潮泉镇东尹庄村	40	男	1944 年
魏明友	肥城市潮泉镇张庄村	24	男	1944 年
张炳胜之妻	肥城市潮泉镇张庄村	23	女	1944 年
陈永法	肥城市王瓜店镇尚古庄村	20	男	1944 年
王道五	肥城市王瓜店镇王东村	—	男	1944 年
罗圣河	肥城市王瓜店镇前赵庄村	—	男	1944 年
马玉范	肥城市王瓜店镇罗家庄村	—	男	1944 年
朱明连	肥城市湖屯镇山阳铺村	—	男	1944 年
尹和村	肥城市石横镇石横三村	—	男	1944 年
刘少泉	肥城市石横镇北高余村	18	男	1944 年
史家兰	肥城市石横镇北大留村	—	男	1944 年
时德峰	肥城市石横镇唐庄村	24	男	1944 年
吕崇臣	肥城市石横镇中心村	—	男	1944 年
刘光峰	肥城市石横镇中心村	—	男	1944 年
张洪昌	肥城市石横镇泉胜村	21	男	1944 年
张钦庚	肥城市桃园镇西里村	17	男	1944 年
王启峰	肥城市桃园镇上固村	23	男	1944 年
张德海	肥城市桃园镇仁贵山村	32	男	1944 年
孙吉臣	肥城市王庄镇南尚东村	29	男	1944 年
郭泗木	肥城市王庄镇张场村	24	男	1944 年
王运德	肥城市仪阳乡大柱子村	60	男	1944 年
李恒增	肥城市仪阳乡大柱子村	—	男	1944 年
郝庆喜	肥城市仪阳乡三山坡村	—	男	1944 年

姓 名	籍 贯	年 龄	性 别	死难时间
赵衍岭	肥城市仪阳乡北辛庄村	—	男	1944 年
高文水	肥城市仪阳乡下庄村	—	男	1944 年
母兴荣	肥城市仪阳乡大柱子村	—	男	1944 年
赵传芳	肥城市仪阳乡王晋村	—	男	1944 年
辛允亮	肥城市安临站镇大辛庄村	30	男	1944 年
辛允恩	肥城市安临站镇辛庄村	—	男	1944 年
辛衍成	肥城市安临站镇麆山村	—	男	1944 年
葛立明	肥城市安临站镇葛家台村	—	男	1944 年
孙书庆	肥城市安临站镇站北村	—	男	1944 年
赵衍海	肥城市安临站镇安站村	—	男	1944 年
孙光春	肥城市安临站镇站北头村	—	男	1944 年
吴金同	肥城市安临站镇南峪村	—	男	1944 年
刘连法	肥城市安临站镇西陆房村	—	男	1944 年
乔学温	肥城市安临站镇西界首村	—	男	1944 年
雷印善	肥城市孙伯镇孙西村	26	男	1944 年
朱丰昌	肥城市孙伯镇孙西村	24	男	1944 年
朱玉常	肥城市孙伯镇孙西村	20	男	1944 年
陈洪生	肥城市孙伯镇陈杭村	24	男	1944 年
张广柱	—	—	男	1944 年
陈启左	肥城市安驾庄镇安庄西村	—	男	1944 年
梁子长	肥城市安驾庄镇北赵庄村	—	男	1944 年
郭德兴	肥城市安驾庄镇北石沟村	—	男	1944 年
姚兴起	肥城市安驾庄镇南石沟村	—	男	1944 年
路英杰	肥城市安驾庄镇西江庄村	—	男	1944 年
梁立清	肥城市安驾庄镇上庄炉村	—	男	1944 年
梁子禄	肥城市安驾庄镇锁鲁城村	—	男	1944 年
齐日俊	肥城市安驾庄镇北杨庄村	—	男	1944 年
李光夏	肥城市安驾庄镇后寨子村	—	男	1944 年
李甲麦	肥城市安驾庄镇后寨子村	—	男	1944 年
刘洪胜	肥城市安驾庄镇南杨庄村	—	男	1944 年
肖荣琴	肥城市安驾庄镇南夏辉村	—	女	1944 年
肖衍金	肥城市安驾庄镇南夏辉村	—	男	1944 年
肖荣节	肥城市安驾庄镇南夏辉村	—	男	1944 年
张声泽	肥城市安驾庄镇马家埠村	—	男	1944 年

姓 名	籍 贯	年 龄	性 别	死难时间
赵怀珠	肥城市安驾庄镇肖家埠村	—	男	1944 年
布树兰	肥城市安驾庄镇和埠岭村	—	男	1944 年
张兴田	肥城市安驾庄镇双村	—	男	1944 年
马义生	肥城市安驾庄镇西岭村	—	男	1944 年
王玉岭	肥城市安驾庄镇西王村	—	男	1944 年
崔继三	肥城市边院镇雨山村	24	男	1944 年
崔绪龙	肥城市边院镇雨山村	23	男	1944 年
陈启凤	肥城市边院镇边院村	—	男	1944 年
刘培林	肥城市边院镇王家堂村	—	男	1944 年
武之才	肥城市边院镇武家南仇村	—	男	1944 年
卢继世	肥城市边院镇张家柳林	—	男	1944 年
陈兆成	肥城市边院镇陈家洼	—	男	1944 年
杨奉余	肥城市边院镇宋家庄村	—	男	1944 年
刘培常	肥城市边院镇宋家庄村	—	男	1944 年
左殿生	肥城市边院镇宋家庄村	—	男	1944 年
高怀法	肥城市边院镇大王家庄村	—	男	1944 年
聂玉岭	肥城市边院镇大王家庄村	—	男	1944 年
朱绪茂	肥城市边院镇朱家官庄村	—	男	1944 年
田西决	肥城市汶阳镇田东史村	—	男	1944 年
明宝辰	肥城市汶阳镇明新村	24	男	1944 年
张传文	肥城市汶阳镇张楼村	—	男	1944 年
张传常	肥城市汶阳镇张楼村	—	男	1944 年
李振生	肥城市汶阳镇李庄村	—	男	1944 年
李文录	肥城市汶阳镇李庄村	—	男	1944 年
李文珍	肥城市汶阳镇李庄村	—	男	1944 年
杨克勤	肥城市汶阳镇北庄村	—	男	1944 年
杜宪英	肥城市汶阳镇西浊头村	—	男	1944 年
李学孟	肥城市汶阳镇西浊头村	—	男	1944 年
赵林增	肥城市汶阳镇河岔口村	—	男	1944 年
郭甲辰	肥城市湖屯镇张庄村	—	男	1945 年 1 月
孙传水	肥城市湖屯镇纸坊村	—	男	1945 年 1 月
穆超如	肥城市石横镇前衡鱼二村	25	男	1945 年 1 月
吴秀河	肥城市石横镇红庙村	—	男	1945 年 3 月
陈瑞华	肥城市石横镇红庙村	—	男	1945 年 3 月

姓 名	籍 贯	年龄	性别	死难时间
潘才亮	肥城市新城办事处白云村	27	男	1945 年 5 月
阴元焕	肥城市石横镇红庙村	—	男	1945 年 5 月
李淑奎	肥城市新城办事处东尚里村	40	男	1945 年 6 月
李福余	肥城市桃园镇李庄村	28	男	1945 年 6 月
渠德厚	肥城市王瓜店镇聂庄村	—	男	1945 年 7 月
杨丰太	肥城市湖屯镇涧北村	—	男	1945 年 7 月
魏绪英	肥城市湖屯镇纸坊村	—	男	1945 年 7 月
魏一同	肥城市湖屯镇纸坊村	—	男	1945 年 7 月
赵吉才	肥城市湖屯镇董庄铺村	—	男	1945 年 8 月
张德树	肥城市桃园镇东一村	38	男	1945 年 8 月
李开东	肥城市新城办事处刘庄村	21	男	1945 年
张钦刚	肥城市老城镇毛小村	—	男	1945 年
李汝元	肥城市老城镇三街	—	男	1945 年
王德运	肥城市老城镇姜庄村	—	男	1945 年
张相其	肥城市潮泉镇孙楼村	24	男	1945 年
王德明	肥城市潮泉镇大王村	22	男	1945 年
范长贵	肥城市潮泉镇范庄村	24	男	1945 年
董光振	肥城市王瓜店镇车庙村	28	男	1945 年
朱明杰	肥城市湖屯镇山羊铺村	—	男	1945 年
孔庆德	肥城市湖屯镇西寺村	—	男	1945 年
杨绪普	肥城市石横镇北高余村	30	男	1945 年
周长泉	肥城市桃园镇里留村	26	男	1945 年
王传顺	肥城市桃园镇西里村	20	男	1945 年
李福余	肥城市桃园镇西里村	28	男	1945 年
张成泉	肥城市桃园镇中固村	37	男	1945 年
刘光玉	肥城市桃园镇中固村	19	男	1945 年
王克清	肥城市桃园镇龙岗村	26	男	1945 年
王绪盈	肥城市桃园镇屯头村	21	男	1945 年
赵乐生	肥城市桃园镇屯头村	22	男	1945 年
王清先	肥城市桃园镇屯头村	51	男	1945 年
郭泗爽	肥城市桃园镇郭刘村	32	男	1945 年
郭长功	肥城市桃园镇郭刘村	25	男	1945 年
王秀英	肥城市桃园镇南北王村	23	女	1945 年
丁振乾	肥城市桃园镇西魏村	35	男	1945 年

姓 名	籍 贯	年 龄	性 别	死难时间
王世昂	肥城市王庄镇海子村	23	男	1945 年
郭长友	肥城市王庄镇张场村	24	男	1945 年
王启全	肥城市王庄镇王场村	24	男	1945 年
孔庆德	肥城市仪阳乡大柱子村	20	男	1945 年
张玉堂	肥城市仪阳乡三山坡村	—	男	1945 年
王庆伦	肥城市仪阳乡石坞村	—	男	1945 年
张洪伟	肥城市仪阳乡胡台村	—	男	1945 年
张同林	肥城市仪阳乡三环村	—	男	1945 年
赵衍文	肥城市仪阳乡棋石岭村	—	男	1945 年
赵传胜	肥城市仪阳乡赵庄村	—	男	1945 年
张成芳	肥城市仪阳乡赵庄村	—	男	1945 年
李庆昌	肥城市安临站镇辛庄村	—	男	1945 年
辛丙潭	肥城市安临站镇辛庄村	—	男	1945 年
辛允元	肥城市安临站镇辛庄村	—	男	1945 年
胡金刚	肥城市安临站镇东界首村	—	男	1945 年
辛丙林	肥城市安临站镇凤凰庄村	—	男	1945 年
吕建生	肥城市安临站镇前贺庄村	—	男	1945 年
赵培德	肥城市安临站镇前贺庄村	—	男	1945 年
李瑞水	肥城市安临站镇安站村	—	男	1945 年
杨建秋	肥城市安临站镇下庄村	—	男	1945 年
解保新	肥城市安临站镇沟北村	—	男	1945 年
辛允良	肥城市安临站镇沟北村	—	男	1945 年
徐富池	肥城市安临站镇白家庄村	—	男	1945 年
刘荣法	肥城市安临站镇东陆房村	—	男	1945 年
阎传温	肥城市安临站镇牛家庄村	—	男	1945 年
李振昆	肥城市安临站镇大董庄村	—	男	1945 年
武秀珍	肥城市孙伯镇五埠村	26	男	1945 年
陈宝同	肥城市孙伯镇五埠村	29	男	1945 年
刘庆海	肥城市孙伯镇南栾村	21	男	1945 年
刘德友	肥城市孙伯镇南栾村	28	男	1945 年
葛少全	肥城市安驾庄镇上庄炉村	—	男	1945 年
赵传水	肥城市安驾庄镇曹家林村	—	男	1945 年
肖传提	肥城市安驾庄镇肖家店村	—	男	1945 年
肖国生	肥城市安驾庄镇肖家店村	—	男	1945 年

姓　名	籍　贯	年　龄	性　别	死难时间
刘长孟	肥城市安驾庄镇郭家庄村	—	男	1945 年
武传业	肥城市边院镇东片马村	—	男	1945 年
宋子臣	肥城市边院镇姜家堂村	—	男	1945 年
宋绍平	肥城市边院镇东向村	—	男	1945 年
许纪良	肥城市边院镇北仇村	—	男	1945 年
吕学武	肥城市边院镇北仇村	—	男	1945 年
白盛泉	肥城市边院镇宋家庄村	—	男	1945 年
李宝文	肥城市边院镇北湖家庄村	—	男	1945 年
杨宝庚	肥城市边院镇大王庄村	—	男	1945 年
高桓山	肥城市边院镇高家庄村	—	男	1945 年
李中山	肥城市边院镇过村	—	男	1945 年
欧阳光乐	肥城市汶阳镇西徐村	25	男	1945 年
宋大黑	肥城市汶阳镇明新村	—	男	1945 年
李振坤	肥城市汶阳镇李庄村	—	男	1945 年
张印良	肥城市汶阳镇屯庄村	—	男	1945 年
张　岱	肥城市汶阳镇浊前村	—	男	1945 年
董光成	肥城市汶阳镇康孟庄村	—	男	1945 年
杜兆柏	肥城市汶阳镇西浊头村	—	男	1945 年
名树俊	肥城市汶阳镇明新村	—	男	1945 年
田文孝	肥城市老城镇田花峪村	—	男	1945 年
刘福祥	肥城市老城镇李峪村	—	男	1945 年
石允富	肥城市新城办事处王坊村	—	男	—
石允环	肥城市新城办事处王坊村	—	男	—
李建一	肥城市新城办事处东尚里村	32	男	—
杨金文	肥城市老城镇	—	女	—
王乐俭	肥城市老城镇	—	男	—
张家胜	肥城市老城镇	—	男	—
吴晓亭	—	—	男	—
翟来顺	肥城市石横镇南大留村	—	男	—
何作斌	肥城市石横镇南大留村	—	男	—
王培英	肥城市石横镇南大留村	—	男	—
白京法	肥城市石横镇南大留村	—	男	—
张东阳	肥城市石横镇南大留村	—	男	—
王来洋	肥城市石横镇南大留村	—	男	—

姓　名	籍　贯	年龄	性别	死难时间
张德利	肥城市桃园镇仁贵山村	20	男	—
付存涛	肥城市桃园镇业长村	28	男	—
阴云芳	肥城市桃园镇业长村	32	男	—
张新华	肥城市桃园镇东二村	30	男	—
徐玉某	肥城市王庄镇南尚东村	—	男	—
徐光祥	肥城市王庄镇南尚东村	—	男	—
孔凡军	肥城市王庄镇西孔村	—	男	—
姜庆木	肥城市王庄镇后于村	—	男	—
冀庆荣	肥城市仪阳乡仪阳村	—	男	—
于宪河	肥城市仪阳乡李家南阳村	—	男	—
孟兆忠	肥城市仪阳乡李家南阳村	—	男	—
步晓峰	肥城市安临站镇安临站村	35	男	—
刘洪珠之兄	肥城市安临站镇凤凰山村	20	男	—
周长安之姑	肥城市安临站镇黑峪村	—	女	—
郝宗富之父	肥城市安临站镇黑峪村	—	男	—
刘召旺之父	肥城市安临站镇黑峪村	—	男	—
刘兴胜之兄	肥城市安临站镇黑峪村	—	男	—
郝传坤之兄	肥城市安临站镇黑峪村	—	男	—
郝京祥之子	肥城市安临站镇黑峪村	—	男	—
孙尚美	肥城市安临站镇牛庄村	50	男	—
孙绪荣之兄	肥城市安临站镇牛庄村	—	男	—
孙尚功	肥城市安临站镇牛庄村	60	男	—
孙子举	肥城市安临站镇牛庄村	50	男	—
孙尚桂之妻	肥城市安临站镇牛庄村	50	女	—
张华路	肥城市边院镇柳林村	—	男	—
施　六	肥城市边院镇柳林村	—	男	—
汪庆芳	肥城市汶阳镇汪城宫村	—	男	—
汪成培	肥城市汶阳镇汪城宫村	—	男	—
汪培俭	肥城市汶阳镇汪城宫村	—	男	—
汪伦旺	肥城市汶阳镇汪城宫村	—	男	—
汪西玲	肥城市汶阳镇汪城宫村	—	男	—
汪培君	肥城市汶阳镇汪城宫村	—	男	—
李常年	肥城市仪阳乡高庄村	40	男	1938 年
乔学恩	肥城市安临站镇西界首村	50	男	1938 年

姓 名	籍 贯	年 龄	性 别	死难时间
徐庆贞	肥城市石横镇新华村	42	男	1939 年 10 月
孙传兴	肥城市仪阳乡仪阳村	—	男	1939 年
刘逢兰	肥城市安驾庄镇安庄村	29	男	1940 年 8 月
陈启泗	肥城市安驾庄镇安庄村	39	男	1940 年 8 月
路吉盈	肥城市仪阳乡百忍村	—	男	1940 年
朱棉花	肥城市安临站镇山套村	—	男	1941 年 7 月
王宪臣	肥城市汶阳镇吴店村	36	男	1941 年
李久成	肥城市石横镇中心村	—	男	1942 年
郭长兴	肥城市石横镇中心村	—	男	1942 年
邱仲成	肥城市石横镇中心村	—	男	1942 年
蒋太温	肥城市孙伯镇莲花峪村	52	男	1942 年
周启让	肥城市孙伯镇莲花峪村	41	男	1942 年
王运垚	肥城市仪阳乡黄柏山村	32	男	1943 年 3 月
陈崇金	肥城市新城办事处刘庄村	—	男	1943 年
马永俭	肥城市王瓜店镇马庄村	—	男	1943 年
石双印	肥城市王瓜店镇马庄村	—	男	1943 年
纪泗成	肥城市仪阳乡罗山村	—	男	1943 年
胡廷良	肥城市安临站镇刘家村	20	男	1943 年
韩玉合	肥城市安临站镇刘家村	50	男	1943 年
王兆柏	肥城市安临站镇刘家村	50	男	1943 年
刘振法	肥城市王瓜店镇邓李付村	—	男	1944 年 7 月
孙有长	肥城市孙伯镇大石桥村	50	男	1944 年
孙思才	肥城市孙伯镇大石桥村	25	男	1944 年
代守亭	肥城市石横镇幸福村	—	男	—
陶老四	肥城市安临站镇东虎村	40	男	—
孙宝泉	肥城市安临站镇东虎村	35	男	—
孙书法之父	肥城市安临站镇东虎村	40	男	—
赵京安	肥城市安临站镇贺庄村	20	男	—
张景勤	肥城市安临站镇大董村	40	男	—
王运河之父	肥城市安临站镇大董村	30	男	—
李瑞水之侄	肥城市安临站镇大董村	30	男	—
合 计	**1218**			

责任人：石振东　　　　核实人：石　峰　庄惠丽　　　　填表人：庄惠丽
填报单位（签章）：肥城市委党史征集研究办公室　　　　填报时间：2009 年 5 月 12 日

宁阳县抗日战争时期死难者名录

姓 名	籍 贯	年龄	性别	死难时间
杨玉夏	宁阳县磁窑镇孔家村	49	男	1938 年 1 月
徐振忠	宁阳县磁窑镇孔家村	48	男	1938 年 1 月
马玉三	宁阳县蒋集镇前彭村	38	男	1938 年 1 月
张 氏	宁阳县宁阳镇南关村	—	女	1938 年 2 月 14 日
徐玉仁	宁阳县宁阳镇南关村	—	男	1938 年 2 月 14 日
徐玉功	宁阳县宁阳镇南关村	—	男	1938 年 2 月 14 日
孟继孔	宁阳县宁阳镇川寺村	—	男	1938 年 2 月 14 日
张传仁之父	宁阳县宁阳镇吴村	50	男	1938 年 2 月 14 日
纪长峨	宁阳县葛石镇古树口村	54	男	1938 年 2 月
纪运山	宁阳县葛石镇古树口村	56	男	1938 年 2 月
张昭勤	宁阳县葛石镇古树口村	60	男	1938 年 2 月
张延勤	宁阳县葛石镇古树口村	35	男	1938 年 2 月
赵明刚	宁阳县葛石镇古树口村	33	男	1938 年 2 月
赵彦伍	宁阳县葛石镇古树口村	50	男	1938 年 2 月
杨传利之祖母	宁阳县东庄乡东谷堆村	72	女	1938 年 3 月
杨传柏大娘	宁阳县东庄乡东谷堆村	40	女	1938 年 3 月
董 氏	宁阳县磁窑镇磁窑南村	34	女	1938 年 3 月
吴广美	宁阳县宁阳镇邢庄村	—	女	1938 年 3 月
吴汉车	宁阳县宁阳镇邢庄村	—	男	1938 年 3 月
郁烈瓜	宁阳县宁阳镇邢庄村	—	男	1938 年 3 月
郁瑞松	宁阳县宁阳镇邢庄村	—	男	1938 年 3 月
郁瑞祥	宁阳县宁阳镇邢庄村	—	男	1938 年 3 月
施庆申	宁阳县东庄乡西韩村	24	男	1938 年 4 月 9 日
查 ×	宁阳县东庄乡西韩村	26	男	1938 年 4 月 9 日
查国列	宁阳县东庄乡西韩村	45	男	1938 年 4 月 9 日
查建礼	宁阳县东庄乡西韩村	38	男	1938 年 4 月 9 日
查建魏	宁阳县东庄乡西韩村	50	男	1938 年 4 月 9 日
查贤聘之母	宁阳县东庄乡西韩村	40	女	1938 年 4 月 9 日
苏继用	宁阳县伏山镇山岭村	31	男	1938 年 4 月
张传友之妻	宁阳县伏山镇双庙村	40	女	1938 年 4 月
杜润盘	宁阳县伏山镇双庙村	50	男	1938 年 4 月

姓　名	籍　贯	年　龄	性　别	死难时间
杜焕辇	宁阳县伏山镇双庙村	20	男	1938 年 4 月
杨万方	宁阳县东庄乡东谷堆村	68	男	1938 年 4 月
杨庆胜	宁阳县东庄乡东谷堆村	60	男	1938 年 4 月
杨继让	宁阳县东庄乡东谷堆村	65	男	1938 年 4 月
赵玉海	宁阳县磁窑镇贺庄村	35	男	1938 年 4 月
尹绪一	宁阳县磁窑镇尹家寨村	72	男	1938 年 4 月
尹石平	宁阳县磁窑镇尹家寨村	6	男	1938 年 4 月
尹林氏	宁阳县磁窑镇尹家寨村	55	女	1938 年 4 月
蔡云森之母	宁阳县磁窑镇尹家寨村	40	女	1938 年 4 月
孔召方	宁阳县磁窑镇大磨庄村	25	男	1938 年 4 月
张孩孩	宁阳县磁窑镇大磨庄村	26	男	1938 年 4 月
金承灿	宁阳县磁窑镇大磨庄村	26	男	1938 年 4 月
金承章	宁阳县磁窑镇大磨庄村	27	男	1938 年 4 月
金祥贞	宁阳县磁窑镇大磨庄村	24	男	1938 年 4 月
金祥敬	宁阳县磁窑镇大磨庄村	25	男	1938 年 4 月
孔召方家长工	—	25	男	1938 年 4 月
董培田	宁阳县磁窑镇卢家寨村	20	男	1938 年 4 月
刘守俊	宁阳县磁窑镇前海子村	20	男	1938 年 4 月
刘静纯	宁阳县磁窑镇前海子村	16	男	1938 年 4 月
李小尖	宁阳县磁窑镇程花村	29	男	1938 年 4 月
刘　成	宁阳县磁窑镇程花村	27	男	1938 年 4 月
程贯来	宁阳县磁窑镇程花村	25	男	1938 年 4 月
马安仁	宁阳县乡饮乡崇化村	54	男	1938 年 5 月 29 日
王立华	宁阳县乡饮乡崇化村	22	男	1938 年 5 月 29 日
王立忠	宁阳县乡饮乡崇化村	17	男	1938 年 5 月 29 日
王立荣	宁阳县乡饮乡崇化村	17	女	1938 年 5 月 29 日
王立鼎	宁阳县乡饮乡崇化村	28	男	1938 年 5 月 29 日
王兴印	宁阳县乡饮乡崇化村	32	男	1938 年 5 月 29 日
王同更	宁阳县乡饮乡崇化村	17	男	1938 年 5 月 29 日
王庆俊	宁阳县乡饮乡崇化村	23	男	1938 年 5 月 29 日
王桂斌	宁阳县乡饮乡崇化村	57	男	1938 年 5 月 29 日
刘凤举	宁阳县乡饮乡崇化村	30	男	1938 年 5 月 29 日
许加宝	宁阳县乡饮乡崇化村	52	男	1938 年 5 月 29 日
张二蛋	宁阳县乡饮乡崇化村	28	男	1938 年 5 月 29 日

姓名	籍贯	年龄	性别	死难时间
张小三	宁阳县乡饮乡崇化村	26	男	1938 年 5 月 29 日
张凤营	宁阳县乡饮乡崇化村	18	男	1938 年 5 月 29 日
张洪河	宁阳县乡饮乡崇化村	29	男	1938 年 5 月 29 日
张洪祥	宁阳县乡饮乡崇化村	40	男	1938 年 5 月 29 日
张振臣	宁阳县乡饮乡崇化村	—	男	1938 年 5 月 29 日
李继云	宁阳县乡饮乡崇化村	65	男	1938 年 5 月 29 日
杜洪建	宁阳县乡饮乡崇化村	30	男	1938 年 5 月 29 日
周立壮	宁阳县乡饮乡崇化村	—	男	1938 年 5 月 29 日
周张氏	宁阳县乡饮乡崇化村	30	女	1938 年 5 月 29 日
周学诗	宁阳县乡饮乡崇化村	36	男	1938 年 5 月 29 日
孟广海	宁阳县乡饮乡保安村	30	男	1938 年 5 月 29 日
高陈氏	宁阳县乡饮乡崇化村	25	女	1938 年 5 月 29 日
高荣全	宁阳县乡饮乡崇化村	26	男	1938 年 5 月 29 日
彭士春	宁阳县乡饮乡崇化村	31	男	1938 年 5 月 29 日
彭士福	宁阳县乡饮乡崇化村	36	男	1938 年 5 月 29 日
颜文	宁阳县乡饮乡崇化村	50	男	1938 年 5 月 29 日
颜李氏	宁阳县乡饮乡崇化村	40	女	1938 年 5 月 29 日
刘氏	宁阳县东疏镇围子里村	—	女	1938 年 5 月
刘魏氏	宁阳县东疏镇王楼集村	40	女	1938 年 5 月
陈振祥	宁阳县伏山镇路家楼村	—	男	1938 年 5 月
马德海	宁阳县葛石镇虎城村	—	男	1938 年 5 月
朱兆元	宁阳县葛石镇虎城村	—	男	1938 年 5 月
张单氏	宁阳县葛石镇虎城村	—	女	1938 年 5 月
单氏	宁阳县葛石镇虎城村	—	女	1938 年 5 月
曹氏	宁阳县葛石镇虎城村	—	女	1938 年 5 月
王恶莹	宁阳县宁阳镇郭临村	24	男	1938 年 5 月
郑方奇	宁阳县宁阳镇郭临村	36	男	1938 年 5 月
郭毛喜	宁阳县宁阳镇郭临村	54	男	1938 年 5 月
郭运年	宁阳县宁阳镇郭临村	50	男	1938 年 5 月
郭运盘	宁阳县宁阳镇郭临村	45	男	1938 年 5 月
郭小蛋	宁阳县宁阳镇郭临村	21	男	1938 年 5 月
郭铁汉	宁阳县宁阳镇郭临村	28	男	1938 年 5 月
郭培会	宁阳县宁阳镇郭临村	33	男	1938 年 5 月
王万红	宁阳县宁阳镇王临村	—	男	1938 年 6 月 20 日

姓 名	籍 贯	年 龄	性 别	死难时间
许李氏	宁阳县乡饮乡龙堂（王院）村	35	女	1938 年 6 月
刘福胜	宁阳县磁窑镇朴家宅村	32	男	1938 年 6 月
刘静海	宁阳县磁窑镇朴家宅村	31	男	1938 年 6 月
王挺芝	宁阳县鹤山乡赵庄村	18	男	1938 年 6 月
毛兆林	宁阳县泗店镇佘庄村	53	男	1938 年 6 月
毛现德	宁阳县泗店镇佘庄村	23	男	1938 年 6 月
朱殿顺	宁阳县泗店镇佘庄村	58	男	1938 年 6 月
尚延河	宁阳县泗店镇高庄村	30	男	1938 年 6 月
尚延银	宁阳县泗店镇高庄村	36	男	1938 年 6 月
刘广仁	宁阳县泗店镇牛家村	35	男	1938 年 6 月
李庭顺	宁阳县泗店镇古城村	60	男	1938 年 6 月
刘西义之母	宁阳县泗店镇古城村	60	女	1938 年 6 月
朱康武	宁阳县泗店镇后辛村	40	男	1938 年 6 月
姚 氏	宁阳县泗店镇徐孟村	30	女	1938 年 6 月
徐 氏	宁阳县泗店镇徐孟村	28	女	1938 年 6 月
朱金氏	宁阳县泗店镇王院村	45	女	1938 年麦后
梅再田	宁阳县泗店镇王院村	56	男	1938 年麦后
张小杭	宁阳县泗店镇后桥村	22	男	1938 年秋
王 氏	宁阳县伏山镇朱家庄村	52	女	1938 年 7 月 24 日
王广衡	宁阳县伏山镇朱家庄村	36	男	1938 年 7 月 24 日
刘 虎	宁阳县伏山镇朱家庄村	24	男	1938 年 7 月 24 日
刘继先	宁阳县伏山镇朱家庄村	34	男	1938 年 7 月 24 日
刘继红	宁阳县伏山镇朱家庄村	37	男	1938 年 7 月 24 日
陶桂兰	宁阳县伏山镇朱家庄村	54	女	1938 年 7 月 24 日
程学府	宁阳县伏山镇朱家庄村	28	男	1938 年 7 月 24 日
程若才	宁阳县伏山镇朱家庄村	38	男	1938 年 7 月 24 日
程洪远	宁阳县伏山镇朱家庄村	28	男	1938 年 7 月 24 日
张培兴	—	—	男	1938 年 7 月
盛传众	宁阳县乡饮乡五厂（姜厂）村	21	男	1938 年 7 月
卢德贵之妻	宁阳县伏山镇小梁王村	19	女	1938 年 7 月
孟广廷之伯母	宁阳县伏山镇小梁王村	51	女	1938 年 7 月
颜景桓	宁阳县华丰镇西范村	—	男	1938 年 7 月
刘仲柯	宁阳县鹤山乡刘西村	50	男	1938 年 7 月
赵大德	宁阳县埏城镇辛安村	—	男	1938 年 7 月

姓 名	籍 贯	年 龄	性 别	死难时间
田基坡	宁阳县东庄乡北鄙村	34	男	1938 年 8 月
高士杰	宁阳县东庄乡北鄙村	31	男	1938 年 8 月
刘风东	宁阳县伏山镇开元寺村	22	男	1938 年 9 月
刘传珍	宁阳县宁阳镇大屯村	—	男	1938 年 9 月
张玉水	宁阳县伏山镇云山店村	47	男	1938 年 10 月
杜广泰	宁阳县伏山镇云山店村	45	男	1938 年 10 月
杜庆花	宁阳县伏山镇云山店村	18	女	1938 年 10 月
杜珠润	宁阳县伏山镇云山店村	64	男	1938 年 10 月
杜培留	宁阳县伏山镇云山店村	35	男	1938 年 10 月
魏玉功	宁阳县伏山镇云山店村	52	男	1938 年 10 月
周瑞坤	宁阳县东疏镇滩头村	—	男	1938 年 10 月
张立明	宁阳县东疏镇后张庄村	—	男	1938 年 10 月
刘少臣	宁阳县东庄乡东谷堆村	58	男	1938 年 10 月
刘少臣之女	宁阳县东庄乡东谷堆村	39	女	1938 年 10 月
刘少臣之妻	宁阳县东庄乡东谷堆村	56	女	1938 年 10 月
刘道富	宁阳县东庄乡东谷堆村	33	男	1938 年 10 月
张京广之母	宁阳县东庄乡坡里村	40	女	1938 年 10 月
魏 杰	宁阳县磁窑镇魏家庄村	22	男	1938 年 10 月
杨任海	宁阳县鹤山乡侯庄村	36	男	1938 年 10 月
曹福臣	宁阳县鹤山乡邵庄村	18	男	1938 年 10 月
王汝汉	宁阳县乡饮乡八官庄村	16	男	1938 年 11 月
马廷四	宁阳县东疏镇庞庄村	—	男	1938 年 12 月
朱振銮	宁阳县伏山镇张家堂村	—	男	1938 年
张洪格	宁阳县伏山镇吕兴村	17	男	1938 年
程学龙	宁阳县伏山镇程家海村	19	男	1938 年
肖万云	宁阳县蒋集镇肖付村	40	男	1938 年
柳得云	宁阳县蒋集镇肖付村	41	男	1938 年
孙茂龙	宁阳县葛石镇官庄村	—	男	1938 年
刘 小	宁阳县葛石镇马山村	38	男	1938 年
单守田	宁阳县葛石镇马山村	61	男	1938 年
单保水	宁阳县葛石镇马山村	56	男	1938 年
曹广忠	宁阳县葛石镇马山村	54	男	1938 年
曹传林	宁阳县葛石镇马山村	52	男	1938 年
程方印	宁阳县葛石镇马山村	48	男	1938 年

姓　名	籍　贯	年　龄	性　别	死难时间
陈广义	宁阳县葛石镇陈店村	—	男	1938 年
燕　三	宁阳县葛石镇陈店村	—	男	1938 年
曹方兰之女	宁阳县葛石镇兴龙村	—	女	1938 年
郭增杭	宁阳县葛石镇河洼村	—	男	1938 年
郭贞岭	宁阳县葛石镇河洼村	—	男	1938 年
代金章	宁阳县葛石镇北庄村	38	男	1938 年
刘守朝	宁阳县葛石镇北庄村	35	男	1938 年
赵振山	宁阳县磁窑镇前石村	27	男	1938 年
张开瑞	宁阳县磁窑镇堡头村	24	男	1938 年
尹作红	宁阳县磁窑镇安子沟村	20	男	1938 年
姬庆存	宁阳县磁窑镇姬家庄村	54	男	1938 年
马　氏	宁阳县磁窑镇枣庄村	43	女	1938 年
范守瑞	宁阳县磁窑镇枣庄村	44	男	1938 年
赵　氏	宁阳县磁窑镇河洼村	26	女	1938 年
黄显省	宁阳县磁窑镇黄家庄村	31	男	1938 年
刘会重	宁阳县鹤山乡徐平村	—	男	1938 年
桑梦江	宁阳县鹤山乡徐平村	—	男	1938 年
魏传海	宁阳县鹤山乡魏平村	—	男	1938 年
刘会冲	宁阳县鹤山乡铺上村	—	男	1938 年
刘月珍	宁阳县鹤山乡刘楼村	—	男	1938 年
张开义	宁阳县鹤山乡徐平村	—	男	1938 年
李桂芳	宁阳县鹤山乡徐平村	—	女	1938 年
李殿成	宁阳县鹤山乡徐平村	—	男	1938 年
胡传套之妻	宁阳县鹤山乡徐平村	—	女	1938 年
刘方东	宁阳县鹤山乡牌坊街村	21	男	1938 年
李元松	宁阳县鹤山乡牌坊街村	23	女	1938 年
孟广来	宁阳县泗店镇石孟村	43	男	1938 年
孔现银之妻	宁阳县宁阳镇西关村	—	女	1939 年 1 月 22 日
李传文	宁阳县宁阳镇西关村	—	男	1939 年 1 月 22 日
肖继刚	宁阳县宁阳镇西关村	—	男	1939 年 1 月 22 日
薛忠申	宁阳县宁阳镇西关村	70	男	1939 年 1 月 22 日
王　×	宁阳县伏山镇白马庙村	31	男	1939 年 1 月
石广奋	宁阳县伏山镇白马庙村	40	男	1939 年 1 月
石安阳	宁阳县伏山镇白马庙村	50	男	1939 年 1 月

姓 名	籍 贯	年龄	性别	死难时间
贺花香	宁阳县伏山镇白马庙村	19	女	1939 年 1 月
曹银东	宁阳县伏山镇白马庙村	30	男	1939 年 1 月
董思业	宁阳县伏山镇白马庙村	75	男	1939 年 1 月
董衍举	宁阳县伏山镇白马庙村	52	男	1939 年 1 月
杨洪府	宁阳县磁窑镇磁窑南村	24	男	1939 年 2 月
小 拔	宁阳县伏山镇东代村	23	男	1939 年 2 月
闫专胜	宁阳县东疏镇寺头村	—	男	1939 年 3 月
马振海之妻	宁阳县葛石镇北韦村	—	女	1939 年 3 月
小 马	宁阳县东庄乡坡里村	28	男	1939 年 3 月
张京合	宁阳县东庄乡坡里村	32	男	1939 年 3 月
杨玉朴	宁阳县堽城镇城里村	—	男	1939 年 3 月
刘安山	宁阳县伏山镇刘家庄村	60	男	1939 年 4 月 27 日
刘安奎	宁阳县伏山镇刘家庄村	69	男	1939 年 4 月 27 日
刘张氏	宁阳县伏山镇刘家庄村	63	女	1939 年 4 月 27 日
朱兆祥	宁阳县伏山镇刘家庄村	56	男	1939 年 4 月 27 日
张茂岩	宁阳县伏山镇大梁王村	—	男	1939 年 4 月 27 日
杜广流	宁阳县伏山镇大梁王村	—	男	1939 年 4 月 27 日
杜长印	宁阳县伏山镇大梁王村	—	男	1939 年 4 月 27 日
杜长城	宁阳县伏山镇大梁王村	—	男	1939 年 4 月 27 日
杜长流	宁阳县伏山镇大梁王村	—	男	1939 年 4 月 27 日
杜治乐	宁阳县伏山镇大梁王村	—	男	1939 年 4 月 27 日
杨士楳	宁阳县乡饮乡郭沟村	20	男	1939 年 4 月
张西真	宁阳县蒋集镇圩子村	32	男	1939 年 4 月
张灵格	宁阳县蒋集镇圩子村	17	女	1939 年 4 月
魏洪祥	宁阳县鹤山乡王卞东村	37	男	1939 年 4 月
刘永库	宁阳县鹤山乡邵庄村	19	男	1939 年 5 月
王士端	宁阳县鹤山乡东山前村	36	男	1939 年 5 月
刘殿山	宁阳县鹤山乡王卞东村	44	男	1939 年 5 月
刘清玉	宁阳县东疏镇刘家庙村	21	男	1939 年 6 月
张廷秋之父	宁阳县葛石镇范庄村	—	男	1939 年 6 月
张洪本之父	宁阳县葛石镇范庄村	—	男	1939 年 6 月
张洪本之叔	宁阳县葛石镇范庄村	—	男	1939 年 6 月
任绪成	宁阳县葛石镇杏山村	—	男	1939 年 6 月
王本贵	宁阳县葛石镇葛石村	—	男	1939 年 6 月

姓 名	籍 贯	年 龄	性 别	死难时间
王玉成	宁阳县葛石镇葛石村	—	男	1939 年 6 月
王庄太	宁阳县葛石镇葛石村	—	男	1939 年 6 月
王茂柱	宁阳县葛石镇葛石村	—	男	1939 年 6 月
张凤坡	宁阳县葛石镇葛石村	—	男	1939 年 6 月
张守田	宁阳县葛石镇葛石村	—	男	1939 年 6 月
张延亮	宁阳县葛石镇葛石村	—	男	1939 年 6 月
张宝柱	宁阳县葛石镇葛石村	—	男	1939 年 6 月
陈元江	宁阳县葛石镇葛石村	—	男	1939 年 6 月
陈元祥	宁阳县葛石镇葛石村	—	男	1939 年 6 月
赵廷富	宁阳县葛石镇葛石村	62	男	1939 年 6 月
王来文	宁阳县东庄乡东山阴村	36	男	1939 年 6 月
王 成	宁阳县磁窑镇魏家庄村	10	男	1939 年 6 月
孙二才	宁阳县鹤山乡西北村	20	男	1939 年 6 月
王如印	宁阳县鹤山乡东北村	40	男	1939 年 6 月
孙基平	宁阳县鹤山乡东北村	21	男	1939 年 6 月
颜景功	宁阳县鹤山乡东北村	—	男	1939 年 6 月
桑阵苟	宁阳县鹤山乡泗皋村	—	男	1939 年 6 月
颜振顶	宁阳县鹤山乡泗皋村	—	男	1939 年 6 月
桑二妮	宁阳县鹤山乡西南村	—	女	1939 年 6 月
桑大妮	宁阳县鹤山乡西南村	—	女	1939 年 6 月
桑逢明之祖母	宁阳县鹤山乡西南村	—	女	1939 年 6 月
于洪安	宁阳县堽城镇大张村	—	男	1939 年 6 月
于洪雨	宁阳县堽城镇大张村	—	男	1939 年 6 月
洪庆华	宁阳县伏山镇太平村	28	男	1939 年 7 月
赵福朋	宁阳县伏山镇太平村	30	男	1939 年 7 月
赵振华	宁阳县磁窑镇贺庄村	30	男	1939 年 8 月
田化虎	宁阳县鹤山乡山洼村	30	男	1939 年 8 月
张廷玉	宁阳县鹤山乡山洼村	22	男	1939 年 8 月
陈小子	宁阳县蒋集镇圩子村	25	男	1939 年 9 月
邹宁氏	宁阳县磁窑镇磁窑东村	32	女	1939 年 9 月
王云田	宁阳县蒋集镇吕庄村	39	男	1939 年 10 月 23 日
王兴云	宁阳县蒋集镇吕庄村	24	男	1939 年 10 月 23 日
王命泗	宁阳县蒋集镇吕庄村	49	男	1939 年 10 月 23 日
王继彬	宁阳县蒋集镇吕庄村	33	男	1939 年 10 月 23 日

姓　名	籍　贯	年龄	性别	死难时间
王继善	宁阳县蒋集镇吕庄村	37	男	1939 年 10 月 23 日
王新广	宁阳县蒋集镇吕庄村	26	男	1939 年 10 月 23 日
孙得武	宁阳县堽城镇赵家堂村	30	男	1939 年 10 月 23 日
杨兴彬	宁阳县蒋集镇吕庄村	31	男	1939 年 10 月 23 日
赵丙新	宁阳县蒋集镇吕庄村	35	男	1939 年 10 月 23 日
李务举	宁阳县磁窑镇路花村	30	男	1939 年 10 月
徐茂坤	宁阳县鹤山乡路庄村	49	男	1939 年 10 月
徐考场	宁阳县鹤山乡路庄村	17	男	1939 年 10 月
魏　氏	宁阳县鹤山乡杏山村	40	女	1939 年 10 月
程冠山	宁阳县鹤山乡山洼村	20	男	1939 年 10 月
贺张氏	宁阳县伏山镇毛家村	60	女	1939 年 11 月
阎纂庆	宁阳县东疏镇后学村	26	男	1939 年 11 月
桑岐保	宁阳县鹤山乡东皋村	25	男	1939 年 12 月
桑俊阳	宁阳县鹤山乡东皋村	28	男	1939 年 12 月
桑梦兴	宁阳县鹤山乡东皋村	26	男	1939 年 12 月
许留柱	宁阳县华丰镇高庄村	28	男	1939 年
曹　×	宁阳县华丰镇梧桐峪村	40	男	1939 年
庞得全	宁阳县华丰镇西爵山村	—	男	1939 年
马衍昆	宁阳县蒋集镇马院村	31	男	1939 年
刘登富	宁阳县蒋集镇马院村	35	男	1939 年
于赵氏	宁阳县蒋集镇蒋集村	18	女	1939 年
张秀礼	宁阳县葛石镇河西村	—	男	1939 年
刘新泰	宁阳县葛石镇涧西村	—	男	1939 年
张照功	宁阳县葛石镇涧西村	—	男	1939 年
于　海	宁阳县葛石镇小夏庄村	—	男	1939 年
赵廷旺	宁阳县葛石镇小夏庄村	—	男	1939 年
曹丙毛	宁阳县葛石镇马山村	59	男	1939 年
王子杭	宁阳县葛石镇夏代堂村	—	男	1939 年
张洪夏	宁阳县葛石镇夏代堂村	—	男	1939 年
王　杏	宁阳县葛石镇宝泉村	—	男	1939 年
刘德安	宁阳县葛石镇宝泉村	—	男	1939 年
陈金顶	宁阳县葛石镇宝泉村	—	男	1939 年
张建亭	宁阳县葛石镇虎城村	—	男	1939 年
孔现依	宁阳县葛石镇三卜村	—	男	1939 年

姓 名	籍 贯	年 龄	性 别	死难时间
宿端娥	宁阳县磁窑镇宿家庄村	30	男	1939 年
齐云利	宁阳县磁窑镇堡头村	32	男	1939 年
李文祥	宁阳县磁窑镇老王庄村	25	男	1939 年
卢京召	宁阳县磁窑镇兴龙村	26	男	1939 年
刘敬泉	宁阳县磁窑镇兴龙村	21	男	1939 年
路杜氏	宁阳县磁窑镇路花村	20	女	1939 年
李现银	宁阳县鹤山乡鹅鸭厂村	40	男	1939 年
孔令田	宁阳县鹤山乡王卞西村	26	男	1939 年
乔兰亭	宁阳县鹤山乡王卞西村	25	男	1939 年
刘玉春	宁阳县鹤山乡王卞西村	30	男	1939 年
李风亭	宁阳县鹤山乡王卞西村	26	男	1939 年
李方坤	宁阳县鹤山乡雷庄村	36	男	1939 年
吴延光	宁阳县鹤山乡东王卞村	18	男	1939 年
雷现风	宁阳县鹤山乡雷庄村	46	男	1939 年
陈孟田	宁阳县鹤山乡后鹤村	—	男	1939 年
柳恒立	宁阳县鹤山乡后鹤村	—	女	1939 年
刘方岳	宁阳县鹤山乡刘楼村	40	男	1939 年
刘玉英之妻	宁阳县鹤山乡刘楼村	35	女	1939 年
刘均富	宁阳县鹤山乡东南村	—	男	1939 年
闫修殿	宁阳县鹤山乡刘家西皋村	44	男	1939 年
郭德义	宁阳县鹤山乡刘家西皋村	25	男	1939 年
武 氏	宁阳县鹤山乡中皋村	46	女	1939 年
肖衍河	宁阳县宁阳镇西关村	—	男	1939 年
颜振海	宁阳县华丰镇朱家洼村	—	男	1939 年
刘文玉	宁阳县鹤山乡王卞东村	30	男	1940 年 1 月
张胜宝	宁阳县泗店镇前桥村	21	男	1940 年 2 月 22 日
刘震发	宁阳县伏山镇刘家庄村	33	男	1940 年 2 月
王长顺	宁阳县鹤山乡王卞东村	29	男	1940 年 2 月
刘二东	宁阳县鹤山乡王卞东村	34	男	1940 年 2 月
王小七	宁阳县堽城镇南落村	28	男	1940 年 2 月
王 泉	宁阳县堽城镇南落村	30	男	1940 年 2 月
冯小喜	宁阳县堽城镇南落村	32	男	1940 年 2 月
冯秀水	宁阳县堽城镇南落村	26	男	1940 年 2 月
胡振坤	宁阳县乡饮乡韦周（西街）村	18	男	1940 年 3 月

姓 名	籍 贯	年 龄	性 别	死难时间
孔茂方	宁阳县华丰镇沈家庄村	34	女	1940 年 3 月
杨万山	宁阳县东庄乡东谷堆村	60	男	1940 年 3 月
杨万山之妻	宁阳县东庄乡东谷堆村	60	女	1940 年 3 月
赵松娥	宁阳县鹤山乡赵庄村	20	男	1940 年 3 月
罗恒群	宁阳县东庄乡北葛村	42	男	1940 年 3 月
贺存俭	宁阳县磁窑镇贺庄村	36	男	1940 年 3 月
郭秀坤	宁阳县鹤山乡王卞东村	41	男	1940 年 3 月
张延梅	宁阳县葛石镇东云村	—	女	1940 年 5 月
王和尚	宁阳县东庄乡西韩村	20	男	1940 年 5 月
王敬富	宁阳县东庄乡西韩村	16	男	1940 年 5 月
刘　×	宁阳县东庄乡西韩村	24	男	1940 年 5 月
刘永俭	宁阳县东庄乡西韩村	22	男	1940 年 5 月
吴宗江	宁阳县东庄乡西韩村	22	男	1940 年 5 月
查国启	宁阳县东庄乡西韩村	24	男	1940 年 5 月
侯现绳	宁阳县鹤山乡侯庄村	19	男	1940 年 5 月
许加洪之妻	宁阳县宁阳镇北关村	—	女	1940 年 5 月
许加洪之子	宁阳县宁阳镇北关村	—	男	1940 年 5 月
牛星柱	宁阳县乡饮乡韦周（东街）村	19	男	1940 年 6 月
蔡宝奎之父	宁阳县磁窑镇大周村	45	男	1940 年 6 月
魏张氏	宁阳县鹤山乡王卞东村	27	女	1940 年 6 月
传　娥	宁阳县堽城镇高桥村	—	男	1940 年 6 月
郝志刚	宁阳县东疏镇孙村集村	22	男	1940 年 8 月
小　宋	宁阳县东庄乡东韩村	20	男	1940 年 8 月
程炳章	宁阳县磁窑镇程花村	29	男	1940 年 8 月
周化安	宁阳县鹤山乡邵庄村	19	男	1940 年 8 月
桑立信	宁阳县鹤山乡东皋村	38	男	1940 年 8 月
刘洪利	宁阳县鹤山乡山洼村	30	男	1940 年 8 月
樊广红	宁阳县堽城镇	—	男	1940 年 8 月
董传现	宁阳县堽城镇高桥村	—	男	1940 年 8 月
潘殿成	宁阳县堽城镇潘辛村	—	男	1940 年 8 月
曹传富	宁阳县乡饮乡八官庄村	30	男	1940 年 9 月
孙王氏	宁阳县鹤山乡东罗山村	63	女	1940 年 9 月
张基安	宁阳县鹤山乡中罗山村	63	男	1940 年 9 月
张基俊	宁阳县鹤山乡中罗山村	55	男	1940 年 9 月

姓　名	籍　贯	年　龄	性　别	死难时间
孙秀举	宁阳县宁阳镇南关村	—	男	1940 年 9 月
刘　氏	宁阳县东庄乡刘屋村	—	女	1940 年 10 月
李红生	宁阳县鹤山乡赵庄村	24	男	1940 年 10 月
马兴田	宁阳县泗店镇纸房村	60	男	1940 年 10 月
胡殿群	宁阳县华丰镇朱家洼村	23	男	1940 年 12 月
李付贵	宁阳县磁窑镇老王庄村	28	男	1940 年 12 月
徐马氏	宁阳县磁窑镇南驿村	30	女	1940 年 12 月
安广成	宁阳县鹤山乡东皋村	19	男	1940 年 12 月
安振田	宁阳县鹤山乡东皋村	21	男	1940 年 12 月
桑岐法	宁阳县鹤山乡东皋村	18	男	1940 年 12 月
张许氏	宁阳县伏山镇张家堂村	42	女	1940 年
韩　×	宁阳县华丰镇河西村	—	男	1940 年
张成田	宁阳县华丰镇高庄村	35	男	1940 年
苏现富	宁阳县蒋集镇苏龙村	30	男	1940 年
杨　三	宁阳县葛石镇谭厂村	—	男	1940 年
崔学强之兄	宁阳县葛石镇谭厂村	—	男	1940 年
马佰甫	宁阳县葛石镇曹寨村	—	男	1940 年
李思瑞	宁阳县葛石镇曹寨村	—	男	1940 年
张廷伟之妻	宁阳县葛石镇曹寨村	—	女	1940 年
郗延森	宁阳县葛石镇河西村	—	男	1940 年
陈少千	宁阳县葛石镇吴楼村	—	男	1940 年
韩昌贵	宁阳县磁窑镇韩家庄村	20	男	1940 年
丁学雨	宁阳县磁窑镇前丁村	30	男	1940 年
孔现沁	宁阳县磁窑镇前丁村	31	男	1940 年
李　伦	宁阳县磁窑镇南驿村	20	男	1940 年
郑修顿	宁阳县磁窑镇郑庄村	12	男	1940 年
刘　氏	宁阳县磁窑镇齐家庄村	32	女	1940 年
刘远卓	宁阳县磁窑镇齐家庄村	28	男	1940 年
宿端峰	宁阳县磁窑镇宿家庄村	28	男	1940 年
闫士平	宁阳县磁窑镇泗望集村	28	男	1940 年
李瑞才	宁阳县磁窑镇中李村	—	男	1940 年
赵立有	宁阳县鹤山乡崔河村	35	男	1940 年
刘苑氏	宁阳县鹤山乡王卞西村	22	女	1940 年
赵立传	宁阳县鹤山乡崔河村	33	男	1940 年

姓　名	籍　贯	年　龄	性　别	死难时间
崔文昌	宁阳县鹤山乡前鹤村	37	男	1940 年
崔文泰	宁阳县鹤山乡前鹤村	32	男	1940 年
沈需德	宁阳县鹤山乡东王卞村	20	男	1940 年
施杨氏	宁阳县鹤山乡西南村	—	女	1940 年
桑士阳	宁阳县鹤山乡西南村	—	女	1940 年
郭恩玲	宁阳县鹤山乡西南村	—	男	1940 年
颜承街	宁阳县鹤山乡西南村	—	男	1940 年
陈　氏	宁阳县鹤山乡东南村	56	女	1940 年
赵学道	宁阳县鹤山乡东南村	52	男	1940 年
张胜糖	宁阳县鹤山乡前鹤村	20	男	1940 年
朱庆珍	宁阳县鹤山乡西山前村	37	男	1940 年
桑岐宫	宁阳县鹤山乡	—	男	1940 年
张延全之父	宁阳县鹤山乡徐平村	—	男	1940 年
王为顺	宁阳县鹤山乡汪泉屯村	—	男	1940 年
李广德	宁阳县鹤山乡汪泉屯村	—	男	1940 年
王汝业	宁阳县鹤山乡中皋村	17	男	1940 年
卢孝木	宁阳县鹤山乡中皋村	18	男	1940 年
孙业瑾	宁阳县鹤山乡中皋村	16	男	1940 年
孙吉稳	宁阳县鹤山乡中皋村	14	男	1940 年
孙有田	宁阳县鹤山乡中皋村	20	男	1940 年
孙×田	宁阳县鹤山乡中皋村	18	男	1940 年
孙有全	宁阳县鹤山乡中皋村	22	男	1940 年
孙有尚	宁阳县鹤山乡中皋村	14	男	1940 年
孙思礼	宁阳县鹤山乡中皋村	16	男	1940 年
孙思南	宁阳县鹤山乡中皋村	19	男	1940 年
贺兆根	宁阳县鹤山乡西山前村	35	男	1940 年
杜照勋	宁阳县磁窑镇西贤村	25	男	1941 年 1 月
乔凤图	宁阳县宁阳镇关王村	59	男	1941 年 2 月 10 日
房常平	宁阳县东庄乡南石崮村	36	男	1941 年 2 月
刘志勋	宁阳县鹤山乡王卞东村	38	男	1941 年 2 月
安振富	宁阳县鹤山乡东皋村	26	男	1941 年 2 月
安兴金	宁阳县鹤山乡东皋村	24	男	1941 年 2 月
安兴帮	宁阳县鹤山乡东皋村	31	男	1941 年 2 月
闫本亮	宁阳县伏山镇刘家庄村	40	男	1941 年 3 月 3 日

姓 名	籍 贯	年 龄	性 别	死难时间
周国复	宁阳县伏山镇周家楼村	22	男	1941 年 3 月
徐 三	宁阳县东庄乡东谷堆村	30	男	1941 年 3 月
王来伍	宁阳县东庄乡东山阴村	34	男	1941 年 3 月
许 国	宁阳县宁阳镇廖桥村	22	男	1941 年 4 月 15 日
吕祥河	宁阳县东庄乡东山阴村	36	男	1941 年 4 月
孙延奎	宁阳县东庄乡东庄村	38	男	1941 年 4 月
王春东	宁阳县东庄乡南鄙东村	36	男	1941 年 5 月
何付常	宁阳县鹤山乡邵庄村	20	男	1941 年 5 月
王 君	宁阳县磁窑镇西贤村	24	男	1941 年 7 月
韩复常	宁阳县磁窑镇西贤村	26	男	1941 年 7 月
戚传英	宁阳县磁窑镇西贤村	25	男	1941 年 7 月
阎纂来	宁阳县东疏镇后学村	26	男	1941 年 8 月
刘树生	宁阳县鹤山乡东皋村	17	男	1941 年 8 月
刘树立	宁阳县鹤山乡东皋村	23	男	1941 年 8 月
桑进传	宁阳县鹤山乡东皋村	18	男	1941 年 8 月
刘安河	宁阳县伏山镇刘家庄村	31	男	1941 年 9 月
许家祥	宁阳县东庄乡东庄村	35	男	1941 年 11 月
张瑞亲	宁阳县东庄乡西张村	62	男	1941 年 11 月
王仲汉	宁阳县东庄乡满良村	43	男	1941 年 12 月
刘衍江之父	宁阳县鹤山乡杏山村	31	男	1941 年 12 月
张如千之弟	宁阳县鹤山乡杏山村	33	男	1941 年 12 月
沈需祥	宁阳县鹤山乡杏山村	32	男	1941 年 12 月
胡才腕	宁阳县泗店镇泗庄村	—	男	1941 年
秦文灵	宁阳县伏山镇陈家庙村	—	男	1941 年
刘乐海	宁阳县伏山镇刘家庄村	26	男	1941 年
刘乐青	宁阳县伏山镇刘家庄村	28	男	1941 年
刘乐举	宁阳县伏山镇刘家庄村	20	男	1941 年
王士长	宁阳县华丰镇西故城村	—	男	1941 年
秦华山	宁阳县华丰镇西故城村	—	男	1941 年
宁洪祥	宁阳县华丰镇埠南村	40	男	1941 年
朱长富	宁阳县华丰镇张家村	—	男	1941 年
刘 仁	宁阳县华丰镇张家村	—	男	1941 年
郭风兰	宁阳县蒋集镇守安村	38	女	1941 年
殷怀县	宁阳县蒋集镇小胡村	30	男	1941 年

姓　名	籍　贯	年　龄	性　别	死难时间
宁天兰	宁阳县葛石镇大夏庄村	—	男	1941 年
宁修工	宁阳县葛石镇大夏庄村	—	男	1941 年
刘绪田	宁阳县葛石镇大夏庄村	—	男	1941 年
张怀亭	宁阳县葛石镇大夏庄村	—	男	1941 年
许宗山	宁阳县葛石镇黑石村	—	男	1941 年
许　氏	宁阳县葛石镇黑石村	—	女	1941 年
肖绪合	宁阳县葛石镇朝东庄村	16	男	1941 年
宿端文	宁阳县磁窑镇宿家庄村	36	男	1941 年
刘方来	宁阳县磁窑镇路花村	21	男	1941 年
黄立柱	宁阳县磁窑镇涝洼村	32	男	1941 年
高荣进	宁阳县磁窑镇涝洼村	30	男	1941 年
赵振宽	宁阳县鹤山乡鹅鸭厂村	39	男	1941 年
刘荣荣	宁阳县鹤山乡大辛村	—	女	1941 年
桑传路	宁阳县鹤山乡大辛村	28	男	1941 年
桑岐忠	宁阳县鹤山乡雷庄村	38	男	1941 年
雷茂儒	宁阳县鹤山乡雷庄村	39	男	1941 年
刘邵氏	宁阳县鹤山乡路庄村	19	女	1941 年
刘镜振	宁阳县鹤山乡刘楼村	33	男	1941 年
王为来	宁阳县鹤山乡汪泉屯村	—	男	1941 年
王建申	宁阳县鹤山乡汪泉屯村	—	男	1941 年
孙忠玉	宁阳县鹤山乡中皋村	22	男	1941 年
吴延敏	宁阳县宁阳镇南关村	—	男	1941 年
张令德	宁阳县宁阳镇南关村	—	男	1941 年
张修彦	宁阳县宁阳镇南关村	—	男	1941 年
张培文	宁阳县宁阳镇南关村	—	男	1941 年
徐其昌	宁阳县宁阳镇南关村	—	男	1941 年
高玉祥	宁阳县宁阳镇西关村	—	男	1941 年
侯方振	宁阳县东庄乡老庄子村	—	男	1942 年 1 月
李季禄	宁阳县华丰镇北高村	—	男	1942 年 2 月
陈秀英	宁阳县东庄乡东庄村	23	女	1942 年 2 月
程洪仇	宁阳县磁窑镇程花村	30	男	1942 年 2 月
黄玉亭	宁阳县华丰镇井泉村	—	男	1942 年 3 月
崔成业	宁阳县东庄乡东崔村	36	男	1942 年 3 月
沈明甲之大伯	宁阳县鹤山乡杏山村	39	男	1942 年 3 月

姓　名	籍　贯	年　龄	性　别	死难时间
沈明甲之二伯	宁阳县鹤山乡杏山村	32	男	1942 年 3 月
高令才之兄	宁阳县鹤山乡杏山村	37	男	1942 年 3 月
张德昌	宁阳县伏山镇周家楼村	20	男	1942 年 4 月
查仲读	宁阳县东庄乡大石崮村	20	男	1942 年 4 月
訾　×	宁阳县东庄乡大石崮村	17	男	1942 年 4 月
葛广秀	宁阳县东庄乡葛庄村	28	男	1942 年 4 月
张京鹅	宁阳县东庄乡坡里村	44	男	1942 年 4 月
李瑞林	宁阳县磁窑镇孔家村	13	男	1942 年 4 月
安学仁	宁阳县东庄乡南故城村	34	男	1942 年 5 月
宋万春	宁阳县华丰镇韩家岭村	—	男	1942 年 6 月
卜庆安	宁阳县磁窑镇贺庄村	38	男	1942 年 6 月
秦倍瑞	宁阳县磁窑镇东贤村	42	男	1942 年 6 月
侯吉顿	宁阳县鹤山乡王平村	38	男	1942 年 6 月
刘张氏	宁阳县鹤山乡王卞东村	21	女	1942 年 6 月
王瑞西	宁阳县东庄乡东山阴村	45	男	1942 年 7 月
陈绪富	宁阳县东庄乡刘屋村	35	男	1942 年 7 月
张修亚	宁阳县宁阳镇南关村	—	男	1942 年 7 月
乔胜文	宁阳县宁阳镇关王村	—	男	1942 年 7 月
纪　发	宁阳县宁阳镇关王村	—	男	1942 年 7 月
张会全之四叔	宁阳县宁阳镇关王村	—	男	1942 年 7 月
王守山	宁阳县东疏镇刘家庙村	16	男	1942 年 8 月
钟加春	宁阳县东庄乡东庄村	29	男	1942 年 8 月
薛　×	宁阳县东庄乡薛家庄村	22	男	1942 年 8 月
孔现炳	宁阳县华丰镇西范村	54	男	1942 年 8 月
王茂征	宁阳县华丰镇西范村	50	男	1942 年 8 月
颜世军	宁阳县华丰镇西范村	55	男	1942 年 8 月
颜世宣	宁阳县华丰镇西范村	53	男	1942 年 8 月
田培炎	宁阳县东庄乡北鄙村	38	男	1942 年 8 月
刘亲义	宁阳县东庄乡中谷堆村	28	男	1942 年 8 月
任化柱	宁阳县东庄乡仁门村	36	男	1942 年 9 月
刘保金	宁阳县鹤山乡东罗村	26	男	1942 年 9 月
张风申	宁阳县鹤山乡东罗村	34	男	1942 年 9 月
杨　×	宁阳县鹤山乡东罗村	27	女	1942 年 9 月
朱冀阶	宁阳县东庄乡东庄村	42	男	1942 年 10 月

姓 名	籍 贯	年 龄	性 别	死难时间
夏　×	宁阳县东庄乡东庄村	60	男	1942 年 10 月
李平运	宁阳县鹤山乡邵庄村	21	男	1942 年 10 月
郑继秋	宁阳县华丰镇湖村	—	男	1942 年 11 月
田庆彪	宁阳县东庄乡南鄙东村	45	男	1942 年 11 月
刘大才	宁阳县华丰镇埠南村	16	男	1942 年
宁洪振之母	宁阳县蒋集镇宁庄村	30	女	1942 年
宁衍峰之妻	宁阳县蒋集镇宁庄村	19	女	1942 年
陈玉圣	宁阳县葛石镇山前村	—	男	1942 年
吴士龙	宁阳县葛石镇钱庄村	—	男	1942 年
张茂杏	宁阳县磁窑镇堡头村	29	男	1942 年
刘敬朴之兄	宁阳县磁窑镇北村	26	男	1942 年
周洪仁	宁阳县磁窑镇涝洼村	29	男	1942 年
周　洪	宁阳县磁窑镇涝洼村	30	男	1942 年
赵振泉	宁阳县磁窑镇水泉村	30	男	1942 年
赵振堂	宁阳县磁窑镇水泉村	35	男	1942 年
李德志	宁阳县鹤山乡鹅鸭厂村	44	男	1942 年
张厚人	宁阳县鹤山乡大辛村	29	男	1942 年
桑传刚	宁阳县鹤山乡大辛村	26	男	1942 年
桑岐法	宁阳县鹤山乡大辛村	31	女	1942 年
曹辛中	宁阳县鹤山乡大辛村	40	男	1942 年
韦广街	宁阳县鹤山乡坡庄村	—	男	1942 年
朱林顿	宁阳县鹤山乡坡庄村	—	男	1942 年
李向财	宁阳县鹤山乡坡庄村	—	男	1942 年
周庆才	宁阳县鹤山乡雷庄村	41	男	1942 年
雷现唱	宁阳县鹤山乡雷庄村	43	男	1942 年
孙玉荣	宁阳县鹤山乡大庄村	28	男	1942 年
黄方池	宁阳县鹤山乡大庄村	35	男	1942 年
黄承富	宁阳县鹤山乡大庄村	40	男	1942 年
沈需高	宁阳县鹤山乡沈西村	—	男	1942 年
郭恩功	宁阳县鹤山乡郭平村	56	男	1942 年
许从仁之大伯	宁阳县宁阳镇川中村	—	男	1942 年
刘　四	宁阳县东庄乡中谷堆村	28	男	1943 年 1 月
刘少伍	宁阳县东庄乡中谷堆村	24	男	1943 年 1 月
刘清元	宁阳县东庄乡中谷堆村	27	男	1943 年 1 月

姓 名	籍 贯	年龄	性别	死难时间
黄 ×	宁阳县东庄乡中谷堆村	43	男	1943 年 1 月
王庆贺	宁阳县磁窑镇后泗望村	30	男	1943 年 1 月
任克英	宁阳县东庄乡西谷堆村	34	女	1943 年 2 月
王承举	宁阳县磁窑镇大磨庄村	45	男	1943 年 2 月
刘令才之侄媳	宁阳县鹤山乡杏山村	18	女	1943 年 2 月
王干巴	宁阳县堽城镇商庄村	—	男	1943 年 2 月
王开良	宁阳县堽城镇商庄村	—	男	1943 年 2 月
王步山	宁阳县堽城镇商庄村	—	男	1943 年 2 月
王贾妮	宁阳县堽城镇商庄村	—	男	1943 年 2 月
张夫信之兄	宁阳县华丰镇张家寨村	—	男	1943 年 3 月
周传水之兄	宁阳县华丰镇张家寨村	—	男	1943 年 3 月
周传祥之兄	宁阳县华丰镇张家寨村	—	男	1943 年 3 月
周庆水之兄	宁阳县华丰镇张家寨村	—	男	1943 年 3 月
高传祥之兄	宁阳县华丰镇张家寨村	—	男	1943 年 3 月
高令才之大嫂	宁阳县鹤山乡杏山村	35	女	1943 年 3 月
王进才	宁阳县磁窑镇南驿村	18	男	1943 年 4 月
高保田	宁阳县堽城镇潘辛村	—	男	1943 年 4 月
刘双银	宁阳县东庄乡中谷堆村	41	男	1943 年 5 月
刘全村	宁阳县东庄乡中谷堆村	35	男	1943 年 5 月
朱 三	宁阳县东庄乡中谷堆村	39	男	1943 年 5 月
董嗣标	宁阳县堽城镇高桥村	—	男	1943 年 6 月 20 日
李洪福之妻弟	宁阳县泗店镇古城村	—	男	1943 年 6 月 21 日
乔增富	宁阳县华丰镇河西村	25	男	1943 年 6 月
张瑞田	宁阳县东庄乡坡里村	43	男	1943 年 6 月
秦传厚	宁阳县磁窑镇庙西村	26	男	1943 年 6 月
王品忠	宁阳县东庄乡东山阴村	44	男	1943 年 7 月
秦传胜	宁阳县磁窑镇庙西村	24	男	1943 年 7 月
孔现才	宁阳县华丰镇东爵山村	17	男	1943 年 8 月
田 光	宁阳县东庄乡西直村	28	男	1943 年 8 月
杜圣明	宁阳县东庄乡西直村	27	男	1943 年 8 月
李加灼	宁阳县华丰镇顺义村	35	男	1943 年 9 月
李元泗	宁阳县华丰镇顺义村	30	男	1943 年 9 月
王来现	宁阳县东庄乡东山阴村	35	男	1943 年 9 月
王文殿	宁阳县东庄乡陈美村	47	男	1943 年 10 月

姓 名	籍 贯	年龄	性别	死难时间
王秀勤	宁阳县东庄乡东山阴村	41	男	1943 年 10 月
徐延明	宁阳县华丰镇北故城村	24	男	1943 年 11 月
高令才之侄	宁阳县鹤山乡杏山村	19	男	1943 年 12 月
毛步昌	宁阳县伏山镇毛家村	40	男	1943 年
张传法	宁阳县华丰镇朱家洼村	28	男	1943 年
孔凡智	宁阳县华丰镇东爵山村	—	男	1943 年
彭兆典	宁阳县葛石镇古彭村	—	男	1943 年
满　山	宁阳县葛石镇古彭村	—	男	1943 年
孙文活	宁阳县葛石镇河洼村	—	男	1943 年
孙拥凤	宁阳县葛石镇河洼村	—	男	1943 年
孙拥活	宁阳县葛石镇河洼村	—	男	1943 年
郭均臣	宁阳县葛石镇河洼村	—	男	1943 年
郭增玉	宁阳县葛石镇河洼村	—	男	1943 年
刘静雨	宁阳县葛石镇北庄村	32	男	1943 年
刘文仲	宁阳县葛石镇北庄村	35	男	1943 年
宁廷富	宁阳县葛石镇黑山头村	—	男	1943 年
张现如	宁阳县葛石镇黑山头村	—	男	1943 年
尹衍士	宁阳县磁窑镇尹家寨村	25	男	1943 年
赵衍龙	宁阳县磁窑镇前李村	41	男	1943 年
逯桂岐	宁阳县磁窑镇王府村	21	男	1943 年
范际田	宁阳县磁窑镇枣庄村	35	男	1943 年
刘守忠	宁阳县磁窑镇西太平村	17	男	1943 年
王子泗	宁阳县磁窑镇西太平村	16	男	1943 年
邢尹氏	宁阳县磁窑镇庙西村	24	女	1943 年
邢和方	宁阳县磁窑镇庙西村	—	女	1943 年
张新春	宁阳县鹤山乡东王卞村	36	男	1943 年
李金昌	宁阳县鹤山乡西山前村	29	男	1943 年
贺兆田	宁阳县鹤山乡西山前村	40	男	1943 年
贺兆圈	宁阳县鹤山乡西山前村	30	男	1943 年
贺西功	宁阳县鹤山乡西山前村	35	男	1943 年
王辛典	宁阳县鹤山乡桃园村	—	男	1943 年
王金臣	宁阳县堽城镇南落村	—	男	1943 年
卢运水	宁阳县堽城镇所里村	—	男	1943 年
于方年	宁阳县堽城镇果庄村	45	男	1943 年

姓 名	籍 贯	年 龄	性 别	死难时间
于 民	宁阳县堽城镇果庄村	35	男	1943 年
徐小合	宁阳县堽城镇果庄村	25	男	1943 年
徐双岭	宁阳县堽城镇果庄村	30	男	1943 年
徐如铁	宁阳县堽城镇果庄村	35	男	1943 年
徐克真	宁阳县堽城镇果庄村	42	男	1943 年
徐承照	宁阳县堽城镇果庄村	32	男	1943 年
任运心	宁阳县堽城镇东村	—	男	1944 年 1 月 15 日
任 氏	宁阳县堽城镇东村	—	女	1944 年 1 月 15 日
孔庆才	宁阳县华丰镇顺义村	36	男	1944 年 2 月
宁衍顺	宁阳县华丰镇凤山峪村	—	男	1944 年 2 月
马新恒	宁阳县华丰镇南马寨村	23	男	1944 年 2 月
孙二妮	宁阳县堽城镇东滩村	—	女	1944 年 3 月 8 日
孔祥才	宁阳县东庄乡西山阴村	28	男	1944 年 3 月
王忠法	宁阳县华丰镇吕观村	33	男	1944 年 4 月
钟兰坡	宁阳县东庄乡东庄村	35	男	1944 年 4 月
王明贵	宁阳县东庄乡南石崮村	35	男	1944 年 4 月
孔庆才	宁阳县东庄乡西崔村	46	男	1944 年 4 月
阎海山	宁阳县东疏镇后学村	22	男	1944 年 6 月
吕元成	宁阳县东疏镇前学村	27	男	1944 年 6 月
赵志海	宁阳县华丰镇高庄村	27	男	1944 年 7 月
朱庄贵	宁阳县磁窑镇东磨庄村	36	男	1944 年 8 月
吴万清	宁阳县东庄乡东直村	25	男	1944 年 9 月
刘继云	宁阳县东疏镇赵刘村	—	男	1944 年 10 月
王崇振	宁阳县东庄乡南葛村	45	男	1944 年 10 月
李传道	宁阳县磁窑镇尹家洼村	34	男	1944 年 10 月
李元举	宁阳县华丰镇顺义村	33	男	1944 年 11 月
李尚芝	宁阳县华丰镇顺义村	36	男	1944 年 11 月
姚纪法	宁阳县华丰镇顺义村	34	男	1944 年 11 月
秦继营	宁阳县华丰镇西故城村	23	男	1944 年 12 月
赵祥兰	宁阳县华丰镇满家村	19	男	1944 年 12 月
宁廷顺	宁阳县华丰镇凤山峪村	26	男	1944 年 12 月
王之远	宁阳县东庄乡大石崮村	20	男	1944 年 12 月
刘富贞	宁阳县东庄乡大石崮村	23	男	1944 年 12 月
李 栏	宁阳县东庄乡大石崮村	22	男	1944 年 12 月

姓 名	籍 贯	年龄	性别	死难时间
陈传友	宁阳县东庄乡大石崮村	20	男	1944 年 12 月
訾仲春	宁阳县东庄乡大石崮村	14	男	1944 年 12 月
丛玉言	宁阳县华丰镇马良村	30	男	1944 年
张洛营	东平县老城区	24	男	1944 年
韩子安	宁阳县磁窑镇韩家庄	26	男	1944 年
孙洪冬	宁阳县磁窑镇茂义村	24	男	1944 年
李张氏	宁阳县鹤山乡鹅鸭厂村	40	女	1944 年
张刘氏	宁阳县鹤山乡鹅鸭厂村	32	女	1944 年
李少奇	宁阳县华丰镇塘坊村	—	男	1945 年 1 月
李少臣	宁阳县华丰镇塘坊村	48	男	1945 年 1 月
杨怀玉	宁阳县泗店镇前桥村	23	男	1945 年 1 月
刘汝宝	宁阳县东疏镇王楼集村	18	男	1945 年 2 月
赵怀雷	宁阳县东疏镇胡茂村	23	男	1945 年 2 月
许德臣	宁阳县东庄乡东庄村	38	男	1945 年 2 月
陈国和	宁阳县东庄乡东庄村	40	男	1945 年 3 月
刘汝俭	宁阳县东疏镇王楼集村	21	男	1945 年 6 月
庞留官	宁阳县东疏镇郭家村	20	男	1945 年 6 月
陈成术	宁阳县东庄乡东庄村	41	男	1945 年 8 月
苑学岭	宁阳县东庄乡东庄村	51	男	1945 年 8 月
吴万存	宁阳县东庄乡西直村	21	男	1945 年 8 月
张桂花	宁阳县华丰镇东范村	45	女	1945 年
杨 西	宁阳县磁窑镇后泗望村	50	男	1945 年
杨庆掌	宁阳县磁窑镇后泗望村	30	男	1945 年
黄显臣	宁阳县磁窑镇黄庄村	19	男	1945 年
宿俊堂	宁阳县磁窑镇安子沟村	29	男	1945 年
刘敬让	宁阳县磁窑镇后海子村	34	男	1945 年
刘风海	宁阳县磁窑镇齐岭村	45	男	1945 年
刘敬镐	宁阳县磁窑镇前海子村	21	男	1945 年
丁学方	宁阳县磁窑镇前丁村	32	男	1945 年
苏庆苗	宁阳县磁窑镇青后村	20	男	1945 年
李元桧	宁阳县鹤山乡牌坊街村	22	男	1945 年
孔召玉	宁阳县华丰镇南王村	40	男	1945 年
魏庆贤	宁阳县伏山镇魏家庄村	—	男	—
张 氏	宁阳县伏山镇程家海村	18	女	—

姓 名	籍 贯	年 龄	性 别	死难时间
闫卷鲁	宁阳县伏山镇刘家庄村	23	男	—
刘乐存	宁阳县伏山镇刘家庄村	30	男	—
长 雪	宁阳县华丰镇张家寨村	17	男	—
张尚芹	宁阳县鹤山乡大庄村	—	男	—
刘均荣之兄	宁阳县鹤山乡徐平村	—	男	—
王允东	宁阳县鹤山乡后鹤村	—	男	—
刘殿祥	宁阳县鹤山乡后鹤村	—	男	—
王成钱	宁阳县鹤山乡东山前村	20	男	—
王德顺	宁阳县鹤山乡东山前村	18	男	—
邵云灿	宁阳县鹤山乡白塔寺村	30	男	—
李二强	宁阳县鹤山乡王卞东村	41	男	—
刘永岱	宁阳县华丰镇田家院村	—	男	—
陈善喜	宁阳县华丰镇田家院村	—	男	—
高根生	宁阳县华丰镇田家院村	—	男	—
王之仁	宁阳县华丰镇湖村	—	男	—
许加余	宁阳县华丰镇西营村	—	男	—
许 泗	宁阳县华丰镇西营村	—	男	—
张大春	宁阳县华丰镇西营村	—	男	—
刘静玉	宁阳县华丰镇孔家庄村	—	男	—
孔现洋	宁阳县华丰镇东范村	46	男	—
宋祥山	宁阳县华丰镇东范村	48	男	—
沈需阳	宁阳县伏山镇开元寺村	—	男	1938 年
刘传本	宁阳县乡饮乡五厂（赵厂）村	17	男	1938 年 2 月
刘继栋	宁阳县乡饮乡五厂（赵厂）村	20	男	1938 年 2 月
王家臣	宁阳县磁窑镇后李村	49	男	1938 年 2 月
殷贾妮	宁阳县乡饮乡五厂（姜厂）村	20	男	1938 年 9 月
颜坡骡	宁阳县乡饮乡五厂（姜厂）村	18	男	1938 年 9 月
毛松瑞	宁阳县宁阳镇巩堂村	—	男	1938 年 10 月
胡振前	宁阳县宁阳镇巩堂村	—	男	1938 年 10 月
孙长久	宁阳县泗店镇沙庄村	—	男	1938 年秋
李子亭	宁阳县泗店镇沙庄村	—	男	1938 年秋
陈兆法	宁阳县泗店镇沙庄村	—	男	1938 年秋
张希堂	宁阳县泗店镇南王村	40	男	1938 年
逯衍胜	宁阳县泗店镇南王村	40	男	1938 年

姓 名	籍 贯	年龄	性别	死难时间
金××	宁阳县泗店镇泗店村	—	男	1938 年
宁洪泰	宁阳县磁窑镇臧家庄村	19	男	1938 年
李庆法	宁阳县磁窑镇臧家庄村	18	男	1938 年
臧良忙	宁阳县磁窑镇臧家庄村	20	男	1938 年
朱伯现	宁阳县蒋集镇中何村	30	男	1939 年 1 月
陶敬方	宁阳县蒋集镇中何村	28	男	1939 年 1 月
樊西营	宁阳县蒋集镇中何村	31	男	1939 年 1 月
王化生	宁阳县堽城镇	—	男	1939 年 3 月
杜培生	宁阳县伏山镇大梁王村	38	男	1939 年 5 月
胡振喜	宁阳县磁窑镇磁窑南村	30	男	1939 年 6 月
路荣来	宁阳县伏山镇开元寺村	26	男	1939 年 7 月
王德运	宁阳县乡饮乡龙堂村	18	男	1939 年 10 月
邱广来	宁阳县乡饮乡龙堂村	18	男	1939 年 10 月
邱四猴	宁阳县乡饮乡龙堂村	19	男	1939 年 10 月
苑广再	宁阳县乡饮乡常屯村	25	男	1939 年 10 月
周玉营	宁阳县乡饮乡常屯村	21	男	1939 年 10 月
仲兆用	宁阳县堽城镇得时村	—	男	1939 年冬
吴衍平	宁阳县堽城镇得时村	—	男	1939 年冬
吴衍先	宁阳县堽城镇得时村	—	男	1939 年冬
张彦奎	宁阳县堽城镇得时村	—	男	1939 年冬
徐印环	宁阳县堽城镇后望村	—	男	1939 年冬
马德修	宁阳县蒋集镇马院村	28	男	1939 年
李元长	宁阳县蒋集镇马院村	40	男	1939 年
谷小场	宁阳县蒋集镇马院村	27	男	1939 年
陈昌玉	宁阳县蒋集镇马院村	42	男	1939 年
郗庆云	宁阳县鹤山乡东王卞村	30	男	1939 年
杨更身	宁阳县乡饮乡郭沟村	17	男	1940 年 5 月
李瑞田	宁阳县伏山镇开元寺村	36	男	1940 年 8 月
周芹生	宁阳县蒋集镇何堂村	29	男	1940 年 8 月
颜 八	宁阳县乡饮乡沙河村	17	男	1940 年 9 月
赵 ×	宁阳县宁阳镇巩堂村	—	男	1940 年 9 月
赵××	宁阳县宁阳镇关王村	—	男	1940 年 9 月
林庆堂	宁阳县蒋集镇岗子村	30	男	1940 年 11 月
周瑞珍	宁阳县蒋集镇何堂村	46	男	1940 年 12 月

姓 名	籍 贯	年 龄	性 别	死难时间
王和亭	宁阳县伏山镇于家海村	—	男	1940 年
孙秀海	宁阳县伏山镇于家海村	—	男	1940 年
纪汝喜	宁阳县伏山镇纪刘村	40	男	1940 年
朱圣昌	宁阳县蒋集镇守安村	24	男	1940 年
侯传海	宁阳县蒋集镇守安村	23	男	1940 年
周现益	宁阳县蒋集镇小胡村	21	男	1940 年
林凡云	宁阳县蒋集镇小胡村	22	男	1940 年
林现云	宁阳县蒋集镇小胡村	23	男	1940 年
田小东	宁阳县蒋集镇郑龙村	17	男	1940 年
田小森	宁阳县蒋集镇郑龙村	19	男	1940 年
郑大明	宁阳县蒋集镇郑龙村	21	男	1940 年
朱亮湖	宁阳县蒋集镇何堂村	32	男	1941 年 1 月
陈道田	宁阳县宁阳镇庙西村	50	男	1941 年 2 月
李德振	宁阳县东庄乡南故城村	36	男	1941 年 4 月
朱保全	宁阳县蒋集镇何堂村	25	男	1941 年 6 月
张文英	宁阳县泗店镇后辛村	—	男	1941 年 10 月
王豁子	宁阳县蒋集镇西周村	30	男	1941 年冬
张金厂	宁阳县蒋集镇西周村	29	男	1941 年冬
林凡杨	宁阳县蒋集镇小胡村	25	男	1941 年冬
林庆运	宁阳县蒋集镇小胡村	24	男	1941 年冬
林照栋	宁阳县蒋集镇小胡村	24	男	1941 年冬
秦衍存	宁阳县蒋集镇小胡村	23	男	1941 年冬
朱大活	宁阳县东疏镇朱茂村	—	男	1941 年
王君才	宁阳县蒋集镇郭庄村	29	男	1941 年
王绪道	宁阳县蒋集镇西北村	60	男	1941 年
张述金	宁阳县蒋集镇苏龙村	30	男	1941 年
苏小公	宁阳县蒋集镇苏龙村	22	男	1941 年
马百甫	宁阳县葛石镇往庄村	—	男	1941 年
王东升	宁阳县葛石镇往庄村	—	男·	1941 年
王君业	宁阳县磁窑镇西贤村	28	男	1942 年 2 月
刘守登	宁阳县磁窑镇西贤村	26	男	1942 年 2 月
杜怀辨	宁阳县磁窑镇西贤村	25	男	1942 年 2 月
姜照更	宁阳县磁窑镇西贤村	24	男	1942 年 2 月
王三卯	宁阳县乡饮乡蛮营村	21	男	1942 年 3 月

姓 名	籍 贯	年 龄	性 别	死难时间
王道士	宁阳县乡饮乡蛮营村	17	男	1942 年 3 月
蒋华子	宁阳县乡饮乡蛮营村	36	男	1942 年 3 月
杨德田	宁阳县宁阳镇张庄村	—	男	1942 年 4 月
徐留忆	宁阳县宁阳镇张庄村	18	男	1942 年 4 月
周芹旺	宁阳县蒋集镇何堂村	28	男	1942 年 5 月
陈明新	宁阳县东疏镇陈茂村	—	男	1942 年 7 月
张天猴	宁阳县宁阳镇南关村	—	男	1942 年 7 月
张克正	宁阳县宁阳镇南关村	—	男	1942 年 7 月
刘廷珍	宁阳县东疏镇陈茂村	—	男	1942 年 9 月
小地篓	宁阳县宁阳镇沙岭村	—	男	1942 年 10 月
戴传福	宁阳县东疏镇大伯集村	—	男	1942 年
王明道	宁阳县蒋集镇郭庄村	42	男	1942 年
王富来	宁阳县蒋集镇郭庄村	27	男	1942 年
郭娄斗	宁阳县蒋集镇郭庄村	39	男	1942 年
郭洪仁	宁阳县蒋集镇郭庄村	22	男	1942 年
郭洪岭	宁阳县蒋集镇郭庄村	35	男	1942 年
尹老碰	宁阳县蒋集镇东南村	22	男	1942 年
黄长长	宁阳县蒋集镇西南村	43	男	1942 年
黄伯良	宁阳县蒋集镇西南村	38	男	1942 年
黄继法	宁阳县蒋集镇西南村	42	男	1942 年
黄跟成	宁阳县蒋集镇西南村	20	男	1942 年
曹伯广	宁阳县蒋集镇张龙村	18	男	1942 年
刘运兰	宁阳县泗店镇刘庄村	—	男	1942 年
程洪富	宁阳县蒋集镇羊栏村	30	男	1943 年 1 月
王开义	宁阳县宁阳镇北满村	—	男	1943 年 2 月
张得茂	宁阳县磁窑镇枣庄村	26	男	1943 年 2 月
张得盛	宁阳县磁窑镇枣庄村	27	男	1943 年 2 月
范广同	宁阳县磁窑镇枣庄村	28	男	1943 年 2 月
范广虎	宁阳县磁窑镇枣庄村	29	男	1943 年 2 月
范广强	宁阳县磁窑镇枣庄村	29	男	1943 年 2 月
范玉亮	宁阳县磁窑镇枣庄村	28	男	1943 年 2 月
吴步喜	宁阳县蒋集镇大安村	38	男	1943 年 4 月
吴步谭	宁阳县蒋集镇大安村	39	男	1943 年 4 月
栗继合	宁阳县蒋集镇大安村	41	男	1943 年 4 月

姓 名	籍 贯	年 龄	性 别	死难时间
栗继贤	宁阳县蒋集镇大安村	39	男	1943 年 4 月
李守东	宁阳县宁阳镇李庄村	—	男	1943 年 6 月
杨桂荣	宁阳县宁阳镇李庄村	—	男	1943 年 6 月
刘登富	宁阳县堽城镇	—	男	1943 年 7 月
李兵臣	宁阳县堽城镇	—	男	1943 年 7 月
高兆凡	宁阳县堽城镇	—	男	1943 年 7 月
樊金营	宁阳县堽城镇	—	男	1943 年 7 月
朱进园	宁阳县蒋集镇何堂村	31	男	1943 年 8 月
方道俭	宁阳县宁阳镇川中村	—	男	1943 年 10 月
谢玉纯	宁阳县宁阳镇川中村	40	男	1943 年 10 月
从玉财	宁阳县宁阳镇张庄村	—	男	1943 年 11 月
杨传利	宁阳县宁阳镇张庄村	—	男	1943 年 11 月
刘恩福	宁阳县蒋集镇蒋集村	20	男	1943 年秋
张广发	宁阳县蒋集镇蒋集村	37	男	1943 年秋
陈振银	宁阳县蒋集镇蒋集村	30	男	1943 年秋
潘立卫	宁阳县蒋集镇栗楼村	37	男	1943 年
宁廷玉	宁阳县蒋集镇宁庄村	24	男	1943 年
卢元山	宁阳县蒋集镇张营村	18	男	1943 年
卢可令	宁阳县蒋集镇张营村	17	男	1943 年
卢油虎	宁阳县蒋集镇张营村	17	男	1943 年
卢继存	宁阳县蒋集镇张营村	36	男	1943 年
张小子	宁阳县蒋集镇张营村	18	男	1943 年
张协连	宁阳县蒋集镇张营村	25	男	1943 年
张西文	宁阳县蒋集镇张营村	22	男	1943 年
高广芹	宁阳县磁窑镇高家村	24	男	1943 年
梁守业	宁阳县东庄乡西崔村	32	男	1944 年 4 月
李方勤	宁阳县蒋集镇蒋集村	60	男	1944 年春
陶永胜	宁阳县伏山镇毛家村	30	男	1944 年
王加兴	宁阳县乡饮乡常屯村	19	男	1944 年
王 氏	宁阳县堽城镇苑家庄村	—	女	—
张 氏	宁阳县堽城镇苑家庄村	—	女	—
陈建杭	宁阳县堽城镇高桥村	—	男	—
殷良更	宁阳县堽城镇高桥村	—	男	—
徐崇孝	宁阳县堽城镇果庄村	—	男	—

姓 名	籍 贯	年 龄	性 别	死难时间
孔凡同	宁阳县堽城镇小孔村	33	男	—
孔凡灼	宁阳县堽城镇小孔村	35	男	—
田玉行	宁阳县东疏镇马庙村	—	男	—
石大锤	宁阳县东疏镇马庙村	—	男	—
刘尚印	宁阳县东疏镇马庙村	—	男	—
刘尚来	宁阳县东疏镇马庙村	—	男	—
王广昌	宁阳县东疏镇老王庄村	—	男	—
王广觉	宁阳县东疏镇老王庄村	—	男	—
王里林	宁阳县东疏镇老王庄村	—	男	—
王朝民	宁阳县东疏镇老王庄村	—	男	—
王朝申	宁阳县东疏镇老王庄村	—	男	—
赵传羊	宁阳县东疏镇耿庄村	—	男	—
赵振山	宁阳县东疏镇耿庄村	—	男	—
赵振青	宁阳县东疏镇耿庄村	—	男	—
靳兴石	宁阳县东疏镇耿庄村	—	男	—
王点点	宁阳县东疏镇刘家庙村	—	男	—
李文生	宁阳县东疏镇刘家庙村	—	男	—
崔小年	宁阳县东疏镇刘家庙村	—	男	—
张丙森	宁阳县东疏镇大伯集村	—	男	—
戴永忠	宁阳县东疏镇大伯集村	—	男	—
戴兆珍	宁阳县东疏镇大伯集村	—	男	—
戴兆胜	宁阳县东疏镇大伯集村	—	男	—
戴师云	宁阳县东疏镇大伯集村	—	男	—
戴师铜	宁阳县东疏镇大伯集村	—	男	—
尹德明	宁阳县东疏镇侯楼村	—	男	—
李孟顶	宁阳县东疏镇侯楼村	—	男	—
李孟要	宁阳县东疏镇侯楼村	—	男	—
侯庆山	宁阳县东疏镇侯楼村	—	男	—
颜士进	宁阳县东疏镇侯楼村	—	男	—
颜承瑞	宁阳县东疏镇侯楼村	—	男	—
刘汝梅	宁阳县东疏镇滩头村	—	男	—
乔智义	宁阳县东疏镇围子里村	—	男	—
刘汝祥	宁阳县东疏镇围子里村	—	男	—
戴 ×	宁阳县东疏镇围子里村	—	男	—

姓　名	籍　贯	年　龄	性　别	死难时间
彭根印	宁阳县东疏镇庞庄村	—	男	—
王二月	宁阳县东疏镇疏里村	20	男	—
王玉生	宁阳县东疏镇疏里村	20	男	—
刘大憨	宁阳县东疏镇疏里村	20	男	—
李树德	宁阳县东疏镇胡茂村	—	男	—
胡庆来	宁阳县东疏镇胡茂村	—	男	—
刘　×	宁阳县东疏镇刘茂村	—	男	—
刘小坡	宁阳县东疏镇刘茂村	—	男	—
刘台章	宁阳县东疏镇刘茂村	—	男	—
刘克仁	宁阳县东疏镇刘茂村	—	男	—
刘泰庆	宁阳县东疏镇刘茂村	—	男	—
刘梦信	宁阳县东疏镇陈茂村	—	男	—
朱道坤	宁阳县东疏镇朱茂村	—	男	—
合　计	**928**			

责任人：纪兴本　许华北　　核实人：张延春　周东升　刘小笋　　填表人：周东升　刘小笋

填报单位（签章）：宁阳县党史史志办公室　　　　　　　填报时间：2009 年 5 月 12 日

东平县抗日战争时期死难者名录

姓　名	籍　贯	年　龄	性　别	死难时间
张剑霆之母	东平县州城镇南门	—	女	1937 年 12 月 25 日
康老太太	东平县州城镇赵家街	—	女	1937 年 12 月 25 日
董老头	黑龙江省鸡西市	—	男	1937 年 12 月 25 日
张王氏	东平县州城镇	—	女	1937 年 12 月 25 日
金裁缝	东平县州城镇	—	男	1937 年 12 月 25 日
张王氏	东平县州城镇	—	女	1937 年 12 月 25 日
戴梦贞	东平县州城镇关庙前街	—	女	1937 年 12 月 25 日
王广新	东平县州城镇桂井子街	20	男	1937 年 12 月 25 日
张八界	东平县东平镇无盐村	54	男	1939 年 2 月 8 日
胡来友	东平县东平镇无盐村	71	男	1939 年 2 月 8 日
吕学友	东平县东平镇无盐村	65	男	1939 年 2 月 8 日
毛左余	东平县东平镇无盐村	74	男	1939 年 2 月 8 日
毛新友	东平县东平镇无盐村	67	男	1939 年 2 月 8 日
陈　四	东平县东平镇无盐村	46	男	1939 年 2 月 8 日
毛　氏	东平县东平镇无盐村	74	女	1939 年 2 月 8 日
李云清之父	东平县东平镇无盐村	73	男	1939 年 2 月 8 日
吴守臣	东平县州城镇大东门村	2	男	1938 年 8 月
尹平祚	东平县接山乡尹山庄村	42	男	1938 年 8 月
尹绪惠	东平县接山乡尹山庄村	44	男	1938 年 8 月
尹春祚	东平县接山乡尹山庄村	46	男	1938 年 8 月
张立东	东平县接山乡尹山庄村	38	男	1938 年 8 月
郑云义	东平县州城镇徐庄村	31	男	1938 年 8 月
牛成长	东平县彭集镇小牛村	46	男	1938 年 9 月
郑为岗	东平县东平镇西官屯村	22	男	1938 年 9 月
吕中圆	东平县东平镇西官屯村	24	男	1938 年 9 月
王　氏	东平县东平镇西官屯村	38	女	1938 年 9 月
曾　妮	东平县东平镇西官屯村	14	女	1938 年 9 月
陈梦渠	东平县东平镇东官屯村	42	男	1938 年 9 月
陈庆梅	东平县东平镇东官屯村	58	男	1938 年 9 月
郑士五	东平县东平镇北马庄村	38	男	1938 年 9 月
吴作四	东平县州城镇河崖村	35	男	1938 年 9 月

姓 名	籍 贯	年 龄	性 别	死难时间
张金生	东平县州城镇河崖村	20	男	1938 年 9 月
尹绪贞	东平县接山乡麻子峪村	22	男	1938 年 10 月
梁久中	东平县州城镇	28	男	1938 年 10 月
安兴太	东平县州城镇	35	男	1938 年 10 月
孙养增	东平县州城镇	27	男	1938 年 10 月
孙乃臣	东平县州城镇纸坊村	36	男	1938 年 10 月
刘兴谦	东平县州城镇	28	男	1938 年 10 月
赵学燕	东平县州城镇	19	男	1938 年 10 月
陈兆申	东平县州城镇	22	男	1938 年 10 月
陈吉海	东平县州城镇	28	男	1938 年 10 月
郑吉现	东平县州城镇	24	男	1938 年 10 月
郑云聚	东平县州城镇	28	男	1938 年 10 月
李广和	东平县州城镇	21	男	1938 年 10 月
李 贵	东平县州城镇	24	男	1938 年 10 月
郑云范	东平县州城镇	20	男	1938 年 10 月
周茂海	东平县彭集镇	42	男	1938 年 10 月
孟召智	东平县彭集镇大孟村	20	男	1938 年 10 月
刘玉廷	东平县彭集镇	36	男	1938 年 10 月
王广田	东平县彭集镇	27	男	1938 年 10 月
徐传才	东平县大羊乡驻村	41	男	1938 年 10 月
方景瑞	东平县老湖镇西村	22	男	1938 年 10 月
韩立敬	东平县大羊乡清水坦村	31	男	1938 年 10 月
陈思远	东平县东平镇无盐村	38	男	1938 年 10 月
彭兴荣	东平县彭集镇	26	男	1938 年 10 月
彭可烈	东平县彭集镇	16	男	1938 年 10 月
彭可河	东平县彭集镇	38	男	1938 年 10 月
吕学金	东平县彭集镇马代村	17	男	1938 年 10 月
孙传水	东平县彭集镇南城子村	18	男	1938 年 10 月
李玉连	东平县彭集镇苇子河村	20	男	1938 年 10 月
赵厚平	东平县彭集镇苇子河村	18	男	1938 年 10 月
程保祥	东平县彭集镇尚流泽村	27	男	1938 年 10 月
牛绪耕	东平县彭集镇大牛村	18	男	1938 年 10 月
李长同	东平县彭集镇东李楼村	20	男	1938 年 10 月
何庆祥	东平县沙河站镇韩圈村	20	男	1938 年 10 月

姓 名	籍 贯	年 龄	性 别	死难时间
王兰山	东平县州城镇夹河村	21	男	1938 年 10 月
王崇山	东平县州城镇夹河村	20	男	1938 年 10 月
周洪昌	东平县州城镇荣花树村	17	男	1938 年 10 月
袁绪文	东平县州城镇小刘楼村	18	男	1938 年 10 月
解广清	东平县州城镇小刘楼村	44	男	1938 年 10 月
刘兴福	东平县州城镇小刘楼村	19	男	1938 年 10 月
刘兴仲	东平县州城镇小刘楼村	19	男	1938 年 10 月
吴绪言	东平县州城镇吴庄村	18	男	1938 年 10 月
陈吉来	东平县州城镇陈坊村	19	男	1938 年 10 月
陈吉芹	东平县州城镇陈坊村	21	男	1938 年 10 月
陈全亮	东平县州城镇陈楼村	16	男	1938 年 10 月
郑云坤之五奶	东平县东平镇半倒井村	—	女	1939 年 1 月 7 日
郑兴科	东平县东平镇半倒井村	—	男	1939 年 1 月 7 日
郑兴泉之父	东平县东平镇半倒井村	—	男	1939 年 1 月 7 日
郑兴泉之兄	东平县东平镇半倒井村	—	男	1939 年 1 月 7 日
杨修森之侄子	东平县东平镇半倒井村	—	男	1939 年 1 月 7 日
于庆连	东平县东平镇北城子村	26	男	1938 年 11 月
刘吉常	东平县东平镇营子村	32	男	1938 年 11 月
孟吉贵	东平县东平镇营子村	53	男	1938 年 11 月
孟吉贵之弟	东平县东平镇营子村	48	男	1938 年 11 月
王常荣	东平县东平镇营子村	62	男	1938 年 11 月
王守成	东平县东平镇营子村	25	男	1938 年 11 月
李老靠	东平县东平镇营子村	30	男	1938 年 11 月
陈成之母	东平县东平镇营子村	65	女	1938 年 11 月
李仓顺	东平县东平镇营子村	56	男	1938 年 11 月
李仓顺之妻	东平县东平镇营子村	54	女	1938 年 11 月
李仓顺之母	东平县东平镇营子村	75	女	1938 年 11 月
李新和	东平县东平镇营子村	45	男	1938 年 11 月
李修武	东平县东平镇半倒井村	38	男	1938 年 11 月
杨修森之母	东平县东平镇半倒井村	60	女	1939 年 1 月 7 日
杨修森之妻弟	东平县东平镇半倒井村	15	男	1939 年 1 月 7 日
杨修森之大嫂	东平县东平镇半倒井村	39	女	1939 年 1 月 7 日
杨修森之二嫂	东平县东平镇半倒井村	38	女	1939 年 1 月 7 日
郑兴泉之母	东平县东平镇半倒井村	34	女	1939 年 1 月 7 日

姓　名	籍　贯	年　龄	性　别	死难时间
郑兴泉之祖母	东平县东平镇半倒井村	65	女	1939 年 1 月 7 日
李守田之妻	东平县东平镇半倒井村	20	女	1938 年 11 月
潘厚润	东平县东平镇李范村	18	男	1938 年 11 月
陈秀芹	东平县州城镇陈坊村	33	女	1938 年 11 月
孙乃严	东平县州城镇徐庄村	27	男	1938 年 12 月
金同安	东平县老湖镇于庄村	23	男	1938 年 12 月
郭圣方	东平县大羊乡毕庄村	12	男	1938 年
毕德平	东平县大羊乡毕庄村	15	男	1938 年
宋兆×	东平县商老庄乡宋庄村	38	男	1938 年
唐传香	东平县沙河站镇韩圈村	27	男	1938 年
何庆会	东平县沙河站镇韩圈村	26	男	1938 年
郭思敬	东平县彭集镇东郭庄村	5	男	1938 年
姬茂德	东平县旧县乡姬庄村	17	男	1938 年
张金和	东平县州城镇后河涯村	30	男	1938 年
陈秀来	东平县州城镇陈坊村	21	男	1938 年
孙乃臣	东平县州城镇纸坊村	—	男	1938 年
苏天池	东平县斑鸠店镇八里汀村	38	男	1938 年
苏林庆	东平县斑鸠店镇八里汀村	25	男	1938 年
苏林昌	东平县斑鸠店镇八里汀村	23	男	1938 年
杨正伦	东平县斑鸠店镇八里汀村	35	男	1938 年
杨广忠	东平县斑鸠店镇八里汀村	34	男	1938 年
苏林颜	东平县斑鸠店镇八里汀村	21	男	1938 年
郑　华	东平县斑鸠店镇八里汀村	23	男	1938 年
史金才	东平县银山镇狗山村	55	男	1938 年
王笃×	东平县梯门乡芦泉屯村	40	男	1938 年
宋芝建	东平县戴庙乡陆庄村	—	男	1938 年
宋从华	东平县戴庙乡新华村	—	男	1938 年
彭兴善	东平县东平镇后路口村	39	男	1938 年
王云岑	东平县东平镇驻驾村	26	男	1938 年
岳元周	东平县东平镇驻驾村	22	男	1938 年
郑乐胜	东平县州城镇	27	男	1938 年
李明印	东平县州城镇	17	男	1938 年
郑云琴	东平县州城镇	24	男	1938 年
刘树来	东平县新湖乡凤凰台村	26	男	1938 年

姓 名	籍 贯	年 龄	性 别	死难时间
李斐卿	东平县彭集镇冯庄村	41	男	1938 年
李培全	东平县州城镇桂井子街	20	男	1938 年
张北征	东平县老湖镇七里铺村	25	男	1938 年
赵怀敏	东平县老湖镇七里铺村	26	男	1938 年
赵怀连	东平县老湖镇七里铺村	27	男	1938 年
周庆明	东平县接山乡苍邱村	21	男	1938 年
韩昭甫	东平县彭集镇南城子村	37	男	1938 年
解一峰	东平县新湖乡	22	男	1938 年
张玉玺	东平县州城镇	27	男	1938 年
张士英	东平县旧县乡寨子村	18	男	1938 年
赵怀修	东平县老湖镇七里铺村	26	男	1938 年
赵汝宽	东平县老湖镇七里铺村	27	男	1938 年
李妮子	东平县东平镇北城子村	19	男	1938 年
郑赵氏	东平县老湖镇高沟村	45	女	1938 年
郑 氏	东平县老湖镇高沟村	71	女	1938 年春
毕德才	东平县大羊乡毕庄村	16	男	1938 年秋
吴曾新	东平县银山镇西汪村	—	男	1939 年 1 月 21 日
井安坡	东平县银山镇西汪村	—	男	1939 年 1 月 21 日
孙乃扬	东平县州城镇徐庄村	—	男	1939 年 1 月 21 日
尹东祚	东平县接山乡尹山庄村	40	男	1939 年 2 月
张观泗	东平县东平镇王村	21	男	1939 年 2 月
张之生之叔父	东平县东平镇王村	19	男	1939 年 2 月
刘开祥	东平县戴庙乡刘庄村	34	男	1939 年 2 月
侯延复	东平县沙河站镇大王营村	20	男	1939 年 2 月
王心委	东平县沙河站镇大王营村	20	男	1939 年 3 月
王笃章	东平县梯门乡芦泉屯村	41	男	1939 年 3 月
井安端	东平县银山镇西汪村	20	男	1939 年 3 月
张庆太	东平县东平镇孟寨村	23	男	1939 年 3 月
侯召顺	东平县大羊乡驻村	18	男	1939 年 4 月
王德平	东平县梯门乡西瓦庄村	20	男	1939 年 4 月
王诚秀	东平县梯门乡芦泉村	19	男	1939 年 4 月
宋兆栋	东平县商老庄乡宋庄村	27	男	1939 年 4 月
侯银场	东平县大羊乡西北村	14	男	1939 年 5 月 22 日
侯家兴	东平县大羊乡西北村	53	男	1939 年 5 月 23 日

姓　名	籍　贯	年　龄	性　别	死难时间
纪凤同	东平县大羊乡西北村	72	女	1939 年 5 月 23 日
魏玉荣	东平县大羊乡西北村	—	男	1939 年 5 月 23 日
熊西增	东平县大羊乡后魏雪村	—	男	1939 年 5 月
郭荣清	东平县彭集镇栾庙村	19	男	1939 年 5 月
杨庆恩	东平县大羊乡东北村	20	男	1939 年 5 月 23 日
文学珍	东平县大羊乡西南村	19	男	1939 年 5 月 23 日
裴国玉	东平县大羊乡西南村	18	男	1939 年 5 月
张文营	东平县老湖镇马凉村	28	男	1939 年 5 月
张凤同	东平县接山乡张庄村	21	男	1939 年 5 月
张其道之母	东平县大羊乡东南村	62	女	1939 年 5 月 23 日
姚风路	东平县大羊乡西南村	—	男	1939 年 5 月 22 日
李文顺	东平县彭集镇后亭村	—	男	1939 年 6 月 8 日
胡来和	东平县彭集镇后亭村	—	男	1939 年 6 月 8 日
马恩庆	东平县彭集镇后亭村	—	男	1939 年 6 月 8 日
马恩庆之子	东平县彭集镇后亭村	13	男	1939 年 6 月 8 日
胡来军	东平县彭集镇后亭村	—	男	1939 年 6 月 8 日
胡来路	东平县彭集镇后亭村	—	男	1939 年 6 月 8 日
胡兴其	东平县彭集镇后亭村	—	男	1939 年 6 月 8 日
胡来珏	东平县彭集镇后亭村	—	男	1939 年 6 月 8 日
胡来增	东平县彭集镇后亭村	—	男	1939 年 6 月 8 日
胡来俭	东平县彭集镇后亭村	—	男	1939 年 6 月 8 日
胡兴祥	东平县彭集镇后亭村	—	男	1939 年 6 月 8 日
姜来峰	东平县彭集镇后亭村	—	男	1939 年 6 月 8 日
王文典	东平县老湖镇西村	22	男	1939 年 6 月 8 日
金同安	东平县老湖镇西村	39	男	1939 年 6 月
孔崇祥	东平县老湖镇前水河村	23	男	1939 年 6 月
王万鳌	东平县银山镇簸箕王村	23	男	1939 年 6 月
徐玉良	东平县老湖镇西村	21	男	1939 年 6 月
刘来福	东平县银山镇西汪村	29	男	1939 年 7 月
井其乐之叔父	东平县银山镇西汪村	—	男	1939 年 8 月
井安龙	东平县银山镇西汪村	—	男	1939 年 8 月
井安波	东平县银山镇西汪村	—	男	1939 年 8 月
井兴进	东平县银山镇西汪村	—	男	1939 年 8 月
宁学谦	东平县银山镇西汪村	—	男	1939 年 8 月

姓 名	籍 贯	年 龄	性 别	死难时间
井安谭	东平县银山镇西汪村	—	男	1939 年 8 月
侯家瑞	东平县银山镇西汪村	—	男	1939 年 8 月
夏 ×	东平县银山镇西汪村	—	男	1939 年 8 月
李庆常	东平县银山镇西汪村	37	男	1939 年 8 月
井安夫	东平县银山镇西汪村	60	男	1939 年 8 月
殷 ×	东平县银山镇玄桥村	20	男	1939 年 8 月
李金岭	东平县彭集镇曹庙村	18	男	1939 年 8 月
王玉申	东平县梯门乡李所村	26	男	1939 年 8 月
丁长庆	东平县银山镇前银山村	32	男	1939 年 8 月
杜兴家	东平县银山镇前银山村	23	男	1939 年 8 月
张白氏	东平县大羊乡东南村	80	女	1939 年 9 月
苏明堂	东平县彭集镇栾庙村	20	男	1939 年 9 月
陆书晋	东平县戴庙乡陆庄村	27	男	1939 年 9 月
冯 杰	东平县沙河站镇	18	男	1939 年 10 月
方振东	东平县老湖镇西村	19	男	1939 年 10 月
宋文坦	东平县老湖镇西村	29	男	1939 年 10 月
黄元聪	东平县银山镇腊山村	29	男	1939 年 10 月
伊瑞祥	东平县接山乡席桥村	41	男	1939 年 10 月
刘庆华	东平县老湖镇芦山村	18	男	1939 年 11 月
刘含柱	东平县东平镇郝沟村	23	男	1939 年 11 月
肖衍雨	东平县接山乡肖庄村	35	男	1939 年 11 月
王少元	东平县大羊乡三旺村	21	男	1939 年 12 月
孙乃友	东平县梯门乡大洼村	26	男	1939 年 12 月
杜永喜	东平县梯门乡	22	男	1939 年 12 月
刘玉成	东平县梯门乡大洼村	19	男	1939 年 12 月
刘曰康	东平县沙河站镇三官庙村	30	男	1939 年 12 月
肖颜雨	东平县接山乡肖庄村	—	男	1939 年 12 月
张德春之子	东平县斑鸠店镇荫柳棵村	3	男	1939 年 12 月 30 日
卢道忠之女	东平县斑鸠店镇荫柳棵村	6 个月	女	1939 年
卢学刚	东平县斑鸠店镇荫柳棵村	20	男	1939 年
王美喜之叔	东平县斑鸠店镇斑鸠店村	—	男	1939 年
刘厚仁	东平县斑鸠店镇子路村	37	男	1939 年
刘乐坤	东平县银山镇西腊山村	—	女	1939 年
王成汉	东平县梯门乡芦泉村	20	男	1939 年

姓 名	籍 贯	年 龄	性 别	死难时间
王云登	东平县梯门乡尚元村	20	男	1939 年
井怀范	东平县接山乡夏谢三村	70	男	1939 年
南广山	东平县戴庙乡南杨庄村	24	男	1939 年
陆诗伍	东平县戴庙乡陆庄村	—	男	1939 年
宋兹学	东平县戴庙乡司里村	—	男	1939 年
岳学德	东平县东平镇驻驾村	20	男	1939 年
张井氏	东平县东平镇宿城村	37	女	1939 年
李恒芝	东平县东平镇罗庄村	26	男	1939 年
韩长山	东平县州城镇	21	男	1939 年
杨振海	东平县州城镇	17	男	1939 年
刘本生	东平县新湖乡凤凰台村	19	男	1939 年
陈培祥	东平县大羊乡清水坦村	25	男	1939 年
吴立和	东平县州城镇	29	男	1939 年
刘文新	东平县银山镇刘庄村	21	男	1939 年
薛传家	东平县梯门乡	18	男	1939 年
陈秀水	东平县州城镇陈坊村	20	男	1939 年
白法贤	东平县州城镇北门	45	男	1939 年
沙刘氏	东平县州城镇北门	30	女	1939 年
孟赵氏	东平县州城镇北门	33	女	1939 年
张德存之子	东平县斑鸠店镇荫柳棵村	6	男	1939 年
张云秀	东平县斑鸠店镇荫柳棵村	30	男	1939 年
张立夏之妻	东平县斑鸠店镇荫柳棵村	53	女	1939 年
张立在	东平县斑鸠店镇荫柳棵村	30	男	1939 年
井家端	东平县银山镇西汪村	—	男	1939 年
高同渠	东平县州城镇师柳林村	29	男	1939 年
张春银	东平县东平镇西孟村	19	男	1940 年 1 月
夏德全	东平县大羊乡前海子村	24	男	1940 年 2 月
吕树明	东平县彭集镇吕楼村	22	男	1940 年 2 月
梁久齐	东平县东平镇栾庄村	42	男	1940 年 2 月
梁久航	东平县东平镇栾庄村	43	男	1940 年 3 月
王长敬	东平县沙河站镇大王营村	21	男	1940 年 3 月
王太明	东平县沙河站镇大王营村	20	男	1940 年 3 月
王长庆	东平县沙河站镇大王营村	22	男	1940 年 3 月
解抑峰	东平县彭集镇解庄村	24	男	1940 年 3 月

姓　名	籍　贯	年龄	性　别	死难时间
王广西	东平县彭集镇岔河门村	18	男	1940 年 3 月
王怀仓	东平县大羊乡龙山屯村	40	男	1940 年 3 月
陈培青	东平县东平镇井庄村	25	男	1940 年 4 月
赵增盈	东平县梯门乡西侯庄村	—	—	1940 年 4 月
赵增轩	东平县梯门乡西侯庄村	—	—	1940 年 4 月
孙孟祥	东平县梯门乡西侯庄村	—	—	1940 年 4 月
张风星	东平县梯门乡西侯庄村	—	—	1940 年 4 月
张庆太	东平县商老庄乡八里湾村	27	男	1940 年 4 月
刘存款	东平县新湖乡刘庄村	21	男	1940 年 4 月
刘心征	东平县新湖乡刘庄村	34	男	1940 年 5 月
董桂良	东平县梯门乡	20	男	1940 年 5 月
张兴仁	东平县老湖镇李台村	22	男	1940 年 5 月
牛贞先	东平县梯门乡牛庄村	52	男	1940 年 6 月
刘庆宝	东平县梯门乡武村	35	男	1940 年 6 月
王新成	东平县梯门乡王海子村	48	男	1940 年 6 月
贾广顺	东平县大羊乡清水坦村	35	男	1940 年 6 月
李登尧	东平县银山镇张山沃村	26	男	1940 年 6 月
张轩廷	东平县东平镇孟村	33	男	1940 年 7 月
孙庆玉	东平县老湖镇马凉村	19	男	1940 年 7 月
王照库	东平县老湖镇马凉村	22	男	1940 年 7 月
傅连法	东平县老湖镇上水河村	22	男	1940 年 7 月
窦洪泽	东平县老湖镇窦庄村	21	男	1940 年 7 月
林台行	东平县大羊乡响场村	20	男	1940 年 8 月
陈传坤之妻	东平县大羊乡响场村	46	女	1940 年 8 月
张德宪	东平县戴庙乡西辛村	25	男	1940 年 8 月
李佃中	东平县戴庙乡西辛村	70	男	1940 年 8 月
刘德友	东平县戴庙乡西辛村	72	男	1940 年 8 月
牛之信	东平县戴庙乡西辛村	22	男	1940 年 8 月
张春×	东平县东平镇孟村	19	男	1940 年 8 月
方景平	东平县老湖镇西村	20	男	1940 年 8 月
李学勤	东平县商老庄乡刘万庄村	19	男	1940 年 8 月
焦兴和	东平县商老庄乡潭坑涯村	27	男	1940 年 8 月
刘昭庆	东平县商老庄乡刘堂村	18	男	1940 年 8 月
郭际祥	东平县戴庙乡郭那里村	31	男	1940 年 8 月

姓　名	籍　贯	年　龄	性　别	死难时间
白金才	东平县州城镇	19	男	1940 年 8 月
袁绪珠	东平县彭集镇袁海村	23	男	1940 年 9 月
高孟桂	东平县商老庄乡商老庄村	21	男	1940 年 9 月
王宪义	东平县商老庄乡田庄村	23	男	1940 年 9 月
武云发	东平县接山乡南山庄村	—	男	1940 年 9 月
魏泾明	东平县老湖镇于庄村	51	男	1940 年 10 月
刘玉和	东平县梯门乡金山口村	33	男	1940 年 10 月
赵庆山	东平县老湖镇庄科村	19	男	1940 年 10 月
李金玲	东平县老湖镇庄科村	20	男	1940 年 10 月
方景洞	东平县老湖镇西村	21	男	1940 年 10 月
赵保泽	东平县老湖镇	34	男	1940 年 10 月
赵方清	东平县老湖镇窦庄村	22	男	1940 年 10 月
陆甲才	东平县梯门乡北陈庄村	22	男	1940 年 10 月
熊德荣	东平县东平镇毛庄村	39	男	1940 年 10 月
杨兆益	东平县彭集镇西郭庄村	32	男	1940 年 10 月
孙福梅	东平县梯门乡李所村	45	男	1940 年 10 月
魏圣明	东平县老湖镇西一村	—	男	1940 年 11 月
王兆珠	东平县梯门乡石河王村	22	男	1940 年 11 月
宫兆轩	东平县新湖乡侯河村	—	男	1940 年
刘献奎	东平县新湖乡侯河村	—	男	1940 年
刘方珍	东平县新湖乡侯河村	—	男	1940 年
李恒德	东平县大羊乡西三旺村	28	男	1940 年
李洪其	东平县大羊乡西三旺村	22	男	1940 年
冯成信	东平县商老庄乡宋庄村	30	男	1940 年
刘志茂	东平县彭集镇西郭庄村	32	男	1940 年
王士典	东平县斑鸠店镇斑鸠店村	23	男	1940 年
周　氏	东平县接山乡苍邱村	—	女	1940 年
王　河	肥城市	—	男	1940 年
徐夫孟	东平县戴庙乡中金山村	—	男	1940 年
徐言平	东平县戴庙乡中金山村	23	男	1940 年
徐言信	东平县戴庙乡中金山村	22	男	1940 年
王效长	东平县戴庙乡中金山村	23	男	1940 年
化一香	东平县戴庙乡中金山村	23	男	1940 年
徐夫年	东平县戴庙乡中金山村	23	男	1940 年

姓　名	籍　贯	年龄	性别	死难时间
王德雨	东平县戴庙乡中金山村	—	男	1940 年
刘万立	东平县戴庙乡刘圈村	—	男	1940 年
刘运×	东平县戴庙乡刘圈村	—	男	1940 年
刘文灿	东平县戴庙乡刘圈村	—	男	1940 年
许如高	东平县东平镇驻驾村	19	男	1940 年
赵保善	东平县东平镇驻驾村	19	男	1940 年
李广合	东平县东平镇罗庄村	28	男	1940 年
侯延芝	东平县东平镇罗庄村	32	男	1940 年
樊兴旺	东平县东平镇刘庄村	40	男	1940 年
孟玉军	东平县东平镇吴庄村	19	男	1940 年
刘玉堂	东平县州城镇	38	男	1940 年
董德申	东平县州城镇	49	男	1940 年
庞益山	东平县新湖乡郭楼村	30	男	1940 年
董方成	东平县新湖乡凤凰台村	18	男	1940 年
伊瑞×	东平县接山乡席桥村	42	男	1940 年
陈尚义	东平县老湖镇桓村	22	男	1940 年
赵乃昌	东平县彭集镇苇子河村	21	男	1940 年
陆福常	东平县	22	男	1940 年
姜全顺	东平县银山镇刘庄村	26	男	1940 年
陈芝美	东平县银山镇刘庄村	20	男	1940 年
肖明贤	东平县接山乡肖庄村	27	男	1940 年
陈瑞祥	东平县老湖镇高沟村	51	男	1940 年秋
王同梅	东平县老湖镇高沟村	58	男	1940 年秋
赵为友	东平县老湖镇涧流村	19	男	1941 年 1 月
陈保珠	东平县老湖镇廿里铺村	50	男	1941 年 2 月
杨少秋	东平县商老庄乡田庄村	19	男	1941 年 2 月
冯振远	东平县沙河站镇黄路沟村	—	男	1941 年 2 月
侯云庆	东平县梯门乡大侯庄村	31	男	1941 年 3 月
李传铎	东平县东平镇王村	21	男	1941 年 3 月
侯允庆	东平县梯门乡大侯庄村	31	男	1941 年 3 月
刘庆喜	东平县老湖镇芦山村	26	男	1941 年 3 月
赵化亭	东平县大羊乡三旺村	22	男	1941 年 3 月
李九生	东平县彭集镇柳营村	31	男	1941 年 3 月
吴贵双	东平县商老庄乡大吴村	28	男	1941 年 3 月

姓 名	籍 贯	年 龄	性 别	死难时间
刘瑞甫	东平县戴庙乡刘庄村	39	男	1941 年 3 月
张建增	东平县银山镇蔡沃村	29	男	1941 年 3 月
张成雨	东平县东平镇东豆山村	18	男	1941 年 3 月
贾肖立	东平县戴庙乡东金山村	—	男	1941 年 4 月
吴绪友	东平县商老庄乡大吴村	18	男	1941 年 5 月
李延玺	东平县州城镇	20	男	1941 年 6 月
王宪章	东平县商老庄乡田庄村	23	男	1941 年 6 月
田继禹	东平县商老庄乡田庄村	32	男	1941 年 6 月
刘邦珍	东平县戴庙乡刘圈村	35	男	1941 年 6 月
刘仲羽	东平县大羊乡清水坦村	27	男	1941 年 6 月
陈丕珠	东平县戴庙乡东金山村	—	男	1941 年 8 月
陈友吉	东平县彭集镇陈流泽村	33	男	1941 年 8 月
陈克敏之父	东平县银山镇后楼村	—	男	1941 年 8 月
陈可端	东平县银山镇后楼村	—	男	1941 年 8 月
陈可宽之父	东平县银山镇后楼村	—	男	1941 年 8 月
陈明奎之父	东平县银山镇后楼村	—	男	1941 年 8 月
郭文平	东平县银山镇郭楼村	—	男	1941 年 8 月
王昌西	东平县商老庄乡黄河涯村	18	男	1941 年 8 月
刘玉栾	东平县商老庄乡刘堂村	33	男	1941 年 8 月
王兴荣	东平县银山镇沈屯村	27	男	1941 年 8 月
刘宪荣	东平县梯门乡冯庄村	—	男	1941 年 9 月
刘福贵	东平县梯门乡冯庄村	—	男	1941 年 10 月
唐仁言	东平县梯门乡李所村	40	男	1941 年 10 月
陈克林	东平县州城镇	22	男	1941 年 10 月
王广礼	东平县彭集镇	26	男	1941 年 10 月
李培田	东平县东平镇李范村	19	男	1941 年 10 月
王怀钦	东平县东平镇井仓村	30	男	1941 年 10 月
王明水	东平县东平镇井仓村	23	男	1941 年 10 月
张继敏	东平县梯门乡金山口村	25	男	1941 年 10 月
袁廷斌	东平县东平镇东豆山村	18	男	1941 年 10 月
杨明荣	东平县东平镇无盐村	20	男	1941 年 10 月
高加全	东平县戴庙乡三里庄村	28	男	1941 年 10 月
王德胜	东平县戴庙乡戴庙村	20	男	1941 年 10 月
孟凡户	东平县州城镇	27	男	1941 年 10 月

姓 名	籍 贯	年 龄	性 别	死难时间
张树柯	东平县州城镇	26	男	1941 年 11 月
李耀珍	东平县大羊乡龙山屯村	33	男	1941 年 11 月
陈宗海	东平县梯门乡东瓦庄村	18	男	1941 年 11 月
孙乃杨	东平县州城镇	33	男	1941 年 12 月
陆诗喜	东平县戴庙乡沈楼村	48	男	1941 年 12 月
郭行忠	东平县银山镇郭楼村	—	男	1941 年春
郭忠顺	东平县银山镇郭楼村	—	男	1941 年春
王福太	东平县银山镇郭楼村	—	男	1941 年春
郭广平	东平县银山镇郭楼村	—	—	1941 年春
郭行申	东平县银山镇郭楼村	—	—	1941 年春
陈培祥	东平县大羊乡清水坦村	24	男	1941 年春
张传温	东平县斑鸠店镇侯河村	30	男	1941 年秋
铁 匠	东平县银山镇牛庄村	—	男	1941 年秋
丁尚金	东平县州城镇王庄村	—	男	1941 年
王广义	东平县州城镇王庄村	16	男	1941 年
张云明	东平县州城镇王庄村	23	男	1941 年
王广田	东平县斑鸠店镇柏松山村	—	男	1941 年
孙广仁	东平县斑鸠店镇路村	30	男	1941 年
陈宝民	东平县斑鸠店镇路村	30	男	1941 年
王清福	东平县斑鸠店镇中堂子村	28	男	1941 年
王克来	东平县斑鸠店镇中堂子村	25	男	1941 年
庞殿本	东平县斑鸠店镇上庞口村	50	男	1941 年
栾曰习	东平县斑鸠店镇杨闸村	21	男	1941 年
黄延东	东平县斑鸠店镇黄庄村	51	男	1941 年
黄玉振	东平县斑鸠店镇黄庄村	31	男	1941 年
黄玉友	东平县斑鸠店镇黄庄村	26	男	1941 年
闫兴元	东平县斑鸠店镇北枣园村	21	男	1941 年
焦秀家	东平县斑鸠店镇焦村	—	男	1941 年
齐作五	东平县接山乡南山庄村	20	男	1941 年
方礼学	东平县戴庙乡中金山村	—	男	1941 年
刘玉印	东平县戴庙乡中金山村	23	男	1941 年
刘曰凤	东平县戴庙乡中金山村	28	男	1941 年
王德福	东平县戴庙乡中金山村	24	男	1941 年
王效思	东平县戴庙乡中金山村	23	男	1941 年

姓 名	籍 贯	年 龄	性 别	死难时间
贾吉胜	东平县戴庙乡中金山村	23	男	1941 年
马凤林	东平县戴庙乡中金山村	19	男	1941 年
黄云贵	东平县戴庙乡中金山村	24	男	1941 年
胡明钱	东平县戴庙乡中金山村	18	男	1941 年
王明魁	东平县戴庙乡中金山村	26	男	1941 年
方智喜	东平县戴庙乡中金山村	18	男	1941 年
徐玉山	东平县戴庙乡中金山村	42	男	1941 年
李文学	东平县戴庙乡中金山村	24	男	1941 年
郭忠祥	东平县戴庙乡王庄村	27	男	1941 年
方景×	东平县老湖镇西村	29	男	1941 年
魏尚功	东平县老湖镇后仓村	—	男	1941 年
侯家友	东平县东平镇罗庄村	30	男	1941 年
徐中合	东平县东平镇高范村	—	男	1941 年
孙庆瑞	东平县东平镇卞庄村	—	男	1941 年
孙庆会	东平县东平镇卞庄村	—	男	1941 年
陈本会	东平县东平镇卞庄村	—	男	1941 年
陈新得	东平县东平镇卞庄村	—	男	1941 年
陈保代	东平县东平镇卞庄村	—	男	1941 年
刘绪海	东平县东平镇东豆山村	18	男	1941 年
桑金阳	东平县东平镇井仓村	20	男	1941 年
陈忠会	东平县梯门乡东瓦庄村	20	男	1941 年
侯延皋	东平县新湖乡侯家楼村	31	男	1941 年
林 祚	东平县州城镇	25	男	1941 年
展怀生	东平县大羊乡丁坞村	18	男	1941 年
高 泗	东平县大羊乡丁坞村	23	男	1941 年
孟宪泗	东平县商老庄乡董庙村	22	男	1941 年
王进安	东平县银山镇簸箕王村	18	男	1941 年
栾时宝	东平县斑鸠店镇杨闸村	24	男	1941 年
夏同梅	东平县银山镇后楼村	55	男	1941 年
李清康	东平县彭集镇裴寨村	29	男	1942 年 1 月
刘运和	东平县戴庙乡刘圈村	21	男	1942 年 1 月
张崇新	东平县东平镇石马村	42	男	1942 年 1 月
侯馨斋	东平县梯门乡大侯庄村	35	男	1942 年 2 月
张金阶	东平县银山镇轩堂村	21	男	1942 年 2 月

姓　名	籍　贯	年　龄	性　别	死难时间
宋喜亮	东平县戴庙乡东金山村	—	男	1942 年 2 月
郑宗启	东平县老湖镇教子峪村	39	男	1942 年 3 月
刘云霞	东平县东平镇一担土村	22	男	1942 年 3 月
李忠荣	东平县东平镇赤脸店村	19	男	1942 年 3 月
贾善力	东平县戴庙乡东金山村	35	男	1942 年 3 月
刘兆成	东平县东平镇于寺村	32	男	1942 年 3 月
孟昭范	东平县梯门乡金山口村	29	男	1942 年 4 月
侯家斋	东平县梯门乡大侯庄村	31	男	1942 年 4 月
吴凤平	东平县戴庙乡戴庙村	22	男	1942 年 4 月
韩华森	东平县新湖乡七神堂村	41	男	1942 年 4 月
张玉功	东平县大羊乡清水坦村	82	男	1942 年 5 月
李渊山	东平县东平镇于寺村	31	男	1942 年 5 月
赵联祥	东平县州城镇	32	男	1942 年 5 月
侯庆田	东平县商老庄乡八里湾村	27	男	1942 年 5 月
王永春	东平县商老庄乡八里湾村	25	男	1942 年 5 月
孙乃起	东平县商老庄乡八里湾村	25	男	1942 年 5 月
轩作阶	东平县银山镇轩堂村	22	男	1942 年 5 月
韩立静	东平县大羊乡清水坦村	29	男	1942 年 5 月
刘兆谈	东平县东平镇于寺村	33	男	1942 年 6 月
李志成	东平县接山乡徐坦村	29	男	1942 年 6 月
张树成	东平县彭集镇柳营村	25	男	1942 年 6 月
王瑞山	东平县银山镇蔡沃村	20	男	1942 年 6 月
张双代	东平县戴庙乡沈楼村	24	男	1942 年 6 月
赵保宝	东平县老湖镇冯楼村	28	男	1942 年 7 月
尚绪生	东平县老湖镇后水河村	29	男	1942 年 7 月
陈兆桂	东平县老湖镇后水河村	22	男	1942 年 7 月
蒋吉宝	东平县老湖镇展营村	25	男	1942 年 7 月
张继魁	东平县商老庄乡	22	男	1942 年 7 月
于庆新	东平县商老庄乡刘堂村	23	男	1942 年 7 月
陆诗补	东平县戴庙乡陆庄村	28	男	1942 年 7 月
马衍惠	东平县新湖乡马庄村	21	男	1942 年 7 月
和　尚	东平县银山镇卜王村	32	男	1942 年 8 月
耿天海	东平县银山镇耿山口村	—	男	1942 年 8 月
耿忠林之姐	东平县银山镇耿山口村	—	女	1942 年 8 月

姓　名	籍　贯	年　龄	性　别	死难时间
耿天厚	东平县银山镇耿山口村	—	男	1942 年 8 月
陆家义之妻	东平县银山镇耿山口村	—	女	1942 年 8 月
张兆栾	东平县银山镇闫海村	—	男	1942 年 8 月
张安仁	东平县银山镇杨庄村	32	男	1942 年 8 月
杨传银之祖父	东平县银山镇杨庄村	40	男	1942 年 8 月
康廷柱	东平县银山镇杨庄村	29	男	1942 年 8 月
徐英良	东平县银山镇徐把什村	—	男	1942 年 8 月
王守真	东平县银山镇后银山村	16	男	1942 年 8 月
王守义	东平县银山镇后银山村	17	男	1942 年 8 月
王守昌	东平县银山镇后银山村	22	男	1942 年 8 月
李玉生	东平县银山镇后银山村	19	男	1942 年 8 月
王安信	东平县银山镇后银山村	18	男	1942 年 8 月
李厚茹	东平县戴庙乡桑园村	—	男	1942 年 8 月
张宣迎	东平县东平镇西孟村	39	男	1942 年 8 月
王长义	东平县彭集镇王圈村	17	男	1942 年 8 月
李广兰	东平县梯门乡东柿子园村	21	男	1942 年 8 月
方景胜	东平县老湖镇西村	22	男	1942 年 8 月
杜思友	东平县老湖镇西村	21	男	1942 年 8 月
姜庆增	东平县彭集镇龙崮屯村	19	男	1942 年 8 月
商存修	东平县商老庄乡商楼村	31	男	1942 年 8 月
商广荣	东平县商老庄乡商楼村	19	男	1942 年 8 月
宓广田	东平县商老庄乡商老庄村	23	男	1942 年 8 月
商风池	东平县商老庄乡商老庄村	22	男	1942 年 8 月
关金珠	东平县商老庄乡周吴村	22	男	1942 年 8 月
师兴美	东平县戴庙乡师集村	47	男	1942 年 8 月
师安宗	东平县戴庙乡师集村	19	男	1942 年 8 月
王长田	东平县银山镇西茂王村	27	男	1942 年 8 月
吴守旺	东平县银山镇阎海村	19	男	1942 年 8 月
赵西庆	东平县银山镇昆山村	—	男	1942 年 8 月
赵西富	东平县银山镇昆山村	—	男	1942 年 8 月
郭恩祥	东平县银山镇昆山村	—	男	1942 年 8 月
陆家芹之兄	东平县银山镇昆山村	—	男	1942 年 8 月
周保顺之兄	东平县银山镇昆山村	—	男	1942 年 8 月
陆小毛	东平县银山镇昆山村	—	男	1942 年 8 月

姓　名	籍　贯	年　龄	性　别	死难时间
刘广举之弟	东平县银山镇昆山村	—	男	1942 年 8 月
固重洋	东平县银山镇昆山村	—	男	1942 年 8 月
张洪路之外祖母	东平县银山镇昆山村	—	女	1942 年 8 月
老×头	东平县银山镇亭子村	—	男	1942 年 8 月
陈瑞×	东平县老湖镇高沟村	49	男	1942 年 8 月
王宝昆	东平县银山镇狗山村	30	男	1942 年 8 月
刘传胜	东平县银山镇狗山村	60	男	1942 年 8 月
张孝德	东平县接山乡花园村	22	男	1942 年 8 月
牛志会	东平县彭集镇大牛村	33	男	1942 年 9 月
孙长臣	东平县商老庄乡孙庄村	24	男	1942 年 9 月
宋从甫	东平县戴庙乡东金山村	27	男	1942 年 9 月
李　梅	东平县戴庙乡魏庄村	22	男	1942 年 9 月
刘振銮	东平县银山镇刘庄村	23	男	1942 年 9 月
南玉昌	东平县戴庙乡南庄村	24	男	1942 年 9 月
王凤立	东平县戴庙乡南庄村	18	男	1942 年 10 月
张振东	东平县东平镇顾驾村	42	男	1942 年 10 月
孙广信	东平县老湖镇沈铺村	17	男	1942 年 10 月
李玉文	东平县彭集镇苇子河村	17	男	1942 年 10 月
王继祥	东平县商老庄乡黄河涯村	20	男	1942 年 10 月
田印廷	东平县彭集镇马代村	16	男	1942 年 10 月
亓玉祥	东平县新湖乡王仲口村	21	男	1942 年 11 月
栾成友	东平县梯门乡李所村	38	男	1942 年 12 月
栾成营	东平县梯门乡李所村	40	男	1942 年 12 月
解孙氏	东平县梯门乡李所村	29	女	1942 年 12 月
于林甫	东平县州城镇书院街	34	男	1942 年 12 月
栾成盈	东平县梯门乡李所村	37	男	1942 年 12 月
郑绪孟	东平县商老庄乡郑那里村	22	男	1942 年 12 月
王吉福	东平县老湖镇润流村	19	男	1942 年 12 月
廖撵山	东平县接山乡花园村	—	男	1942 年春
贾广×	东平县大羊乡清水坦村	27	男	1942 年春
孙广仁	东平县斑鸠店镇侯河村	33	男	1942 年秋
解加文	东平县新湖乡李楼村	27	男	1942 年
解广海	东平县新湖乡李楼村	30	男	1942 年
李启太	东平县新湖乡李楼村	24	男	1942 年

姓 名	籍 贯	年 龄	性 别	死难时间
王学良	东平县大羊乡后郑庄村	20	男	1942 年
王 氏	东平县大羊乡后郑庄村	16	女	1942 年
商云田	东平县商老庄乡商老庄村	28	男	1942 年
蒋董氏	东平县商老庄乡商老庄村	30	女	1942 年
徐茂勉	东平县沙河站镇孙楼村	24	男	1942 年
崔宜平	河南省兰考县	28	男	1942 年
孟传银	东平县彭集镇大孟村	25	男	1942 年
张士栋	东平县州城镇张柳林村	—	男	1942 年
庞庆玉	东平县斑鸠店镇东龙山村	39	男	1942 年
庞统莪	东平县斑鸠店镇上庞口村	40	男	1942 年
赵 ×	东平县斑鸠店镇斑鸠店村	—	男	1942 年
陈允田	东平县梯门乡陈楼村	36	男	1942 年
王实之	东平县梯门乡东梯门村	48	男	1942 年
侯淑敏	东平县梯门乡大侯庄村	14	女	1942 年
付德里	东平县梯门乡西柿园村	—	男	1942 年
辛士林	东平县梯门乡西柿园村	—	男	1942 年
付德智	东平县梯门乡西柿园村	—	男	1942 年
刘长顺	东平县梯门乡苏庄村	—	男	1942 年
侯新斋	东平县梯门乡大侯庄村	29	男	1942 年
井延兰	东平县接山乡夏谢三村	50	男	1942 年
井延兰之女	东平县接山乡夏谢三村	16	女	1942 年
王德昌	东平县戴庙乡中金山村	—	男	1942 年
王德才	东平县戴庙乡中金山村	—	男	1942 年
王德金	东平县戴庙乡中金山村	—	男	1942 年
王恩全	东平县戴庙乡中金山村	—	男	1942 年
王德山	东平县戴庙乡中金山村	26	男	1942 年
王凤保	东平县戴庙乡中金山村	23	男	1942 年
方礼刚	东平县戴庙乡中金山村	24	男	1942 年
王德钧	东平县戴庙乡中金山村	23	男	1942 年
司文坦	东平县戴庙乡中金山村	25	男	1942 年
吴绪昌	东平县戴庙乡中金山村	25	男	1942 年
司行树	东平县戴庙乡中金山村	24	男	1942 年
司行道	东平县戴庙乡中金山村	25	男	1942 年
魏尚云	东平县戴庙乡中金山村	26	男	1942 年

姓 名	籍 贯	年 龄	性 别	死难时间
方仁伦	东平县戴庙乡中金山村	22	男	1942 年
王效功	东平县戴庙乡中金山村	19	男	1942 年
王恩坦	东平县戴庙乡中金山村	25	男	1942 年
徐言林	东平县戴庙乡中金山村	39	男	1942 年
王德来	东平县戴庙乡中金山村	23	男	1942 年
王恩福	东平县戴庙乡中金山村	19	男	1942 年
邱夫云	东平县戴庙乡中金山村	23	男	1942 年
王德居	东平县戴庙乡中金山村	33	男	1942 年
王明俭	东平县戴庙乡中金山村	23	男	1942 年
李文元	东平县戴庙乡中金山村	18	男	1942 年
胡文英	东平县戴庙乡三里庄村	40	女	1942 年
轩召才	东平县戴庙乡三里庄村	3	男	1942 年
石凤成	东平县戴庙乡小赵村	—	男	1942 年
段延顺	东平县戴庙乡十里堡村	—	男	1942 年
徐传才	东平县东平镇驻驾村	40	男	1942 年
林台文	东平县东平镇宿城村	38	男	1942 年
陈绪银	东平县东平镇宿城村	30	男	1942 年
李源锁	东平县东平镇罗庄村	30	男	1942 年
李渊庆	东平县东平镇罗庄村	18	男	1942 年
侯延生	东平县东平镇罗庄村	28	男	1942 年
陈世琨	东平县东平镇罗庄村	29	男	1942 年
张树代	东平县东平镇望驾村	26	男	1942 年
刘成拔	东平县东平镇赵村	23	男	1942 年
尚梦胜	东平县东平镇高范村	—	男	1942 年
李广志	东平县东平镇高范村	—	男	1942 年
陈召平	东平县州城镇	37	男	1942 年
孙振环	东平县州城镇	47	男	1942 年
唐家贵	东平县新湖乡唐楼村	18	男	1942 年
田西卿	东平县彭集镇后围村	23	男	1942 年
韩圣朝	东平县彭集镇后围村	20	男	1942 年
仇向业	东平县接山乡苍邱村	19	男	1942 年
王少泉	东平县大羊乡东北村	26	男	1942 年
臧国干	东平县州城镇	30	男	1942 年
郑银康	东平县州城镇梁场村	24	男	1942 年

姓　名	籍　贯	年　龄	性　别	死难时间
商传贵	东平县商老庄乡商楼村	19	男	1942 年
殷传学	东平县商老庄乡殷那里村	17	男	1942 年
殷登华	东平县商老庄乡殷那里村	19	男	1942 年
刘月元	东平县商老庄乡潭坑涯村	23	男	1942 年
董玉坡	东平县戴庙乡戴庙村	24	男	1942 年
薛传印	东平县戴庙乡中金山村	27	男	1942 年
陈云昌	东平县银山镇刘庄村	25	男	1942 年
黄性刚	东平县银山镇腊山村	27	男	1942 年
董大芳	东平县大羊乡韩庄村	21	男	1943 年 1 月
刘殿习	东平县沙河站镇侯圈村	20	男	1943 年 1 月
李广爱	东平县东平镇罗庄村	22	男	1943 年 2 月
孙帮路	东平县老湖镇王台村	28	男	1943 年 2 月
李尚贵	东平县接山乡夏谢二村	29	男	1943 年 2 月
赵乐印	东平县老湖镇赵老庄	—	男	1943 年 3 月
范佑东	东平县彭集镇柳营村	40	男	1943 年 3 月
郑宗岐	东平县老湖镇廿里铺村	26	男	1943 年 3 月
韩昭彬	东平县彭集镇南城子村	46	男	1943 年 3 月
马心玉	东平县彭集镇柳营村	16	男	1943 年 3 月
郑存祥	东平县戴庙乡十里堡村	20	男	1943 年 3 月
陈兴和	东平县戴庙乡	25	男	1943 年 3 月
井延华	东平县东平镇井仓村	22	男	1943 年 3 月
吴瑞林	东平县老湖镇王台村	17	男	1943 年 4 月
展庆武	东平县老湖镇西村	33	男	1943 年 4 月
王允珂	东平县梯门乡王海子村	29	男	1943 年 4 月
白云照	东平县东平镇高范村	20	男	1943 年 4 月
李长银	东平县商老庄乡李庄村	25	男	1943 年 4 月
陆传道	东平县戴庙乡孟垓村	20	男	1943 年 4 月
贾吉昌	东平县戴庙乡东金山村	21	男	1943 年 4 月
何春尧	东平县州城镇	35	男	1943 年 4 月
唐加贵	东平县新湖乡唐楼村	—	男	1943 年 4 月
王廷福	东平县旧县乡尹村二村	22	男	1943 年 5 月
井旭栋	东平县接山乡夏谢二村	28	男	1943 年 5 月
李尚然	东平县接山乡夏谢二村	22	男	1943 年 5 月
王兆会	东平县接山乡夏谢二村	21	男	1943 年 5 月

姓 名	籍 贯	年 龄	性 别	死难时间
王兆周	东平县接山乡夏谢二村	23	男	1943 年 5 月
郭振山	东平县接山乡夏谢二村	36	男	1943 年 5 月
梁兆其	东平县老湖镇梁林村	24	男	1943 年 5 月
张殿帮	东平县州城镇于海村	23	男	1943 年 5 月
郭德武	东平县戴庙乡后吕村	—	男	1943 年 5 月
董玉香	东平县戴庙乡新华村	—	男	1943 年 6 月
井延峨	东平县东平镇井仓村	42	男	1943 年 6 月
井延河	东平县东平镇井仓村	28	男	1943 年 6 月
刘云功	东平县大羊乡郝沟村	26	男	1943 年 6 月
李传胜	东平县斑鸠店镇子路村	22	男	1943 年 6 月
叶吉荣	东平县老湖镇九女泉村	26	男	1943 年 6 月
武士廷	东平县梯门乡东沟流村	21	男	1943 年 7 月
吴贵忠	东平县商老庄乡大吴村	47	男	1943 年 7 月
孟兆义	东平县银山镇徐庄村	23	男	1943 年 7 月
张广法	东平县东平镇顾驾村	41	男	1943 年 8 月
尚志安	东平县沙河站镇吴桃园村	19	男	1943 年 8 月
王玉斌	东平县彭集镇苇子河村	21	男	1943 年 8 月
张殿志	东平县新湖乡唐营村	26	男	1943 年 8 月
王培栋	东平县州城镇	21	男	1943 年 8 月
郭庆年	东平县戴庙乡郭那里村	22	男	1943 年 8 月
段道臣	东平县银山镇段沃村	23	男	1943 年 8 月
王树山	东平县银山镇东茂王村	28	男	1943 年 8 月
战传修	东平县银山镇马山头村	21	男	1943 年 8 月
刘长安	东平县沙河站镇蔡庄店村	18	男	1943 年 8 月
小 白	东平县沙河站镇蔡庄店村	17	男	1943 年 9 月
刘曰玉	东平县沙河站镇蔡庄店村	20	男	1943 年 9 月
刘文香	东平县银山镇马山头村	40	男	1943 年 9 月
宋希生	东平县东平镇井仓村	17	男	1943 年 9 月
何树娥	东平县沙河站镇韩圈村	32	男	1943 年 9 月
孟召银	东平县戴庙乡后张村	35	男	1943 年 9 月
郑桐轩	东平县东平镇古台寺村	28	男	1943 年 9 月
邢景思	东平县彭集镇栾庙村	19	男	1943 年 10 月
李廷江	东平县彭集镇	21	男	1943 年 10 月
李丙一	东平县梯门乡石河王村	23	男	1943 年 10 月

姓 名	籍 贯	年 龄	性 别	死难时间
展恩流	东平县老湖镇	23	男	1943 年 10 月
窦效先	东平县老湖镇窦庄村	25	男	1943 年 10 月
王笃成	东平县东平镇宿城村	20	男	1943 年 10 月
张本法	东平县东平镇无盐村	22	男	1943 年 10 月
赵庆轩	东平县彭集镇苇子河村	18	男	1943 年 10 月
史会圣	东平县斑鸠店镇南枣园村	19	男	1943 年 10 月
董玉乡	东平县戴庙乡董庄村	29	男	1943 年 10 月
张文贵	东平县银山镇张山沃村	43	男	1943 年 11 月
刘明山	东平县大羊乡后魏雪村	—	男	1943 年 11 月
黄书克	东平县州城镇	23	男	1943 年 12 月
刘学诗	东平县梯门乡西柿子园村	22	男	1943 年 12 月
孙振水	东平县老湖镇焦铺村	19	男	1943 年 12 月
袁绪冉	东平县州城镇荣花树村	21	男	1943 年 12 月
郭尚德	—	—	男	1943 年 12 月
房守富之姐夫	东平县银山镇山赵村	35	男	1943 年 12 月
杜恒士	东平县大羊乡丁坞村	—	男	1943 年
申玉信	东平县大羊乡后杨村	—	男	1943 年
张继奎	东平县商老庄乡张文远村	—	男	1943 年
张守甫	东平县商老庄乡张文远村	—	男	1943 年
申殿旗	东平县商老庄乡张文远村	—	男	1943 年
刘玉柱	东平县商老庄乡张文远村	—	男	1943 年
赵传友	东平县商老庄乡张文远村	—	男	1943 年
赵明玉	东平县商老庄乡张文远村	—	男	1943 年
赵传本	东平县商老庄乡张文远村	—	男	1943 年
秦宝贵	东平县商老庄乡义和庄村	18	男	1943 年
张黑蛋	东平县商老庄乡义和庄村	17	男	1943 年
秦凤文	东平县商老庄乡义和庄村	16	男	1943 年
秦玉喜	东平县商老庄乡义和庄村	18	男	1943 年
李久生	东平县彭集镇柳营村	—	男	1943 年
张衍星	东平县州城镇张圈村	21	男	1943 年
袁庆福	东平县州城镇袁楼村	20	男	1943 年
袁庆才	东平县州城镇袁楼村	18	男	1943 年
战传×	东平县银山镇马山头村	—	男	1943 年
徐英学	东平县银山镇徐把什村	30	男	1943 年

姓 名	籍 贯	年龄	性别	死难时间
徐英安	东平县银山镇徐把什村	40	男	1943 年
张光钧	东平县银山镇前银山村	44	男	1943 年
孙德太	东平县梯门乡前山屯村	28	男	1943 年
高庭正	东平县接山乡夏谢一村	26	男	1943 年
郑怀亮之妻	东平县戴庙乡十里堡村	—	女	1943 年
赵保×	东平县老湖镇赵庄村	31	男	1943 年
刘电成	东平县东平镇罗庄村	30	男	1943 年
李学芝	东平县东平镇罗庄村	22	男	1943 年
赵方燕	东平县东平镇望驾村	24	男	1943 年
张振良	东平县东平镇牌子村	35	男	1943 年
王玉连	东平县新湖乡凤凰台村	19	男	1943 年
崔庆奎	东平县沙河站镇何村	24	男	1943 年
田西勇	东平县彭集镇后围村	19	男	1943 年
杨庆海	东平县彭集镇柳营村	21	男	1943 年
王汉坤	东平县大羊乡辛庄村	20	男	1943 年
刘兆玉	东平县接山乡苍邱村	27	男	1943 年
周茂科	东平县接山乡苍邱村	33	男	1943 年
孙绪全	东平县彭集镇柳营村	19	男	1943 年
杜恒才	东平县州城镇单楼村	30	男	1943 年
张凤海	东平县商老庄乡赵庄村	22	男	1943 年
彭兴存	东平县商老庄乡马庄村	23	男	1943 年
王树道	东平县银山镇东茂王村	23	男	1943 年
徐美发	东平县银山镇徐把什村	29	男	1943 年
窦士成	东平县东平镇古台寺村	25	男	1943 年
贺继金	东平县银山镇贺庄村	—	男	1943 年
赵保密	东平县老湖镇桥口村	—	男	1943 年冬
贺岐献	东平县银山镇贺庄村	—	男	1944 年 1 月
刘志善	东平县接山乡上遂城东村	28	男	1944 年 1 月
李庆莲	东平县接山乡上遂城东村	27	男	1944 年 1 月
姜景明	东平县接山乡齐村	41	男	1944 年 1 月
王玉岭	东平县大羊乡驻村	25	男	1944 年 1 月
郑吉昌	东平县州城镇	29	男	1944 年 1 月
卜庆海	东平县东平镇古台寺村	21	男	1944 年 2 月
张广运	东平县东平镇牌子村	58	男	1944 年 2 月

姓 名	籍 贯	年 龄	性 别	死难时间
王笃成	东平县商老庄乡屈庄村	24	男	1944 年 2 月
徐美良	东平县银山镇张山窝村	32	男	1944 年 2 月
史西元	东平县东平镇古台寺村	27	男	1944 年 3 月
马学思	东平县州城镇	20	男	1944 年 3 月
李尚环	东平县彭集镇郑海村	31	男	1944 年 3 月
陈本三	东平县老湖镇涧流村	20	男	1944 年 3 月
唐传信	东平县新湖乡范岗村	26	男	1944 年 3 月
郑同轩	东平县东平镇古台寺村	24	男	1944 年 4 月
马振友	东平县彭集镇马代村	19	男	1944 年 4 月
吕学达	东平县彭集镇吕楼村	29	男	1944 年 4 月
丁希珍	东平县商老庄乡丁庄村	19	男	1944 年 4 月
张克常	东平县斑鸠店镇柏松山村	31	男	1944 年 4 月
王恩普	高唐县	23	男	1944 年 5 月
李尚迎	东平县接山乡夏谢二村	22	男	1944 年 6 月
于大林	东平县沙河站镇	32	男	1944 年 6 月
胡子章	东平县沙河站镇	33	男	1944 年 6 月
杜荣华	东平县彭集镇	44	男	1944 年 6 月
李本告	东平县老湖镇马凉村	57	男	1944 年 6 月
王尚先	东平县老湖镇马凉村	62	男	1944 年 7 月
周风格	东平县老湖镇马凉村	58	男	1944 年 7 月
徐老大	东平县老湖镇马凉村	48	男	1944 年 7 月
徐传典	东平县老湖镇马凉村	42	男	1944 年 7 月
刘献芝	东平县东平镇古台寺村	23	男	1944 年 7 月
刘学忠	东平县州城镇	27	男	1944 年 7 月
王广甫	东平县彭集镇栾庙村	19	男	1944 年 7 月
郑金明	东平县彭集镇郑海村	16	男	1944 年 7 月
陈本贵	东平县东平镇卞庄村	22	男	1944 年 7 月
刘曰东	东平县沙河站镇韩圈村	18	男	1944 年 7 月
冯成香	东平县商老庄乡潭坑涯村	26	男	1944 年 7 月
孙养奇	东平县老湖镇庄科村	—	男	1944 年 7 月
郭兆奇	东平县老湖镇庄科村	—	男	1944 年 7 月
张新民	东平县老湖镇涧流村	28	男	1944 年 7 月
王连春	东平县大羊乡毕庄村	24	男	1944 年 8 月
何传绪	东平县东平镇河沟村	26	男	1944 年 8 月

姓 名	籍 贯	年 龄	性 别	死难时间
吕学康	东平县彭集镇吕楼村	24	男	1944 年 8 月
孙锡才	东平县彭集镇南城子村	25	男	1944 年 8 月
李士明	东平县旧县乡尹村	22	男	1944 年 8 月
姜怀同	东平县商老庄乡大安山村	21	男	1944 年 8 月
杨明伦	东平县商老庄乡八里湾村	25	男	1944 年 8 月
胡会祥	东平县戴庙乡孟垓村	18	男	1944 年 8 月
孙树章	东平县戴庙乡孟垓村	33	男	1944 年 9 月
孙传起	东平县戴庙乡孟垓村	36	男	1944 年 9 月
宋从西	东平县戴庙乡孟垓村	35	男	1944 年 9 月
胡会东	东平县戴庙乡孟垓村	32	男	1944 年 9 月
胡文礼	东平县戴庙乡孟垓村	32	男	1944 年 9 月
范诗明	东平县戴庙乡孟垓村	30	男	1944 年 9 月
范诗亮	东平县戴庙乡孟垓村	36	男	1944 年 9 月
孙传金	东平县戴庙乡孟垓村	34	男	1944 年 9 月
宋从珍	东平县戴庙乡孟垓村	32	男	1944 年 9 月
毛孟元	东平县戴庙乡孟垓村	30	男	1944 年 9 月
徐广财	东平县接山乡	27	男	1944 年 9 月
付衍名	东平县银山镇玄桥村	21	男	1944 年 9 月
贾广森	东平县东平镇古台寺村	27	男	1944 年 9 月
潘兴奇	东平县大羊乡辛庄村	22	男	1944 年 10 月
岳元洲	东平县大羊乡驻村	24	男	1944 年 10 月
姜长马	东平县斑鸠店镇斑鸠店村	21	男	1944 年 10 月
郑允田	东平县东平镇古台寺村	26	男	1944 年 10 月
杨贵先	东平县东平镇大井村	20	男	1944 年 11 月
郑向汉	东平县彭集镇前郑海村	20	男	1944 年 11 月
薛传玉	东平县梯门乡北陈庄村	20	男	1944 年 11 月
王承轩	东平县梯门乡北陈庄村	22	男	1944 年 12 月
杨富玉	东平县梯门乡北陈庄村	32	男	1944 年 12 月
于根趱	东平县东平镇于寺村	8	男	1944 年 12 月
宋希荣	东平县东平镇井仓村	21	男	1944 年 12 月
井怀庚	东平县大羊乡井仓村	21	男	1944 年 12 月
吴守振	东平县州城镇河崖村	26	男	1944 年 12 月
陈秦氏	东平县大羊乡清水坦村	30	女	1944 年 1 月
冯忠敏	东平县老湖镇杨村	31	男	1944 年春

姓　名	籍　贯	年　龄	性　别	死难时间
林敬征	东平县新湖乡姜口村	18	男	1944 年春
李春和	东平县老湖镇庄科村	—	男	1944 年秋
赵庆×	东平县老湖镇庄科村	—	男	1944 年秋
朱明雨	东平县新湖乡刘楼村	17	男	1944 年秋
王　牛	东平县大羊乡丁坞村	—	男	1944 年
范贞伦	东平县彭集镇李海村	39	男	1944 年
郭志海	东平县州城镇孟楼村	24	男	1944 年
赵永国	东平县接山乡常庄二村	47	男	1944 年
赵关东	东平县接山乡常庄二村	12	男	1944 年
栗心慎	东平县接山乡前口头村	28	男	1944 年
刘保礼	东平县接山乡前口头村	26	男	1944 年
高殿常	东平县接山乡夏谢四村	44	男	1944 年
高传义	东平县戴庙乡辛庄村	—	男	1944 年
孙树海	东平县戴庙乡孟垓村	33	男	1944 年
郭忠胜	东平县戴庙乡王庄村	—	男	1944 年
杨明庭	东平县戴庙乡五里堡村	22	男	1944 年
郑全芝	东平县老湖镇后仓村	—	男	1944 年
李广来	东平县东平镇宿城村	28	男	1944 年
吴守勤	东平县东平镇赵村	20	男	1944 年
吴言才	东平县东平镇吴庄村	21	男	1944 年
李宝根	东平县州城镇	28	男	1944 年
高信岭	东平县州城镇	28	男	1944 年
徐荣德	东平县新湖乡	28	男	1944 年
张德怀	东平县彭集镇柳营村	26	男	1944 年
张敬臣	东平县接山乡	24	男	1944 年
刘永昌	东平县接山乡苍邱村	22	男	1944 年
杜书森	东平县梯门乡石河王村	25	男	1944 年
贺永士	东平县老湖镇七里铺村	23	男	1944 年
徐自久	东平县接山乡徐村	22	男	1944 年
黄清振	东平县接山乡黄徐庄村	41	男	1944 年
王宪清	东平县彭集镇柳营村	24	男	1944 年
周洪明	东平县州城镇荣花树村	20	男	1944 年
王成曾	东平县新湖乡王楼村	22	男	1944 年
孙庆海	东平县沙河站镇大刘庄村	27	男	1945 年 1 月

姓 名	籍 贯	年 龄	性 别	死难时间
姜吉法	东平县沙河站镇何村	25	男	1945 年 2 月
李春明	东平县梯门乡芦泉村	20	男	1945 年 2 月
赵云怀	东平县东平镇东豆山村	20	男	1945 年 2 月
刘德胜	东平县东平镇无盐村	36	男	1945 年 2 月
王克生	东平县斑鸠店镇中堂子村	32	男	1945 年 2 月
王广成	东平县戴庙乡小王村	31	男	1945 年 3 月
王守海	东平县戴庙乡小王村	32	男	1945 年 3 月
王广礼	东平县戴庙乡小王村	26	男	1945 年 3 月
王满仓	东平县戴庙乡小王村	19	男	1945 年 3 月
王玉峰	东平县戴庙乡小王村	25	男	1945 年 3 月
王玉公	东平县戴庙乡小王村	27	男	1945 年 3 月
陈乐航	东平县东平镇古台寺村	27	男	1945 年 3 月
李新余	东平县大羊乡丁坞村	23	男	1945 年 3 月
顾传宏	东平县老湖镇郭楼村	27	男	1945 年 3 月
蔡建华	东平县沙河站镇韩圈村	29	男	1945 年 3 月
张乐安	东平县戴庙乡师集村	20	男	1945 年 3 月
王克胜	东平县斑鸠店镇中堂子村	20	男	1945 年 3 月
李广汉	东平县东平镇古台寺村	29	男	1945 年 3 月
冯振远	东平县沙河站镇	37	男	1945 年 4 月
杜恒会	东平县彭集镇	19	男	1945 年 4 月
袁培兰	东平县接山乡常庄村	24	男	1945 年 4 月
马圣哲	东平县彭集镇	27	男	1945 年 4 月
董光海	东平县戴庙乡新华村	—	男	1945 年 4 月
李余青	东平县东平镇古台寺村	43	男	1945 年 5 月
冯士英	东平县沙河站镇	25	男	1945 年 5 月
吕道福	东平县彭集镇大孟村	28	男	1945 年 5 月
张希仁	东平县接山乡下套村	27	男	1945 年 5 月
李渊洪	东平县东平镇于寺村	36	男	1945 年 5 月
姜连一	东平县州城镇杜尧王村	18	男	1945 年 6 月
白宗洲	东平县大羊乡裴洼村	27	男	1945 年 6 月
杨修顺	东平县老湖镇簸箕峪村	24	男	1945 年 6 月
牛树信	东平县彭集镇裴寨村	25	男	1945 年 6 月
林英俭	东平县商老庄乡八里湾村	34	男	1945 年 6 月
侯召仁	东平县商老庄乡八里湾村	28	男	1945 年 6 月

姓 名	籍 贯	年 龄	性 别	死难时间
李新征	东平县接山乡夏谢二村	21	男	1945 年 6 月
张广四	东平县东平镇于寺村	35	男	1945 年 7 月
郑相勉	东平县东平镇王村	23	男	1945 年 7 月
王瑞义	东平县梯门乡西梯门村	17	男	1945 年 7 月
刘广荣	东平县老湖镇焦铺村	23	男	1945 年 7 月
赵保合	东平县老湖镇赵庄村	25	男	1945 年 7 月
孙兆山	东平县彭集镇孙流泽村	22	男	1945 年 7 月
林宪起	东平县戴庙乡林辛村	30	男	1945 年 7 月
黄兴法	东平县戴庙乡桑园村	25	男	1945 年 7 月
陈凤娥	东平县银山镇张山沃村	33	男	1945 年 7 月
张玉合	东平县斑鸠店镇柏松山村	18	男	1945 年 7 月
贾立耕	东平县东平镇后路口村	46	男	1945 年 7 月
刘保海	东平县东平镇	23	男	1945 年 8 月
李振华	东平县大羊乡丁坞村	27	男	1945 年 8 月
李秀全	东平县戴庙乡戴庙村	24	男	1945 年 8 月
陈庆海	东平县戴庙乡郭那里村	22	男	1945 年 8 月
郭庆荣	东平县戴庙乡郭楼村	25	男	1945 年 8 月
郭德俊	东平县戴庙乡吕庄村	20	男	1945 年 8 月
侯庆顺	东平县戴庙乡土山村	26	男	1945 年 8 月
陈本玉	东平县商老庄乡大安山村	23	男	1945 年 8 月
杨瑞才	东平县银山镇玄桥村	37	男	1945 年 8 月
刘长先	东平县东平镇后屯村	32	男	1945 年 8 月
张敬涛	东平县接山乡下套村	42	男	1945 年 9 月
孟传敬	东平县州城镇	46	男	1945 年 9 月
李兆金	东平县东平镇顾驾村	38	男	1945 年 9 月
马振良	东平县大羊乡冯大羊村	24	男	1945 年
宫振理	东平县旧县乡东峨山村	22	男	1945 年
颜景春	东平县州城镇孟楼村	18	男	1945 年
艾退子	东平县州城镇孟楼村	22	男	1945 年
袁庆山	东平县州城镇袁楼村	18	男	1945 年
杨凤亮	东平县银山镇毛山头村	30	男	1945 年
纪井原	东平县银山镇毛山头村	30	男	1945 年
胡振海	东平县银山镇西茂王村	28	男	1945 年
李源祥之姐姐	东平县银山镇西茂王村	18	女	1945 年

姓 名	籍 贯	年 龄	性 别	死难时间
小 七	东平县银山镇西茂王村	19	男	1945 年
谌志山	东平县银山镇西茂王村	35	男	1945 年
郭忠贤	东平县银山镇西茂王村	27	男	1945 年
王庆泉	东平县接山乡中套村	—	男	1945 年
王庆海	东平县接山乡中套村	—	男	1945 年
陈树景	东平县接山乡中套村	—	男	1945 年
崔淑春	东平县接山乡中套村	—	男	1945 年
王成明	东平县戴庙乡五里堡村	21	男	1945 年
段延伦之妻	东平县戴庙乡十里堡村	—	女	1945 年
段存和之大哥	东平县戴庙乡十里堡村	—	男	1945 年
王玉海之妻	东平县戴庙乡十里堡村	—	女	1945 年
王玉海之母	东平县戴庙乡十里堡村	—	女	1945 年
徐守业	东平县东平镇西孟村	47	男	1945 年
徐宗本	东平县东平镇徐村	—	男	1945 年
李元顺	东平县州城镇	20	男	1945 年
徐家存	东平县州城镇	26	男	1945 年
张存轩	东平县州城镇	23	男	1945 年
于荣海	东平县接山乡下套村	23	男	1945 年
刘丙深	东平县接山乡苍邱村	24	男	1945 年
刘永贵	东平县接山乡苍邱村	38	男	1945 年
井绪田	东平县大羊乡驻村	29	男	1945 年
展庆水	东平县老湖镇王台村	16	男	1945 年
侯玉常	东平县梯门乡芦泉村	21	男	1945 年
刘成员	东平县接山乡苍邱村	20	男	1945 年
廖祚田	东平县接山乡徐村	31	男	1945 年
赵庆春	东平县接山乡黄徐庄村	19	男	1945 年
袁玉卿	东平县彭集镇南城子村	23	男	1945 年
孙锡震	东平县彭集镇南城子村	24	男	1945 年
孙兆石	东平县彭集镇孙流泽村	22	男	1945 年
陈 伟	东平县	27	男	1945 年
吴守珍	东平县州城镇吴庄村	25	男	1945 年
宫振理	东平县旧县乡东峨山村	22	男	1945 年
火有志	东平县银山镇石庙村	24	男	1945 年
火如启	东平县银山镇石庙村	28	男	1945 年

姓 名	籍 贯	年 龄	性 别	死难时间
王传全	东平县银山镇昆山村	25	男	1945 年
邵延岭	东平县斑鸠店镇杨闸村	24	男	1945 年
芦家其	东平县斑鸠店镇芦屯村	22	男	1945 年
刘传金	东平县斑鸠店镇岱程村	24	男	1945 年
杨金良	东平县旧县乡旧县一村	—	男	1945 年
栾成忠	东平县梯门乡李所村	43	男	—
董学厚	东平县大羊乡毕庄村	14	男	—
姚学福	东平大羊乡西南村	—	男	—
李吉才	东平县大羊乡前海子村	—	男	—
李灿功	东平县大羊乡前海子村	—	男	—
张 氏	东平县沙河站镇小杨庄村	—	女	—
张召来	东平县沙河站镇于楼村	—	男	—
张衍苓	东平县沙河站镇于楼村	—	男	—
王张氏	东平县沙河站镇韩圈村	—	女	—
王如印	东平县彭集镇柳营村	—	男	—
刘 学	东平县彭集镇小孟村	20	男	—
代百来	东平县彭集镇东郭庄	23	男	—
代百苓	东平县彭集镇东郭庄	—	男	—
刘 ×	东平县旧县乡王古店五村	18	—	—
张玉池	东平县州城镇文庙街	—	男	—
张凤池	东平县州城镇文庙街	44	男	—
蒋玉更	东平县州城镇文庙街	43	男	—
蒋玉江	东平县州城镇文庙街	54	男	—
张宝珍	东平县州城镇孟楼村	29	男	—
解庆芳	东平县州城镇小刘楼村	18	男	—
解庆刚	东平县州城镇小刘楼村	38	男	—
刘兴池	东平县州城镇小刘楼村	—	男	—
刘兴仟	东平县州城镇小刘楼村	—	男	—
侯家芹	东平县州城镇小刘楼村	—	男	—
刘庆宝	东平县州城镇小刘楼村	—	男	—
郝宝庆	东平县州城镇小刘楼村	—	男	—
张恒文	东平县州城镇小刘楼村	—	男	—
袁绪海	东平县州城镇小刘楼村	—	男	—
张兴领	东平县州城镇小刘楼村	—	男	—

姓　名	籍　贯	年　龄	性　别	死难时间
刘文凤	东平县州城镇小刘楼村	—	男	—
刘文平	东平县州城镇小刘楼村	—	男	—
解培玉	东平县州城镇小刘楼村	—	男	—
潘如兰	东平县州城镇小刘楼村	—	男	—
刘兴学	东平县州城镇小刘楼村	—	男	—
解贵先	东平县斑鸠店镇解山村	23	男	—
轩学义之母	东平县银山镇轩堂村	60	女	—
轩文清之父	东平县银山镇轩堂村	40	男	—
郭庆山	东平县银山镇轩堂村	26	女	—
蒋大龙之妻	东平县银山镇西茂王村	30	女	—
陈照轩	东平县梯门乡三里庄村	23	男	—
徐明伦	东平县梯门乡后山屯村	—	男	—
王云喜	东平县梯门乡南门村	80	男	—
贾德元	东平县梯门乡范山村	—	男	—
陈明银	东平县梯门乡范山村	—	男	—
夏振峰	东平县接山乡林马庄村	47	男	1939 年 4 月 22 日
夏振元	东平县接山乡林马庄村	52	男	1939 年 4 月 22 日
夏慧亭	东平县接山乡林马庄村	17	男	1939 年 4 月 22 日
夏振迎	东平县接山乡林马庄村	20	男	1939 年 4 月 22 日
宓张氏	东平县接山乡林马庄村	56	女	1939 年 4 月 22 日
毕德才	东平县接山乡林马庄村	8	男	1939 年 4 月 22 日
杨明善	东平县戴庙乡于庄村	—	男	—
杨明章	东平县戴庙乡于庄村	—	男	—
于诣目	东平县戴庙乡于庄村	—	男	—
闫长领	东平县戴庙乡于庄村	—	男	—
李金顺	东平县戴庙乡于庄村	—	男	—
陈有生	东平县戴庙乡师集村	—	男	—
陆传贵	东平县戴庙乡陆庄村	—	男	—
吕传成	东平县戴庙乡商园村	—	男	—
辛宪兴	东平县戴庙乡辛那里村	28	男	—
辛献才	东平县戴庙乡辛那里村	25	男	—
宋梅妮	东平县戴庙乡宋圈村	—	女	—
董茂林	东平县戴庙乡戴庙村	—	男	—
徐怀祥	东平县戴庙乡戴庙村	—	男	—

姓名	籍贯	年龄	性别	死难时间
王元胜	东平县戴庙乡戴庙村	—	男	—
陆家森	东平县戴庙乡戴庙村	—	男	—
孟宪珍	东平县老湖镇战营村	40	男	—
秦开习	东平县老湖镇芦山村	17	男	—
吴子友	东平县老湖镇王台村	23	男	—
吴子友之弟	东平县老湖镇王台村	14	男	—
张兴岭	东平县老湖镇展庄村	18	男	—
张兴田	东平县老湖镇展庄村	—	男	—
张兴仁	东平县老湖镇展庄村	—	男	—
徐福田	东平县老湖镇王台村	—	男	—
王玉梅	东平县老湖镇王台村	30	男	—
孙吴氏	东平县老湖镇王台村	30	女	—
曲传海	东平县老湖镇前水河村	—	男	—
叶吉×	东平县老湖镇九女泉村	15	男	—
李瑞明	东平县老湖镇九女泉村	20	男	—
赵广学	东平县老湖镇廿里铺村	18	男	—
吴家英	东平县老湖镇廿里铺村	15	男	—
宋保歧	东平县老湖镇廿里铺村	30	男	—
张新×	东平县老湖镇涧流村	22	男	—
王吉兴	东平县老湖镇涧流村	20	男	—
王吉绍	东平县老湖镇涧流村	31	男	—
陈本山	东平县老湖镇涧流村	32	男	—
王吉×	东平县老湖镇涧流村	34	男	—
王云兰	东平县老湖镇涧流村	34	男	—
王启环	东平县老湖镇涧流村	29	男	—
王吉荣	东平县老湖镇涧流村	29	男	—
耿文才	东平县老湖镇涧流村	35	男	—
赵为×	东平县老湖镇涧流村	28	男	—
王云元	东平县老湖镇涧流村	29	男	—
王启祥	东平县老湖镇涧流村	31	男	—
王吉信	东平县老湖镇涧流村	33	男	—
王启信	东平县老湖镇涧流村	30	男	—
梁久振	东平县老湖镇后埠子村	32	男	—
马守海	东平县老湖镇后埠子村	—	男	—

姓　名	籍　贯	年　龄	性　别	死难时间
孙养岐	东平县老湖镇庄科村	—	男	—
郭兆岐	东平县老湖镇庄科村	—	男	—
郭尚德	东平县老湖镇庄科村	—	男	—
郭恩代	东平县银山镇昆山村	—	男	—
张文俊	东平县银山镇昆山村	—	男	—
张文俊之长子	东平县银山镇昆山村	—	男	—
邹怀玉	东平县银山镇昆山村	12	男	—
韩玉礼	东平县沙河站镇韩村	23	男	1938 年
李春盛	东平县东平镇徐村	—	男	1938 年
侯延夏	东平县沙河站镇大王营村	20	男	1939 年 3 月
李忠德	东平县东平镇李泉子村	28	男	1939 年 6 月
李忠怀	东平县东平镇李泉子村	26	男	1939 年 6 月
吴曾×	东平县银山镇西汪村	—	男	1939 年 8 月
井业荣	东平县银山镇西汪村	—	男	1939 年 8 月
井其森之妻	东平县银山镇西汪村	—	女	1939 年 8 月
王成金	东平县东平镇董庄村	20	男	1939 年 11 月
宫兆田	东平县沙河站丁堂村	61	男	1939 年 12 月
王广彬	东平县斑鸠店镇焦村	39	男	1939 年
战继海	东平县银山镇马山头村	30	男	1939 年
战继耀	东平县银山镇马山头村	19	男	1939 年
王凤同	东平县银山镇马山头村	50	男	1939 年
王瑞昌	东平县银山镇西腊山村	—	男	1939 年
李宝顺	东平县东平镇后屯村	—	男	1940 年
井维泗	东平县东平镇后屯村	—	男	1940 年
马存登	东平县彭集镇马流泽村	—	男	1941 年 6 月
马存元	东平县彭集镇马流泽村	—	男	1941 年 6 月
马存方	东平县彭集镇马流泽村	—	男	1941 年 6 月
马升锋	东平县彭集镇马流泽村	—	男	1941 年 6 月
马存周	东平县彭集镇马流泽村	—	男	1941 年 6 月
马存俭	东平县彭集镇马流泽村	—	男	1941 年 6 月
任玉昆	东平县彭集镇马流泽村	—	男	1941 年 6 月
李守江	东平县大羊乡东海子村	—	男	1941 年
陈宝庆	东平县银山镇张山沃村	50	男	1941 年
李凤会	东平县银山镇张山沃村	51	男	1941 年

姓　名	籍　贯	年　龄	性　别	死难时间
李凤柱	东平县银山镇张山沃村	52	男	1941 年
刘振营	东平县彭集镇	—	男	1942 年 3 月
颜廷吉	东平县接山乡常庄一村	26	男	1942 年 5 月
长　秀	东平县银山镇耿山口村	—	男	1942 年 8 月
刘献珠	东平县沙河站镇李村	17	男	1942 年
焦恩元	东平县东平镇焦村	22	男	1942 年
管志方	东平县东平镇罗庄村	30	男	1942 年
管长德	东平县东平镇罗庄村	18	男	1942 年
白云振	东平县东平镇高范村	—	男	1942 年
孙庆琢	东平县东平镇西豆山村	23	男	1942 年
王云方	东平县东平镇顾驾村	41	男	1943 年 8 月
刘文昌	东平县东平镇顾驾村	43	男	1943 年 8 月
小　伍	东平县沙河站镇蔡庄店村	17	男	1943 年 9 月
张兰义	东平县接山乡中套村	—	男	1943 年
史尚氏	东平县彭集镇小牛村	65	女	1944 年 2 月
李忠带	东平县东平镇李泉子村	18	男	1944 年 8 月
李兆秋	东平县东平镇顾驾村	40	男	1944 年 8 月
牛昌全	东平县东平镇古台寺村	—	男	1945 年 3 月
王化章	东平县斑鸠店镇王庙村	—	男	—
王金士	东平县斑鸠店镇王庙村	—	男	—
张文俊之子	东平县银山镇昆山村	—	男	—
展九爷	东平县老湖镇王台村	—	男	—
合　计	**1141**			

责任人：姜广智　王圣雨　　　　　核实人：彭广德　杨福中　　　　填表人：杨福中

填报单位（签章）：东平县委党史办公室　　　　　　　　填报时间：2009 年 5 月 12 日

威海市环翠区抗日战争时期死难者名录

姓　名	籍　贯	年　龄	性　别	死难时间
刘德元	环翠区桥头镇黑石村	25	男	1938 年 2 月
张炳辉	环翠区温泉镇张家山村	—	男	1938 年 3 月
张培卿	环翠区温泉镇张家山村	—	男	1938 年 3 月
张四之妻	环翠区温泉镇柳林村	—	女	1938 年 4 月
邹立刚之妻	环翠区崮山镇北虎口村	31	女	1938 年 4 月
邹立刚之女	环翠区崮山镇北虎口村	11	女	1938 年 4 月
徐承山之女	环翠区崮山镇北虎口村	43	女	1938 年 4 月
邹佳宿	环翠区崮山镇北虎口村	32	男	1938 年 4 月
邹凤西	环翠区崮山镇北虎口村	33	男	1938 年 4 月
周云生	环翠区崮山镇北虎口村	20	男	1938 年 4 月
谷源友	环翠区西苑街道谷家洼村	40	男	1938 年 4 月
丛长更	环翠区皇冠街道长峰村	—	男	1938 年 4 月
邹三成之妻	环翠区崮山镇北虎口村	36	女	1938 年 5 月
丛子庆	环翠区草庙子镇下庄村	—	男	1938 年 6 月
林为芝	环翠区草庙子镇北大疃村	—	女	1938 年 6 月
林为芝之夫	环翠区草庙子镇北大疃村	—	男	1938 年 6 月
陈德胜	环翠区草庙子镇北大疃村	—	男	1938 年 6 月
丛丰玉	环翠区羊亭镇于家夼村	28	男	1938 年 6 月
丛丰可	环翠区羊亭镇于家夼村	27	男	1938 年 6 月
孙丰礼	环翠区羊亭镇于家夼村	28	男	1938 年 6 月
谷吉河	环翠区羊亭镇于家夼村	26	男	1938 年 6 月
谷庆万之妻	环翠区羊亭镇于家夼村	30	女	1938 年 6 月
孙开宽	环翠区羊亭镇于家夼村	17	男	1938 年 6 月
丛德滋	环翠区皇冠街道老集村	37	男	1938 年 6 月
王有才	环翠区崮山镇庙口村	30	男	1938 年 6 月
邹恒斌	环翠区桥头镇河西庄	18	男	1938 年 6 月
王夕章之妹	环翠区桥头镇桥头村	8	女	1938 年 6 月
菊　子	环翠区桥头镇桥头村	12	女	1938 年 6 月
花　儿	环翠区桥头镇桥头村	3	女	1938 年 6 月
鞠　成	环翠区桥头镇桥头村	40	男	1938 年 6 月
鞠成之妻	环翠区桥头镇桥头村	40	女	1938 年 6 月

姓 名	籍 贯	年龄	性别	死难时间
鞠姣子	环翠区桥头镇桥头村	18	女	1938 年 6 月
高青山之祖母	环翠区桥头镇桥头村	68	女	1938 年 6 月
高青山之母	环翠区桥头镇桥头村	45	女	1938 年 6 月
殷英子	环翠区桥头镇桥头村	14	女	1938 年 6 月
殷英子之弟	环翠区桥头镇桥头村	2	男	1938 年 6 月
梁国玉之弟	环翠区桥头镇桥头村	10	男	1938 年 6 月
梁国玉之妹	环翠区桥头镇桥头村	3	女	1938 年 6 月
梁国荣之姐	环翠区桥头镇桥头村	8	女	1938 年 6 月
梁国荣之兄	环翠区桥头镇桥头村	5	男	1938 年 6 月
汤光礼	环翠区桥头镇桥头村	45	男	1938 年 6 月
殷福太	环翠区桥头镇桥头村	11	男	1938 年 6 月
王夕章	环翠区桥头镇桥头村	12	男	1938 年 6 月
王发子	环翠区凤林街道东山口村	7	男	1938 年夏
王泉子	环翠区凤林街道东山口村	6	男	1938 年夏
王春花	环翠区凤林街道东山口村	5	女	1938 年夏
王海儿	环翠区凤林街道东山口村	7	男	1938 年夏
宋三胖	环翠区桥头镇黑石村	51	男	1938 年 7 月
丛潮珠	环翠区羊亭镇南江疃村	25	男	1938 年 8 月
丛树汉	环翠区温泉镇柳林村	—	男	1938 年 8 月
董东喜	环翠区温泉镇柳林村	—	男	1938 年 8 月
梁庆升	环翠区桥头镇黑石村	19	男	1938 年 8 月
刘玉贞	环翠区桥头镇碑鲁村	35	男	1938 年 8 月
宋文田	环翠区桥头镇西于家村	18	男	1938 年 8 月
鞠文志	环翠区桥头镇邓家店村	61	男	1938 年 9 月
宋平占	环翠区羊亭镇港头村	54	男	1938 年 9 月
宋鸿占	环翠区羊亭镇港头村	40	男	1938 年 9 月
董学福	环翠区羊亭镇港南村	19	男	1938 年 9 月
董铁子	环翠区羊亭镇港南村	10	男	1938 年 9 月
王×××	环翠区羊亭镇韩家山村	20	男	1938 年 9 月
孙山河	环翠区羊亭镇孙家滩村	60	男	1938 年 9 月
连海之母	环翠区羊亭镇孙家滩村	40	女	1938 年 9 月
孙来发	环翠区羊亭镇孙家滩村	9	男	1938 年 9 月
孙和尚	环翠区羊亭镇孙家滩村	40	男	1938 年 9 月
李奎	环翠区羊亭镇李家疃村	38	男	1938 年 9 月

姓 名	籍 贯	年 龄	性 别	死难时间
李元柱	环翠区羊亭镇李家疃村	—	男	1938 年 9 月
杜万英	环翠区羊亭镇南郊村	25	男	1938 年 9 月
李天庆	环翠区羊亭镇李家疃村	35	男	1938 年 9 月
李天友	环翠区羊亭镇李家疃村	40	男	1938 年 9 月
李天元	环翠区羊亭镇李家疃村	25	男	1938 年 9 月
李连子	环翠区羊亭镇李家疃村	16	男	1938 年 9 月
李天友之父	环翠区羊亭镇李家疃村	—	男	1938 年 9 月
李天友之兄	环翠区羊亭镇李家疃村	—	男	1938 年 9 月
李天友之弟	环翠区羊亭镇李家疃村	—	男	1938 年 9 月
张举宝	环翠区草庙子镇郝家山村	23	男	1938 年 10 月
张五丑	环翠区草庙子镇郝家山村	—	男	1938 年 10 月
张 堂	环翠区草庙子镇郝家山村	—	男	1938 年 10 月
刘里林	环翠区草庙子镇马家口村	—	男	1938 年 10 月
徐双举	环翠区张村镇和徐疃村	20	男	1938 年 10 月
王常信	环翠区温泉镇西七夼村	52	男	1938 年 10 月
王付新	环翠区温泉镇小庄村	15	男	1938 年 10 月
王常功	环翠区温泉镇小庄村	55	男	1938 年 10 月
王六一	环翠区温泉镇小庄村	17	男	1938 年 10 月
王老六	环翠区温泉镇小庄村	62	男	1938 年 10 月
罗春生	环翠区桥头镇产里村	20	男	1938 年 10 月
王学义	环翠区张村镇王家疃村	35	男	1938 年 11 月
王宝德	环翠区张村镇王家疃村	37	男	1938 年 11 月
王元德	环翠区张村镇王家疃村	13	男	1938 年 11 月
王学州	环翠区张村镇王家疃村	38	男	1938 年 11 月
王新田	环翠区张村镇王家疃村	32	男	1938 年 11 月
杨希州	环翠区西苑街道南葛拉村	27	男	1938 年 11 月
杨希涛	环翠区西苑街道南葛拉村	24	男	1938 年 11 月
杨树考	环翠区西苑街道南葛拉村	24	男	1938 年 11 月
刘 年	环翠区西苑街道南葛拉村	24	男	1938 年 11 月
丛文起	环翠区西苑街道闫家庄村	31	男	1938 年 11 月
丛文善	环翠区西苑街道闫家庄村	28	男	1938 年 11 月
丛寿山	环翠区西苑街道闫家庄村	23	男	1938 年 11 月
王宝瑞	环翠区张村镇王家疃村	45	男	1938 年 11 月
徐德阳	环翠区羊亭镇店上村	—	男	1938 年 11 月

姓 名	籍 贯	年 龄	性 别	死难时间
徐尚起	环翠区羊亭镇店上村	—	男	1938 年 11 月
徐文璞	环翠区羊亭镇店上村	43	男	1938 年 11 月
徐喜振	环翠区羊亭镇店上村	21	男	1938 年 11 月
刘言章	环翠区桥头镇黑石村	63	男	1938 年 11 月
刘士贤	环翠区桥头镇方吉村	38	男	1938 年 12 月
刘克师	环翠区桥头镇方吉村	21	男	1938 年 12 月
鞠增子	环翠区桥头镇方吉村	24	男	1938 年 12 月
邹立仁	环翠区凤林街道凤林村	—	男	1938 年
徐民学	环翠区凤林街道凤林村	—	男	1938 年
丛升珠	环翠区凤林街道凤林村	24	男	1938 年
戚绍敏	环翠区环翠楼街道东北村	42	男	1938 年
王大兴	环翠区张村镇福德庄村	24	男	1938 年
董学文	环翠区张村镇福德庄村	27	男	1938 年
宋言昆	环翠区凤林街道南曲埠村	41	男	1938 年
宋相云	环翠区凤林街道南曲埠村	50	男	1938 年
王文田	环翠区凤林街道宋家洼村	38	男	1938 年
丛培元	环翠区凤林街道宋家洼村	45	男	1938 年
宋玉祥	环翠区凤林街道宋家洼村	41	男	1938 年
王淑兰	环翠区温泉镇河西村	40	女	1938 年
张刘氏	环翠区温泉镇河西村	40	女	1938 年
徐天祥	环翠区温泉镇河西村	30	男	1938 年
刘玉山	环翠区温泉镇雨齐村	18	男	1938 年
丛树杰	环翠区羊亭镇南江疃村	33	男	1938 年
王宏文	环翠区羊亭镇王家河村	30	男	1938 年
丛树起	环翠区温泉镇柳林村	—	男	1938 年
张学亭	环翠区温泉镇柳林村	—	男	1938 年
丛堂滋	环翠区温泉镇柳林村	—	男	1938 年
张学文	环翠区温泉镇柳林村	—	男	1938 年
丛树山	环翠区温泉镇柳林村	—	男	1938 年
丛树怀	环翠区温泉镇柳林村	—	男	1938 年
丁 ×	环翠区草庙子镇郭家庄村	—	男	1938 年
戚金成	环翠区温泉镇柳林村	—	男	1938 年
宋 ×	环翠区温泉镇雨齐村	—	男	1938 年
王兆林	环翠区温泉镇柳林村	—	男	1938 年

姓　名	籍　贯	年　龄	性　别	死难时间
戚德友	环翠区温泉镇柳林村	—	男	1938 年
丛树基	环翠区温泉镇冶口村	32	男	1938 年
丛树珍	环翠区温泉镇冶口村	48	男	1938 年
田树坤之妻	环翠区羊亭镇南小城村	28	女	1938 年
田　寿	环翠区羊亭镇南小城村	32	男	1938 年
田云路	环翠区羊亭镇南小城村	20	男	1938 年
田茂源	环翠区羊亭镇小城庄村	36	男	1938 年
田茂才	环翠区羊亭镇小城庄村	32	男	1938 年
刘文德	环翠区羊亭镇小城庄村	25	男	1938 年
孙　菊	环翠区羊亭镇小城庄村	30	女	1938 年
刘秋之	环翠区羊亭镇小城庄村	6	女	1938 年
刘　素	环翠区羊亭镇小城庄村	10	女	1938 年
刘连辉	环翠区羊亭镇北小城村	2	男	1938 年
刘昌芬	环翠区羊亭镇北小城村	40	女	1938 年
刘兆来	环翠区羊亭镇北小城村	70	男	1938 年
刘胜德	环翠区羊亭镇北小城村	50	男	1938 年
谷元登之妻	环翠区羊亭镇半壁山村	28	女	1938 年
丛　良	环翠区草庙子镇打铁村	50	男	1938 年
丛　东	环翠区草庙子镇打铁村	50	男	1938 年
丛培德	环翠区草庙子镇打铁村	20	男	1938 年
卢　元	环翠区草庙子镇打铁村	20	男	1938 年
丛广兴	环翠区草庙子镇打铁村	—	男	1938 年
丛树保	环翠区草庙子镇丛家屯村	—	男	1938 年
丛术臻	环翠区草庙子镇罗家庄村	—	男	1938 年
杨夕仁	环翠区草庙子镇兴山村	32	男	1938 年
张　秋	环翠区草庙子镇蒋家庄村	21	女	1938 年
张秋之侄	环翠区草庙子镇蒋家庄村	2	男	1938 年
邵　红	环翠区草庙子镇蒋家庄村	21	男	1938 年
李党成	环翠区草庙子镇北大疃村	—	男	1938 年
宋同仁	环翠区桥头镇宋家店村	35	男	1938 年
鞠锡伦	环翠区桥头镇大贞村	19	男	1938 年
宋思奎	环翠区桥头镇中于家村	35	男	1938 年
田茂亭	环翠区羊亭镇南小城村	32	男	1938 年
吕国信	环翠区桥头镇后宅库村	28	男	1938 年

姓　名	籍　贯	年龄	性　别	死难时间
宋修琪	环翠区桥头镇东于家村	18	男	1938 年
刘德斌	环翠区桥头镇西山后村	38	男	1938 年
刘云亭	环翠区桥头镇西山后村	20	男	1938 年
刘新胜	环翠区桥头镇西山后村	25	男	1938 年
夏壮清	环翠区桥头镇观里东村	—	男	1938 年
陈经伦	环翠区初村镇莱山村	24	男	1938 年
蔡经昆	环翠区田和街道阮家寺村	—	男	1938 年
蔡学义	环翠区田和街道阮家寺村	—	男	1938 年
黄云增	环翠区田和街道黄家沟村	47	男	1938 年
富　亮	环翠区初村镇北宅库村	39	男	1938 年
纪凤山	环翠区初村镇东北村	30	男	1938 年
李进清	环翠区初村镇东马山村	30	男	1938 年
孙继峰	环翠区初村镇东马山村	33	男	1938 年
张天双	环翠区初村镇东马山村	38	男	1938 年
孙初贤	环翠区初村镇辇子村	23	男	1938 年
都　氏	环翠区初村镇辇子村	42	女	1938 年
树　林	环翠区初村镇冢子庄村	19	男	1938 年
于永峰	环翠区初村镇岛子前村	24	男	1938 年
张凤伍	环翠区初村镇东马山村	55	男	1938 年
姚和胜	环翠区温泉镇汤河北村	28	男	1939 年 1 月
姚和红	环翠区温泉镇汤河北村	25	男	1939 年 1 月
王德秀	环翠区泊于镇泊于家村	42	男	1939 年 5 月
夏之功之子	环翠区桥头镇观里东村	5	男	1939 年 5 月
刘忠模	环翠区桥头镇大院村	28	男	1939 年 6 月
王德昌	环翠区皇冠街道杨家滩村	—	男	1939 年 7 月
杨锡岱	环翠区皇冠街道杨家滩村	—	男	1939 年 7 月
刘德温	环翠区桥头镇黑石村	22	男	1939 年 8 月
林均秀	环翠区桥头镇信河北村	19	男	1939 年 8 月
于连和	环翠区桥头镇所前泊村	22	男	1939 年 8 月
梁国祥	环翠区桥头镇桥头村	22	男	1939 年 8 月
梁　四	环翠区桥头镇桥头村	45	男	1939 年 8 月
梁希柱之妻	环翠区桥头镇柴里村	24	女	1939 年 8 月
于　氏	环翠区桥头镇洛西村	65	女	1939 年 8 月
石柱子	环翠区孙家疃镇沙窝村	16	男	1939 年 9 月

姓　名	籍　贯	年　龄	性　别	死难时间
夏元志	环翠区桥头镇江家口村	19	男	1939 年秋
江先洪	环翠区桥头镇江家口村	5	男	1939 年秋
江先和之妻	环翠区桥头镇江家口村	30	女	1939 年秋
夏理芝之父	环翠区桥头镇江家口村	70	男	1939 年秋
丛政子	环翠区张村镇前双岛村	22	男	1939 年 10 月
刘玉茂	环翠区桥头镇报信村	18	男	1939 年 11 月
林　氏	环翠区桥头镇教里村	30	女	1939 年
李　囡	环翠区桥头镇教里村	2	女	1939 年
夏志义	环翠区桥头镇孟家庄村	25	男	1939 年
刘斧子	环翠区桥头镇孟家庄村	21	男	1939 年
林均山	环翠区桥头镇孟家庄村	22	男	1939 年
刘昌安之叔	环翠区桥头镇孟家庄村	21	男	1939 年
梁书和	环翠区桥头镇孟家庄村	29	男	1939 年
梁吉才	环翠区桥头镇埠上村	18	男	1939 年
邵宗琪	环翠区桥头镇西龙山村	33	男	1939 年
夏兆顺	环翠区桥头镇观里西村	50	男	1939 年
夏元秀	环翠区桥头镇观里西村	51	男	1939 年
梁直臣	环翠区桥头镇柴里村	26	男	1939 年
代志文	环翠区桥头镇徐家庄村	42	男	1939 年
梁××	环翠区桥头镇孟家庄村	22	男	1939 年
胡增松	环翠区初村镇靠山村	24	男	1939 年
胡等敏	环翠区初村镇靠山村	21	男	1939 年
胡　氏	环翠区初村镇靠山村	19	女	1939 年
胡江战	环翠区初村镇靠山村	21	男	1939 年
胡等福	环翠区初村镇靠山村	20	男	1939 年
胡增路	环翠区初村镇靠山村	21	男	1939 年
孙世春	环翠区初村镇院下村	31	男	1939 年
元田成	环翠区初村镇长夼店子村	18	男	1939 年
吕树臣	环翠区初村镇长夼店子村	—	男	1939 年
林均韶	环翠区初村镇长夼店子村	—	男	1939 年
王德福	环翠区初村镇长夼店子村	27	男	1939 年
丛保英	环翠区草庙子镇下庄村	18	男	1939 年
毕可诚	环翠区草庙子镇向阳村	19	男	1939 年
刘　×	环翠区孙家疃镇合庆村	—	男	1939 年

姓　名	籍　贯	年　龄	性　别	死难时间
石宝子	环翠区孙家疃镇合庆村	35	男	1939 年
宋玉梅	环翠区凤林街道宋家洼村	41	男	1939 年
邓和忠	环翠区泊于镇邓家村	20	男	1939 年
夏本芝	环翠区泊于镇逍遥村	—	男	1939 年
吕宝仁	环翠区温泉镇柳林村	30	男	1939 年
丛振滋	环翠区温泉镇柳林村	30	男	1939 年
江玉田	环翠区温泉镇江家寨村	42	男	1939 年
于环玺	环翠区温泉镇江家寨村	22	男	1939 年
丛文山	环翠区温泉镇冶口村	23	男	1939 年
谷元珂	环翠区羊亭镇半壁山村	20	男	1939 年
谷元喜	环翠区羊亭镇半壁山村	22	男	1939 年
谷文超	环翠区羊亭镇半壁山村	25	男	1939 年
谷元征	环翠区羊亭镇半壁山村	22	男	1939 年
谷当义	环翠区羊亭镇半壁山村	26	男	1939 年
谷玉召	环翠区羊亭镇半壁山村	24	男	1939 年
谷吉党	环翠区羊亭镇半壁山村	28	男	1939 年
谷元川	环翠区羊亭镇半壁山村	24	男	1939 年
刘玉才之叔	环翠区羊亭镇羊亭村	30	男	1939 年
刘兰子	环翠区羊亭镇羊亭村	32	男	1939 年
陈更臣	环翠区羊亭镇小城庄村	46	男	1939 年
许善华之父	环翠区草庙子镇林泉村	—	男	1939 年
江　成	环翠区草庙子镇毕家庄村	—	男	1939 年
杨夕能	环翠区草庙子镇兴山村	—	男	1939 年
张仁义	环翠区草庙子镇蒋家庄村	65	男	1939 年
姚秀明	环翠区草庙子镇上庄村	—	男	1939 年
宋守福	环翠区草庙子镇东宋家村	—	男	1939 年
宋建初	环翠区桥头镇黑石村	23	男	1940 年 1 月
梁洪增	环翠区桥头镇黑石村	23	男	1940 年 3 月
梁维纯	环翠区桥头镇东涧村	18	男	1940 年 3 月
梁善家	环翠区桥头镇东涧村	21	男	1940 年 3 月
梁善堂	环翠区桥头镇东涧村	17	男	1940 年 3 月
丛树早	环翠区皇冠街道城子村	—	男	1940 年 4 月
梁维堂	环翠区桥头镇东涧村	39	男	1940 年 5 月
梁维彩	环翠区桥头镇东涧村	32	男	1940 年 5 月

姓　名	籍　贯	年龄	性别	死难时间
刘昌良	环翠区桥头镇盘川夼村	25	男	1940 年 6 月
刘景怀	环翠区桥头镇刘家泊村	35	男	1940 年 7 月
苗　×	环翠区孙家疃镇沙窝村	22	女	1940 年 7 月
刘玉成	环翠区桥头镇碑鲁村	55	男	1940 年 7 月
吕茂杰	环翠区桥头镇洛西村	22	男	1940 年 7 月
邹立财	环翠区桥头镇河西庄村	28	男	1940 年 8 月
殷树贵	环翠区桥头镇产里村	40	男	1940 年 8 月
孙宝芝	环翠区桥头镇产里村	40	男	1940 年 9 月
谷和子	环翠区张村镇姜南庄村	36	男	1940 年 9 月
李本震	环翠区张村镇后双岛村	41	男	1940 年 9 月
梁仁贵	环翠区桥头镇黑石村	48	男	1940 年 9 月
梁庆和	环翠区桥头镇黑石村	25	男	1940 年 9 月
梁庆生	环翠区桥头镇黑石村	24	男	1940 年 9 月
夏江氏	环翠区桥头镇江家口村	—	女	1940 年秋
王　氏	环翠区桥头镇江家口村	—	女	1940 年秋
姜斗子	环翠区张村镇姜家疃村	37	男	1940 年秋
姜德子	环翠区张村镇姜家疃村	34	男	1940 年秋
鞠夕章	环翠区桥头镇大贞村	20	男	1940 年 10 月
林均洪	环翠区桥头镇南子城村	24	男	1940 年 10 月
林均喜	环翠区桥头镇南子城村	23	男	1940 年 10 月
刘风海	环翠区桥头镇盘川夼村	38	男	1940 年 11 月
刘昌荣	环翠区桥头镇盘川夼村	36	男	1940 年 11 月
刘昌海	环翠区桥头镇盘川夼村	26	男	1940 年 11 月
刘昌清	环翠区桥头镇盘川夼村	32	男	1940 年 11 月
刘昌顺	环翠区桥头镇盘川夼村	29	男	1940 年 11 月
刘昌兴	环翠区桥头镇盘川夼村	25	男	1940 年 11 月
梁国瑞	环翠区桥头镇桥头村	65	男	1940 年 12 月
钟树兴	环翠区泊于镇屯钟家村	21	男	1940 年
姜孟栓	环翠区张村镇姜家疃村	42	男	1940 年
姜兆刚	环翠区张村镇姜家疃村	41	男	1940 年
江沼南	环翠区鲸园街道戚谷疃村	—	男	1940 年
谷爽昭	环翠区鲸园街道戚谷疃村	—	男	1940 年
钟树聪	环翠区泊于镇屯钟家村	24	男	1940 年
于德云	环翠区泊于镇逍遥村	—	男	1940 年

姓　名	籍　贯	年　龄	性　别	死难时间
刘兰亭	环翠区温泉镇刘家台村	60	男	1940 年
张夕芝	环翠区温泉镇堂子村	33	男	1940 年
林均奎	环翠区温泉镇林家庄村	47	男	1940 年
邹　氏	环翠区温泉镇温泉汤村	32	女	1940 年
邹　×	环翠区温泉镇温泉汤村	7	女	1940 年
邹新为	环翠区温泉镇栾家店村	21	男	1940 年
张云祥	环翠区温泉镇河西村	30	男	1940 年
张　氏	环翠区温泉镇小庄村	67	女	1940 年
江　满	环翠区温泉镇小庄村	8	女	1940 年
丛树生	环翠区温泉镇冶口村	30	男	1940 年
江夕川	环翠区温泉镇江家寨村	40	男	1940 年
科　子	环翠区羊亭镇阮家口村	10	男	1940 年
姜明远	环翠区草庙子镇向阳村	40	男	1940 年
江　元	环翠区草庙子镇蒋家庄村	28	男	1940 年
宋卫相	环翠区草庙子镇上庄村	—	男	1940 年
江文玉	环翠区草庙子镇上庄村	—	男	1940 年
鞠锡孟	环翠区桥头镇大贞村	21	男	1940 年
鞠德远	环翠区桥头镇大贞村	19	男	1940 年
鞠宁远	环翠区桥头镇大贞村	19	男	1940 年
王元斌	环翠区桥头镇教里村	20	男	1940 年
夏元恒	环翠区桥头镇教里村	40	男	1940 年
宋玉仁	环翠区桥头镇东于家村	18	男	1940 年
于世英	环翠区桥头镇所前泊村	28	男	1940 年
梁景洲	环翠区桥头镇孟家庄村	40	男	1940 年
梁培德	环翠区桥头镇孟家庄村	22	男	1940 年
于林江	环翠区桥头镇所前泊村	21	男	1940 年
夏元明	环翠区桥头镇东洛后村	20	男	1940 年
吕福东	环翠区桥头镇东洛后村	20	男	1940 年
吕福信	环翠区桥头镇东洛后村	19	男	1940 年
吕广钦	环翠区桥头镇东洛后村	21	男	1940 年
宋常安	环翠区桥头镇后于家村	21	男	1940 年
夏元娥	环翠区桥头镇观里东村	38	男	1940 年
梁希亭	环翠区桥头镇柴里村	84	男	1940 年
梁明德	环翠区桥头镇涧北村	20	男	1940 年

姓　名	籍　贯	年　龄	性　别	死难时间
梁可成	环翠区桥头镇涧北村	19	男	1940 年
胡等模	环翠区初村镇靠山村	18	男	1940 年
黄　举	环翠区田和街道黄家夼村	66	男	1940 年
元文海	环翠区初村镇长夼店子村	39	男	1940 年
林治忠	环翠区初村镇长夼店子村	40	男	1940 年
林治文	环翠区初村镇长夼店子村	31	男	1940 年
林均合	环翠区初村镇长夼店子村	42	男	1940 年
曲明斋	环翠区初村镇马石泊村	—	男	1940 年
孙　英	环翠区桥头镇方吉村	26	男	1941 年 2 月
王福太	环翠区桥头镇所前泊村	19	男	1941 年 2 月
刘德顺	环翠区桥头镇黑石村	22	男	1941 年 3 月
孙淑珍	环翠区竹岛街道望岛村	10	女	1941 年 3 月
戚福荣	环翠区竹岛街道戚家庄	—	女	1941 年 3 月
王　同	环翠区羊亭镇南江疃村	30	男	1941 年 3 月
张廷科	环翠区羊亭镇南江疃村	22	男	1941 年 3 月
梁作钦	环翠区桥头镇北墩前村	24	男	1941 年 3 月
梁际信	环翠区桥头镇北墩前村	24	男	1941 年 3 月
罗连玉	环翠区温泉镇罗家村	50	男	1941 年春
黄双进	环翠区张村镇和徐疃村	30	男	1941 年 4 月
夏吉昌	环翠区桥头镇雅格庄村	34	男	1941 年 4 月
韩玉路	环翠区桥头镇雅格庄村	31	男	1941 年 4 月
韩明远	环翠区桥头镇雅格庄村	31	男	1941 年 4 月
林均学	环翠区桥头镇雅格庄村	35	男	1941 年 4 月
韩明福	环翠区桥头镇雅格庄村	27	男	1941 年 4 月
韩玉珩	环翠区桥头镇雅格庄村	45	男	1941 年 4 月
刘昌友	环翠区桥头镇盘川夼村	25	男	1941 年 4 月
刘桂英	环翠区桥头镇报信村	22	女	1941 年 4 月
梁宝侦	环翠区桥头镇南台村	23	男	1941 年 4 月
韩玉珂	环翠区桥头镇雅格庄村	32	男	1941 年 5 月
梁吉昌	环翠区桥头镇南台村	20	男	1941 年 6 月
宋六子	环翠区桥头镇中于家村	55	男	1941 年 8 月
梁宝全	环翠区桥头镇南台村	21	男	1941 年 8 月
梁宝山	环翠区桥头镇南台村	28	男	1941 年 8 月
梁夕会	环翠区桥头镇北墩前村	18	男	1941 年 8 月

姓　名	籍　贯	年龄	性别	死难时间
刘夕昆	环翠区桥头镇北子城村	23	男	1941 年 8 月
刘玉璞	环翠区桥头镇西山后村	54	男	1941 年 9 月
刘昌安	环翠区桥头镇盘川夼村	24	男	1941 年 12 月
丛寿珠	环翠区羊亭镇南江疃村	30	男	1941 年 12 月
邓廷汉	环翠区泊于镇岛邓家村	32	男	1941 年
丛树森	环翠区西苑街道闫家庄村	30	男	1941 年
关学海	环翠区鲸园街道戚东夼村	—	男	1941 年
梁学勤	环翠区鲸园街道戚东夼村	—	男	1941 年
丛增寿	环翠区鲸园街道鲸园村	—	男	1941 年
夏元礼	环翠区温泉镇郑家村	32	男	1941 年
于环成	环翠区温泉镇西崮村	20	男	1941 年
邹本杰	环翠区温泉镇林家庄村	22	男	1941 年
邵喜斌之兄	环翠区羊亭镇中阳村	19	男	1941 年
王夕文	环翠区羊亭镇贝草夼村	40	男	1941 年
刘　招	环翠区草庙子镇打铁村	30	男	1941 年
刘　祥	环翠区草庙子镇打铁村	40	男	1941 年
王学俭	环翠区草庙子镇向阳村	20	男	1941 年
张福堂	环翠区草庙子镇张家疃村	—	男	1941 年
于连友	环翠区桥头镇产里村	20	男	1941 年
宋文芝	环翠区桥头镇宋家店村	25	男	1941 年
罗保玉	环翠区桥头镇产里村	26	男	1941 年
宋连明	环翠区桥头镇宋家店村	24	男	1941 年
鞠林远	环翠区桥头镇大贞村	20	男	1941 年
杨永贵	环翠区桥头镇大贞村	19	男	1941 年
鞠思远	环翠区桥头镇大贞村	21	男	1941 年
鞠英洪	环翠区桥头镇大贞村	20	男	1941 年
鞠锡德	环翠区桥头镇大贞村	25	男	1941 年
吕茂智	环翠区桥头镇洛西村	40	男	1941 年
宋玉荣	环翠区桥头镇东于家村	35	男	1941 年
宋玉华	环翠区桥头镇东于家村	37	男	1941 年
鞠声远	环翠区桥头镇盘川夼村	32	男	1941 年
于德海	环翠区桥头镇所前泊村	28	男	1941 年
申德秀	环翠区桥头镇西龙山村	25	男	1941 年
陈连友	环翠区桥头镇西龙山村	17	男	1941 年

姓　名	籍　贯	年龄	性别	死难时间
韩二年	环翠区桥头镇雅格庄村	50	男	1941 年
梁树田	环翠区桥头镇埠上村	50	男	1941 年
吕学太	环翠区桥头镇东洛后村	20	男	1941 年
吕福泽	环翠区桥头镇东洛后村	19	男	1941 年
夏代芝	环翠区桥头镇观里西村	20	男	1941 年
刘德富	环翠区桥头镇彭家埠村	17	男	1941 年
宋方春	环翠区桥头镇后于家村	58	男	1941 年
夏吉更	环翠区桥头镇观里东村	38	男	1941 年
夏元刚	环翠区桥头镇观里东村	37	男	1941 年
夏元坤	环翠区桥头镇观里东村	34	男	1941 年
梁玉进	环翠区桥头镇涧北村	19	男	1941 年
黄起升	环翠区田和街道黄家夼村	—	男	1941 年
陈世超	环翠区初村镇莱山村	29	男	1941 年
郝炳章	环翠区初村镇乜家庄村	37	男	1941 年
郝炳章之妻	环翠区初村镇乜家庄村	—	女	1941 年
郝炳章之长子	环翠区初村镇乜家庄村	—	男	1941 年
郝炳章之次子	环翠区初村镇乜家庄村	—	男	1941 年
郝炳章之女	环翠区初村镇乜家庄村	—	女	1941 年
孙京早	环翠区初村镇四甲村	22	男	1941 年
孙连山	环翠区初村镇四甲村	23	男	1941 年
王吉国	环翠区初村镇北宅库村	39	男	1941 年
张秀昌	环翠区初村镇东马山村	60	男	1941 年
于开孜	环翠区初村镇小产村	25	男	1941 年
姜同峰	环翠区初村镇院下村	44	男	1941 年
元喜梅	环翠区初村镇长夼店子村	31	男	1941 年
刘风贵	环翠区桥头镇盘川夼村	50	男	1942 年 1 月
刘英礼	环翠区桥头镇桥头村	17	男	1942 年 1 月
刘玉仁	环翠区皇冠街道沟北村	—	女	1942 年 2 月
徐尚永	环翠区羊亭镇店上村	32	男	1942 年 2 月
刘风举	环翠区桥头镇盘川夼村	24	男	1942 年 2 月
刘日子	环翠区桥头镇西山后村	23	男	1942 年 2 月
刘双德	环翠区桥头镇西山后村	24	男	1942 年 2 月
刘玉文	环翠区桥头镇碑鲁村	22	男	1942 年 4 月
徐　杰	环翠区桥头镇北墩前村	40	女	1942 年 4 月

姓 名	籍 贯	年 龄	性 别	死难时间
梁振兴	环翠区桥头镇南台村	18	男	1942 年 4 月
孙 学	环翠区桥头镇西山后村	32	男	1942 年 4 月
宋长庆	环翠区桥头镇中于家村	28	男	1942 年 5 月
刘玉瑞	环翠区桥头镇报信村	23	男	1942 年 5 月
刘玉早	环翠区桥头镇报信村	21	男	1942 年 5 月
韩明贤	环翠区桥头镇雅格庄村	26	男	1942 年 5 月
吕洪义	环翠区桥头镇洛西村	21	男	1942 年 6 月
夏吉义	环翠区桥头镇河西庄村	35	男	1942 年 7 月
韩明正	环翠区桥头镇雅格庄村	27	男	1942 年 7 月
刘玉生	环翠区桥头镇义河北村	32	男	1942 年 7 月
刘基昌	环翠区桥头镇北子城村	21	男	1942 年 8 月
梁作模	环翠区桥头镇北墩前村	40	男	1942 年 8 月
刘德钊	环翠区桥头镇西贞村	38	男	1942 年 8 月
姜东阳	环翠区羊亭镇港头村	32	男	1942 年 9 月
刘运兴	环翠区桥头镇西山后村	46	男	1942 年 9 月
梁津元	环翠区桥头镇柴里村	24	男	1942 年 9 月
刘凤昌	环翠区桥头镇碑鲁村	25	男	1942 年 10 月
刘德义	环翠区桥头镇马井泊村	20	男	1942 年 10 月
刘崇山	环翠区桥头镇福禄庄村	41	男	1942 年 10 月
丛树秀	环翠区桥头镇方吉村	27	男	1942 年 11 月
林琪均	环翠区桥头镇方吉村	24	男	1942 年 11 月
林辉信	环翠区桥头镇信河北村	43	男	1942 年 11 月
邹本玉	环翠区桥头镇河西庄村	30	男	1942 年 12 月
吕福贵	环翠区桥头镇河西庄村	27	男	1942 年 12 月
邹恒科	环翠区桥头镇河西庄村	18	男	1942 年 12 月
邹本义	环翠区桥头镇河西庄村	50	男	1942 年 12 月
夏元海	环翠区桥头镇河西庄村	24	男	1942 年 12 月
沙永昌	环翠区桥头镇马井泊村	48	男	1942 年 12 月
邓汝文	环翠区桥头镇马井泊村	30	男	1942 年 12 月
邓玉德	环翠区桥头镇马井泊村	42	男	1942 年 12 月
梁福乾	环翠区桥头镇刘家泊村	24	男	1942 年 12 月
梁新益	环翠区桥头镇黄金庄村	22	男	1942 年 12 月
谷延廷	环翠区张村镇张村	—	男	1942 年
周维本	环翠区泊于镇崮庄村	36	男	1942 年

姓　名	籍　贯	年龄	性别	死难时间
吕刘氏	环翠区桥头镇后宅库村	35	女	1942 年
吕学孔	环翠区桥头镇后宅库村	30	男	1942 年
吕士才	环翠区桥头镇后宅库村	30	男	1942 年
吕士云	环翠区桥头镇后宅库村	30	男	1942 年
刘昌永	环翠区桥头镇报信村	21	男	1942 年
刘德山	环翠区桥头镇报信村	21	男	1942 年
刘昌岁	环翠区桥头镇报信村	19	男	1942 年
刘连京	环翠区桥头镇报信村	23	男	1942 年
宋修东	环翠区桥头镇东于家村	28	男	1942 年
刘昌开	环翠区桥头镇盘川夼村	23	男	1942 年
于洪祥	环翠区桥头镇所前泊村	22	男	1942 年
梁仁周	环翠区桥头镇埠上村	30	男	1942 年
陈宗清	环翠区桥头镇东龙山村	25	男	1942 年
林吉奎	环翠区桥头镇西龙山村	25	男	1942 年
梁景清	环翠区桥头镇埠上村	42	男	1942 年
刘月德	环翠区桥头镇西山后村	39	男	1942 年
吕学恩	环翠区桥头镇东洛后村	18	男	1942 年
吕广贵	环翠区桥头镇东洛后村	21	男	1942 年
吕广礼	环翠区桥头镇东洛后村	19	男	1942 年
梁喜全	环翠区桥头镇东涧东村	21	男	1942 年
王连江	环翠区桥头镇北子城村	25	男	1942 年
戚务璞	环翠区桥头镇董家夼村	36	男	1942 年
刘　增	环翠区桥头镇董家夼村	38	男	1942 年
宋文翰	环翠区桥头镇后于家村	16	男	1942 年
夏云超	环翠区桥头镇观里西村	28	男	1942 年
王日友	环翠区桥头镇北子城村	18	男	1942 年
梁培芝	环翠区桥头镇柴里村	25	男	1942 年
林均芳	环翠区桥头镇南子城	25	男	1942 年
胡增旗	环翠区初村镇靠山村	23	男	1942 年
梁文蒲	环翠区桥头镇南子城	22	男	1942 年
梁云德	环翠区桥头镇涧北村	22	男	1942 年
曲小宝	环翠区东车门夼村	30	男	1942 年
曲本金	环翠区东车门夼村	25	男	1942 年
曲立键	环翠区东车门夼村	29	男	1942 年

姓 名	籍 贯	年 龄	性 别	死难时间
张红胜	环翠区初村镇西南村	21	男	1942 年
张天朗	环翠区初村镇东马山村	37	男	1942 年
张德子	环翠区初村镇东马山村	35	男	1942 年
孙守模	环翠区初村镇四甲村	18	男	1942 年
曲福仁	环翠区初村镇东车门夼村	33	男	1942 年
江积玉	环翠区温泉镇下江家村	—	男	1942 年
江德福	环翠区温泉镇下江家村	—	男	1942 年
孙万之	环翠区羊亭镇于家夼村	55	男	1942 年
邹积良	环翠区温泉镇邹家庄村	20	男	1942 年
姚德滋	环翠区温泉镇汤河北村	24	男	1942 年
宋国瑞	环翠区温泉镇虎山村	30	男	1942 年
宋发子	环翠区温泉镇虎山村	30	男	1942 年
王初锡	环翠区羊亭镇北上夼村	—	男	1942 年
阮臣生	环翠区羊亭镇阮家口村	40	男	1942 年
王清珠	环翠区羊亭镇北观村	—	男	1942 年
掰 子	环翠区羊亭镇阮家口村	20	女	1942 年
阮春生	环翠区羊亭镇阮家口村	30	男	1942 年
阮新芳	环翠区羊亭镇阮家口村	30	男	1942 年
刘 文	环翠区羊亭镇曲家河村	31	男	1942 年
丛秀峰	环翠区桥头镇涧北村	45	男	1942 年
杜树成	环翠区桥头镇宋家店村	21	男	1942 年
鞠夕凯	环翠区桥头镇大贞村	21	男	1942 年
柳凤同	环翠区桥头镇洛西村	30	男	1942 年
吕茂山	环翠区桥头镇洛西村	28	男	1942 年
梁际义	环翠区桥头镇北墩前村	22	男	1943 年 1 月
刘景极	环翠区桥头镇刘家泊村	48	男	1943 年 2 月
宋腾子	环翠区桥头镇西于家村	13	男	1943 年 3 月
林均堂	环翠区桥头镇南子城村	22	男	1943 年 3 月
梁振仁	环翠区桥头镇北墩前村	30	男	1943 年 3 月
梁学温	环翠区桥头镇北墩前村	18	男	1943 年 4 月
于锡德	环翠区桥头镇邓家店村	18	男	1943 年 4 月
刘 贞	环翠区桥头镇碑鲁村	3	女	1943 年 4 月
梁文国	环翠区桥头镇义河北村	26	男	1943 年 6 月
宋修亭	环翠区桥头镇宋家店村	17	男	1943 年 6 月

姓 名	籍 贯	年 龄	性 别	死难时间
孔庆堂	环翠区桥头镇宋家店村	22	男	1943 年 7 月
王德生	环翠区竹岛街道陶家夼村	53	男	1943 年 7 月
戚 娟	环翠区竹岛街道陶家夼村	50	女	1943 年 7 月
刘六子	环翠区桥头镇西山后村	47	男	1943 年 8 月
陈星海	环翠区张村镇前双岛村	19	男	1943 年 8 月
孙栋友	环翠区羊亭镇埠前村	40	男	1943 年 8 月
孔宪财	环翠区桥头镇宋家店村	25	男	1943 年 8 月
王国皆	环翠区桥头镇马井泊村	23	男	1943 年 8 月
刘瑞昌	环翠区桥头镇碑鲁村	25	男	1943 年 8 月
夏吉山	环翠区桥头镇河西庄村	26	男	1943 年 9 月
梁庆福	环翠区桥头镇黑石村	24	男	1943 年 10 月
宋信兰	环翠区桥头镇北墩前村	25	女	1943 年 12 月
戚学俭	环翠区竹岛街道戚家庄村	—	男	1943 年
方 ×	环翠区竹岛街道戚家庄村	29	男	1943 年
王金锁	环翠区温泉镇小庄村	25	男	1943 年
张福山	环翠区温泉镇后亭子村	22	男	1943 年
刘同福	环翠区温泉镇刘家台村	18	男	1943 年
刘孙氏	环翠区泊于镇大邓格村	31	女	1943 年
邹××	环翠区怡园街道后峰西村	—	男	1943 年
邹 ×	环翠区怡园街道后峰西村	—	男	1943 年
刘彩桥	环翠区张村镇刘家疃	38	男	1943 年
王才生	环翠区张村镇王家疃	64	男	1943 年
丛刘民	环翠区西苑街道小天东村	—	女	1943 年
张立文	环翠区泊于镇崮庄村	33	男	1943 年
梁富贵	环翠区泊于镇崮庄村	26	男	1943 年
梁富义	环翠区泊于镇崮庄村	21	男	1943 年
唐士林	环翠区泊于镇崮庄村	39	男	1943 年
梁丙忠	环翠区泊于镇崮庄村	30	男	1943 年
孙庆顺	环翠区羊亭镇埠前村	23	男	1943 年
孙庆永	环翠区羊亭镇埠前村	26	男	1943 年
毕保田	环翠区羊亭镇阮家口村	25	男	1943 年
峰 子	环翠区羊亭镇曲家河村	30	男	1943 年
初 子	环翠区羊亭镇曲家河村	33	男	1943 年
赵盼运	环翠区草庙子镇罗家庄村	—	男	1943 年

姓　名	籍　贯	年　龄	性　别	死难时间
王党员	环翠区草庙子镇林家疃村	—	男	1943 年
吕士玉	环翠区桥头镇后宅库村	29	男	1943 年
宋文岳	环翠区桥头镇东于家村	30	男	1943 年
宋文德	环翠区桥头镇东于家村	26	男	1943 年
宋文政	环翠区桥头镇东于家村	22	男	1943 年
梁善义	环翠区桥头镇所前泊村	20	男	1943 年
刘玉亭	环翠区桥头镇孟家庄村	25	男	1943 年
梁中华	环翠区桥头镇桥头村	18	男	1943 年
韩明智	环翠区桥头镇雅格庄村	28	男	1943 年
梁夕恒	环翠区桥头镇埠上村	40	男	1943 年
梁夕保	环翠区桥头镇埠上村	26	男	1943 年
梁树周	环翠区桥头镇埠上村	31	男	1943 年
刘爱昌	环翠区桥头镇西山后村	25	男	1943 年
刘学增	环翠区桥头镇东龙山村	19	男	1943 年
刘崇华	环翠区桥头镇方吉村	25	男	1943 年
孙　保	环翠区桥头镇西山后村	23	男	1943 年
刘元昌	环翠区桥头镇北子城村	32	男	1943 年
林治义	环翠区桥头镇南子城村	24	男	1943 年
林基庆	环翠区桥头镇南子城村	23	男	1943 年
车福兆	环翠区桥头镇涧北村	23	男	1943 年
车春玉	环翠区桥头镇涧北村	22	男	1943 年
唐洪增	环翠区桥头镇南子城村	22	男	1943 年
林治国	环翠区桥头镇南子城村	22	男	1943 年
梁洪道	环翠区桥头镇涧北村	22	男	1943 年
梁运堂	环翠区桥头镇南子城村	23	男	1943 年
毕序信	环翠区田和街道田村	23	男	1943 年
张世桥	环翠区田和街道田村	23	男	1943 年
孙保进	环翠区初村镇莱山村	—	男	1943 年
陈海生	环翠区初村镇莱山村	—	男	1943 年
吕付枪	环翠区初村镇长夼村	—	男	1943 年
吕运争	环翠区初村镇长夼村	—	男	1943 年
陈金纶	环翠区初村镇莱山村	50	男	1943 年
陈保同	环翠区初村镇莱山村	25	男	1943 年
陈等关	环翠区初村镇莱山村	52	男	1943 年

姓 名	籍 贯	年 龄	性 别	死难时间
姜国昌	环翠区初村镇马石泊村	29	男	1943 年
潘万国	环翠区初村镇长夼村	—	男	1943 年
张曰德	环翠区初村镇西北村	18	男	1943 年
梁连海	环翠区桥头镇宋家店村	22	男	1944 年 3 月
丛江珠	环翠区羊亭镇南江疃村	50	男	1944 年 3 月
戚 氏	环翠区皇冠街道河北村	30	女	1944 年 4 月
梁春万	环翠区桥头镇北墩前村	29	男	1944 年 4 月
张夕田	环翠区崮山镇皂埠村	32	男	1944 年 5 月
张夕初	环翠区崮山镇皂埠村	29	男	1944 年 5 月
戚国经	环翠区竹岛街道戚家庄村	26	男	1944 年 5 月
戚鸿儒	环翠区竹岛街道戚家庄村	53	男	1944 年 5 月
丛振滋	环翠区皇冠街道长峰村	—	男	1944 年 5 月
张起福	环翠区崮山镇皂埠村	26	男	1944 年 6 月
丛树敏之妻	环翠区温泉镇林家庄村	42	女	1944 年 6 月
丛英子	环翠区温泉镇林家庄村	13	女	1944 年 6 月
丛 ×	环翠区温泉镇林家庄村	8	男	1944 年 6 月
丛树一	环翠区温泉镇林家庄村	67	男	1944 年 6 月
丛树一之妻	环翠区温泉镇林家庄村	66	女	1944 年 6 月
丛海滋之岳母	环翠区温泉镇林家庄村	65	女	1944 年 6 月
丛托子	环翠区温泉镇林家庄村	10	女	1944 年 6 月
丛改子	环翠区温泉镇林家庄村	15	女	1944 年 6 月
丛新喜	环翠区温泉镇林家庄村	14	男	1944 年 6 月
丛昌滋	环翠区温泉镇林家庄村	—	男	1944 年 6 月
丛日昌	环翠区温泉镇林家庄村	9	男	1944 年 6 月
丛喜英	环翠区温泉镇张家山村	15	女	1944 年 6 月
邹本坤	环翠区桥头镇河西庄村	24	男	1944 年 6 月
邹积富	环翠区桥头镇姚家圈村	20	男	1944 年 6 月
王 巧	环翠区羊亭镇鹿道口村	58	女	1944 年 7 月
梁际德	环翠区桥头镇北墩前村	28	男	1944 年 7 月
韩明宣	环翠区桥头镇雅格庄村	26	男	1944 年 7 月
梁维恒	环翠区桥头镇东涧村	25	男	1944 年 7 月
丛秀秉	环翠区皇冠街道长峰村	—	男	1944 年 7 月
丛合珠之妻	环翠区草庙子镇北郭格村	45	女	1944 年 8 月
丛树卿	环翠区草庙子镇北郭格村	34	女	1944 年 8 月

姓　名	籍　贯	年龄	性别	死难时间
张付德之妻	环翠区草庙子镇北郭格村	40	女	1944 年 8 月
鲁和云	环翠区皇冠街道沟北村	—	女	1944 年 8 月
鲁娟子	环翠区皇冠街道沟北村	—	女	1944 年 8 月
张　邓	环翠区草庙子镇北郭格村	12	女	1944 年 8 月
丛伦滋之母	环翠区草庙子镇北郭格村	50	女	1944 年 8 月
丛恩珠之母	环翠区草庙子镇北郭格村	70	女	1944 年 8 月
于连升	环翠区桥头镇所前泊村	20	男	1944 年 9 月
梁学清	环翠区桥头镇北墩前村	18	男	1944 年 10 月
陈学子	环翠区张村镇前双岛村	—	男	1944 年 10 月
李振华	环翠区张村镇前双岛村	24	男	1944 年 11 月
丛　氏	环翠区张村镇后双岛村	28	女	1944 年 11 月
邹本进	环翠区桥头镇姚家圈村	19	男	1944 年 12 月
王　斌	环翠区竹岛街道戚家庄村	31	男	1944 年
车丙和	环翠区泊于镇海西头村	45	男	1944 年
钟树雄	环翠区泊于镇屯钟家	19	男	1944 年
邹本清	环翠区崮山镇渠崖村	—	男	1944 年
董锡勇	环翠区张村镇福德庄	34	男	1944 年
于炳晋	环翠区温泉镇东崮村	22	男	1944 年
马　氏	环翠区温泉镇雨夼村	50	女	1944 年
丛百岁	环翠区温泉镇柳林村	11	男	1944 年
张起信	环翠区温泉镇后亭子村	23	男	1944 年
夏吉云	环翠区桥头镇江家口村	21	男	1944 年
宋文信	环翠区桥头镇宋家店村	27	男	1944 年
杜忠海	环翠区桥头镇宋家店村	28	男	1944 年
王德存	环翠区桥头镇马井泊村	28	男	1944 年
王英福	环翠区桥头镇马井泊村	19	男	1944 年
梁元湘	环翠区桥头镇洛西村	19	男	1944 年
吕保和	环翠区桥头镇后宅库村	38	男	1944 年
宋玉义	环翠区桥头镇东于家村	28	男	1944 年
林均贵	环翠区桥头镇所前泊村	23	男	1944 年
杜彦斌	环翠区桥头镇南台村	25	男	1944 年
孟庆学	环翠区桥头镇后于家村	22	男	1944 年
宋长勤	环翠区桥头镇后于家村	23	男	1944 年
吕广太	环翠区桥头镇东洛后村	18	男	1944 年

姓 名	籍 贯	年 龄	性 别	死难时间
吕广春	环翠区桥头镇东洛后村	20	男	1944 年
夏云绪	环翠区桥头镇观里西村	24	男	1944 年
夏元治	环翠区桥头镇观里西村	24	男	1944 年
夏元进	环翠区桥头镇观里西村	22	男	1944 年
梁保奎	环翠区桥头镇柴里村	21	男	1944 年
邵树山	环翠区田和街道田村	—	男	1944 年
邹永祯	环翠区怡园街道后峰西村	49	男	1944 年
邹参子	环翠区怡园街道后峰西村	—	女	1944 年
邹麦子	环翠区怡园街道后峰西村	—	女	1944 年
王义新	环翠区田和街道阮家寺村	—	男	1944 年
李夕成	环翠区初村镇西北道村	—	男	1944 年
谢廷喜	环翠区初村镇马石泊村	24	男	1944 年
孙登一	环翠区初村镇龙口庵村	14	男	1944 年
孙匡一	环翠区初村镇辇子村	20	男	1944 年
张刚峰	环翠区初村镇西南村	31	男	1944 年
曲立文	环翠区初村镇东车门夼村	30	男	1944 年
曲本荣	环翠区初村镇东车门夼村	19	男	1944 年
吕学东	环翠区桥头镇姚家圈村	22	男	1945 年 2 月
邹本堂	环翠区桥头镇河西庄村	26	男	1945 年 2 月
刘玉信	环翠区桥头镇黑石村	26	男	1945 年 3 月
梁显国	环翠区桥头镇桥头村	26	男	1945 年 5 月
刘延章	环翠区桥头镇江家口村	60	男	1945 年 5 月
夏元成	环翠区桥头镇江家口村	50	男	1945 年 5 月
赵新田	环翠区桥头镇江家口村	30	男	1945 年 5 月
夏元山	环翠区桥头镇江家口村	26	男	1945 年 5 月
夏一子	环翠区桥头镇江家口村	40	男	1945 年 5 月
夏吉志	环翠区桥头镇江家口村	50	男	1945 年 5 月
夏吉志之祖父	环翠区桥头镇江家口村	—	男	1945 年 5 月
鞠远超	环翠区桥头镇信河北村	26	男	1945 年 6 月
聂 ×	环翠区竹岛街道望岛村	30	男	1945 年 6 月
丛喜珠	环翠区皇冠街道老集村	—	男	1945 年 6 月
丛树洋	环翠区皇冠街道北山村	—	男	1945 年 7 月
丛树行	环翠区皇冠街道北山村	—	男	1945 年 7 月
丛殿臣	环翠区皇冠街道长峰村	—	男	1945 年 7 月

姓　名	籍　贯	年　龄	性　别	死难时间
徐文财	环翠区泊于镇海头院村	30	男	1945 年 7 月
丛德滋	环翠区皇冠街道长峰村	—	女	1945 年 7 月
张夕玉	环翠区温泉镇堂子村	19	男	1945 年 7 月
王宏早之母	环翠区羊亭镇王家河村	60	女	1945 年 7 月
王庆义	环翠区羊亭镇王家河村	30	男	1945 年 7 月
孙桂祖	环翠区桥头镇南子城村	24	男	1945 年 7 月
林文清	环翠区桥头镇信河北村	24	男	1945 年 8 月
梁百钧	环翠区桥头镇义河北村	23	男	1945 年 8 月
林桂洋	环翠区桥头镇义河北村	26	男	1945 年 8 月
刘云增	环翠区桥头镇西山后村	24	男	1945 年 8 月
丛树进之子	环翠区羊亭镇南江疃村	8	男	1945 年 8 月
丛树进之妻	环翠区羊亭镇南江疃村	32	女	1945 年 8 月
邓玉宽	环翠区桥头镇马井泊村	26	男	1945 年 8 月
林治忠	环翠区桥头镇义河北村	28	男	1945 年 9 月
车吉进	环翠区桥头镇所前泊村	25	男	1945 年 10 月
邹立王	环翠区桥头镇河西庄村	35	男	1945 年 10 月
刘丙忠	环翠区崮山镇陈家庄村	29	男	1945 年
于夕文	环翠区桥头镇江家口村	21	男	1945 年
董华楷	环翠区桥头镇产里村	19	男	1945 年
宋启志	环翠区凤林街道宋家洼村	49	男	1945 年
卢　×	环翠区竹岛街道望岛村	60	男	1945 年
丛继滋	环翠区温泉镇柳林村	29	男	1945 年
张福义	环翠区温泉镇后亭子村	21	男	1945 年
姚和顺	环翠区温泉镇汤河北村	30	男	1945 年
谢新子	环翠区羊亭镇南小城村	6	男	1945 年
夏桂清	环翠区桥头镇江家口村	19	男	1945 年
夏元琛	环翠区桥头镇江家口村	24	男	1945 年
宋修杰	环翠区桥头镇东于家村	24	男	1945 年
刘丕亭	环翠区桥头镇刘家泊村	28	男	1945 年
宋文胜	环翠区桥头镇中于家村	30	男	1945 年
宋思学	环翠区桥头镇东于家村	25	男	1945 年
宋秀义	环翠区桥头镇孟家庄村	25	男	1945 年
林福山	环翠区桥头镇孟家庄村	26	男	1945 年
王德仁	环翠区桥头镇桥头村	21	男	1945 年

姓 名	籍 贯	年龄	性别	死难时间
孙寿伦	环翠区桥头镇雅格庄村	27	男	1945 年
林均义	环翠区桥头镇西龙山村	29	男	1945 年
王吉庆	环翠区桥头镇北子城村	29	男	1945 年
吕 汉	环翠区桥头镇东洛后村	19	男	1945 年
梁善德	环翠区桥头镇东洛后村	18	男	1945 年
于学洲	环翠区桥头镇彭家埠村	16	男	1945 年
刘忠良	环翠区桥头镇彭家埠村	28	男	1945 年
宋常铭	环翠区桥头镇后于家村	21	男	1945 年
宋新贞	环翠区桥头镇后于家村	22	男	1945 年
夏元洪	环翠区桥头镇观里西村	23	男	1945 年
梁保堂	环翠区桥头镇柴里村	46	男	1945 年
梁全斌	环翠区桥头镇柴里村	21	男	1945 年
梁希孟	环翠区桥头镇柴里村	65	男	1945 年
林均兴	环翠区桥头镇南子城村	24	男	1945 年
梁云武	环翠区桥头镇涧北村	20	男	1945 年
宋玉海	环翠区桥头镇徐家庄村	17	男	1945 年
刘崇新	环翠区桥头镇彭家埠村	34	男	1945 年
汪孝全	环翠区田和街道田村	22	男	1945 年
毕序文	环翠区田和街道田村	21	男	1945 年
吴学义	环翠区田和街道田村	22	男	1945 年
万立业	环翠区田和街道万家疃村	18	男	1945 年
付德谦	环翠区桥头镇徐家庄村	20	男	1945 年
赵克旗	环翠区初村镇北宅库村	29	男	1945 年
孙等昌	环翠区初村镇院下村	34	男	1945 年
孙邦一	环翠区初村镇辇子村	25	男	1945 年
纪树义	环翠区初村镇冢子庄村	23	男	1945 年
潘永胜	环翠区初村镇长夼村	22	男	1945 年
孙有金	环翠区初村镇东石岭村	29	男	1945 年
纪会成	环翠区初村镇东石岭村	22	男	1945 年
初现孔	环翠区初村镇西北道村	20	男	1945 年
张天龙	环翠区初村镇西北村	23	男	1945 年
孙纯一	环翠区初村镇西石岭村	38	男	1945 年
孙本学	环翠区初村镇西石岭村	21	男	1945 年
纪学亭	环翠区初村镇纪家口子村	24	男	1945 年

姓　名	籍　贯	年　龄	性　别	死难时间
贺业安	环翠区初村镇远庄村	20	男	1945 年
姜经礼之女	环翠区羊亭镇羊亭村	22	女	—
孙守奎之妻	环翠区羊亭镇羊亭村	30	女	—
孙守奎之女	环翠区羊亭镇羊亭村	—	女	—
林更友	环翠区羊亭镇羊亭村	20	男	—
谷同德	环翠区羊亭镇半壁山村	30	男	—
丛序峰	环翠区羊亭镇朱家圈村	30	男	—
马鑫理	环翠区草庙子镇西黄山村	—	男	—
马连生	环翠区草庙子镇西黄山村	—	男	—
马武申	环翠区草庙子镇北黄山村	60	男	—
刘忠义	环翠区草庙子镇南黄山村	—	男	—
刘孝×	环翠区草庙子镇南黄山村	—	男	—
马兆铭	环翠区草庙子镇南黄山村	—	男	—
昌　胜	环翠区草庙子镇大庄村	—	男	—
江　春	环翠区草庙子镇林泉村	—	女	—
丁云剑	环翠区草庙子镇郭家庄村	—	男	—
庞洪堂	环翠区草庙子镇郭家庄村	—	男	—
小　春	环翠区草庙子镇周家庄村	12	女	—
刘玉云	环翠区草庙子镇周家庄村	18	女	—
刘崇新	环翠区桥头镇报信村	22	男	—
张炳早之妻	环翠区温泉镇张家山村	—	女	—
李云东之妻	环翠区温泉镇张家山村	—	女	—
张云露	环翠区温泉镇张家山村	—	男	—
张夕尧	环翠区温泉镇张家山村	—	男	—
张夕洪	环翠区温泉镇张家山村	—	男	—
张起顺	环翠区温泉镇张家山村	—	男	—
张夕三	环翠区温泉镇张家山村	—	男	—
张夕庆	环翠区温泉镇张家山村	—	男	—
张义东	环翠区温泉镇张家山村	—	男	—
张岁子	环翠区温泉镇张家山村	—	男	—
林均凤	环翠区温泉镇林家庄村	—	男	—
林治文	环翠区温泉镇林家庄村	—	男	—
刘文昭	环翠区温泉镇马夼村	—	男	—
丛泽滋	环翠区温泉镇马夼村	—	男	—

姓 名	籍 贯	年龄	性别	死难时间
江积宝	环翠区温泉镇下江家村	—	男	—
张连香	环翠区温泉镇下江家村	—	男	—
江先玉	环翠区温泉镇下江家村	—	男	—
江秋子	环翠区温泉镇下江家村	—	男	—
江文子	环翠区温泉镇下江家村	—	男	—
孙传辉	环翠区羊亭镇埠前村	24	男	—
汪喜子	环翠区羊亭镇北观村	—	男	—
石二晨	环翠区草庙子镇小北山村	—	男	—
刘玉德	环翠区草庙子镇小北山村	—	男	—
马钱理	环翠区草庙子镇西黄山村	—	男	—
毕石清	环翠区草庙子镇张家疃村	—	男	—
丁文田	环翠区草庙子镇郭家庄村	—	男	—
丁云山	环翠区草庙子镇郭家庄村	—	男	—
孙书宝	环翠区初村镇莱山村	26	男	—
陈涛英	环翠区初村镇莱山村	28	男	—
陈爱福	环翠区初村镇莱山村	17	男	—
张连群	环翠区初村镇西南村	—	男	—
纪福恩	环翠区初村镇冢子庄村	19	男	—
潘玉良	环翠区初村镇小馆村	19	男	—
孙本俊	环翠区初村镇西车门乔村	—	男	—
元五九	环翠区初村镇长乔店子村	—	男	—
王光令	环翠区初村镇长乔店子村	—	男	—
林乐之	环翠区初村镇长乔店子村	—	男	—
元同德	环翠区初村镇长乔店子村	—	男	—
孙怀玉	环翠区初村镇东石岭村	28	男	—
潘连增	环翠区初村镇东石岭村	20	男	—
曲金斗	环翠区初村镇东石岭村	—	男	—
曲立民	环翠区初村镇东石岭村	25	男	—
吕福昌	环翠区初村镇长乔村	23	男	—
刘见民	环翠区初村镇远庄村	29	男	—
张文科	环翠区初村镇四甲村	20	男	—
王 红	环翠区田和街道仁柳庄村	30	女	1938 年
丛元兹之父	环翠区崮山镇岭后村	—	男	1938 年
丛元兹之母	环翠区崮山镇岭后村	—	女	1938 年

姓　名	籍　贯	年龄	性别	死难时间
张文祥	环翠区草庙子镇蒋家庄村	24	男	1938 年
王玉芝	环翠区草庙子镇蒋家庄村	26	男	1938 年
刘　甲	环翠区草庙子镇蒋家庄村	22	男	1938 年
李文泉	环翠区竹岛街道北竹岛村	32	男	1938 年
张德士	环翠区初村镇四甲村	19	男	1942 年
曲　巧	环翠区环翠楼街道戚家夼村	17	女	1942 年
曲明新	环翠区环翠楼街道戚家夼村	50	男	1942 年
张隆德	环翠区初村镇西南村	35	男	1943 年
刘友传	环翠区草庙子镇南黄山村	—	男	—
合　计	**856**			

责任人：张福新　许新贵　　　　　　核实人：罗雪萍　　　　　　填表人：张　英

填报单位（签单）：威海市环翠区委党史委　　　　　　填报时间：2009 年 4 月 16 日

荣成市抗日战争时期死难者名录

姓　名	籍　贯	年龄	性　别	死难时间
张云亭	荣成市斥山街道夏家泊村	23	男	1938 年
张忠臣	荣成市斥山街道夏家泊村	28	男	1938 年
戴和仁	荣成市崖西镇卧龙戴家村	23	男	1938 年
赵庆海	荣成市上庄镇院前村	39	男	1938 年 3 月
王立信	荣成市东山街道八河王家村	—	男	1938 年 3 月
马大锁	荣成市城西街道山马家村	22	男	1938 年 5 月
马世芹	荣成市城西街道山马家村	21	女	1938 年 5 月
车新民	荣成市荫子镇西板石村	17	男	1938 年 6 月
杨振川	荣成市夏庄镇北山杨家村	20	男	1938 年 7 月
姚元泽	荣成市荫子镇后荫子疃村	19	男	1938 年 7 月
孙培珠	荣成市荫子镇后荫子疃村	—	男	1938 年 7 月
徐乃路	荣成市大疃镇西徐家村	20	男	1938 年 7 月
王秀廷	荣成市城西街道东岭后村	19	男	1938 年 7 月
王世荣	荣成市崖西镇桥南头村	25	男	1938 年 7 月
隋云亭	荣成市崖西镇桥南头村	18	男	1938 年 7 月
宋存振	荣成市上庄镇口子后村	20	男	1938 年 7 月
郭永宽	荣成市斥山街道郭家村	26	男	1938 年 7 月
于华枝	荣成市大疃镇大珠玑村	18	男	1938 年 8 月
原所成	荣成市上庄镇北也子口村	21	男	1938 年 9 月
鞠增祥	荣成市埠柳镇东下庄村	16	男	1938 年 10 月
张华琪	荣成市崖西镇山河村	18	男	1938 年 12 月
周作陈	荣成市城西街道垛山周家村	21	男	1938 年
代吉连	荣成市崖西镇石硼子村	25	男	1938 年
王丙文	荣成市崖西镇东双顶村	21	男	1938 年
邵思经	荣成市荫子镇堡子后村	28	男	1938 年
王日成	荣成市滕家镇小落村	21	男	1938 年
于洁绪	荣成市荫子镇雨疃沟村	15	男	1938 年
于福随	荣成市荫子镇东兰家村	40	男	1938 年
林治佳	荣成市荫子镇梁子埠村	19	男	1938 年
于文英	荣成市上庄镇刘家店村	21	男	1938 年
于庆臻	荣成市上庄镇刘家店村	25	男	1938 年

姓 名	籍 贯	年 龄	性 别	死难时间
王国福	荣成市斥山街道立山村	33	男	1938 年
李尉川	荣成市夏庄镇同家庄村	21	男	1938 年
杨振芝	荣成市夏庄镇北山杨家村	24	男	1938 年
杨振平	荣成市夏庄镇北山杨家村	21	男	1938 年
姚秀亭	荣成市荫子镇前荫子夼村	24	男	1938 年
王端仁	荣成市寻山街道莱沟庄村	28	男	1938 年
王学芝	荣成市寻山街道莱沟庄村	29	男	1938 年
彭永昭	荣成市崖头街道黎明村	18	男	1938 年
赵本义	荣成市崖西镇朱家夼村	26	男	1938 年
车仁成	荣成市崖西镇车家庄村	—	男	1938 年
邓术田	荣成市崖西镇北柳村	21	男	1938 年
孙秀文	荣成市埠柳镇不夜村	23	男	1938 年
吕荣花	荣成市埠柳镇西张格村	17	女	1938 年
卞进敏	荣成市虎山镇卞家村	23	男	1938 年
王吉生	荣成市崖头街道荣盛居委会	23	男	1938 年
张书平	荣成市崖头街道青山后张家村	21	男	1938 年
刘玉山	荣成市大瞳镇迟家店村	25	男	1938 年
岳永庆	荣成市大瞳镇迟家店村	59	男	1938 年
迟德路	荣成市大瞳镇迟家店村	48	男	1938 年
李德丝	荣成市大瞳镇迟家店村	35	男	1938 年
迟德山	荣成市大瞳镇迟家店村	20	男	1938 年
曲保军	荣成市大瞳镇下河村	21	男	1938 年
王新纯	荣成市大瞳镇下河村	19	男	1938 年
汤吉丰	荣成市大瞳镇西岭长村	23	男	1938 年
迟增贵	荣成市大瞳镇东岭长村	21	男	1938 年
鞠远顺	荣成市港西镇山后鞠家村	31	男	1938 年
姚华歧	荣成市荫子镇耩上姚家村	23	男	1939 年 1 月
周少山	荣成市崖西镇大蒿泊村	22	男	1939 年 2 月
姜万成	荣成市崖西镇大蒿泊村	36	男	1939 年 2 月
于德涛	荣成市虎山镇南隋家村	24	男	1939 年 3 月
王春清	荣成市大瞳镇古格村	14	男	1939 年 3 月
周作连	荣成市大瞳镇垛山周家村	22	男	1939 年 3 月
姚来苏	荣成市夏庄镇前苏格村	26	男	1939 年 3 月
姚文吉	荣成市荫子镇耩上姚家村	—	男	1939 年 3 月

姓　名	籍　贯	年　龄	性　别	死难时间
汤光月	荣成市大疃镇岳泊庄村	16	男	1939 年 4 月
汤吉凤	荣成市大疃镇大珠玑村	16	男	1939 年 4 月
卞文昭	荣成市虎山镇卞家村	24	男	1939 年 4 月
丁大柏	荣成市崖西镇院东村	31	男	1939 年 4 月
吕孔序	荣成市崖头街道吕家村	18	男	1939 年 4 月
王庄田	荣成市崖西镇东双顶村	16	男	1939 年 5 月
毕庶琢	荣成市荫子镇东夏埠村	25	男	1939 年 5 月
钟学珊	荣成市俚岛镇石山东村	29	男	1939 年 5 月
钟学仁	荣成市俚岛镇石山东村	29	男	1939 年 5 月
沈延琪	荣成市俚岛镇国家村	16	男	1939 年 5 月
周维坤	荣成市城西街道埁山周家村	19	男	1939 年 5 月
隋之员	荣成市虎山镇北隋家村	18	男	1939 年 5 月
许维治	荣成市人和镇窑沟村	20	男	1939 年 5 月
王由俭	荣成市东山街道八河王家村	—	男	1939 年 6 月
于克功	荣成市荫子镇于家泊村	19	男	1939 年 6 月
丁大福	荣成市崖西镇院东村	30	男	1939 年 6 月
王玉先	荣成市上庄镇庙东武家村	29	男	1939 年 7 月
姚元济	荣成市荫子镇前荫子疃村	27	男	1939 年 7 月
郝忠玉	荣成市荫子镇兰村	18	男	1939 年 8 月
管常泽	荣成市崖西镇管家村	26	男	1939 年 8 月
王英盛	荣成市斥山街道周家齐山村	26	男	1939 年 9 月
姚培友	荣成市荫子镇前荫子疃村	29	男	1939 年 9 月
岳天文	荣成市城西街道东岭后村	20	男	1939 年 10 月
潘登才	荣成市大疃镇后头村	25	男	1939 年 10 月
王有国	荣成市虎山镇峰山前村	25	男	1939 年 11 月
孙福义	荣成市荫子镇王管松村	19	男	1939 年 12 月
曲永先	荣成市俚岛镇西利查埠村	—	男	1939 年
张永霞	荣成市夏庄镇大胪村	19	男	1939 年
王荣初	荣成市大疃镇迟家店村	34	男	1939 年
徐乃泉	荣成市大疃镇西徐家村	21	男	1939 年
王绥之	荣成市崖西镇东埠前村	25	男	1939 年
车守伦	荣成市崖西镇北崖西村	18	男	1939 年
车学孟	荣成市崖西镇北崖西村	29	男	1939 年
倪福亭	荣成市荫子镇刘家屯村	17	男	1939 年

姓 名	籍 贯	年 龄	性 别	死难时间
戴桂仁	荣成市荫子镇雨夼沟村	27	男	1939 年
戴桂英	荣成市荫子镇雨夼沟村	23	男	1939 年
周新亭	荣成市崖西镇大蒿泊村	28	男	1939 年
梁成山	荣成市崖西镇大蒿泊村	16	男	1939 年
王吉德	荣成市崖西镇东双顶村	20	男	1939 年
王允奎	荣成市崖西镇东双顶村	20	男	1939 年
王再田	荣成市崖西镇东双顶村	23	男	1939 年
王金田	荣成市崖西镇东双顶村	20	男	1939 年
张均之	荣成市上庄镇槐树底下村	28	男	1939 年
于任臣	荣成市上庄镇院前村	24	男	1939 年
王树林	荣成市上庄镇蔡官屯村	28	男	1939 年
王所柱	荣成市上庄镇南沙岛村	20	男	1939 年
姜文保	荣成市崂山街道	15	男	1939 年
周子华	荣成市宁津街道	—	男	1939 年
冷义洁	荣成市夏庄镇北山冷家村	34	男	1939 年
田永卜	荣成市夏庄镇前苏格村	33	男	1939 年
唐伍仁	荣成市夏庄镇前苏格村	14	男	1939 年
唐　甲	荣成市夏庄镇前苏格村	6	男	1939 年
姚崇章	荣成市荫子镇耩上姚家村	—	男	1939 年
姚学义	荣成市荫子镇耩上姚家村	—	男	1939 年
车维亭	荣成市荫子镇塘子崖村	58	男	1939 年
秦道奎	荣成市人和镇秦家竹村	—	男	1939 年
张贵芝	荣成市人和镇人和村	16	男	1939 年
魏学经	荣成市城西街道东岭后村	21	男	1939 年
王歧山	荣成市大疃镇东中窑村	17	男	1939 年
魏志发	荣成市城西街道坦埠村	19	男	1939 年
李世彩	荣成市寻山街道青安屯村	30	男	1939 年
王端轮	荣成市寻山街道莱沟庄村	30	男	1939 年
张文川	荣成市崖头街道荣宁社区	42	男	1939 年
田瑞芳	荣成市崖头街道荣宁社区	17	女	1939 年
张福修之妻	荣成市崖头街道荣宁社区	21	女	1939 年
张福修之女	荣成市崖头街道荣宁社区	1	女	1939 年
徐　氏	荣成市崖头街道荣安居委会	—	女	1939 年
马永俊	荣成市崖头街道马家庄村	24	男	1939 年

姓 名	籍 贯	年 龄	性 别	死难时间
马国正	荣成市寻山街道马家庄村	22	男	1939 年
徐云连	荣成市城西街道徐家村	30	男	1939 年
宋保田	荣成市崖头街道崖头村	38	男	1939 年
黄本元	荣成市寻山街道小黄家村	17	男	1939 年
汤文修	荣成市大疃镇南旺庄村	22	男	1939 年
王庆初	荣成市大疃镇迟家店村	22	男	1939 年
张文德	荣成市大疃镇回里村	18	男	1939 年
秦有初	荣成市人和镇秦家竹村	20	男	1939 年
连天禹	荣成市人和镇中北河村	33	男	1939 年
崔培合	荣成市人和镇中北河村	57	男	1939 年
崔考之妻	荣成市人和镇中北河村	65	女	1939 年
张礼汉	荣成市人和镇小庄村	21	男	1939 年
李沽绪	荣成市人和镇小庄村	20	男	1939 年
林 花	荣成市港西镇港西村	24	女	1939 年
代国良	荣成市崖西镇潘家沟村	17	男	1939 年
宋保田	荣成市港湾街道桃树园村	22	男	1939 年
龙玉子	荣成市埠柳镇不夜村	25	男	1939 年
孙茂文	荣成市埠柳镇北兰格村	30	男	1939 年
曲宝进	荣成市埠柳镇北兰格村	21	男	1939 年
孙和昌	荣成市埠柳镇北兰格村	29	男	1939 年
宋连生	荣成市虎山镇黄山村	—	男	1939 年
宋双庆	荣成市虎山镇黄山村	—	男	1939 年
徐乃伦之兄	荣成市虎山镇黄山村	—	男	1939 年
徐乃军之母	荣成市虎山镇黄山村	—	女	1939 年
董立仁	荣成市虎山镇光禄寨村	—	男	1939 年
刘国衍	荣成市成山镇成山一村	23	男	1939 年
蔡秀荣	荣成市成山镇成山四村	24	女	1939 年
常德兰	荣成市虎山镇石耩村	25	男	1939 年
许祖珍	荣成市虎山镇得胜寨村	20	男	1939 年
王锡铭	荣成市港西镇王官庄村	20	男	1940 年 1 月
王洪贵	荣成市夏庄镇甲夼王家村	20	男	1940 年 1 月
李世兴	荣成市荫子镇土城子村	20	男	1940 年 1 月
陈培元	荣成市崂山街道河南村	23	男	1940 年 2 月
宋山清	荣成市港湾街道牧云庵村	—	男	1940 年 2 月

姓　名	籍　贯	年　龄	性　别	死难时间
鞠希德	荣成市崖西镇上观村	16	男	1940 年 2 月
姚寿山	荣成市荫子镇耩上姚家村	32	男	1940 年 2 月
孙傅荣	荣成市荫子镇后荫子疃村	29	男	1940 年 2 月
孙傅平	荣成市荫子镇后荫子疃村	14	男	1940 年 2 月
梁云南	荣成市夏庄镇甲疃马家村	16	男	1940 年 3 月
姚洪玉	荣成市荫子镇前荫子疃村	17	男	1940 年 3 月
姚镇嵩	荣成市荫子镇后荫子疃村	48	男	1940 年 3 月
车维廷	荣成市荫子镇塘子崖村	17	男	1940 年 3 月
姚振清	荣成市荫子镇前荫子疃村	21	男	1940 年 3 月
姚振生	荣成市荫子镇前荫子疃村	27	男	1940 年 3 月
王世荣	荣成市崖西镇庄上王家村	40	男	1940 年 3 月
张延年	荣成市崖西镇北崖西村	36	男	1940 年 3 月
张学奎	荣成市崖西镇崖后村	19	男	1940 年 3 月
原所生	荣成市上庄镇北也子口村	20	男	1940 年 3 月
丛灵珠	荣成市大疃镇南疃村	35	男	1940 年 3 月
李学绥	荣成市俚岛镇香山前村	38	男	1940 年 3 月
王作林	荣成市港西镇王官庄村	21	男	1940 年 3 月
刘家元	荣成市宁津街道东墩村	20	男	1940 年 3 月
于全有	荣成市上庄镇北盛家村	88	男	1940 年 3 月
周维信	荣成市城西街道垛山周家村	35	男	1940 年 4 月
刘玉山	荣成市大疃镇河西村	18	男	1940 年 4 月
刘德荣	荣成市大疃镇河西村	21	男	1940 年 4 月
许善信	荣成市大疃镇河西村	14	男	1940 年 4 月
张和友	荣成市荫子镇耩上姚家村	32	男	1940 年 4 月
滕世仁	荣成市大疃镇东中窑村	21	男	1940 年 4 月
赵桂源	荣成市大疃镇西岭后村	22	男	1940 年 4 月
赵熙增	荣成市虎山镇得胜寨村	17	男	1940 年 4 月
潘文凤	荣成市虎山镇台上村	30	男	1940 年 4 月
车德章	荣成市崖西镇北崖西村	15	男	1940 年 4 月
毕可贞	荣成市东山街道东山村	30	男	1940 年 4 月
毕可成	荣成市东山街道东山村	24	男	1940 年 4 月
姜玉珍	荣成市夏庄镇邹家庵村	20	男	1940 年 4 月
毕世仁	荣成市荫子镇姜家泊村	19	男	1940 年 5 月
车学海	荣成市荫子镇西板石村	17	男	1940 年 5 月

姓　名	籍　贯	年龄	性别	死难时间
邓玉清	荣成市荫子镇前长湾村	24	男	1940 年 5 月
孙文贵	荣成市荫子镇耩上岳家村	29	男	1940 年 5 月
王兆成	荣成市崖西镇东埠前村	33	男	1940 年 5 月
林治璞	荣成市崖西镇前高家庄村	19	男	1940 年 5 月
林治厢	荣成市崖西镇林家村	19	男	1940 年 5 月
鞠开全	荣成市埠柳镇东下庄村	25	男	1940 年 5 月
张树连	荣成市虎山镇庵里村	29	男	1940 年 5 月
赵英堂	荣成市虎山镇罕山村	21	男	1940 年 5 月
赵振邦	荣成市虎山镇赛家村	19	男	1940 年 5 月
王福生	荣成市大疃镇双石周家村	41	男	1940 年 5 月
李世三	荣成市滕家镇高落山村	19	男	1940 年 5 月
邓术荣	荣成市崖西镇北柳村	16	男	1940 年 6 月
周祥华	荣成市大疃镇大珠玑村	19	男	1940 年 6 月
连文林	荣成市人和镇韩家疃村	19	男	1940 年 6 月
宋子良	荣成市虎山镇北寨子后村	26	男	1940 年 6 月
宋执学	荣成市虎山镇北寨子后村	19	男	1940 年 6 月
车守增	荣成市崖西镇北崖西村	35	男	1940 年 6 月
王其德	荣成市崖西镇东双顶村	42	男	1940 年 6 月
王夕思	荣成市上庄镇北沙岛村	21	男	1940 年 6 月
李长明	荣成市荫子镇耩上岳家村	21	男	1940 年 6 月
姚洪成	荣成市荫子镇前荫子夼村	22	男	1940 年 7 月
姚宝湘	荣成市荫子镇前荫子夼村	18	男	1940 年 7 月
唐希贤	荣成市俚岛镇杏陈家村	25	男	1940 年 7 月
孙桂芝	荣成市俚岛镇燕泊村	13	男	1940 年 7 月
刘安民	荣成市俚岛镇后神堂口村	15	男	1940 年 7 月
车学修	荣成市崖西镇北崖西村	32	女	1940 年 7 月
许德元	荣成市崖西镇北新庄村	33	男	1940 年 7 月
邹积卿	荣成市崖西镇大蒿泊村	24	男	1940 年 7 月
王茂瑞	荣成市上庄镇铺里村	20	男	1940 年 7 月
王景元	荣成市埠柳镇上埠头村	39	男	1940 年 7 月
周广先	荣成市港西镇泊子周家村	38	男	1940 年 7 月
陈培学	荣成市崂山街道河南村	22	男	1940 年 7 月
张福田	荣成市大疃镇东徐家村	21	男	1940 年 7 月
曲显明	荣成市宁津街道西南海村	29	男	1940 年 7 月

姓 名	籍 贯	年 龄	性 别	死难时间
褚更乾	荣成市大疃镇河西村	17	男	1940 年 7 月
王洪智	荣成市荫子镇北流水村	20	男	1940 年 8 月
王守信	荣成市大疃镇大卧龙村	26	男	1940 年 8 月
宁明乾	荣成市宁津街道所前王家村	16	男	1940 年 8 月
姜思义	荣成市城西街道垛山姜家村	26	男	1940 年 8 月
周吉显	荣成市港西镇泊子周家村	40	男	1940 年 8 月
张秀芹	荣成市斥山街道尹格庄村	17	男	1940 年 8 月
王世金	荣成市埠柳镇上埠头村	21	男	1940 年 8 月
于书文	荣成市滕家镇康家村	36	男	1940 年 8 月
李成之	荣成市夏庄镇雷家庄村	23	男	1940 年 9 月
谭民增	荣成市夏庄镇前寨村	19	男	1940 年 9 月
于德春	荣成市荫子镇西板石村	23	男	1940 年 9 月
于云朋	荣成市荫子镇西板石村	23	男	1940 年 9 月
常德福	荣成市虎山镇石耩子村	19	男	1940 年 9 月
韩保安	荣成市大疃镇双石董家村	15	男	1940 年 9 月
邓汝成	荣成市崖西镇龙床村	29	男	1940 年 9 月
车吉山	荣成市崖西镇南崖西村	25	男	1940 年 9 月
姜培当	荣成市斥山街道大磨张家村	23	男	1940 年 9 月
周天福	荣成市人和镇人和村	20	男	1940 年 9 月
孙光安	荣成市港西镇墩后村	19	男	1940 年 10 月
杜树侯	荣成市大疃镇孤石杜家村	20	男	1940 年 10 月
杜树胜	荣成市大疃镇孤石杜家村	16	男	1940 年 10 月
王作本	荣成市崖西镇西藏村	29	男	1940 年 10 月
邹本初	荣成市崖西镇车家庄村	17	男	1940 年 10 月
丛龙滋	荣成市荫子镇马台丛家村	30	男	1940 年 10 月
法甲田	荣成市俚岛镇俚岛村	17	男	1940 年 10 月
王和典	荣成市上庄镇南沙岛村	22	男	1940 年 10 月
毕连胜	荣成市上庄镇西旗杆石村	26	男	1940 年 10 月
吕长太	荣成市崖西镇后高家庄村	19	男	1940 年 11 月
郭殿恭	荣成市斥山街道郭家村	23	男	1940 年 11 月
周维连	荣成市大疃镇垛山周家村	17	男	1940 年 11 月
王夕德	荣成市埠柳镇打磨村	19	男	1940 年 11 月
赵桂芝	荣成市荫子镇南流水村	29	男	1940 年 11 月
闫峰珠	荣成市夏庄镇大夏庄村	18	男	1940 年 12 月

姓　名	籍　贯	年　龄	性　别	死难时间
车吉安	荣成市荫子镇西板石村	20	男	1940 年 12 月
于英会	荣成市夏庄镇江林庄村	23	男	1940 年 12 月
代和任	荣成市荫子镇西板石村	19	男	1940 年 12 月
孙玉和	荣成市荫子镇后荫子夼村	22	男	1940 年 12 月
刘崇基	荣成市滕家镇马草夼村	17	男	1940 年 12 月
赵玉忠	荣成市虎山镇罕山村	19	男	1940 年 12 月
姜士泽	荣成市崖头街道刁家沟村	22	男	1940 年 12 月
车仁贞	荣成市崖西镇南崖西村	24	男	1940 年 12 月
车开荣	荣成市崖西镇北崖西村	22	男	1940 年
代兆玉	荣成市崖西镇松里村	20	男	1940 年
刘志德	荣成市崖西镇大山口村	27	男	1940 年
刘德政	荣成市崖西镇小山口村	18	男	1940 年
刘崇贵	荣成市崖西镇小山口村	17	男	1940 年
马永安	荣成市夏庄镇甲夼马家村	20	男	1940 年
隋永田	荣成市夏庄镇甲夼王家村	22	男	1940 年
杨进玉	荣成市夏庄镇河北崖村	16	男	1940 年
迟德义	荣成市大疃镇迟家店村	—	男	1940 年
于利华	荣成市大疃镇南石耩村	30	男	1940 年
孙允亭	荣成市大疃镇柳家屯村	18	男	1940 年
徐华东	荣成市大疃镇西徐家村	21	男	1940 年
徐保众	荣成市大疃镇西徐家村	19	男	1940 年
于增滋	荣成市滕家镇小落村	16	男	1940 年
车福芝	荣成市荫子镇南流水村	16	男	1940 年
潘国增	荣成市荫子镇雨夼沟村	16	男	1940 年
姚振国	荣成市荫子镇韩家地村	28	男	1940 年
柯德海	荣成市荫子镇柯家村	35	男	1940 年
徐云喜	荣成市荫子镇梁子埠村	34	男	1940 年
张合会	荣成市荫子镇胡家屯村	44	男	1940 年
岳学成	荣成市荫子镇头甲村	21	男	1940 年
丛树森	荣成市荫子镇头甲村	23	男	1940 年
姚培寒	荣成市荫子镇前荫子夼村	22	男	1940 年
刘元奎	荣成市荫子镇后荫子夼村	28	男	1940 年
宋　海	荣成市荫子镇马台隋家村	18	男	1940 年
王云会	荣成市荫子镇立驾山村	47	男	1940 年

姓 名	籍 贯	年 龄	性 别	死难时间
张之英	荣成市荫子镇立驾山村	23	男	1940 年
张之春	荣成市荫子镇立驾山村	18	男	1940 年
王洪玉	荣成市荫子镇北流水村	16	男	1940 年
戴桂荣	荣成市荫子镇雨夼沟村	15	男	1940 年
毕庶献	荣成市荫子镇东夏埠村	22	男	1940 年
车学盛	荣成市荫子镇西板石村	28	男	1940 年
张华福	荣成市荫子镇土城子村	21	男	1940 年
王文财	荣成市荫子镇土城子村	19	男	1940 年
李勤贵	荣成市荫子镇土城子村	17	男	1940 年
丛菊滋	荣成市荫子镇马台丛家村	17	男	1940 年
丛令滋	荣成市荫子镇马台丛家村	19	男	1940 年
姜夕洪	荣成市滕家镇滕家村	25	男	1940 年
肖永成	荣成市滕家镇五章村	22	男	1940 年
孔庆顺	荣成市滕家镇孔家庄村	18	男	1940 年
李玉敏	荣成市滕家镇高落山村	19	男	1940 年
林希锁	荣成市俚岛镇小疃林家村	18	男	1940 年
杨永在	荣成市俚岛镇后疃村	20	男	1940 年
林希吉	荣成市俚岛镇小疃林家村	20	男	1940 年
林希礼	荣成市俚岛镇小疃林家村	41	男	1940 年
于英周	荣成市俚岛镇大于家庵村	19	男	1940 年
林治谭	荣成市俚岛镇小疃林家村	18	男	1940 年
林治泉	荣成市俚岛镇小疃林家村	18	男	1940 年
林治安	荣成市俚岛镇小疃林家村	20	男	1940 年
林希英	荣成市俚岛镇小疃林家村	31	男	1940 年
丁大忠	荣成市崖西镇院东村	21	男	1940 年
李春城	荣成市崖西镇隆峰村	22	男	1940 年
张宗奎	荣成市崖西镇山河村	22	男	1940 年
王丙栋	荣成市崖西镇山河吕家村	22	男	1940 年
姚洪之	荣成市崖西镇西双顶村	19	男	1940 年
张本成	荣成市上庄镇吕家疃村	17	男	1940 年
肖模才	荣成市上庄镇刁家村	25	男	1940 年
张可义	荣成市上庄镇院前村	17	男	1940 年
常容太	荣成市上庄镇塔山村	18	男	1940 年
张夕惠	荣成市上庄镇二里周家村	16	男	1940 年

姓 名	籍 贯	年 龄	性 别	死难时间
毕序斌	荣成市上庄镇尹家村	21	男	1940 年
姚文江	荣成市上庄镇尹家村	19	男	1940 年
原宜福	荣成市上庄镇原家村	16	男	1940 年
房殿奎	荣成市上庄镇房家村	31	男	1940 年
于学善	荣成市上庄镇刘家店村	25	男	1940 年
侯吉贤	荣成市上庄镇西桥村	24	男	1940 年
吕枝斌	荣成市斥山街道西泊子村	21	男	1940 年
张忠亭	荣成市东山街道茂山后村	36	男	1940 年
车仁斌	荣成市崖西镇	18	男	1940 年
张信仁	荣成市人和镇	22	男	1940 年
王世秀	荣成市崖头街道	—	男	1940 年
姜玉秀	荣成市寻山街道夼子河村	—	男	1942 年 12 月
高瑞功	荣成市寻山街道西高家村	17	男	1940 年
张云来	荣成市寻山街道墩西张家村	—	男	1940 年
王振学	荣成市崂山街道雨夼村	38	男	1940 年
董传文	荣成市崂山街道宁家村	—	男	1940 年
张广田	荣成市崖头街道荣安居委会	—	男	1940 年
张会生	荣成市崖头街道荣安居委会	—	男	1940 年
于海洋	荣成市崖头街道绿对岛村	14	男	1940 年
姜　氏	荣成市崖头街道绿对岛村	16	女	1940 年
张元浩	荣成市崖头街道马家庄村	23	男	1940 年
马永春	荣成市崖头街道马家庄村	21	男	1940 年
马国元	荣成市崖头街道马家庄村	25	男	1940 年
马琢子	荣成市崖头街道马家庄村	18	女	1940 年
龙启思	荣成市崖头街道西龙家村	22	男	1940 年
龙启贤	荣成市崖头街道西龙家村	20	男	1940 年
杜元才	荣成市城西街道八甲村	22	男	1940 年
张玉山	荣成市城西街道八甲村	23	男	1940 年
王世财	荣成市城西街道河崖村	22	男	1940 年
王福安	荣成市城西街道向阳埠村	22	男	1940 年
于培民	荣成市崂山街道河南村	15	男	1940 年
陈培均	荣成市崂山街道河南村	20	男	1940 年
张吉福	荣成市崂山街道台上林家村	22	男	1940 年
徐灿之	荣成市城西街道徐家村	15	男	1940 年

姓 名	籍 贯	年 龄	性 别	死难时间
陈吉顺	荣成市城西街道后沟村	18	男	1940 年
尹洪玉	荣成市崖头街道崖头村	21	男	1940 年
马馨臣	荣成市崖头街道马家庄村	31	男	1940 年
康子仁	荣成市崂山街道鲁家村	22	男	1940 年
徐麦林	荣成市大疃镇双石孙家村	20	男	1940 年
汤光方	荣成市大疃镇大疃村	21	男	1940 年
隋　成	荣成市大疃镇北旺庄村	58	男	1940 年
杜维帧	荣成市大疃镇孤石杜家村	46	男	1940 年
张永堂	荣成市大疃镇回里村	20	男	1940 年
张凤依	荣成市大疃镇回里村	22	男	1940 年
岳夕周	荣成市大疃镇回里村	19	男	1940 年
陈培乾	荣成市崂山街道河南村	16	男	1940 年
王新生	荣成市大疃镇下河村	20	男	1940 年
王德贤	荣成市大疃镇下河村	20	男	1940 年
姜丰清	荣成市大疃镇孤石吴家村	20	男	1940 年
闫忠海	荣成市大疃镇孤石吴家村	34	男	1940 年
王　长	荣成市人和镇宋家庄村	18	女	1940 年
王义真之兄	荣成市人和镇院夼村	—	男	1940 年
王行温之祖父	荣成市人和镇院夼村	—	男	1940 年
王孝述之叔	荣成市人和镇院夼村	—	男	1940 年
王义真之祖母	荣成市人和镇院夼村	—	女	1940 年
王毓颜	荣成市港西镇旭口村	30	男	1940 年
张福超	荣成市港西镇港西村	23	男	1940 年
王尧令	荣成市港西镇王官庄村	24	男	1940 年
孙寿堂	荣成市上庄镇东古章村	29	男	1940 年
李吉开	荣成市上庄镇东古章村	26	男	1940 年
王政财	荣成市上庄镇北沙岛村	—	男	1940 年
王兆炳	荣成市上庄镇北沙岛村	—	男	1940 年
于德盛	荣成市上庄镇北沙岛村	—	男	1940 年
苏琪明	荣成市斥山街道西苏家村	22	男	1940 年
王业桧	荣成市斥山街道尹格庄村	25	男	1940 年
王玉光	荣成市斥山街道尹格庄村	32	男	1940 年
孙喜成	荣成市斥山街道尹格庄村	30	男	1940 年
车进春	荣成市崖西镇南崖西村	20	男	1940 年

姓　名	籍　贯	年龄	性别	死难时间
王兆璞	荣成市崖西镇东埠前村	45	男	1940 年
代学通	荣成市崖西镇车家庄村	—	男	1940 年
姚培起	荣成市荫子镇前荫子夼村	25	男	1940 年
王吉增	荣成市港湾街道大鱼岛村	—	男	1940 年
王加佃	荣成市桃园街道河东村	23	男	1940 年
张立德	荣成市桃园街道河东村	28	男	1940 年
周业勤	荣成市桃园街道青木寨村	—	男	1940 年
王　堂	荣成市港湾街道桃树园村	19	男	1940 年
毕家秀	荣成市东山街道后港头村	21	男	1940 年
毕诗新	荣成市东山街道后港头村	18	男	1940 年
毕远亨	荣成市东山街道后港头村	25	男	1940 年
孙　氏	荣成市埠柳镇黄沟村	35	女	1940 年
张志维	荣成市埠柳镇南港西村	25	男	1940 年
梁竹然	荣成市埠柳镇学福村	—	男	1940 年
梁逢江	荣成市埠柳镇学福村	—	男	1940 年
曲明禹	荣成市埠柳镇营洛村	—	男	1940 年
汤光仁	荣成市埠柳镇汤家村	33	男	1940 年
孙尧太	荣成市埠柳镇虎台村	21	男	1940 年
刘立堂	荣成市虎山镇史家泊村	25	男	1940 年
于文敬	荣成市虎山镇南于家村	—	男	1940 年
王义文	荣成市上庄镇王管庄村	30	男	1940 年
许春荣	荣成市成山镇马厂村	34	男	1940 年
梁洪汉	荣成市埠柳镇学福村	19	男	1940 年
王学文	荣成市埠柳镇打磨村	20	男	1940 年
孙德成	荣成市成山镇成山五村	36	男	1940 年
王世元	荣成市埠柳镇上埠头村	22	男	1940 年
宋干卿	荣成市虎山镇北寨子后村	31	男	1940 年
隋之恒	荣成市虎山镇北隋家村	19	男	1940 年
孙永海	荣成市虎山镇西塘子村	20	男	1940 年
颜军法	荣成市俚岛镇颜家村	21	男	1940 年
梁上本	荣成市俚岛镇大顶岗村	—	男	1940 年
王玉梁	荣成市俚岛镇大顶岗村	—	男	1940 年
刘作桢	荣成市俚岛镇颜家屯村	—	男	1940 年
王宝义	荣成市俚岛镇东林村	20	男	1940 年

姓 名	籍 贯	年 龄	性 别	死难时间
孙工发	荣成市俚岛镇南马道村	42	男	1940 年
王树兴	荣成市俚岛镇曲家台村	25	男	1940 年
曲昌玉	荣成市俚岛镇石山东村	25	男	1940 年
钟学洲	荣成市俚岛镇石山东村	26	男	1940 年
王曰法	荣成市俚岛镇山后王家村	23	男	1940 年
杨文贵	荣成市俚岛镇金角口村	28	男	1940 年
孙曾福	荣成市俚岛镇石硼村	60	男	1940 年
孙显同	荣成市俚岛镇杏北台村	32	男	1940 年
于书臣	荣成市滕家镇西河北村	23	男	1940 年
宁家义	荣成市滕家镇西河北村	16	男	1940 年
王秉平之姐	荣成市俚岛镇王家山村	21	女	1940 年
王作绅之姐	荣成市俚岛镇王家山村	22	女	1940 年
王可选	荣成市俚岛镇王家山村	30	男	1940 年
王可唯	荣成市俚岛镇王家山村	20	男	1940 年
王作兰之叔	荣成市俚岛镇王家山村	55	男	1940 年
高宝山	荣成市俚岛镇王家山村	35	男	1940 年
王 氏	荣成市俚岛镇王家山村	65	女	1940 年
姜顺敬	荣成市俚岛镇周家村	18	男	1940 年
沈夕和	荣成市俚岛镇周家村	18	男	1940 年
沈夕义	荣成市俚岛镇周家村	17	男	1940 年
孙××	荣成市俚岛镇燕山村	—	男	1940 年
孙显安	荣成市俚岛镇杏陈家村	—	男	1940 年
唐希善	荣成市俚岛镇杏陈家村	47	男	1940 年
毕文信	荣成市王连街道赵家山村	—	男	1940 年
赵兴义	荣成市王连街道赵家山村	—	男	1940 年
胡进祥	荣成市王连街道赵家山村	—	男	1940 年
毕传灵	荣成市王连街道赵家山村	39	男	1940 年
王宝增	荣成市夏庄镇前寨村	35	男	1940 年
玉 田	荣成市荫子镇南流水村	30	男	1940 年
王夕海	荣成市滕家镇桑梓村	38	男	1940 年
汤吉王	荣成市滕家镇桑梓村	35	男	1940 年
栾已敏	荣成市滕家镇桑梓村	45	男	1940 年
汤吉顺	荣成市滕家镇桑梓村	44	男	1940 年
栾汝峰	荣成市滕家镇桑梓村	52	男	1940 年

姓　名	籍　贯	年　龄	性　别	死难时间
栾汝顺	荣成市滕家镇桑梓村	46	男	1940 年
邹积贵	荣成市俚岛镇南花园村	48	男	1940 年
周义本	荣成市宁津街道后海崖村	20	男	1940 年
周义成	荣成市宁津街道后海崖村	24	男	1940 年
于廷连	荣成市大疃镇黄庄村	17	男	1940 年
孙佑保	荣成市大疃镇双石董家村	20	男	1940 年
邢忠池	荣成市人和镇邢家村	19	男	1940 年
刘洪昌	荣成市人和镇朱口村	14	男	1940 年
王振礼	荣成市大疃镇窑西耩村	19	男	1940 年
连以山	荣成市人和镇老军屯村	23	男	1940 年
连厚生	荣成市人和镇涨濛村	21	男	1940 年
张万聚	荣成市人和镇北齐山村	36	男	1940 年
汤天维	荣成市人和镇宋家庄村	16	男	1940 年
周维亢	荣成市大疃镇垜山周家村	15	男	1940 年
姜德伦	荣成市城西街道垜山姜家村	29	男	1940 年
许善基	荣成市大疃镇河西村	21	男	1940 年
王世朋	荣成市大疃镇东中窑村	20	男	1940 年
王维经	荣成市大疃镇大珠玑村	20	男	1941 年 1 月
刘恩德	荣成市王连街道刘家庄村	17	男	1941 年 1 月
周德胜	荣成市大疃镇大珠玑村	25	男	1941 年 1 月
周韶链	荣成市东山街道河东原家村	31	男	1941 年 1 月
赵廷增	荣成市崖西镇南柳村	53	男	1941 年 1 月
张　铎	荣成市埠柳镇汉章泊村	28	男	1941 年 1 月
肖战芳	荣成市上庄镇刁家村	24	男	1941 年 1 月
王业×	荣成市斥山街道尹格庄村	45	男	1941 年 2 月
张玉岩	荣成市大疃镇下河村	24	男	1941 年 2 月
刘顺昌	荣成市人和镇西北海村	62	男	1941 年 2 月
殷　氏	荣成市人和镇西北海村	61	女	1941 年 2 月
连　氏	荣成市人和镇西北海村	52	女	1941 年 2 月
于全日	荣成市上庄镇北盛家村	16	男	1941 年 2 月
常　氏	荣成市人和镇西北海村	38	女	1941 年 2 月
许　聪	荣成市人和镇西北海村	63	女	1941 年 2 月
崔　进	荣成市人和镇西北海村	—	女	1941 年 2 月
张立敦	荣成市宁津街道渠格村	30	男	1941 年 2 月

姓　名	籍　贯	年　龄	性　别	死难时间
连天楷	荣成市人和镇中北河村	24	男	1941 年 2 月
姜德才	荣成市城西街道垛山姜家村	17	男	1941 年 2 月
吕长城	荣成市崖西镇东埠前村	26	男	1941 年 2 月
刘崇琦	荣成市崖西镇小山口村	23	男	1941 年 2 月
原宜玉	荣成市上庄镇北也子口村	18	男	1941 年 2 月
王代山	荣成市斥山街道志门村	21	男	1941 年 2 月
马尚元	荣成市东山街道下谭家村	19	男	1941 年 2 月
谭道安	荣成市东山街道下谭家村	19	男	1941 年 2 月
吕克恭	荣成市夏庄镇同家庄村	34	男	1941 年 2 月
马世仁	荣成市荫子镇山马家村	19	男	1941 年 2 月
张万春	荣成市寻山街道青安屯村	20	男	1940 年 2 月
张丙义	荣成市寻山街道青安屯村	26	男	1941 年 3 月
杨丰德	荣成市上庄镇吕家疃村	23	男	1941 年 3 月
常德岈	荣成市上庄镇塔山村	21	男	1941 年 3 月
苏积乾	荣成市东山街道桃园村	22	男	1941 年 3 月
王志忠	荣成市虎山镇峰山前村	20	男	1941 年 3 月
张德欣	荣成市宁津街道桥上村	29	男	1941 年 3 月
李可信	荣成市宁津街道南泊村	22	男	1941 年 3 月
伯连重	荣成市人和镇寨前村	25	男	1941 年 3 月
刘景清	荣成市人和镇靖海卫村	27	男	1941 年 3 月
付世义	荣成市人和镇靖海卫村	16	男	1941 年 3 月
姜思学	荣成市城西街道垛山姜家村	24	男	1941 年 3 月
姜德山	荣成市城西街道垛山姜家村	26	男	1941 年 3 月
汤吉连	荣成市大疃镇大疃村	20	男	1941 年 3 月
吕以田	荣成市崖头街道吕家村	27	男	1941 年 3 月
王克珊	荣成市大疃镇窑西耩村	20	男	1941 年 3 月
王洪麟	荣成市荫子镇北流水村	20	男	1941 年 3 月
梁长田	荣成市俚岛镇沟崖张家村	42	男	1941 年 3 月
梁长普	荣成市俚岛镇沟崖张家村	45	男	1941 年 3 月
刘　氏	荣成市桃园街道青木寨村	—	女	1941 年 4 月 30 日
周培欣	荣成市桃园街道青木寨村	—	男	1941 年 4 月 30 日
周业恒	荣成市桃园街道青木寨村	—	男	1941 年 4 月 30 日
刘　巧	荣成市桃园街道青木寨村	—	女	1941 年 4 月 30 日
向孝志	荣成市人和镇南卧龙村	23	男	1941 年 4 月

姓　名	籍　贯	年 龄	性 别	死难时间
王克功	荣成市大疃镇窑西耩村	19	男	1941 年 4 月
李德绪	荣成市人和镇小庄村	18	男	1941 年 4 月
宋连道	荣成市虎山镇得胜寨村	18	男	1941 年 4 月
岳连顺	荣成市虎山镇岳家村	31	男	1941 年 4 月
王琦德	荣成市崖西镇东埠前村	18	男	1941 年 4 月
李世增	荣成市崖西镇上庄村	16	男	1941 年 4 月
朱德华	荣成市	23	男	1941 年 4 月
王进裕	荣成市王连街道寨前峨石村	18	男	1941 年 4 月
汤光振	荣成市大疃镇大疃村	20	男	1941 年 4 月
王洪瑞	荣成市荫子镇北流水村	17	男	1941 年 4 月
王永堂	荣成市荫子镇南流水村	28	男	1941 年 4 月
张守海	荣成市寻山街道青安屯村	19	男	1941 年 4 月
宋绪全	荣成市虎山镇岛宋家村	20	男	1941 年 5 月
高佑贵	荣成市大疃镇大珠玑村	21	男	1941 年 5 月
张惠子	荣成市宁津街道办事处东苏家村	30	女	1941 年 5 月
苏刘氏	荣成市宁津街道办事处东苏家村	31	女	1941 年 5 月
苏卢氏	荣成市宁津街道办事处东苏家村	41	女	1941 年 5 月
吴小脸	荣成市宁津街道办事处东苏家村	40	女	1941 年 5 月
苏大亭	荣成市宁津街道办事处东苏家村	25	男	1941 年 5 月
樊玉林	荣成市寻山街道寻山所村	49	男	1941 年 6 月
王新海	荣成市寻山街道寻山所村	53	男	1941 年 6 月
李兆三	荣成市寻山街道寻山所村	31	男	1941 年 6 月
黄志启	荣成市寻山街道寻山所村	46	男	1941 年 6 月
黄克茂	荣成市寻山街道寻山所村	30	男	1941 年 6 月
樊春明	荣成市寻山街道寻山所村	29	男	1941 年 6 月
曲爱子	荣成市寻山街道寻山所村	51	女	1941 年 6 月
于显亭	荣成市崂山街道河南村	22	男	1941 年 6 月
于国福	荣成市大疃镇南石耩村	17	男	1941 年 6 月
姜祖仁	荣成市崖头街道刁家沟村	29	男	1941 年 6 月
董卓子	荣成市东山街道八河毕家村	35	女	1941 年 6 月
毕　四	荣成市东山街道八河毕家村	65	男	1941 年 6 月
毕庶坤	荣成市东山街道八河毕家村	60	男	1941 年 6 月
邓　轩	荣成市埠柳镇黄沟村	55	男	1941 年 6 月
徐泽东	荣成市大疃镇西徐家村	21	男	1941 年 6 月

姓 名	籍 贯	年 龄	性 别	死难时间
汤光汉	荣成市大疃镇大疃村	22	男	1941年6月
车建民	荣成市崖西镇南崖西村	25	男	1941年6月
林均清	荣成市上庄镇蔡官屯村	17	男	1941年6月
王金善	荣成市上庄镇西陵村	17	男	1941年6月
原所祥	荣成市上庄镇北也子口村	20	男	1941年6月
王茂泽	荣成市斥山街道北窑村	20	男	1941年6月
毕连荣	荣成市东山街道楼下村	20	男	1941年6月
姚云秀	荣成市荫子镇韩家地村	30	男	1941年6月
王明德	荣成市荫子镇韩家地村	30	男	1941年6月
姚祥海	荣成市荫子镇韩家地村	23	男	1941年6月
梁寿增	荣成市荫子镇西板石村	19	男	1941年6月
张焕堂	荣成市滕家镇于家庄村	17	男	1941年6月
刘德义	荣成市崖西镇小山口村	62	男	1941年7月27日
李爱为	荣成市夏庄镇石硼丁家村	19	男	1941年7月
连承才	荣成市虎山镇峰山前村	26	男	1941年7月
李爱卿	荣成市夏庄镇石硼丁家村	19	男	1941年7月
张志元	荣成市王连街道赵家山村	26	男	1941年7月
刘玉岐	荣成市王连街道马岭孙家村	20	男	1941年7月
于克和	荣成市荫子镇于家泊村	22	男	1941年7月
姚振荣	荣成市荫子镇前荫子夼村	26	男	1941年7月
邹积洪	荣成市滕家镇花园村	19	男	1941年7月
姜夕德	荣成市滕家镇马草夼村	20	男	1941年7月
梁宝亭	荣成市俚岛镇东利查埠村	30	男	1941年7月
张丙奎	荣成市崖西镇隆峰村	18	男	1941年7月
王子凤	荣成市上庄镇南沙岛村	19	男	1941年7月
高凤阁	荣成市上庄镇西上庄村	19	男	1941年7月
原所昆	荣成市上庄镇北也子口村	22	男	1941年7月
王振山	荣成市斥山街道志门村	28	男	1941年7月
张运生	荣成市港西镇北港西村	21	男	1941年7月
韩孟保	荣成市人和镇灶户村	19	男	1941年7月
韩孟锁	荣成市人和镇灶户村	19	男	1941年7月
王子道	荣成市人和镇灶户村	19	男	1941年7月
许玉祖	荣成市人和镇西里山村	28	男	1941年7月
褚更显	荣成市大疃镇河西村	19	男	1941年7月

姓　名	籍　贯	年　龄	性　别	死难时间
董世功	荣成市崂山街道宁家村	23	男	1941 年 8 月
唐义正	荣成市夏庄镇前苏格村	20	男	1941 年 8 月
姚洪章	荣成市荫子镇韩家地村	20	男	1941 年 8 月
王由君	荣成市东山街道八河王家村	16	男	1941 年 8 月
王泽路	荣成市荫子镇南板石村	24	男	1941 年 8 月
张晶麟	荣成市寻山街道青安屯村	18	女	1941 年 8 月
宋殿才	荣成市大疃镇大珠玑村	30	男	1941 年 8 月
曲文贤	荣成市港西镇巍巍村	60	男	1941 年 8 月
吴道京	荣成市崖西镇后庵村	16	男	1941 年 8 月
张彩田	荣成市崖西镇隆峰村	20	男	1941 年 8 月
张文奎	荣成市崖西镇隆峰村	23	男	1941 年 8 月
王夕敬	荣成市上庄镇吕家疃村	21	男	1941 年 8 月
初日学	荣成市斥山街道南窑村	33	男	1941 年 8 月
王月武	荣成市东山街道八河王家村	18	男	1941 年 8 月
孙茂山	荣成市埠柳镇北兰格村	16	男	1941 年 8 月
张立勋	荣成市宁津街道桥上村	31	男	1941 年 8 月
于忠起	荣成市大疃镇后头村	23	男	1941 年 8 月
阎公平	荣成市崖西镇龙床村	20	男	1941 年 9 月
谷源恒	荣成市斥山街道郭家村	22	男	1941 年 9 月
刘崇田	荣成市大疃镇小泥沟村	44	男	1941 年 9 月
张粉子	荣成市虎山镇谭家村	22	女	1941 年 9 月
宋忠恩	荣成市虎山镇谭家村	29	男	1941 年 9 月
王忠道	荣成市宁津街道东王家村	20	男	1941 年 10 月
王国安	荣成市虎山镇黄山王家村	19	男	1941 年 10 月
宋会素	荣成市虎山镇小店村	20	男	1941 年 10 月
徐承祥	荣成市大疃镇徐田庄村	16	男	1941 年 10 月
连熙孔	荣成市人和镇中北河村	26	男	1941 年 10 月
徐玉林	荣成市寻山街道青安屯村	18	男	1941 年 10 月
张芳森	荣成市寻山街道青安屯村	20	男	1941 年 10 月
崔汝学	荣成市人和镇西北河村	15	男	1941 年 10 月
汤天清	荣成市大疃镇北石村	27	男	1941 年 10 月
丛世滋	荣成市崖西镇丛家庄村	31	男	1941 年 10 月
毕家彬	荣成市王连街道赵家山村	20	男	1941 年 10 月
张忠义	荣成市王连街道连家庄村	22	男	1941 年 10 月

姓　名	籍　贯	年　龄	性　别	死难时间
毕庶德	荣成市东山街道八河毕家村	16	男	1941 年 10 月
车芳石	荣成市荫子镇南流水村	17	男	1941 年 10 月
孙玉九	荣成市荫子镇后荫子疃村	46	男	1941 年 10 月
王兆凤	荣成市滕家镇打铁孙家村	37	男	1941 年 10 月
李国盛	荣成市俚岛镇瓦屋石村	21	男	1941 年 10 月
杨永顺	荣成市俚岛镇柯家口村	21	男	1941 年 10 月
姚保芝	荣成市荫子镇前荫子疃村	18	男	1941 年 11 月
姚洪昌	荣成市荫子镇前荫子疃村	27	男	1941 年 11 月
衣连平	荣成市滕家镇滕家村	16	男	1941 年 11 月
魏元合	荣成市滕家镇马草疃村	30	男	1941 年 11 月
吴学海	荣成市崖西镇前庵村	44	男	1941 年 11 月
周培君	荣成市东山街道桃园村	20	男	1941 年 11 月
殷学农	荣成市人和镇山西头村	27	男	1941 年 11 月
宋仁甲	荣成市人和镇万家疃村	19	男	1941 年 11 月
姜德进	荣成市城西街道垛山姜家村	17	男	1941 年 11 月
鞠平远	荣成市埠柳镇车古村	20	男	1941 年 11 月
陈忠德	荣成市大疃镇河西村	24	男	1941 年 11 月
于水华	荣成市大疃镇大珠玑村	21	男	1941 年 11 月
钱甲子	荣成市宁津街道西钱家村	17	男	1941 年 12 月
闫西堂	荣成市夏庄镇雷家庄村	26	男	1941 年 12 月
鞠维信	荣成市荫子镇西疃村	25	男	1941 年 12 月
王传生	荣成市虎山镇黄山王家村	20	男	1941 年
王茂臣	荣成市崖西镇庄上王家村	19	男	1941 年
刘玉晋	荣成市城西街道龙家村	19	男	1941 年
周维铃	荣成市城西街道垛山周家村	28	男	1941 年
姜华义	荣成市城西街道后垛山村	28	男	1941 年
许元洪	荣成市城西街道坦埠村	27	男	1941 年
刘玉俭	荣成市夏庄镇三胪村	19	男	1941 年
孙景德	荣成市崂山街道西牢村	24	男	1941 年
王秉仁	荣成市崖西镇西藏村	28	男	1941 年
王作远	荣成市崖西镇西藏村	26	男	1941 年
王福伍	荣成市崖西镇东埠前村	25	男	1941 年
孟仁修	荣成市崖西镇管家村	32	男	1941 年
吴运海	荣成市崖西镇前庵村	25	男	1941 年

姓 名	籍 贯	年 龄	性 别	死难时间
车学殿	荣成市崖西镇北崖西村	20	男	1941 年
车永邃	荣成市崖西镇北崖西村	30	男	1941 年
车景朋	荣成市崖西镇北崖西村	20	男	1941 年
车学勤	荣成市崖西镇北崖西村	29	男	1941 年
车学伦	荣成市崖西镇北崖西村	18	男	1941 年
车开德	荣成市崖西镇北崖西村	21	男	1941 年
刘玉法	荣成市崖西镇龙床村	27	男	1941 年
邵桂民	荣成市崖西镇北柳村	16	男	1941 年
李云洪	荣成市崖西镇北柳村	23	男	1941 年
周惟林	荣成市崖西镇大蒿泊村	16	男	1941 年
张华国	荣成市崖西镇山河村	22	男	1941 年
徐仁堂	荣成市崖西镇于家台村	23	男	1941 年
吕连珉	荣成市崖西镇山河吕家村	17	男	1941 年
周学琪	荣成市崖西镇山河吕家村	30	男	1941 年
丛仁滋	荣成市崖西镇丛家庄村	27	男	1941 年
杨承智	荣成市夏庄镇北山杨家村	22	男	1941 年
丛繁滋	荣成市崖西镇后苏格村	20	男	1941 年
姚绍青	荣成市崖西镇林家沟村	23	男	1941 年
姚满之	荣成市崖西镇西双顶村	19	男	1941 年
肖海增	荣成市上庄镇刁家村	24	男	1941 年
肖永有	荣成市上庄镇刁家村	20	男	1941 年
肖夕芝	荣成市上庄镇刁家村	20	男	1941 年
宋宗田	荣成市上庄镇邢格村	31	男	1941 年
李吉南	荣成市上庄镇大李家村	36	男	1941 年
王永浩	荣成市上庄镇南沙岛村	18	男	1941 年
王学保	荣成市上庄镇南沙岛村	21	男	1941 年
王永春	荣成市上庄镇南沙岛村	21	男	1941 年
王永礼	荣成市上庄镇南沙岛村	19	男	1941 年
董传智	荣成市上庄镇涝村孙家村	30	男	1941 年
孙玉琛	荣成市上庄镇涝村孙家村	21	男	1941 年
王永利	荣成市上庄镇东旗杆石村	28	男	1941 年
王成汉	荣成市上庄镇东旗杆石村	34	男	1941 年
肖永春	荣成市上庄镇东旗杆石村	28	男	1941 年
肖永财	荣成市上庄镇东旗杆石村	26	男	1941 年

姓 名	籍 贯	年 龄	性 别	死难时间
王成泉	荣成市上庄镇东旗杆石村	25	男	1941 年
张学智	荣成市斥山街道夏家泊村	21	男	1941 年
张学修	荣成市斥山街道夏家泊村	23	男	1941 年
邹庭林	荣成市斥山街道郭家村	32	男	1941 年
张文思	荣成市斥山街道东泊子村	18	男	1941 年
张洪连	荣成市斥山街道东泊子村	18	男	1941 年
张世业	荣成市斥山街道东泊子村	20	男	1941 年
姜元清	荣成市斥山街道北窑村	19	男	1941 年
姜元政	荣成市斥山街道沟姜家村	17	男	1941 年
毕可善	荣成市东山街道河北村	17	男	1941 年
王永喜	荣成市东山街道沟王家村	21	男	1941 年
王以永	荣成市东山街道沟王家村	16	男	1941 年
王作元	荣成市夏庄镇东藏村	22	男	1941 年
闫延瑞	荣成市夏庄镇雷家庄村	19	男	1941 年
王秉奇	荣成市夏庄镇东藏村	22	男	1941 年
闫峰昌	荣成市夏庄镇大夏庄村	18	男	1941 年
王培之	荣成市夏庄镇大胪村	17	男	1941 年
杜学德	荣成市夏庄镇河北崖村	20	男	1941 年
闫子荣	荣成市夏庄镇石硼闫家村	22	男	1941 年
金德远	荣成市王连街道马岭许家村	21	男	1941 年
孔宪成	荣成市荫子镇堡子后村	28	男	1941 年
于山滋	荣成市滕家镇小落村	16	男	1941 年
于柏令	荣成市荫子镇东板石村	24	男	1941 年
王希礼	荣成市荫子镇东板石村	27	男	1941 年
王文胜	荣成市荫子镇兰村	21	男	1941 年
李学仁	荣成市荫子镇土城子村	16	男	1941 年
岳桂亭	荣成市荫子镇马台王家村	33	男	1941 年
姚广义	荣成市荫子镇马台王家村	19	男	1941 年
王文礼	荣成市荫子镇立驾山村	23	男	1941 年
车宝山	荣成市荫子镇南流水村	28	男	1941 年
林基玉	荣成市荫子镇梁子埠村	35	男	1941 年
王庆德	荣成市荫子镇梁子埠村	27	男	1941 年
毕庶堂	荣成市荫子镇东夏埠村	18	男	1941 年
张书璞	荣成市荫子镇后荫子夼村	17	男	1941 年

姓　名	籍　贯	年　龄	性　别	死难时间
王泽智	荣成市荫子镇南板石村	26	男	1941 年
马永才	荣成市夏庄镇甲夼马家村	18	男	1941 年
隋兆基	荣成市大疃镇北旺庄村	24	男	1941 年
刘术民	荣成市大疃镇高家庄村	35	男	1941 年
徐保学	荣成市大疃镇西徐家村	18	男	1941 年
徐保运	荣成市大疃镇西徐家村	22	男	1941 年
岳学连	荣成市荫子镇头甲村	23	男	1941 年
王瑞珍	荣成市夏庄镇大胪村	—	男	1941 年
王培德	荣成市荫子镇杨家沟村	21	男	1941 年
王文明	荣成市荫子镇立驾山村	22	男	1941 年
王文华	荣成市荫子镇立驾山村	21	男	1941 年
王永吉	荣成市荫子镇南流水村	22	男	1941 年
王泽海	荣成市荫子镇东板石村	17	男	1941 年
毕庶璞	荣成市荫子镇东夏埠村	22	男	1941 年
王学文	荣成市荫子镇店子泊村	20	男	1941 年
姚兰同	荣成市荫子镇马台丛家村	21	男	1941 年
于全福	荣成市滕家镇单家村	16	男	1941 年
邹积文	荣成市滕家镇花园村	19	男	1941 年
邹积颖	荣成市滕家镇花园村	21	男	1941 年
邹海堂	荣成市滕家镇花园村	17	男	1941 年
肖保令	荣成市滕家镇大章村	21	男	1941 年
肖夕义	荣成市滕家镇大章村	20	男	1941 年
魏忠仁	荣成市滕家镇马草夼村	26	男	1941 年
李思奎	荣成市滕家镇李家屯村	18	男	1941 年
赵熙博	荣成市滕家镇西江村	18	男	1941 年
肖永保	荣成市滕家镇西江村	36	男	1941 年
曹廷信	荣成市滕家镇沟曲家村	16	男	1941 年
曹廷岐	荣成市滕家镇沟曲家村	21	男	1941 年
肖辉仁	荣成市滕家镇五章村	20	男	1941 年
王作臣	荣成市俚岛镇王家山村	17	男	1941 年
姜顺全	荣成市俚岛镇国家村	17	男	1941 年
刘景成	荣成市俚岛镇东庙院村	23	男	1941 年
沈玉琨	荣成市俚岛镇关沈屯村	25	男	1941 年
杨夕恩	荣成市俚岛镇俚岛村	33	男	1941 年

姓 名	籍 贯	年 龄	性 别	死难时间
毕庶吉	荣成市东山街道柳树村	20	男	1941 年
刘常恒	荣成市东山街道于家庄村	21	男	1941 年
孙喜成	荣成市王连街道	29	男	1941 年
李致合	荣成市城西街道西兰家村	23	男	1941 年
马长宝	荣成市城西街道鸭湾村	23	男	1941 年
马长选	荣成市城西街道鸭湾村	23	男	1941 年
马云法	荣成市城西街道鸭湾村	23	男	1941 年
车永庆	荣成市城西街道河北隋家村	—	男	1941 年
姜万井	荣成市城西街道河北隋家村	—	男	1941 年
张爱东	荣成市城西街道不落埠村	—	男	1941 年
张举东	荣成市城西街道不落埠村	—	男	1941 年
张孟东	荣成市城西街道不落埠村	—	男	1941 年
张晓东	荣成市城西街道不落埠村	—	男	1941 年
王春清	荣成市城西街道古格村	—	男	1941 年
王作臣	荣成市城西街道古格村	—	男	1941 年
姚丕金	荣成市城西街道杨官屯村	—	男	1941 年
刘玉琪	荣成市城西街道杨官屯村	—	男	1941 年
岳同泽	荣成市城西街道大岳家村	30	男	1941 年
岳成子	荣成市城西街道郭家庄村	—	男	1941 年
汤光锦	荣成市大疃镇大疃村	20	男	1941 年
王廷杰	荣成市城西街道东岭后村	—	男	1941 年
王秀茂	荣成市城西街道东岭后村	—	男	1941 年
张丁男	荣成市寻山街道青安屯村	18	男	1941 年
张春生	荣成市寻山街道青安屯村	30	男	1941 年
张喜英	荣成市寻山街道青安屯村	7	女	1941 年
马树楠	荣成市寻山街道青安屯村	20	男	1941 年
张吉莱	荣成市寻山街道青安屯村	30	男	1941 年
黄有才	荣成市寻山街道小黄家村	28	男	1941 年
高敦凤	荣成市寻山街道石猴子村	20	男	1941 年
高庆年	荣成市寻山街道石猴子村	21	男	1941 年
高敦亭	荣成市寻山街道石猴子村	19	男	1941 年
王庆琢	荣成市寻山街道石猴子村	22	男	1941 年
陈贵生	荣成市崂山街道河南村	23	男	1941 年
宁兰溪	荣成市崂山街道宁家村	—	男	1941 年

姓 名	籍 贯	年 龄	性 别	死难时间
董传信	荣成市崂山街道宁家村	—	男	1941 年
宁之谏	荣成市崂山街道东庄村	21	男	1941 年
肖 模	荣成市崂山街道斜口岛村	—	男	1941 年
闫树秀	荣成市崂山街道南沽村	24	男	1941 年
姜世友	荣成市崂山街道崂山屯村	30	男	1941 年
徐承清	荣成市崂山街道崂山屯村	26	男	1941 年
孙克胜	荣成市崖头街道沟东崖村	21	男	1941 年
韩洪太	荣成市崖头街道沟东崖村	21	男	1941 年
孙克臣	荣成市崖头街道沟东崖村	24	男	1941 年
许云霞	荣成市崖头街道岗西村	20	男	1941 年
宋哲明	荣成市崖头街道堵上宋家村	23	男	1941 年
宋刚明	荣成市崖头街道堵上宋家村	20	男	1941 年
宋增林	荣成市崖头街道堵上宋家村	22	男	1941 年
李宝良	荣成市崖头街道小孙家村	24	男	1941 年
李宝奇	荣成市崖头街道小孙家村	21	男	1941 年
孙可明	荣成市崖头街道小孙家村	—	男	1941 年
孙可东	荣成市崖头街道小孙家村	—	男	1941 年
孙义绪	荣成市崖头街道小孙家村	—	男	1941 年
孙元征	荣成市崖头街道小孙家村	21	男	1941 年
王世宽	荣成市崖头街道蒲头村	20	男	1941 年
王德俭	荣成市崖头街道蒲头村	20	男	1941 年
于英章	荣成市崖头街道乡宦庄村	—	男	1941 年
姜玉坤	荣成市崖头街道道南姜家村	—	男	1941 年
姜玉海	荣成市崖头街道道南姜家村	22	男	1941 年
姜东海	荣成市崖头街道道南姜家村	—	男	1941 年
姜丕西	荣成市崖头街道道南姜家村	20	男	1941 年
姜万超	荣成市崖头街道道南姜家村	18	男	1941 年
姜万锦	荣成市崖头街道道南姜家村	23	男	1941 年
姜万峰	荣成市崖头街道刁家沟村	60	男	1941 年
张贵堂	荣成市崖头街道荣盛居委会	22	男	1941 年
龙启叁	荣成市崖头街道西龙家村	19	男	1941 年
龙启兴	荣成市崖头街道西龙家村	17	男	1941 年
王吉太	荣成市崖头街道石桥子村	35	男	1941 年
于文田	荣成市崖头街道道北于家村	20	男	1941 年

姓 名	籍 贯	年 龄	性 别	死难时间
邹积乐	荣成市崖头街道台上邹家村	23	男	1941 年
彭志高	荣成市崖头街道大泊子村	35	男	1941 年
隋永露	荣成市城西街道夼北村	23	男	1941 年
张昶东	荣成市城西街道不落疃村	21	男	1941 年
王保良	荣成市城西街道小圈村	36	男	1941 年
岳保义	荣成市城西街道小岳家村	16	男	1941 年
姚清三	荣成市城西街道沽泊姚家村	22	男	1941 年
姚江东	荣成市城西街道沽泊姚家村	21	男	1941 年
岳先兴	荣成市城西街道郭家村	19	男	1941 年
岳俊义	荣成市城西街道郭家村	21	男	1941 年
岳荫准	荣成市城西街道郭家村	24	男	1941 年
岳仕忠	荣成市城西街道西庄村	20	男	1941 年
岳仕林	荣成市城西街道西庄村	16	男	1941 年
陈本仁	荣成市城西街道八甲村	17	男	1941 年
杜术义	荣成市城西街道八甲村	19	男	1941 年
王世香	荣成市崖头街道河崖村	20	女	1941 年
王世谦	荣成市崖头街道河崖村	19	男	1941 年
王永安	荣成市崖头街道河崖村	14	男	1941 年
彭式德	荣成市崖头街道杨格庄村	39	男	1941 年
王世荣	荣成市崖头街道蒲头村	24	男	1941 年
张朴永	荣成市崖头街道南疃村	24	男	1941 年
彭永洲	荣成市崖头街道黎明村	23	男	1941 年
于星福	荣成市崂山街道河南村	31	男	1941 年
彭永德	荣成市崂山街道台上林家村	23	男	1941 年
王永山	荣成市崖头街道小迟家村	27	男	1941 年
迟云明	荣成市崖头街道大迟家村	28	男	1941 年
许永洙	荣成市崖头街道岗西村	20	男	1941 年
李成湖	荣成市崖头街道后沟村	21	男	1941 年
张永连	荣成市崖头街道崖头村	27	男	1941 年
张会珠	荣成市崖头街道崖头村	27	男	1941 年
于海滨	荣成市崖头街道崖头村	28	男	1941 年
许云江	荣成市城西街道杨官屯村	20	男	1941 年
许云洲	荣成市城西街道杨官屯村	22	男	1941 年
初维德	荣成市寻山街道西北山村	30	男	1941 年

姓　名	籍　贯	年　龄	性　别	死难时间
程增法	荣成市寻山街道东龙家村	17	男	1941 年
冷国珊	荣成市寻山街道东龙家村	20	男	1941 年
黄秉成	荣成市寻山街道小黄家村	19	男	1941 年
黄秉学	荣成市寻山街道小黄家村	27	男	1941 年
徐庆之	荣成市寻山街道前虎口村	20	男	1941 年
徐庆山	荣成市寻山街道前虎口村	23	男	1941 年
张雨义	荣成市寻山街道青安屯村	26	男	1941 年
李增生	荣成市崂山街道地宝圈村	35	男	1941 年
于连波	荣成市崂山街道北埠村	33	男	1941 年
董元德	荣成市崂山街道北埠村	17	男	1941 年
宁兰岐	荣成市崂山街道古塔村	22	男	1941 年
王福林	荣成市崂山街道崂山屯村	24	男	1941 年
王吉其	荣成市崂山街道崂山屯村	—	男	1941 年
姜世庆	荣成市崂山街道崂山屯村	20	男	1941 年
王元其	荣成市崂山街道崂山屯村	18	男	1941 年
张文福	荣成市崂山街道崂山屯村	18	男	1941 年
董传亭	荣成市崂山街道柳家庄村	18	男	1941 年
毕庶伦	荣成市崂山街道毕家屯村	20	男	1941 年
毕和生	荣成市崂山街道西牢村	21	男	1941 年
宁永信	荣成市滕家镇西河北村	25	男	1941 年
李学堂	荣成市寻山街道罗山寨村	23	男	1941 年
苏大凯	荣成市宁津街道东苏家村	55	男	1941 年 5 月 25 日
苏积升	荣成市宁津街道东苏家村	70	男	1941 年 5 月 25 日
周钦子	荣成市宁津街道东苏家村	35	女	1941 年 5 月 25 日
鞠一子	荣成市宁津街道东苏家村	52	女	1941 年 5 月 25 日
孙玉臣	荣成市宁津街道马家寨村	39	男	1941 年
杨佐英	荣成市宁津街道马家寨村	18	男	1941 年
徐传京	荣成市大疃镇双石孙家村	27	男	1941 年
隋永芝	荣成市大疃镇北岭长村	35	男	1941 年
汤吉本	荣成市大疃镇大疃村	23	男	1941 年
刘钦德	荣成市大疃镇大泥沟村	22	男	1941 年
刘世紧	荣成市大疃镇西塔后村	22	男	1941 年
杨永章	荣成市大疃镇西塔后村	25	男	1941 年
杜成华	荣成市大疃镇孤石杜家村	25	男	1941 年

姓 名	籍 贯	年 龄	性 别	死难时间
杜宝义	荣成市大疃镇孤石杜家村	22	男	1941 年
杜宝山	荣成市大疃镇孤石杜家村	22	男	1941 年
汤光玉	荣成市大疃镇岳泊庄村	50	男	1941 年
徐院信	荣成市大疃镇徐田庄村	18	男	1941 年
张复宝	荣成市人和镇东黄埠岭村	52	男	1941 年
刘青增	荣成市人和镇西刘家疃村	40	男	1941 年
刘景清	荣成市人和镇靖海卫村	20	男	1941 年
张义堂	荣成市人和镇小庄村	32	男	1941 年
王德儒	荣成市港西镇旭口村	20	男	1941 年
王可殿	荣成市港西镇旭口村	17	男	1941 年
王勤德	荣成市港西镇旭口村	20	男	1941 年
张起义	荣成市港西镇港西村	22	男	1941 年
王学元	荣成市港西镇王官庄村	25	男	1941 年
孙福真	荣成市上庄镇西古章村	—	男	1941 年
王富国	荣成市斥山街道尹格庄村	19	男	1941 年
姜学武	荣成市斥山街道沟姜家村	—	男	1941 年
孙德成	荣成市斥山街道尹格庄村	34	男	1941 年
姜培娥	荣成市斥山街道大磨张家村	30	男	1941 年
姜刘柱	荣成市斥山街道大磨张家村	27	男	1941 年
代国忠	荣成市崖西镇潘家沟村	25	男	1941 年
吕四女	荣成市崖西镇东埠前村	43	女	1941 年
吕四女之女	荣成市崖西镇东埠前村	1	女	1941 年
曲学仁	荣成市崖西镇北柳村	23	男	1941 年
李枝显	荣成市桃园街道朋上村	—	男	1941 年
邹积仁	荣成市桃园街道原家村	36	男	1941 年
毕世合	荣成市桃园街道西南海村	—	男	1941 年
毕世洪	荣成市桃园街道西南海村	—	男	1941 年
刘洪仁	荣成市港湾街道桃树园村	19	男	1941 年
王勤先	荣成市港湾街道桃树园村	21	男	1941 年
周 贵	荣成市港湾街道西王门村	37	男	1941 年
王茂荣	荣成市港湾街道东王门村	—	男	1941 年
王国治	荣成市港湾街道东王门村	—	男	1941 年
毕 氏	荣成市桃园街道东南海村	55	女	1941 年
王立生	荣成市东山街道青山前村	28	男	1941 年

姓 名	籍 贯	年 龄	性 别	死难时间
王裕刚	荣成市夏庄镇大庐村	—	男	1941 年
王庆林	荣成市夏庄镇大庐村	—	男	1941 年
曲明才	荣成市埠柳镇营洛村	—	男	1941 年
梁连元	荣成市埠柳镇小梁家村	19	男	1941 年
梁连福	荣成市埠柳镇小梁家村	50	男	1941 年
梁兆信	荣成市埠柳镇小梁家村	19	男	1941 年
孙尧文	荣成市埠柳镇虎台村	19	男	1941 年
孙学永	荣成市埠柳镇虎台村	25	男	1941 年
鞠维卿	荣成市埠柳镇河西车家村	30	男	1941 年
王淑香	荣成市埠柳镇河西车家村	34	女	1941 年
孙兆珍	荣成市埠柳镇河西车家村	32	男	1941 年
孙德平	荣成市埠柳镇凤头村	21	男	1941 年
于连汉	荣成市滕家镇西河北村	25	男	1941 年
刘省德	荣成市滕家镇高落山村	23	男	1941 年
宋存立	荣成市虎山镇罕山村	—	男	1941 年
陈本山	荣成市虎山镇陈家村	30	男	1941 年
于庆松	荣成市虎山镇南于家村	—	男	1941 年
张福申	荣成市虎山镇岳家村	76	女	1941 年
刘秀荣	荣成市虎山镇黄山东庄村	60	女	1941 年
郑常奎	荣成市埠柳镇埠柳村	23	男	1941 年
刘忠奎	荣成市成山镇成山四村	38	男	1941 年
张福绥	荣成市埠柳镇汉章泊村	28	男	1941 年
张文林	荣成市虎山镇东双庙村	28	男	1941 年
宋存舟	荣成市虎山镇庵里村	20	男	1941 年
赵连成	荣成市虎山镇罕山村	23	男	1941 年
宋盛绪	荣成市虎山镇五柳村	29	男	1941 年
郭申志	荣成市虎山镇五柳村	19	男	1941 年
宋存德	荣成市虎山镇小店村	21	男	1941 年
宋执恒	荣成市虎山镇小店村	27	男	1941 年
王学坤	荣成市虎山镇石埠村	19	男	1941 年
赵希义	荣成市虎山镇梁家村	39	男	1941 年
王文兰	荣成市虎山镇岭西村	22	男	1941 年
宋忠英	荣成市虎山镇谭家村	21	男	1941 年
徐林林	荣成市俚岛镇庄上宋家村	—	男	1941 年

姓 名	籍 贯	年 龄	性 别	死难时间
宋明刚	荣成市俚岛镇庄上宋家村	—	男	1941 年
李学连	荣成市俚岛镇香山前村	37	男	1941 年
刘余成	荣成市俚岛镇东庙院村	—	男	1941 年
姜志绕	荣成市俚岛镇东庙院村	—	男	1941 年
曲延顺	荣成市俚岛镇曲家台村	38	男	1941 年
曲元新	荣成市俚岛镇曲家台村	20	男	1941 年
李金寿	荣成市俚岛镇北花园村	—	男	1941 年
孙兑显	荣成市俚岛镇杏南台村	30	男	1941 年
孙元升	荣成市俚岛镇杏北台村	27	男	1941 年
张树贞	荣成市俚岛镇瓦屋石村	—	男	1941 年
杨秦娥	荣成市俚岛镇峨石四村	20	女	1941 年
杨苏珍	荣成市俚岛镇峨石四村	16	女	1941 年
于桂基	荣成市王连街道寨前于家村	48	男	1941 年
于忠福	荣成市王连街道寨前于家村	21	男	1941 年
刘柱子	荣成市王连街道西慕家村	—	男	1941 年
慕宗堂	荣成市王连街道大汛姜家村	57	男	1941 年
张 山	荣成市夏庄镇青埠岭村	23	男	1941 年
闫华胜	荣成市夏庄镇雷家庄村	56	男	1941 年
姚敬芝	荣成市荫子镇前荫子夼村	21	男	1941 年
李喜平	荣成市荫子镇土城子村	48	男	1941 年
车学友	荣成市荫子镇塘子崖村	50	男	1941 年
邹权合	荣成市滕家镇花园村	45	男	1941 年
邹庆太	荣成市滕家镇花园村	45	男	1941 年
柳云山	荣成市滕家镇孔家庄村	—	男	1941 年
柳云礼	荣成市滕家镇孔家庄村	—	男	1941 年
王所柱	荣成市人和镇南卧龙村	21	男	1941 年
张启成	荣成市港西镇北港西村	20	男	1941 年
刘家桂	荣成市人和镇二道港村	21	男	1941 年
王孝庆	荣成市人和镇院夼村	35	男	1941 年
吴永顺	荣成市大疃镇吴家村	20	男	1941 年
武连恺	荣成市宁津街道龙云村	31	男	1941 年
常容汉	荣成市人和镇胡家庄村	26	男	1941 年
刘忠恕	荣成市人和镇大庄村	22	男	1941 年
秦有敬	荣成市人和镇张家竹村	27	男	1941 年

姓 名	籍 贯	年 龄	性 别	死难时间
连德本	荣成市人和镇中北河村	20	男	1941 年
王教福	荣成市人和镇灶户村	19	男	1941 年
王玉三	荣成市人和镇灶户村	18	男	1941 年
殷日祥	荣成市人和镇西黄埠岭村	40	男	1941 年
尹瑞宝	荣成市人和镇古楼村	35	男	1941 年
张学勤	荣成市人和镇人和村	18	男	1941 年
刘欣德	荣成市大疃镇大泥沟村	22	男	1941 年
夏义堂	荣成市桃园街道南夏家村	29	男	1942 年 1 月
邢礼良	荣成市东山街道万马邢家村	35	男	1942 年 2 月
宋振国	荣成市虎山镇北寨子后村	28	男	1942 年 2 月
周业聪	荣成市宁津街道青木寨村	25	男	1942 年 2 月
褚更连	荣成市城西街道河西村	26	男	1942 年 2 月
迟永山	荣成市大疃镇东岭长村	32	男	1942 年 2 月
孙家秀	荣成市大疃镇东岭长村	20	男	1942 年 2 月
刘德茂	荣成市崖西镇小山口村	28	男	1942 年 2 月
梁成山	荣成市夏庄镇甲夼马家村	25	男	1942 年 2 月
姚文太	荣成市荫子镇马台王家村	36	男	1942 年 2 月
邹立田	荣成市荫子镇王管松村	20	男	1942 年 2 月
刘崇增	荣成市滕家镇马草夼村	19	男	1942 年 2 月
战学奎	荣成市夏庄镇甲夼王家村	35	男	1942 年 3 月
姜培信	荣成市王连街道寨前峨石村	15	男	1942 年 3 月
刘德昕	荣成市崖西镇小山口村	28	男	1942 年 3 月
于江进	荣成市上庄镇院前村	19	男	1942 年 3 月
刘建坤	荣成市人和镇大庄村	23	男	1942 年 3 月
侯付义	荣成市人和镇西里山村	17	男	1942 年 3 月
吕学贤	荣成市人和镇蟠龙村	17	男	1942 年 3 月
姜德仁	荣成市城西街道垛山姜家村	20	男	1942 年 3 月
闫廷春	荣成市夏庄镇大夏庄村	40	男	1942 年 3 月
曲保仁	荣成市港西镇巍巍村	51	男	1942 年 3 月
邢智本	荣成市东山街道万马邢家村	19	男	1942 年 3 月
王大祥	荣成市虎山镇峰山前村	19	男	1942 年 3 月
梁学芝	荣成市埠柳镇大梁家村	36	男	1942 年 4 月
宋洪泽	荣成市虎山镇黄山村	18	男	1942 年 4 月
宋锡范	荣成市虎山镇黄山东庄村	42	男	1942 年 4 月

姓 名	籍 贯	年 龄	性 别	死难时间
唐厚温	荣成市虎山镇唐家村	20	男	1942 年 4 月
刘远莱	荣成市宁津街道东墩村	20	男	1942 年 4 月
孙汝海	荣成市人和镇柳树赵家村	16	男	1942 年 4 月
徐茂德	荣成市城西街道东岭后村	20	男	1942 年 4 月
车景志	荣成市崖西镇北崖西村	20	男	1942 年 4 月
姜锦斋	荣成市斥山街道北庙山村	29	男	1942 年 4 月
梁庆田	荣成市夏庄镇甲夼王家村	26	男	1942 年 4 月
王作选	荣成市夏庄镇东藏村	24	男	1942 年 4 月
姚寿歧	荣成市荫子镇墦上姚家村	28	男	1942 年 4 月
王喜山	荣成市滕家镇康家村	19	男	1942 年 4 月
栾汝洪	荣成市滕家镇桑梓村	27	男	1942 年 4 月
王德正	荣成市王连街道王家庄村	20	男	1942 年 5 月
邹本恒	荣成市滕家镇花园村	21	男	1942 年 5 月
李云琢	荣成市俚岛镇项家寨村	25	男	1942 年 5 月
车吉海	荣成市崖西镇南崖西村	17	男	1942 年 5 月
姜忠洽	荣成市东山街道双榜泊村	31	男	1942 年 5 月
刘家有	荣成市人和镇二道港村	21	男	1942 年 5 月
许惠祖	荣成市人和镇西里山村	22	男	1942 年 5 月
王文忠	荣成市斥山街道尹格庄村	—	男	1942 年 5 月
梁维远	荣成市崖西镇西柳村	20	男	1942 年 5 月
李君子	荣成市东山街道十里夏家村	20	女	1942 年 5 月
梁忠兰	荣成市埠柳镇西豆山村	21	男	1942 年 5 月
赵喜堂	荣成市虎山镇北寨子后村	34	男	1942 年 5 月
徐乃员	荣成市虎山镇黄山村	21	男	1942 年 5 月
王丙洪	荣成市崖头街道海崖村	37	男	1942 年 5 月
于福奎	荣成市人和镇南卧龙村	20	男	1942 年 6 月
毕可文	荣成市大瞳镇古格村	22	男	1942 年 6 月
姜福义	荣成市崖西镇五甲村	24	女	1942 年 6 月
迟绍棋	荣成市上庄镇铺里村	31	男	1942 年 6 月
王经海	荣成市崖西镇东埠前村	23	男	1942 年 7 月
慕宗智	荣成市上庄镇王管庄村	23	男	1942 年 7 月
鞠春永	荣成市崂山街道河南村	25	男	1942 年 7 月
杨玉振	荣成市夏庄镇圈杨家村	22	男	1942 年 7 月
马永进	荣成市夏庄镇甲夼马家村	21	男	1942 年 7 月

姓 名	籍 贯	年 龄	性 别	死难时间
幕宗道	荣成市王连街道西慕家村	23	男	1942 年 7 月
王绪堂	荣成市荫子镇马台王家村	24	男	1942 年 7 月
姜福友	荣成市滕家镇马草夼村	16	男	1942 年 7 月
滕世坤	荣成市滕家镇东墦村	29	男	1942 年 8 月
张汝舟	荣成市宁津街道洼里村	42	男	1942 年 8 月
刘德丽	荣成市大疃镇西塔后村	19	男	1942 年 8 月
张福田	荣成市港西镇马格村	52	男	1942 年 8 月
宋忠安	荣成市虎山镇罕山村	21	男	1942 年 8 月
孙允海	荣成市大疃镇柳家庄村	30	男	1942 年 8 月
王道绥	荣成市人和镇院夼村	20	男	1942 年 8 月
赵明山	荣成市大疃镇东徐家村	26	男	1942 年 8 月
尹厚举	荣成市宁津街道尹家庄村	20	男	1942 年 8 月
张汝昌	荣成市宁津街道洼里村	42	男	1942 年 8 月
周其祥	荣成市宁津街道南港头村	21	男	1942 年 8 月
岳大吉	荣成市虎山镇岳家村	22	男	1942 年 8 月
汤天才	荣成市大疃镇北石村	25	男	1942 年 8 月
刘世丽	荣成市大疃镇西塔后村	21	男	1942 年 8 月
刘世生	荣成市大疃镇西塔后村	15	男	1942 年 8 月
刘德法	荣成市大疃镇大泥沟村	21	男	1942 年 8 月
王 振	荣成市崖西镇东双顶村	25	男	1942 年 8 月
张维田	荣成市大疃镇北旺庄村	32	男	1942 年 8 月
于文柱	荣成市上庄镇刘家店村	22	男	1942 年 9 月
于林茂	荣成市东山街道干占村	17	男	1942 年 9 月
王世德	荣成市崖西镇南柳村	39	男	1942 年 9 月
郭进忠	荣成市人和镇南卧龙村	26	男	1942 年 9 月
周景山	荣成市人和镇人和村	26	男	1942 年 9 月
刘振丰	荣成市大疃镇贺家庄村	28	男	1942 年 9 月
姚华得	荣成市夏庄镇前苏格村	20	男	1942 年 9 月
王成芝	荣成市夏庄镇东藏村	28	男	1942 年 9 月
王春筠	荣成市夏庄镇东藏村	24	男	1942 年 9 月
王丙南	荣成市夏庄镇东藏村	20	男	1942 年 9 月
车芳德	荣成市荫子镇南流水村	23	男	1942 年 9 月
王守山	荣成市俚岛镇石山东村	20	男	1942 年 9 月
刘仁德	荣成市大疃镇西塔后村	20	男	1942 年 9 月

姓　名	籍　贯	年　龄	性　别	死难时间
常乃珍	荣成市虎山镇南寨子后村	22	男	1942 年 9 月
刘清柏	荣成市虎山镇南寨子后村	25	男	1942 年 9 月
肖仁斋	荣成市虎山镇得胜寨村	18	男	1942 年 9 月
邹积人	荣成市崖头街道台上邹家村	17	男	1942 年 9 月
滕世好	荣成市崂山街道鲁家村	27	男	1942 年 10 月
王　冈	荣成市崂山街道柳家庄村	30	男	1942 年 10 月
彭式惠	荣成市崖头街道黎明村	36	男	1942 年 10 月
张序楚	荣成市斥山街道尹格庄村	24	男	1942 年 10 月
宋之荣	荣成市虎山镇黄山村	23	男	1942 年 10 月
徐丙礼	荣成市寻山街道青安屯村	25	男	1942 年 10 月
王玉坤	荣成市虎山镇峰山前村	29	男	1942 年 10 月
王玉贞	荣成市虎山镇峰山前村	21	男	1942 年 10 月
王道乾	荣成市虎山镇峰山前村	14	男	1942 年 10 月
姜万晓	荣成市夏庄镇邹家庵村	55	男	1942 年 10 月
徐惩斌	荣成市大疃镇徐田庄村	19	男	1942 年 10 月
夏景田	荣成市宁津街道南夏家村	30	男	1942 年 10 月
刘崇山	荣成市崖西镇大山口村	27	男	1942 年 10 月
邹本模	荣成市滕家镇花园村	27	男	1942 年 10 月
刘玉秀	荣成市大疃镇西塔后村	18	男	1942 年 10 月
闫泽平	荣成市崖头街道夼北村	—	男	1942 年 11 月
孙承俭	荣成市俚岛镇前神堂口村	16	男	1942 年 11 月
孙秉均	荣成市俚岛镇前神堂口村	18	男	1942 年 11 月
孙德成	荣成市王连街道王家庄村	34	男	1942 年 11 月
刘崇颢	荣成市王连街道小刘家村	23	男	1942 年 11 月
刘继德	荣成市王连街道东岛刘家村	32	男	1942 年 11 月
刘茂德	荣成市王连街道东岛刘家村	22	男	1942 年 11 月
徐吉礼	荣成市滕家镇西河北村	30	男	1942 年 11 月
姚庆春	荣成市荫子镇塂上姚家村	28	男	1942 年 11 月
丛培路	荣成市荫子镇马台丛家村	23	男	1942 年 11 月
汤吉全	荣成市滕家镇桑梓村	17	男	1942 年 11 月
刘元盛	荣成市俚岛镇北马道河村	24	男	1942 年 11 月
刘淑乾	荣成市俚岛镇北马道河村	21	女	1942 年 11 月
刘崇志	荣成市俚岛镇北马道河村	24	男	1942 年 11 月
王宝增	荣成市俚岛镇东林村	40	男	1942 年 11 月

姓　名	籍　贯	年　龄	性　别	死难时间
陈夕庆	荣成市俚岛镇沟陈家村	18	男	1942 年 11 月
曲以福	荣成市俚岛镇小圈村	21	男	1942 年 11 月
王世泽	荣成市崖西镇庄上王家村	31	男	1942 年 11 月
郑维华	荣成市崖西镇崖后村	23	男	1942 年 11 月
刘崇礼	荣成市崖西镇大山口村	44	男	1942 年 11 月
刘玉谦	荣成市崖西镇大山口村	21	男	1942 年 11 月
代振坤	荣成市崖西镇卧龙戴家村	18	男	1942 年 11 月
王泽滨	荣成市崖西镇东双顶村	22	男	1942 年 11 月
姚兰之	荣成市崖西镇西双顶村	19	男	1942 年 11 月
吕枝凤	荣成市斥山街道西泊子村	24	男	1942 年 11 月
张从玉	荣成市斥山街道吴家村	26	男	1942 年 11 月
于和红	荣成市崖西镇南柳村	25	男	1942 年 11 月
包永发	荣成市上庄镇	28	男	1942 年 11 月
王福太	荣成市港西镇王官庄村	18	男	1942 年 11 月
柳吉堂	荣成市大疃镇柳家庄村	30	男	1942 年 11 月
丛连珠	荣成市大疃镇东沟北疃村	17	男	1942 年 11 月
肖华模	荣成市大疃镇诵庄村	24	男	1942 年 11 月
姜保尧	荣成市大疃镇诵庄村	26	男	1942 年 11 月
刘家申	荣成市宁津街道东墩村	30	男	1942 年 11 月
周大仁	荣成市宁津街道南港头村	17	男	1942 年 11 月
周厚绪	荣成市宁津街道南港头村	23	男	1942 年 11 月
杨景水	荣成市人和镇西里山村	24	男	1942 年 11 月
岳天仁	荣成市城西街道东岭后村	18	男	1942 年 11 月
王建昌	荣成市大疃镇窑西墺村	27	男	1942 年 11 月
高培卿	荣成市大疃镇户山村	20	女	1942 年 11 月
刘世成	荣成市大疃镇西塔后村	23	男	1942 年 11 月
连畔先	荣成市人和镇韩家疃村	25	男	1942 年 11 月
连畔南	荣成市人和镇韩家疃村	31	男	1942 年 11 月
潘　荣	荣成市人和镇韩家疃村	33	男	1942 年 11 月
张佩直	荣成市崖头街道刁家沟村	25	男	1942 年 11 月
李洪德	荣成市崖西镇西双顶村	33	男	1942 年 11 月
夏树才	荣成市桃园街道南夏家村	28	男	1942 年 11 月
王福玉	荣成市成山镇石水河西村	22	男	1942 年 11 月
孙玉学	荣成市埠柳镇石桥村	20	男	1942 年 11 月

姓 名	籍 贯	年 龄	性 别	死难时间
夏元迅	荣成市成山镇成山五村	26	男	1942 年 11 月
罗青云	荣成市虎山镇庵里村	21	男	1942 年 11 月
王德福	荣成市虎山镇北隋家村	20	男	1942 年 11 月
唐家玉	荣成市虎山镇五柳村	20	男	1942 年 11 月
郭申焕	荣成市虎山镇五柳村	34	男	1942 年 11 月
毕家生	荣成市宁津街道南泊村	18	男	1942 年 12 月
戴兆堂	荣成市荫子镇三冢泊村	34	男	1942 年 12 月
张怀田	荣成市寻山街道青安屯村	24	男	1942 年 12 月
赵福汉	荣成市上庄镇院前村	21	男	1942 年 12 月
邹积和	荣成市夏庄镇雷家庄村	23	男	1942 年 12 月
王连顺	荣成市荫子镇西夏埠村	25	男	1942 年 12 月
毕庶礼	荣成市荫子镇东夏埠村	15	男	1942 年 12 月
王奎修	荣成市大疃镇窑西堡村	30	男	1942 年 12 月
田玉玺	荣成市俚岛白云东村	18	男	1942 年 12 月
梁忠洪	荣成市上庄镇牛山前村	22	男	1942 年 12 月
夏吉山	荣成市桃园街道南夏家村	34	男	1942 年 12 月
张 花	荣成市桃园街道南夏家村	36	女	1942 年 12 月
夏源山	荣成市桃园街道南夏家村	35	男	1942 年 12 月
夏宏山	荣成市桃园街道南夏家村	43	男	1942 年 12 月
毕庶信	荣成市东山街道八河毕家村	22	男	1942 年 12 月
隋之祥	荣成市虎山镇南隋家村	25	男	1942 年 12 月
隋之增	荣成市虎山镇南隋家村	22	男	1942 年 12 月
曲华山	荣成市虎山镇得胜寨村	22	男	1942 年 12 月
张君毅	荣成市宁津街道汪口村	—	男	1942 年 12 月
姜逢林	荣成市大疃镇大卧龙村	20	男	1942 年 12 月
郭文章	荣成市滕家镇西滩郭家村	30	男	1942 年 12 月
郭文指	荣成市滕家镇西滩郭家村	16	男	1942 年 12 月
郭日兴	荣成市滕家镇西滩郭家村	38	男	1942 年 12 月
郭日明	荣成市滕家镇西滩郭家村	33	男	1942 年 12 月
阎 岑	荣成市滕家镇小落村	17	女	1942 年 12 月
栾夕园	荣成市滕家镇桑梓村	46	男	1942 年 12 月
刘 环	荣成市王连街道刘家庄村	—	女	1942 年 12 月
刘邓子	荣成市王连街道刘家庄村	14	女	1942 年 12 月
董廷奎	荣成市俚岛镇王家山村	25	男	1942 年 12 月

姓 名	籍 贯	年 龄	性 别	死难时间
李炳山	荣成市俚岛镇瓦屋石村	—	男	1942 年 12 月
孙元显	荣成市俚岛镇杏南台村	30	男	1942 年 12 月
孙元金	荣成市俚岛镇杏石硼村	20	男	1942 年 12 月
王仕林	荣成市俚岛镇小横山后村	19	男	1942 年 12 月
李学厚	荣成市城西街道福禄山村	—	男	1942 年 12 月
陈丙福	荣成市城西街道福禄山村	—	男	1942 年 12 月
李人之	荣成市寻山街道竹村	—	男	1942 年 12 月
冷国德	荣成市寻山街道冷家村	—	男	1942 年 12 月
冷国叫	荣成市寻山街道冷家村	—	男	1942 年 12 月
于学文	荣成市寻山街道大水河村	52	男	1942 年 12 月
于学英	荣成市寻山街道大水河村	49	男	1942 年 12 月
于学军	荣成市寻山街道大水河村	54	男	1942 年 12 月
高本和之兄	荣成市崂山街道神道村	—	男	1942 年 12 月
姜万峰	荣成市崖头街道刁家沟村	60	男	1942 年 12 月
王殿元	荣成市港西镇王官庄村	23	男	1942 年
周维兴	荣成市城西街道垛山周家村	22	男	1942 年
王德琪	荣成市崖西镇庄上王家村	20	男	1942 年
张丙昌	荣成市崖西镇北崖西村	22	男	1942 年
车学林	荣成市崖西镇北崖西村	21	男	1942 年
车开英	荣成市崖西镇北崖西村	19	男	1942 年
王世三	荣成市崖西镇埠东夼村	24	男	1942 年
王洪林	荣成市崖西镇埠东夼村	34	男	1942 年
刘忠增	荣成市崖西镇龙床村	23	男	1942 年
于见江	荣成市崖西镇北新庄村	24	男	1942 年
刘德春	荣成市崖西镇小山口村	18	男	1942 年
周全范	荣成市崖西镇大蒿泊村	27	女	1942 年
周新成	荣成市崖西镇大蒿泊村	24	男	1942 年
闫公生	荣成市夏庄镇石硼闫家村	17	男	1942 年
王桂良	荣成市夏庄镇后寨村	20	男	1942 年
闫仙之	荣成市夏庄镇大夏庄村	21	男	1942 年
王连尧	荣成市夏庄镇后寨村	24	男	1942 年
刘崇岳	荣成市滕家镇高落山村	24	男	1942 年
乔振奎	荣成市夏庄镇甲夼曲家村	16	男	1942 年
张起山	荣成市夏庄镇青埠岭后村	25	男	1942 年

姓 名	籍 贯	年 龄	性 别	死难时间
闫福盛	荣成市夏庄镇石硼闫家村	21	男	1942 年
刘昌义	荣成市王连街道隋家庄村	21	男	1942 年
王忠桂	荣成市王连街道北桥头村	24	男	1942 年
刘昌礼	荣成市王连街道隋家庄村	22	男	1942 年
姜元四	荣成市港湾街道西岚居委会	——	男	1942 年
刘建学	荣成市王连街道隋家庄村	21	男	1942 年
丁玉街	荣成市王连街道大汛姜家村	32	男	1942 年
刘思德	荣成市王连街道东岛刘家村	21	男	1942 年
刘远明	荣成市王连街道南桥头村	21	男	1942 年
许善斋	荣成市王连街道马岭许家村	17	男	1942 年
许心武	荣成市王连街道马岭许家村	17	男	1942 年
倪恒三	荣成市荫子镇刘家屯村	17	男	1942 年
王文章	荣成市荫子镇东板石村	22	男	1942 年
于书水	荣成市荫子镇东板石村	20	男	1942 年
于炳坤	荣成市荫子镇东板石村	21	男	1942 年
岳学奎	荣成市荫子镇头甲村	21	男	1942 年
张永坤	荣成市荫子镇后荫子夼村	21	男	1942 年
宋七洪	荣成市荫子镇马台隋家村	19	男	1942 年
王文信	荣成市荫子镇立驾山村	23	男	1942 年
赵桂华	荣成市荫子镇南流水村	23	男	1942 年
于炳秀	荣成市荫子镇青岘庄村	29	男	1942 年
孔庆昌	荣成市荫子镇头甲村	20	男	1942 年
张培文	荣成市荫子前青顶村	24	男	1942 年
柯德宽	荣成市荫子镇马台柯家村	41	男	1942 年
姚宝山	荣成市荫子镇前荫子夼村	24	男	1942 年
王元秀	荣成市荫子镇陈家埠村	23	女	1942 年
王德泽	荣成市荫子镇东苑庄村	21	男	1942 年
张士瑜	荣成市滕家镇下回头村	44	男	1942 年
孔宽松	荣成市滕家镇孔家庄村	18	男	1942 年
郭连元	荣成市滕家镇滕家村	21	男	1942 年
宋士洪	荣成市荫子镇马台隋家村	19	男	1942 年
李世臣	荣成市滕家镇滕家村	31	男	1942 年
邹积佃	荣成市滕家镇花园村	17	男	1942 年
邹积斌	荣成市滕家镇花园村	19	男	1942 年

姓　名	籍　贯	年　龄	性　别	死难时间
闫在君	荣成市滕家镇茂柞圈村	20	男	1942 年
孙学山	荣成市俚岛镇杏石硼村	19	男	1942 年
鞠世宗	荣成市俚岛镇王家山村	22	男	1942 年
王树祥	荣成市俚岛镇东林村	29	男	1942 年
王树平	荣成市俚岛镇东林村	27	男	1942 年
梁宝鑫	荣成市俚岛镇沟崖张家村	17	男	1942 年
孙吉山	荣成市俚岛镇刘家圈村	22	男	1942 年
曲永连	荣成市俚岛镇草岛寨村	17	男	1942 年
王日通	荣成市俚岛镇山后王家村	25	男	1942 年
王日强	荣成市俚岛镇山后王家村	19	男	1942 年
孙元国	荣成市俚岛镇陈杏家村	22	男	1942 年
关夕经	荣成市俚岛镇杏小桥村	18	男	1942 年
徐亭琛	荣成市崖西镇于家台村	23	男	1942 年
隋丙财	荣成市崖西镇桥南头村	21	男	1942 年
王世军	荣成市崖西镇桥南头村	22	男	1942 年
代桂信	荣成市崖西镇石硼子村	20	男	1942 年
王兆法	荣成市荫子镇北流水村	20	男	1942 年
孙新铄	荣成市大疃镇双石尹家村	24	男	1942 年
刘润发	荣成市大疃镇高家庄村	32	男	1942 年
刘连成	荣成市大疃镇高家庄村	25	男	1942 年
徐保政	荣成市大疃镇西徐家村	21	男	1942 年
李树云	荣成市崖西镇五甲村	20	男	1942 年
刘崇文	荣成市崖西镇林家沟村	23	男	1942 年
刘宝德	荣成市上庄镇小客岭村	21	男	1942 年
肖增堂	荣成市上庄镇刁家村	24	男	1942 年
孙庆福	荣成市上庄镇蔡官屯村	24	男	1942 年
原道维	荣成市上庄镇原家村	39	男	1942 年
邹立范	荣成市上庄镇小龙庄村	26	男	1942 年
房敏友	荣成市上庄镇房家村	25	男	1942 年
房德仁	荣成市上庄镇房家村	27	男	1942 年
于学本	荣成市上庄镇刘家店村	37	男	1942 年
于文党	荣成市上庄镇刘家店村	18	男	1942 年
赵熙琛	荣成市上庄镇东上庄村	27	男	1942 年
孙玉武	荣成市上庄镇涝村孙家村	20	男	1942 年

姓 名	籍 贯	年 龄	性 别	死难时间
吕佩文	荣成市斥山街道西泊子村	23	男	1942 年
张子恒	荣成市斥山街道吴家村	27	男	1942 年
王国斌	荣成市斥山街道北窑村	24	男	1942 年
初吉朝	荣成市斥山街道南窑村	24	男	1942 年
王洪福	荣成市斥山街道高家齐山村	21	男	1942 年
盛福伟	荣成市斥山街道盛家村	29	男	1942 年
盛福敬	荣成市斥山街道盛家村	20	男	1942 年
阎忠良	荣成市斥山街道盛家村	20	男	1942 年
毕喜荣	荣成市东山街道楼下村	19	男	1942 年
翟延训	荣成市港湾街道西王门村	25	男	1942 年
姜学习	荣成市港湾街道大鱼岛村	24	男	1942 年
姜则良	荣成市港湾街道桃树园村	24	男	1942 年
姜孔昭	荣成市港湾街道唐家夼村	18	男	1942 年
姚培之	荣成市崖西镇西双顶村	23	男	1942 年
张温会	荣成市崖头街道	—	男	1942 年
李致朴	荣成市城西街道西兰家村	22	男	1942 年
王元志	荣成市城西街道西兰家村	26	男	1942 年
李致宾	荣成市城西街道西兰家村	21	男	1942 年
李学厚	荣成市城西街道福禄山村	35	男	1942 年
陈炳富	荣成市城西街道福禄山村	35	男	1942 年
徐云温	荣成市城西街道徐家村	20	男	1942 年
徐云芝	荣成市城西街道徐家村	24	男	1942 年
张学智	荣成市城西街道河北隋家村	—	男	1942 年
张举文	荣成市城西街道河北隋家村	—	男	1942 年
隋永胜	荣成市城西街道河北隋家村	—	男	1942 年
于德水	荣成市城西街道河北隋家村	—	男	1942 年
车永远	荣成市城西街道河北隋家村	—	男	1942 年
姜福来	荣成市城西街道河北隋家村	—	男	1942 年
于铁生	荣成市城西街道河北隋家村	—	男	1942 年
张光东	荣成市城西街道不落墙村	—	男	1942 年
张昌东	荣成市城西街道不落墙村	—	男	1942 年
张洪初	荣成市城西街道不落墙村	—	男	1942 年
许述友	荣成市城西街道杨官屯村	—	男	1942 年
刘玉杰	荣成市城西街道杨官屯村	—	男	1942 年

姓　名	籍　贯	年　龄	性　别	死难时间
杜光学	荣成市城西街道八甲村	50	男	1942 年
杜岳氏	荣成市城西街道八甲村	50	女	1942 年
岳宗成	荣成市城西街道大岳家村	18	男	1942 年
杨永贵	荣成市寻山街道小桥村	20	男	1942 年
李云初	荣成市寻山街道东北山村	24	男	1942 年
张华兴	荣成市寻山街道青安屯村	30	男	1942 年
黄增元	荣成市寻山街道小黄家村	48	男	1942 年
冷士馨	荣成市寻山街道冷家村	20	女	1942 年
于学早	荣成市寻山街道大水河村	54	男	1942 年
于学甫	荣成市寻山街道大水河村	60	男	1942 年
于学东	荣成市寻山街道大水河村	52	男	1942 年
于学年	荣成市寻山街道大水河村	54	男	1942 年
于英海	荣成市寻山街道大水河村	45	男	1942 年
姜万福	荣成市寻山街道夼子河村	—	男	1942 年
孙成文	荣成市寻山街道赵家村	26	男	1942 年
高福礼	荣成市寻山街道西高家村	19	男	1942 年
黄卉义	荣成市寻山街道大黄家村	18	男	1942 年
黄其法	荣成市寻山街道大黄家村	—	男	1942 年
黄昌永	荣成市寻山街道大黄家村	—	男	1942 年
黄卉杰	荣成市寻山街道大黄家村	42	男	1942 年
黄卉元	荣成市寻山街道大黄家村	24	男	1942 年
黄卉山	荣成市寻山街道大黄家村	20	男	1942 年
席世文	荣成市寻山街道寻山所村	33	男	1942 年
姜丙文之子	荣成市崂山街道河南村	20	男	1942 年
姜丙文之弟	荣成市崂山街道河南村	25	男	1942 年
陈天日	荣成市崂山街道河南村	25	男	1942 年
姜　氏	荣成市崂山街道河南村	54	女	1942 年
姜×氏	荣成市崂山街道河南村	55	女	1942 年
陈淑婉	荣成市崂山街道河南村	—	女	1942 年
吕大栓	荣成市崂山街道雨夼村	18	男	1942 年
毕可君	荣成市崂山街道西牢村	20	男	1942 年
宁之玉	荣成市崂山街道东庄村	33	男	1942 年
邹本奎	荣成市崂山街道罗家庄村	20	男	1942 年
顾君山	荣成市崂山街道罗家庄村	17	男	1942 年

姓　名	籍　贯	年龄	性　别	死难时间
朱麦依	荣成市崂山街道罗家庄村	15	男	1942 年
孙玉友	荣成市崂山街道斜口岛村	—	男	1942 年
王景林	荣成市崂山街道斜口岛村	—	男	1942 年
张福爽	荣成市崂山街道南沽村	21	女	1942 年
王夕会	荣成市崂山街道南沽村	20	女	1942 年
陈培俊	荣成市崂山街道北埠村	—	男	1942 年
董传实	荣成市崂山街道北埠村	—	男	1942 年
董世农	荣成市崂山街道北埠村	—	男	1942 年
董元法	荣成市崂山街道北埠村	—	男	1942 年
姜世财	荣成市崂山街道崂山屯村	28	男	1942 年
石　壮	荣成市崂山街道崂山屯村	1	男	1942 年
李元德	荣成市崂山街道崂山屯村	47	男	1942 年
徐书乾	荣成市崂山街道崂山屯村	38	男	1942 年
王元林	荣成市崂山街道崂山屯村	26	男	1942 年
菊　子	荣成市崂山街道崂山屯村	12	女	1942 年
执　子	荣成市崂山街道崂山屯村	12	女	1942 年
彭式英	荣成市崖头街道黎明村	30	男	1942 年
彭永胜	荣成市崖头街道黎明村	31	男	1942 年
徐元贞	荣成市崖头街道海崖村	20	女	1942 年
徐承德	荣成市崖头街道海崖村	18	男	1942 年
毛黑五	荣成市崖头街道海崖村	50	男	1942 年
王春军	荣成市崖头街道大泊子村	27	男	1942 年
张华东	荣成市崖头街道丁家村	17	男	1942 年
邹本隋	荣成市崖头街道台上邹家村	16	男	1942 年
邹积臣	荣成市崖头街道台上邹家村	17	男	1942 年
邹存明	荣成市崖头街道台上邹家村	16	男	1942 年
张　寸	荣成市崖头街道杨格庄村	15	女	1942 年
彭贵英	荣成市崖头街道杨格庄村	—	女	1942 年
彭永真	荣成市崖头街道杨格庄村	—	女	1942 年
张　云	荣成市崖头街道杨格庄村	—	女	1942 年
张井子	荣成市崖头街道杨格庄村	—	女	1942 年
高兆恒	荣成市崖头街道杨格庄村	—	男	1942 年
张新友	荣成市崖头街道杨格庄村	—	男	1942 年
于中鲁	荣成市崖头街道南于家村	53	男	1942 年

姓　名	籍　贯	年　龄	性　别	死难时间
于中祥	荣成市崖头街道道南于家村	51	男	1942 年
于胜奎	荣成市崖头街道道南于家村	33	男	1942 年
彭晋喜	荣成市崖头街道道南于家村	33	男	1942 年
彭晋礼	荣成市崖头街道道南于家村	33	男	1942 年
于中仁	荣成市崖头街道道南于家村	17	男	1942 年
宋永堂	荣成市崖头街道糟上宋家村	20	男	1942 年
宋光明	荣成市崖头街道糟上宋家村	36	男	1942 年
张福德	荣成市崖头街道小孙家村	51	男	1942 年
闫公信	荣成市崖头街道夼北村	—	男	1942 年
闫夕卿	荣成市崖头街道夼北村	—	男	1942 年
闫公勋	荣成市崖头街道夼北村	—	男	1942 年
闫生茂	荣成市崖头街道夼北村	—	男	1942 年
王为聪	荣成市崖头街道石桥子村	43	男	1942 年
王吉朋	荣成市崖头街道石桥子村	55	男	1942 年
刘占德之妻	荣成市崖头街道台上刘家村	28	女	1942 年
刘　醒	荣成市崖头街道台上刘家村	9	女	1942 年
刘新友	荣成市崖头街道台上刘家村	11	男	1942 年
彭永泉	荣成市崖头街道台上刘家村	16	男	1942 年
彭永周	荣成市崖头街道台上刘家村	10	男	1942 年
彭式良	荣成市崖头街道台上刘家村	48	男	1942 年
彭和泰	荣成市崖头街道台上刘家村	26	男	1942 年
于书信	荣成市崖头街道道北于家村	25	男	1942 年
王洪一	荣成市崖头街道前密文村	15	男	1942 年
王学本	荣成市崖头街道前密文村	23	男	1942 年
齐福贵	荣成市崖头街道前密文村	18	男	1942 年
李思文	荣成市崖头街道前密文村	30	男	1942 年
孙克安	荣成市崖头街道神道沟村	—	男	1942 年
张洪仁	荣成市崖头街道神道沟村	—	男	1942 年
张有春	荣成市崖头街道神道沟村	—	男	1942 年
张洪智	荣成市崖头街道神道沟村	—	男	1942 年
张洪伶	荣成市崖头街道神道沟村	—	男	1942 年
龙云勤	荣成市崖头街道神道沟村	—	女	1942 年
李桂香	荣成市崖头街道神道沟村	—	女	1942 年
张维新	荣成市崖头街道刁家沟村	39	男	1942 年

姓 名	籍 贯	年 龄	性 别	死难时间
张太洽	荣成市崖头街道新庄村	40	男	1942 年 12 月
张夕福	荣成市崖头街道青山后张家村	25	男	1942 年
张盛善	荣成市崖头街道青山后张家村	70	男	1942 年 12 月
张书庆	荣成市崖头街道青山后张家村	60	男	1942 年
张华增	荣成市崖头街道青山后张家村	50	男	1942 年
张书信	荣成市崖头街道青山后张家村	50	男	1942 年
龙云保	荣成市崖头街道西龙家村	22	男	1942 年
龙启民	荣成市崖头街道西龙家村	17	男	1942 年
龙启成	荣成市崖头街道西龙家村	24	男	1942 年
龙启丰	荣成市崖头街道西龙家村	20	男	1942 年
龙云和	荣成市崖头街道西龙家村	19	男	1942 年
姜万智	荣成市崖头街道南姜家村	20	男	1942 年
邹德岗	荣成市崖头街道台上邹家村	28	男	1942 年
邹本芳	荣成市崖头街道台上邹家村	34	男	1942 年
彭晋洪	荣成市崖头街道前密文村	28	男	1942 年
倪兆初	荣成市城西街道水门口村	18	男	1942 年
倪兆祥	荣成市城西街道水门口村	23	男	1942 年
闫锡鸿	荣成市崖头街道夼北村	26	男	1942 年
樊文方	荣成市寻山街道寻山所村	20	男	1942 年
张玉忠	荣成市城西街道不落耩村	24	男	1942 年
岳俊杰	荣成市城西街道郭家村	20	男	1942 年
陈广义	荣成市城西街道向阳埠村	30	男	1942 年
彭晋奎	荣成市崖头街道杨格庄村	17	男	1942 年
赵树海	荣成市崖头街道杨格庄村	18	男	1942 年
王茂贞	荣成市崖头街道蒲头村	20	男	1942 年
徐元璞	荣成市崖头街道海崖村	17	男	1942 年
于星亭	荣成市崂山街道河南村	21	男	1942 年
彭永臻	荣成市崂山街道台上林家村	22	男	1942 年
迟云郎	荣成市崖头街道大迟家村	24	男	1942 年
徐元礼	荣成市崂山街道小迟家村	20	男	1942 年
王永芳	荣成市崂山街道小迟家村	29	男	1942 年
徐云显	荣成市城西街道徐家村	19	男	1942 年
许树德	荣成市崖头街道岗西村	28	男	1942 年
陈永宝	荣成市城西街道后沟村	20	男	1942 年

姓 名	籍 贯	年 龄	性 别	死难时间
张锡英	荣成市崖头街道崖头村	19	男	1942 年
隋有忠	荣成市城西街道河北隋家村	23	男	1942 年
车洪顺	荣成市城西街道河北隋家村	20	男	1942 年
张举一	荣成市城西街道河北隋家村	29	男	1942 年
张友兴	荣成市寻山街道北吴家村	30	男	1942 年
吴成贵	荣成市寻山街道北吴家村	28	男	1942 年
刘崇林	荣成市寻山街道万石耩村	34	男	1942 年
孙英一	荣成市寻山街道亮甲沟村	17	男	1942 年
席士秀	荣成市寻山街道城后村	20	男	1942 年
苏和珍	荣成市寻山街道逍遥山村	21	男	1942 年
苏永奎	荣成市寻山街道逍遥山村	17	男	1942 年
苏永祥	荣成市寻山街道逍遥山村	17	男	1942 年
张宝义	荣成市寻山街道菜园村	21	男	1942 年
王之琪	荣成市寻山街道寻山所村	18	男	1942 年
黄其良	荣成市寻山街道大黄家村	33	男	1942 年
黄世山	荣成市崂山街道二疃村	41	男	1942 年
董连生	荣成市崂山街道大疃村	18	男	1942 年
李彦生	荣成市崂山街道地宝圈村	40	男	1942 年
王有业	荣成市崂山街道鲁家村	24	男	1942 年
张文清	荣成市崂山街道崂山屯村	18	男	1942 年
孔文生	荣成市崂山街道崂山屯村	23	男	1942 年
陈吉祥	荣成市大疃镇姜家屯村	20	男	1942 年
汤光宗	荣成市大疃镇姜家屯村	31	男	1942 年
赵忠堂	荣成市大疃镇桃花屯村	20	男	1942 年
赵玉宽	荣成市大疃镇桃花屯村	22	男	1942 年
汤吉佐	荣成市大疃镇双石孙家村	26	男	1942 年
徐良秀	荣成市大疃镇双石孙家村	19	男	1942 年
王夕岑	荣成市大疃镇北岭长村	29	男	1942 年
汤吉征	荣成市大疃镇北岭长村	22	男	1942 年
汤吉法	荣成市大疃镇南旺庄村	35	男	1942 年
汤光义	荣成市大疃镇大疃村	22	男	1942 年
汤吉义	荣成市大疃镇大疃村	24	男	1942 年
隋丙益	荣成市大疃镇北旺庄村	57	男	1942 年
隋丙胜	荣成市大疃镇北旺庄村	59	男	1942 年

姓 名	籍 贯	年 龄	性 别	死难时间
汤运廷	荣成市大瞳镇北湾头村	50	男	1942 年
毕庶茂	荣成市大瞳镇高家庄村	20	男	1942 年
刘崇义	荣成市大瞳镇高家庄村	35	男	1942 年
刘 九	荣成市大瞳镇高家庄村	40	男	1942 年
刘 兴	荣成市大瞳镇高家庄村	37	男	1942 年
杜成经	荣成市大瞳镇孤石杜家村	24	男	1942 年
杜宝胜	荣成市大瞳镇孤石杜家村	16	男	1942 年
代国仕	荣成市崖西镇潘家沟村	21	男	1942 年
孙永功	荣成市大瞳镇黄庄村	23	男	1942 年
汤 虎	荣成市大瞳镇薄落村	23	男	1942 年
赵桂成	荣成市大瞳镇小泥沟村	50	男	1942 年
福 林	荣成市大瞳镇小泥沟村	17	男	1942 年
闫 岭	荣成市大瞳镇小泥沟村	23	女	1942 年
王传德	荣成市大瞳镇下河村	22	男	1942 年
高 红	荣成市大瞳镇户山村	31	男	1942 年
徐学奎	荣成市大瞳镇徐田庄村	20	男	1942 年
徐承江	荣成市大瞳镇徐田庄村	19	男	1942 年
丛顺珠	荣成市大瞳镇南瞳村	52	男	1942 年
张树田	荣成市人和镇东黄埠岭村	20	男	1942 年
张云干	荣成市人和镇东黄埠岭村	15	男	1942 年
许庆红	荣成市人和镇许家屯村	22	男	1942 年
刘青考	荣成市人和镇西刘家瞳村	45	男	1942 年
刘青信	荣成市人和镇西刘家瞳村	52	男	1942 年
刘良谋	荣成市人和镇靖海卫村	18	男	1942 年
夏登酬	荣成市人和镇千军石村	45	男	1942 年
刘文信	荣成市人和镇南卧龙村	19	男	1942 年
邢德忠	荣成市人和镇邢家嘴村	29	男	1942 年
王传泽	荣成市港西镇旭口村	19	男	1942 年
张荣俭	荣成市港西镇港西村	25	男	1942 年
张起成	荣成市港西镇港西村	24	男	1942 年
张德温	荣成市港西镇港西村	34	男	1942 年
王茂义	荣成市上庄镇铺里村	22	男	1942 年
王焕光	荣成市斥山街道尹格庄村	21	男	1942 年
梁维平	荣成市崖西镇西柳村	—	男	1942 年

姓　名	籍　贯	年　龄	性　别	死难时间
代国章	荣成市崖西镇潘家沟村	31	男	1942 年
代国秀	荣成市崖西镇潘家沟村	48	男	1942 年
李云蒿	荣成市崖西镇北柳村	15	男	1942 年
刘学同	荣成市桃园街道于家河村	30	男	1942 年
张希孟	荣成市桃园街道河东村	50	男	1942 年
邹展子	荣成市桃园街道河东村	25	女	1942 年
王振升	荣成市桃园街道河东村	50	男	1942 年
张积玉	荣成市斥山街道斥山村	38	男	1942 年
丁凤鸣	荣成市	25	男	1942 年
殷华元	荣成市港湾街道桃树园村	33	男	1942 年
王祖桂	荣成市港湾街道大鱼岛村	23	男	1942 年
孟宪兴	荣成市东山街道龙山前村	—	男	1942 年
肖庆华	荣成市东山街道东山村	42	男	1942 年
张　氏	荣成市埠柳镇黄沟村	43	女	1942 年
王述纯	荣成市埠柳镇沙楼村	19	男	1942 年
王述林	荣成市埠柳镇沙楼村	35	男	1942 年
张振洞	荣成市埠柳镇营洛村	—	男	1942 年
孙延举	荣成市埠柳镇石桥村	31	男	1942 年
王德卓	荣成市埠柳镇埠柳村	26	男	1942 年
王德智	荣成市埠柳镇埠柳村	25	男	1942 年
王　氏	荣成市埠柳镇埠柳村	11	女	1942 年
孙本国	荣成市埠柳镇埠柳村	30	男	1942 年
栾汝英	荣成市滕家镇桑梓村	53	男	1942 年
王丙善之媳	荣成市埠柳镇埠柳村	—	女	1942 年
滑万株	荣成市虎山镇桥头庄村	—	男	1942 年
滑万增	荣成市虎山镇桥头庄村	—	男	1942 年
宋存福	荣成市虎山镇罕山村	—	男	1942 年
赵爱华	荣成市虎山镇罕山村	—	女	1942 年
赵熙宾之妹	荣成市虎山镇罕山村	—	女	1942 年
赵熙宾之母	荣成市虎山镇罕山村	—	女	1942 年
赵五十八	荣成市虎山镇罕山村	25	男	1942 年
梁和保	荣成市虎山镇西峰山后村	26	男	1942 年
王双喜	荣成市虎山镇西峰山后村	34	男	1942 年
王国保	荣成市虎山镇冯家村	35	男	1942 年

姓　名	籍　贯	年　龄	性　别	死难时间
郑培太	荣成市成山镇北郑家村	22	男	1942 年
刘鸿桢	荣成市成山镇南泊子村	19	男	1942 年
王殿元	荣成市埠柳镇不夜村	37	男	1942 年
杜功佐	荣成市埠柳镇杜家村	19	男	1942 年
王培渠	荣成市埠柳镇上埠头村	23	男	1942 年
向瑞宝	荣成市虎山镇黄山王家村	21	男	1942 年
常德奎	荣成市虎山镇南寨子后村	21	男	1942 年
姜秀珍	荣成市虎山镇庵里村	31	女	1942 年
宋存典	荣成市虎山镇庵里村	29	男	1942 年
宋忠国	荣成市虎山镇黄山东庄村	20	男	1942 年
宋忠仁	荣成市虎山镇黄山东庄村	18	男	1942 年
宋庆元	荣成市虎山镇小店村	22	男	1942 年
常德敬	荣成市虎山镇石耩子村	24	男	1942 年
许维修	荣成市虎山镇得胜寨村	24	男	1942 年
张福昌	荣成市虎山镇西山张家村	23	男	1942 年
唐升同	荣成市俚岛镇草岛寨村	—	男	1942 年
孙宗溪	荣成市俚岛镇草岛寨村	—	男	1942 年
颜景华	荣成市俚岛镇颜家村	21	女	1942 年
李吉秀	荣成市俚岛镇大瞳林家村	16	男	1942 年
孙长兴	荣成市俚岛镇西林村	50	男	1942 年
孙建国	荣成市俚岛镇前神堂口村	40	男	1942 年
董适虎	荣成市俚岛镇王家山村	25	男	1942 年
刘振善	荣成市俚岛镇杏陈家村	—	男	1942 年
于英荣	荣成市俚岛镇小于家庵村	19	男	1942 年
刘崇镐	荣成市王连街道东岛刘家村	30	男	1942 年
刘在德	荣成市王连街道东岛刘家村	25	男	1942 年
刘大有	荣成市王连街道东岛刘家村	31	男	1942 年
刘二友	荣成市王连街道东岛刘家村	28	男	1942 年
刘兰德	荣成市王连街道东岛刘家村	25	男	1942 年
刘建德	荣成市王连街道东岛刘家村	35	男	1942 年
刘青德	荣成市王连街道东岛刘家村	30	男	1942 年
刘礼德	荣成市王连街道东岛刘家村	32	男	1942 年
刘崇太	荣成市王连街道东岛刘家村	17	男	1942 年
刘崇显	荣成市王连街道东岛刘家村	40	男	1942 年

姓　名	籍　贯	年　龄	性　别	死难时间
刘道德	荣成市王连街道东岛刘家村	25	男	1942 年
郭　氏	荣成市王连街道东岛刘家村	—	女	1942 年
刘崇湖	荣成市王连街道东岛刘家村	42	男	1942 年
闫　岑	荣成市王连街道东岛刘家村	17	女	1942 年
李可清	荣成市王连街道隋家庄村	47	男	1942 年
刘兴德	荣成市王连街道隋家庄村	60	男	1942 年
姜焕之	荣成市王连街道寨前峨石村	46	男	1942 年
乔仁成	荣成市王连街道常家庄村	35	男	1942 年
陈　巧	荣成市王连街道常家庄村	16	女	1942 年
李荣子	荣成市王连街道刘家庄村	38	女	1942 年
陈能子	荣成市王连街道刘家庄村	40	女	1942 年
王裕俭	荣成市夏庄镇大胪村	44	男	1942 年
王可福	荣成市夏庄镇前寨村	65	男	1942 年
闫丰秀	荣成市夏庄镇大夏庄村	36	男	1942 年
李　春	荣成市夏庄镇同家庄村	14	女	1942 年
曲玉书	荣成市夏庄镇上郭家村	43	男	1942 年
乔永竖	荣成市夏庄镇曲家村	34	男	1942 年
李吉蔗	荣成市夏庄镇后寨村	18	男	1942 年
唐义征	荣成市夏庄镇前苏格村	23	男	1942 年
姚来得	荣成市夏庄镇前苏格村	21	男	1942 年
姚　开	荣成市夏庄镇前苏格村	21	女	1942 年
李并会	荣成市夏庄镇石硼丁家村	30	男	1942 年
丁安章	荣成市夏庄镇石硼丁家村	22	男	1942 年
姚兰相	荣成市荫子镇马台丛家村	24	男	1942 年
陈立信	荣成市荫子镇杨家沟村	—	男	1942 年
殷万琳	荣成市滕家镇孔家庄村	—	男	1942 年
于福奇	荣成市滕家镇孔家庄村	19	男	1942 年 12 月
孔宪维	荣成市滕家镇孔家庄村	—	男	1942 年
孔庆佳	荣成市滕家镇孔家庄村	—	男	1942 年
于仕江	荣成市滕家镇孔家庄村	—	男	1942 年
孔宪岳	荣成市滕家镇孔家庄村	—	男	1942 年
孔兆春	荣成市滕家镇孔家庄村	—	男	1942 年
孔庆奎	荣成市滕家镇孔家庄村	—	男	1942 年
彭永增	荣成市滕家镇孔家庄村	—	男	1942 年

姓 名	籍 贯	年 龄	性 别	死难时间
孔庆磷	荣成市滕家镇孔家庄村	—	男	1942 年
岳吉亭	荣成市滕家镇孔家庄村	—	男	1942 年
肖昌模	荣成市滕家镇东耩村	—	男	1942 年
肖日模	荣成市滕家镇东耩村	—	男	1942 年
岳佃之	荣成市滕家镇单家村	16	男	1942 年
栾正金	荣成市滕家镇桑梓村	45	男	1942 年
曲保成	荣成市港西镇巍巍村	17	男	1942 年
于港海	荣成市人和镇南卧龙村	24	男	1942 年
王伦和	荣成市大疃镇大疃村	22	男	1942 年
刘厚永	荣成市宁津街道东墩村	33	男	1942 年
周义韶	荣成市宁津街道东南海村	27	男	1942 年
殷学乾	荣成市人和镇山西头村	31	男	1942 年
殷文胜	荣成市人和镇山西头村	23	男	1942 年
宋华素	荣成市人和镇顶子前村	22	男	1942 年
王忠德	荣成市人和镇寨东村	24	男	1942 年
梁忠振	荣成市人和镇寨东村	27	男	1942 年
王有顺	荣成市人和镇寨东村	30	男	1942 年
汤光文	荣成市人和镇万家疃村	42	男	1942 年
张忠才	荣成市人和镇大庄村	26	男	1942 年
秦道安	荣成市人和镇秦家竹村	23	男	1942 年
秦有礼	荣成市人和镇秦家竹村	19	男	1942 年
刘仁清	荣成市人和镇西刘家疃村	37	男	1942 年
邱洪君	荣成市人和镇南下河村	17	男	1942 年
孙德成	荣成市人和镇南下河村	27	男	1942 年
孙丙子	荣成市人和镇南下河村	22	男	1942 年
赵松堂	荣成市人和镇西黄埠岭村	19	男	1942 年
何传海	荣成市人和镇何家村	34	男	1942 年
向孝增	荣成市人和镇宋家庄村	20	男	1942 年
刘玉洪	荣成市大疃镇贺家庄村	19	男	1942 年
刘恒德	荣成市大疃镇大泥沟村	22	男	1942 年
王守贵	荣成市大疃镇大卧龙村	18	男	1943 年 1 月
周璞源	荣成市成山镇小西庄村	22	男	1943 年 1 月
许维才	荣成市人和镇西里山村	28	男	1943 年 1 月
李兆忠	荣成市上庄镇庙东武家村	21	男	1943 年 1 月

姓 名	籍 贯	年 龄	性 别	死难时间
吴运祥	荣成市崖西镇前庵村	34	男	1943 年 2 月
刘昌海	荣成市上庄镇王管庄村	21	男	1943 年 2 月
秦道坤	荣成市人和镇北下河村	18	男	1943 年 2 月
高振国	荣成市大疃镇大珠玑村	22	男	1943 年 2 月
刘德军	荣成市埠柳镇现都村	23	男	1943 年 3 月 18 日
王忠才	荣成市虎山镇北寨子后村	21	男	1943 年 3 月
卞文模	荣成市虎山镇卞家村	19	男	1943 年 3 月
宋宗丰	荣成市虎山镇中村	23	男	1943 年 3 月
殷文学	荣成市人和镇山西头村	22	男	1943 年 3 月
商永有	荣成市人和镇寨东村	28	男	1943 年 3 月
商永坤	荣成市人和镇寨东村	26	男	1943 年 3 月
何仁堂	荣成市人和镇何家村	21	男	1943 年 3 月
王××	荣成市东山街道八河王家村	18	男	1943 年 3 月
张寿江	荣成市斥山街道东泊子村	31	男	1943 年 3 月
冷仕乾	荣成市夏庄镇北山冷家村	24	男	1943 年 3 月
吴道春	荣成市夏庄镇上郭家村	23	男	1943 年 3 月
王作江	荣成市夏庄镇东藏村	21	男	1943 年 3 月
丁廉臣	荣成市夏庄镇石硼丁家村	18	男	1943 年 4 月
方崇安	荣成市王连街道寨前方家村	18	男	1943 年 4 月
闫在增	荣成市滕家镇小落村	22	男	1943 年 4 月
汤志顺	荣成市滕家镇桑梓村	21	男	1943 年 4 月
潘吉乾	荣成市崖西镇桥南头村	21	男	1943 年 4 月
孙文茂	荣成市城西街道东岭后村	19	男	1943 年 4 月
张世清	荣成市港湾街道牧云庵村	—	男	1943 年 4 月
王大增	荣成市虎山镇峰山前村	24	男	1943 年 4 月
连会起	荣成市虎山镇峰山前村	28	男	1943 年 5 月
宋保才	荣成市人和镇西里山村	25	男	1943 年 5 月
王义顺	荣成市斥山街道郭家村	24	男	1943 年 5 月
张文富	荣成市斥山街道东泊子村	30	男	1943 年 6 月
毕克仁	荣成市东山街道八河毕家村	21	男	1943 年 6 月
王毕氏	荣成市东山街道吉屯村	40	女	1943 年 6 月
王群子	荣成市东山街道吉屯村	18	女	1943 年 6 月
王忠信	荣成市东山街道吉屯村	10	男	1943 年 6 月
宋保清	荣成市大疃镇大珠玑村	20	男	1943 年 6 月

姓 名	籍 贯	年龄	性别	死难时间
汤光为	荣成市大疃镇大疃村	21	男	1943 年 7 月
张秀智	荣成市大疃镇大珠玑村	23	男	1943 年 7 月
王世增	荣成市崖西镇埠东夼村	30	男	1943 年 7 月
蒋泽民	荣成市上庄镇刁家村	26	男	1943 年 7 月
宋协增	荣成市上庄镇口子后村	24	男	1943 年 7 月
姚华文	荣成市崖西镇松里村	17	男	1943 年 8 月
张立志	荣成市斥山街道斥山村	22	男	1943 年 8 月
郭树宽	荣成市斥山街道郭家村	20	男	1943 年 8 月
马延峰	荣成市人和镇千军石村	43	男	1943 年 8 月
王业樾	荣成市斥山街道西寨村	22	男	1943 年 8 月
毕春亭	荣成市东山街道柳树集村	41	男	1943 年 8 月
连世和	荣成市虎山镇梁家村	21	男	1943 年 8 月
于连维	荣成市上庄镇庙东武家村	23	男	1943 年 8 月
岳远昌	荣成市城西街道东岭后村	22	男	1943 年 8 月
岳远赴	荣成市城西街道东岭后村	22	男	1943 年 8 月
徐永昌	荣成市大疃镇小泥沟村	22	男	1943 年 8 月
姜福堂	荣成市大疃镇大卧龙村	31	男	1943 年 9 月
丑 子	荣成市东山街道八河孔家村	15	男	1943 年 9 月
王有田	荣成市崖西镇东双顶村	28	男	1943 年 9 月
王洪路	荣成市大疃镇周家庄村	22	男	1943 年 10 月
王洪义	荣成市大疃镇周家庄村	34	男	1943 年 10 月
王文全	荣成市人和镇王家竹村	38	男	1943 年 10 月
王新乾	荣成市人和镇王家竹村	45	男	1943 年 10 月
楚庆福	荣成市夏庄镇楚家村	22	男	1943 年 10 月
肖夕朋	荣成市滕家镇炮东村	18	男	1943 年 10 月
杨元仁	荣成市俚岛镇金角口村	17	男	1943 年 10 月
毕连贞	荣成市东山街道十里夏家村	53	男	1943 年 10 月
李维深	荣成市成山镇冯家庄村	19	男	1943 年 11 月
刘宪德	荣成市人和镇钓钩村	23	男	1943 年 12 月
孙胜兴	荣成市埠柳镇邹家村	35	男	1943 年 12 月
王茂山	荣成市人和镇昌邑村	38	男	1943 年 12 月
王桂宪	荣成市城西街道百尺崖村	25	男	1943 年
徐承义	荣成市城西街道徐家村	21	男	1943 年
徐云鹤	荣成市城西街道徐家村	21	男	1943 年

姓 名	籍 贯	年 龄	性 别	死难时间
张红仁	荣成市城西街道不落耩村	—	男	1943 年
王瑞初	荣成市夏庄镇河东村	42	男	1943 年
项永福	荣成市夏庄镇东藏村	28	男	1943 年
李扬城	荣成市夏庄镇前寨村	19	男	1943 年
李文山	荣成市夏庄镇圈杨家村	20	男	1943 年
乔永成	荣成市夏庄镇甲夼曲家村	35	男	1943 年
江培荣	荣成市夏庄镇江林庄村	30	男	1943 年
慕宗茂	荣成市王连街道西慕家村	17	男	1943 年
刘玉财	荣成市荫子镇刘家屯村	23	男	1943 年
鞠国任	荣成市滕家镇小落村	20	男	1943 年
倪福学	荣成市荫子镇刘家屯村	18	男	1943 年
柯德田	荣成市荫子镇胡家屯村	28	男	1943 年
张子明	荣成市荫子镇胡家屯村	21	男	1943 年
张自强	荣成市荫子镇吉子埠村	18	男	1943 年
张锡振	荣成市荫子镇吉子埠村	21	男	1943 年
王其德	荣成市荫子镇王管松村	46	男	1943 年
毕世忠	荣成市荫子镇杨家沟村	20	男	1943 年
车学礼	荣成市荫子镇杨家沟村	27	男	1943 年
陈智育	荣成市荫子镇杨家沟村	28	男	1943 年
王福生	荣成市荫子镇南流水村	28	男	1943 年
王德胜	荣成市滕家镇单家村	23	男	1943 年
孔庆太	荣成市滕家镇孔家庄村	19	男	1943 年
闫康顺	荣成市滕家镇滕家村	20	男	1943 年
郭文祥	荣成市滕家镇东滩郭家村	23	男	1943 年
陈本俭	荣成市滕家镇沟陈家村	22	男	1943 年
邹本清	荣成市滕家镇花园村	27	男	1943 年
刘国辅	荣成市俚岛镇大耩村	—	男	1943 年
梁学孔	荣成市俚岛镇沟崖张家村	20	男	1943 年
张凯东	荣成市城西街道不落耩村	—	男	1943 年
王茂荣	荣成市崖西镇庄上王家村	26	男	1943 年
车学训	荣成市崖西镇北崖西村	21	男	1943 年
车仁修	荣成市崖西镇北崖西村	21	男	1943 年
车仁芝	荣成市崖西镇北崖西村	26	男	1943 年
张本忠	荣成市崖西镇隆峰村	20	男	1943 年

姓 名	籍 贯	年 龄	性 别	死难时间
李振璞	荣成市崖西镇五甲村	22	男	1943 年
刘常有	荣成市崖西镇西柳村	28	男	1943 年
孙积敏	荣成市上庄镇二里周家村	23	男	1943 年
宋协文	荣成市上庄镇邢格村	33	男	1943 年
刘见坤	荣成市上庄镇邢格村	24	男	1943 年
孙学山	荣成市上庄镇帽刘家村	35	男	1943 年
房树地	荣成市上庄镇房家村	25	男	1943 年
高培林	荣成市上庄镇西上庄村	20	男	1943 年
苏积增	荣成市东山街道桃园村	23	男	1943 年
毕学增	荣成市东山街道楼下村	17	男	1943 年
马尚元	荣成市东山街道龙山后村	23	男	1943 年
孙景春	荣成市港湾街道炮东村	26	男	1943 年
王至训	荣成市港湾街道西王门村	26	男	1943 年
张福升	荣成市城西街道棘子埠村	23	男	1943 年
张义征	荣成市城西街道棘子埠村	21	男	1943 年
张月成	荣成市城西街道棘子埠村	26	男	1942 年 12 月
岳庆章	荣成市城西街道大岳家村	31	男	1943 年
彭守南	荣成市城西街道沽泊姚家村	38	男	1943 年
冷国玺	荣成市寻山街道冷家村	33	男	1943 年
冷世凯	荣成市寻山街道冷家村	24	男	1943 年
孙成祥	荣成市寻山街道赵家村	18	男	1943 年
刘义臣	荣成市寻山街道西高家村	19	男	1943 年
彭永文	荣成市崂山街道台上林家村	21	男	1943 年
鞠带和	荣成市崂山街道河南村	24	男	1943 年
毕型福	荣成市崂山街道雨夼村	20	男	1943 年
董永全	荣成市崂山街道鲍家庄村	18	男	1943 年
闫爱亭	荣成市崂山街道南沽村	26	男	1943 年
刘 群	荣成市崂山街道中埠村	7	女	1943 年
徐东生	荣成市崂山街道崂山屯村	—	男	1943 年
徐东为	荣成市崂山街道崂山屯村	—	男	1943 年
姜世发	荣成市崂山街道崂山屯村	32	男	1943 年
于泉海之祖母	荣成市崖头街道海崖村	53	女	1943 年
于泉海之母	荣成市崖头街道海崖村	28	女	1943 年
于泉海之妹	荣成市崖头街道海崖村	1	女	1943 年

姓　名	籍　贯	年　龄	性　别	死难时间
李永财	荣成市崖头街道丁家村	18	男	1943 年
李永顺	荣成市崖头街道丁家村	16	男	1943 年
张朴敬	荣成市崖头街道南耩村	26	男	1943 年
张朴桧	荣成市崖头街道南耩村	27	男	1943 年
徐元珍	荣成市崖头街道南耩村	22	女	1943 年
宋增进	荣成市崖头街道耩上宋家村	24	男	1943 年
王二喜	荣成市崖头街道蒲头村	20	男	1943 年
王代喜	荣成市人和镇南梓椤村	—	男	1943 年
王代喜之妻	荣成市人和镇南梓椤村	—	女	1943 年
王代喜之子	荣成市人和镇南梓椤村	—	男	1943 年
侯文经	荣成市人和镇南梓椤村	—	男	1943 年
侯文经之妻	荣成市人和镇南梓椤村	—	女	1943 年
侯文经之子	荣成市人和镇南梓椤村	—	男	1943 年
姜学法	荣成市夏庄镇哈山村	23	男	1943 年
李元东	荣成市俚岛镇小耩村	—	男	1943 年
王安庆	荣成市大疃镇双石董家村	18	男	1943 年
韩树文	荣成市大疃镇双石董家村	19	男	1943 年
徐祥斌	荣成市大疃镇西徐家村	19	男	1943 年
刘同增	荣成市人和镇团栾村	24	男	1943 年
许红本	荣成市人和镇许家屯村	20	男	1943 年
张文川	荣成市崖头街道荣兴居委会	52	男	1943 年
张小麟	荣成市崖头街道荣兴居委会	—	男	1943 年
于桂芳	荣成市崖头街道荣兴居委会	27	女	1943 年
张夕荣	荣成市崖头街道荣兴居委会	23	男	1943 年
龙启贵	荣成市崖头街道西龙家村	20	男	1943 年
岳吉海	荣成市城西街道大岳家村	25	男	1943 年
姚均南	荣成市城西街道沽泊姚家村	18	男	1943 年
岳增和	荣成市城西街道郭家村	19	男	1943 年
王德芹	荣成市崖头街道蒲头村	20	男	1943 年
王淑文	荣成市崖头街道蒲头村	18	女	1943 年
刘福云	荣成市埠柳镇车古村	22	男	1943 年
许宗建	荣成市崖头街道岗西村	25	男	1943 年
许永忠	荣成市崖头街道岗西村	19	男	1943 年
杨永新	荣成市崖头街道崖头村	20	男	1943 年

姓　名	籍　贯	年　龄	性　别	死难时间
陈茂成	荣成市寻山街道楚家村	21	男	1943 年
李振洪	荣成市寻山街道清河村	19	男	1943 年
李日贞	荣成市寻山街道清河村	25	男	1943 年
高纯读	荣成市寻山街道西迎驾村	19	男	1943 年
李维江	荣成市寻山街道西北山村	20	男	1943 年
张庆积	荣成市寻山街道墩西张家村	23	男	1943 年
吕思仁	荣成市寻山街道黄家庄村	22	男	1943 年
孙谷增	荣成市寻山街道亮甲沟村	22	男	1943 年
原明超	荣成市寻山街道亮甲沟村	21	男	1943 年
席士玉	荣成市寻山街道城后村	19	男	1943 年
苏和忠	荣成市寻山街道逍遥山村	30	男	1943 年
李振山	荣成市寻山街道东北山村	20	男	1943 年
刘玉新	荣成市寻山街道东龙家村	21	男	1943 年
徐庆玉	荣成市寻山街道前虎口村	22	男	1943 年
王玉学	荣成市崂山街道南埠村	29	男	1943 年
董后侦	荣成市崂山街道古塔村	25	男	1943 年
宁兰希	荣成市崂山街道古塔村	25	男	1943 年
黄锡茂	荣成市寻山街道金家庄村	—	男	1943 年
钱忠情	荣成市宁津街道东钱家村	37	男	1943 年
周汝初	荣成市大疃镇双石周家村	40	男	1943 年
汤光杰	荣成市大疃镇南旺庄村	21	男	1943 年
汤光和	荣成市大疃镇大疃村	23	男	1943 年
汤吉月	荣成市大疃镇大疃村	22	男	1943 年
汤光敬	荣成市大疃镇大疃村	23	男	1943 年
刘本德	荣成市大疃镇大泥沟村	21	男	1943 年
王世忠	荣成市大疃镇西中窑村	19	男	1943 年
王　田	荣成市大疃镇高家庄村	35	男	1943 年
乔云东	荣成市大疃镇乔家店村	18	男	1943 年
杜成良	荣成市大疃镇孤石杜家村	27	男	1943 年
高　胜	荣成市大疃镇户山村	15	男	1943 年
汤吉华	荣成市大疃镇西岭长村	20	男	1943 年
孙家恒	荣成市大疃镇东岭长村	22	男	1943 年
孙吉真	荣成市大疃镇东岭长村	29	男	1943 年
迟均祥	荣成市大疃镇东岭长村	—	男	1943 年

姓　名	籍　贯	年　龄	性　别	死难时间
徐学礼	荣成市大疃镇徐田庄村	19	男	1943 年
王德思	荣成市人和镇墩前村	17	男	1943 年
于复志	荣成市人和镇东老树河村	22	男	1943 年
连文芳	荣成市人和镇靖海卫村	16	男	1943 年
张对英	荣成市人和镇晏家庄村	10	女	1943 年
王德恩	荣成市人和镇墩前村	16	男	1943 年
王可增	荣成市港西镇旭口村	29	男	1943 年
王德胜	荣成市港西镇旭口村	27	男	1943 年
王传贵	荣成市港西镇旭口村	19	男	1943 年
王传孟	荣成市港西镇旭口村	17	男	1943 年
盛福先	荣成市斥山街道盛家村	30	男	1943 年
初义柴	荣成市斥山街道初家齐山村	18	男	1943 年
张×氏	荣成市斥山街道初家齐山村	—	女	1943 年
朱连奎	荣成市斥山街道东火塘寨村	23	男	1943 年
梁维轻	荣成市崖西镇西柳村	—	男	1943 年
姜学维	荣成市港湾街道唐家疷村	—	男	1943 年
刘常殿	荣成市桃园街道于家河村	26	男	1943 年
周德乾	荣成市桃园街道青木寨村	—	男	1943 年
周培臣	荣成市桃园街道桃园村	30	男	1943 年
姜所仁	荣成市港湾街道桃树园村	62	男	1943 年
张保山	荣成市港湾街道西王门村	40	男	1943 年
王善山	荣成市港湾街道东王门村	—	男	1943 年
王永川	荣成市港湾街道东王门村	—	男	1943 年
张忠善	荣成市东山街道夏家泊村	—	男	1943 年
毕远富	荣成市东山街道后港头村	19	男	1943 年
王实洪	荣成市东山街道十里夏家村	19	男	1943 年
王英子	荣成市东山街道潭村林家村	52	女	1943 年
孙开本	荣成市埠柳镇黄沟村	38	男	1943 年
刘崇福	荣成市埠柳镇黄沟村	36	男	1943 年
李玉娥	荣成市埠柳镇南港西村	27	男	1943 年
李玉莱	荣成市埠柳镇南港西村	23	男	1943 年
梁学福	荣成市埠柳镇学福村	—	男	1943 年
刘玉平	荣成市埠柳镇南兰格村	23	男	1943 年
孔宪武	荣成市埠柳镇孔家村	32	男	1943 年

姓　名	籍　贯	年　龄	性　别	死难时间
刘仁涛	荣成市埠柳镇孔家村	40	男	1943 年
孙学兰	荣成市埠柳镇凤头村	20	男	1943 年
鞠远礼	荣成市埠柳镇凤头村	19	男	1943 年
王国保	荣成市虎山镇岭西村	42	男	1943 年
唐中夕	荣成市虎山镇唐家村	60	男	1943 年
张仁兴	荣成市虎山镇西山张家村	78	男	1943 年
包忠恩	荣成市虎山镇桥头庄村	—	男	1943 年
周文喜	荣成市虎山镇桥头庄村	—	男	1943 年
宋洪子	荣成市虎山镇五柳村	7	男	1943 年
孙德仁	荣成市虎山镇五龙嘴村	—	男	1943 年
张云福	荣成市虎山镇五龙嘴村	—	男	1943 年
张云东	荣成市虎山镇五龙嘴村	—	男	1943 年
孙恩中	荣成市成山镇宫格村	34	男	1943 年
袁洪德	荣成市成山镇马家疃村	19	男	1943 年
袁正璋	荣成市成山镇落凤岗村	—	男	1943 年
袁文续	荣成市成山镇落凤岗村	—	男	1943 年
刘福增	荣成市成山镇大岗村	22	男	1943 年
刘同代	荣成市成山镇沟刘家村	19	男	1943 年
王培杲	荣成市埠柳镇上埠头村	22	男	1943 年
宗显明	荣成市埠柳镇西张格村	17	男	1943 年
王福元	荣成市虎山镇西双庙村	30	男	1943 年
梁廷智	荣成市虎山镇梁家村	22	男	1943 年
孙麦子	荣成市虎山镇五龙嘴村	20	男	1943 年
唐传仁	荣成市虎山镇岳家村	24	男	1943 年
梁吉胡	荣成市俚岛镇颜家村	20	男	1943 年
李学梦	荣成市俚岛镇香山前村	22	男	1943 年
姜培华	荣成市俚岛镇东庙院村	—	男	1943 年
蒋培成	荣成市俚岛镇东庙院村	—	男	1943 年
王信永	荣成市俚岛镇大疃林家村	—	男	1943 年
刘瑞金	荣成市俚岛镇小盐滩村	40	男	1943 年
赵双双	荣成市俚岛镇刘家圈村	—	女	1943 年
孙德清	荣成市俚岛镇石硼村	30	男	1943 年
李雪子	荣成市俚岛镇瓦屋石村	17	女	1943 年
孙克生	荣成市俚岛镇杏陈家村	—	男	1943 年

姓 名	籍 贯	年 龄	性 别	死难时间
杨夕和	荣成市俚岛镇峨石二村	18	男	1943 年
王善祥	荣成市俚岛镇凤凰崖村	38	男	1943 年
孙德廉	荣成市俚岛镇凤凰崖村	40	男	1943 年
孙德恒	荣成市俚岛镇凤凰崖村	41	男	1943 年
孙连芳	荣成市俚岛镇凤凰崖村	—	男	1943 年
林希月	荣成市俚岛镇小疃林家村	—	男	1943 年
林希证	荣成市俚岛镇小疃林家村	—	男	1943 年
林希智	荣成市俚岛镇小疃林家村	—	男	1943 年
于英祥	荣成市俚岛镇小于家庵村	18	男	1943 年
慕宗章	荣成市王连街道西慕家村	44	男	1943 年
慕 留	荣成市王连街道西慕家村	—	—	1943 年
慕宗澡	荣成市王连街道西慕家村	42	男	1943 年
慕金政	荣成市王连街道西慕家村	57	男	1943 年
穆全芳	荣成市王连街道西慕家村	52	男	1943 年
慕宗汉	荣成市王连街道西慕家村	43	男	1943 年
宗顺之妻	荣成市王连街道西慕家村	46	女	1943 年
慕宗华	荣成市王连街道西慕家村	55	男	1943 年
塞连鸣	荣成市王连街道寨前赛家村	18	男	1943 年
闫 连	荣成市夏庄镇大夏庄村	24	女	1943 年
闫曲氏	荣成市夏庄镇大夏庄村	22	女	1943 年
闫章氏	荣成市夏庄镇大夏庄村	41	女	1943 年
闫公修	荣成市夏庄镇石硼闫家村	24	男	1943 年
丛珍滋	荣成市荫子镇马台丛家村	20	男	1943 年
丛永安	荣成市荫子镇马台丛家村	18	男	1943 年
曲光德	荣成市港西镇巍巍村	18	男	1943 年
曲永令	荣成市港西镇巍巍村	21	男	1943 年
王茂芝	荣成市人和镇北石硼村	31	男	1943 年
邢厚兰	荣成市人和镇邢家嘴村	22	男	1943 年
王义同	荣成市人和镇南卧龙村	23	男	1943 年
曲荣民	荣成市桃园街道西南海村	21	男	1943 年
王 奔	荣成市宁津街道岛西庄村	34	男	1943 年
刘永清	荣成市人和镇北元产村	19	男	1943 年
何传山	荣成市人和镇何家村	28	男	1943 年
吕文同	荣成市人和镇南元产村	21	男	1943 年

姓 名	籍 贯	年 龄	性 别	死难时间
王锋光	荣成市斥山街道尹格庄村	20	男	1944 年 1 月
邢永义	荣成市东山街道万马邢家村	35	男	1944 年 1 月
于世富	荣成市荫子镇于家泊村	32	男	1944 年 1 月
王世斌	荣成市埠柳镇上埠头村	52	男	1944 年 2 月
张启文	荣成市港西镇北港西村	17	男	1944 年 2 月
林治财	荣成市夏庄镇北山战家村	21	男	1944 年 2 月
闫在英	荣成市滕家镇小落村	18	男	1944 年 2 月
于寿彩	荣成市荫子镇东兰家村	24	男	1944 年 2 月
毕庶龙	荣成市荫子镇东夏埠村	25	男	1944 年 2 月
颜景范	荣成市俚岛镇颜家村	25	男	1944 年 2 月
徐良山	荣成市上庄镇东古章村	20	男	1944 年 2 月
董永兴	荣成市上庄镇涝村孙家村	17	男	1944 年 2 月
闫公进	荣成市崖头街道夼北村	—	男	1944 年 2 月
荆学成	荣成市上庄镇东桥村	34	男	1944 年 2 月
钱栋廷	荣成市斥山街道斥山村	18	男	1944 年 2 月
于学全	荣成市上庄镇刘家店村	24	男	1944 年 3 月
陈天寿	荣成市大疃镇黄庄村	19	男	1944 年 3 月
玄广平	荣成市成山镇瓦房庄村	12	男	1944 年 3 月
丁喜文	荣成市虎山镇得胜寨村	22	男	1944 年 3 月
刘举成	荣成市人和镇北齐山村	12	男	1944 年 3 月
刘 花	荣成市人和镇北齐山村	16	男	1944 年 3 月
王 妥	荣成市人和镇北齐山村	4	男	1944 年 3 月
刘振田	荣成市人和镇北齐山村	15	男	1944 年 3 月
王 伦	荣成市人和镇北齐山村	42	女	1944 年 3 月
刘 欣	荣成市人和镇北齐山村	5	女	1944 年 3 月
从胜兹	荣成市宁津街道龙泉村	20	男	1944 年 4 月
毕芳序	荣成市东山街道柳树集村	59	男	1944 年 4 月
赵希柱	荣成市大疃镇户山村	15	男	1944 年 4 月
张文彬	荣成市大疃镇户山村	23	男	1944 年 4 月
管仲和	荣成市崖西镇管家村	—	男	1944 年 5 月
杜业奎	荣成市埠柳镇杜家村	33	男	1944 年 5 月
胡乙营	荣成市成山镇南泊子村	27	男	1944 年 5 月
鞠洪岐	荣成市港西镇北城村	18	男	1944 年 5 月
王传生	荣成市港西镇北城村	17	男	1944 年 5 月

姓　名	籍　贯	年　龄	性　别	死难时间
李洪山	荣成市人和镇万家疃村	38	男	1944 年 5 月
连熙俊	荣成市人和镇中北河村	22	男	1944 年 5 月
宋新正	荣成市人和镇西里山村	23	男	1944 年 5 月
王家英	荣成市上庄镇西陵村	22	男	1944 年 5 月
王连山	荣成市荫子镇南流水村	22	男	1944 年 5 月
于书成	荣成市滕家镇单家村	27	男	1944 年 5 月
战学义	荣成市夏庄镇甲夼王家村	27	男	1944 年 6 月
梁廷云	荣成市上庄镇梁家庄村	24	男	1944 年 6 月
邹立山	荣成市上庄镇小龙庄村	21	男	1944 年 6 月
伯金堂	荣成市人和镇南梓椤村	31	男	1944 年 6 月
张信才	荣成市人和镇宴家庄村	26	男	1944 年 6 月
王祖武	荣成市人和镇宴家庄村	29	男	1944 年 6 月
丛祥珠	荣成市大疃镇东沟南疃村	17	男	1944 年 6 月
张文远	荣成市斥山街道东泊子村	28	男	1944 年 7 月
徐乃元	荣成市宁津街道东钱家村	19	男	1944 年 7 月
龙启高	荣成市港西镇龙家村	16	男	1944 年 7 月
曲立成	荣成市斥山街道殷家村	—	男	1944 年 7 月
王英莲	荣成市斥山街道周家齐山村	19	男	1944 年 8 月
蔡殿桂	荣成市成山镇河口村	22	男	1944 年 8 月
管理成	荣成市崖西镇管家村	18	男	1944 年 8 月
刘崇喜	荣成市崖西镇小刘家村	17	男	1944 年 8 月
冷进海	荣成市	24	男	1944 年 8 月
李树荣	荣成市桃园街道朋上村	23	男	1944 年 8 月
孙国文	荣成市埠柳镇不夜村	21	男	1944 年 8 月
高凤林	荣成市上庄镇西上庄村	19	男	1944 年 8 月
张福令	荣成市寻山街道青安屯村	32	男	1944 年 8 月
孙从文	荣成市埠柳镇虎台村	25	男	1944 年 8 月
王培通	荣成市埠柳镇上埠头村	25	男	1944 年 8 月
宋德令	荣成市虎山镇北寨子后村	28	男	1944 年 8 月
徐乃振	荣成市大疃镇西徐家村	17	男	1944 年 8 月
毕可卿	荣成市东山街道八河毕家村	13	男	1944 年 9 月
邓炳章	荣成市荫子镇堡子后村	22	男	1944 年 9 月
吴道文	荣成市崖西镇朱埠村	26	男	1944 年 9 月
肖　敌	荣成市上庄镇刁家村	25	男	1944 年 9 月

姓 名	籍 贯	年 龄	性 别	死难时间
盛元功	荣成市斥山街道盛家村	29	男	1944 年 9 月
毕庶典	荣成市东山街道八河毕家村	32	男	1944 年 9 月
李凤兴	荣成市成山镇沟黄家村	26	男	1944 年 9 月
房敏殿	荣成市虎山镇岭西村	18	男	1944 年 9 月
宋学纯	荣成市大瞳镇大珠玑村	23	男	1944 年 10 月
刘辛西	荣成市人和镇大庄村	24	男	1944 年 10 月
孙树山	荣成市上庄镇槐树底下村	20	男	1944 年 10 月
邢俊义	荣成市东山街道万马邢家村	21	男	1944 年 10 月
刘炳言	荣成市人和镇大庄村	35	男	1944 年 11 月
常德贵	荣成市上庄镇塔山村	16	男	1944 年 11 月
炳学之母	荣成市人和镇大庄村	54	女	1944 年 11 月
张 芬	荣成市人和镇大庄村	16	女	1944 年 11 月
周汉生	荣成市成山镇小西庄村	48	男	1944 年 11 月
周相忠	荣成市成山镇小西庄村	20	男	1944 年 11 月
杨元顺	荣成市人和镇瓦房瞳村	19	男	1944 年 11 月
王 氏	荣成市成山镇大西庄村	26	女	1944 年 11 月
李国棠	荣成市成山镇瓦房庄村	32	男	1944 年 11 月
李 氏	荣成市成山镇瓦房庄村	30	女	1944 年 11 月
王进智	荣成市王连街道寨前峨石村	19	男	1944 年 11 月
姜培生	荣成市王连街道寨前峨石村	21	男	1944 年 11 月
孙传永	荣成市俚岛镇小泊村	18	男	1944 年 11 月
曲永芝	荣成市俚岛镇西利查埠村	28	男	1944 年 11 月
邹积恭	荣成市滕家镇花园村	19	男	1944 年 12 月
梁进奎	荣成市港西镇东星日村	24	男	1944 年 12 月
杨春庆	荣成市夏庄镇圈杨家村	24	男	1944 年
国文芝	荣成市荫子镇北流水村	22	男	1944 年
邹立东	荣成市大瞳镇柳家屯村	19	男	1944 年
徐文山	荣成市夏庄镇二胪村	27	男	1944 年
林熙玉	荣成市夏庄镇三胪村	36	男	1944 年
姜元璞	荣成市王连街道南也子口村	18	男	1944 年
周广秀	荣成市王连街道南也子口村	21	男	1944 年
刘传子	荣成市王连街道南也子口村	22	男	1944 年
汤光宪	荣成市王连街道汤家庄村	22	男	1944 年
徐元禄	荣成市荫子镇前长湾村	22	男	1944 年

姓　名	籍　贯	年　龄	性　别	死难时间
姜学南	荣成市荫子镇后垛山村	18	男	1944 年
戴桂政	荣成市荫子镇雨夼沟村	17	男	1944 年
于世国	荣成市荫子镇于家泊村	23	男	1944 年
车兰春	荣成市城西街道东兰家村	20	女	1944 年
于文早	荣成市荫子镇雨夼沟村	16	男	1944 年
张德贞	荣成市荫子镇头甲村	17	男	1944 年
邹积桂	荣成市滕家镇单家村	22	男	1944 年
邹立桂	荣成市滕家镇单家村	21	男	1944 年
邹本敬	荣成市滕家镇花园村	23	男	1944 年
张述山	荣成市滕家镇下回头村	22	男	1944 年
张玉山	荣成市滕家镇下回头村	22	男	1944 年
张树鸣	荣成市滕家镇下回头村	22	男	1944 年
车学福	荣成市俚岛镇金角口村	23	男	1944 年
肖永磷	荣成市滕家镇二章村	17	男	1944 年
张春洪	荣成市寻山街道青安屯村	24	男	1944 年
曹廷文	荣成市滕家镇沟曲家村	21	男	1944 年
曲兆堂	荣成市俚岛镇大横山后村	24	男	1944 年
邹德和	荣成市俚岛镇卧龙王家村	30	男	1944 年
王风伦	荣成市城西街道西兰家村	20	男	1944 年
赵泽沦	荣成市城西街道赵家庄村	25	男	1944 年
许善合	荣成市城西街道河西村	—	男	1944 年
岳士忠	荣成市城西街道岳家庄村	22	男	1944 年
赵福堂	荣成市城西街道西岭后村	25	男	1944 年
赵桂春	荣成市城西街道西岭后村	27	男	1944 年
冷士文	荣成市寻山街道冷家村	33	男	1944 年
马和堂	荣成市寻山街道赵家村	17	男	1944 年
车仁均	荣成市崖西镇北崖西村	23	男	1944 年
许德宽	荣成市崖西镇北新庄村	66	男	1944 年
杨振春	荣成市崖西镇隆峰村	18	男	1944 年
邓术和	荣成市崖西镇詹家庄村	18	男	1944 年
张福源	荣成市上庄镇二里周家村	18	男	1944 年
于学丰	荣成市上庄镇陈家庄村	23	男	1944 年
邹本同	荣成市上庄镇小龙庄村	18	男	1944 年
于学顺	荣成市上庄镇刘家店村	21	男	1944 年

姓　名	籍　贯	年　龄	性　别	死难时间
王锡厚	荣成市港湾街道西车脚河村	20	男	1944 年
王书春	荣成市上庄镇南沙岛村	18	男	1944 年
徐宝华	荣成市上庄镇东古章村	19	男	1944 年
高凤文	荣成市上庄镇西上庄村	29	男	1944 年
姜学孟	荣成市斥山街道斥山村	37	男	1944 年
张干卿	荣成市斥山街道东泊子村	25	男	1944 年
张文汉	荣成市斥山街道东泊子村	23	男	1944 年
张文颜	荣成市斥山街道东泊子村	31	男	1944 年
李元海	荣成市斥山街道东泊子村	23	男	1944 年
姜德增	荣成市东山街道南庄村	20	男	1944 年
毕可珍	荣成市东山街道石头河村	20	男	1944 年
刘学生	荣成市港湾街道大鱼岛村	20	男	1944 年
李用山	荣成市港湾街道大鱼岛村	20	男	1944 年
王明光	荣成市港湾街道桃树园村	16	男	1944 年
张树民	荣成市虎山镇	29	男	1944 年
张世东	荣成市崂山街道烟墩耩村	18	男	1944 年
董永山	荣成市崂山街道鲍家庄村	19	男	1944 年
林辉久	荣成市崂山街道小迟家村	19	男	1944 年
彭式友	荣成市崖头街道后密文村	35	男	1944 年
彭式京	荣成市崖头街道后密文村	33	男	1944 年
彭式良	荣成市崖头街道后密文村	33	男	1944 年
李式友	荣成市崖头街道后密文村	34	男	1944 年
张华国	荣成市崖头街道丁家村	17	男	1944 年
闫泽坤	荣成市崖头街道夼北村	—	男	1944 年
吕以学	荣成市崖头街道吕家村	21	男	1944 年
刘云之	荣成市崖头街道道北刘家村	34	男	1944 年
彭吉斌	荣成市崖头街道南姜家村	16	男	1944 年
于书礼	荣成市崖头街道道北于家村	21	男	1944 年
于增魁	荣成市崖头街道道北于家村	22	男	1944 年
彭式喜	荣成市崖头街道大泊子村	19	男	1944 年
张朴伦	荣成市崖头街道南耩村	18	男	1944 年
彭永祯	荣成市崖头街道黎明村	39	男	1944 年
陈焕方	荣成市崂山街道河南村	21	男	1944 年
刘玉芝	荣成市崂山街道台上林家村	29	男	1944 年

姓　名	籍　贯	年　龄	性　别	死难时间
闫爱经	荣成市崂山街道南沽村	18	男	1944 年
张洽永	荣成市崖头街道崖头村	18	男	1944 年
李成石	荣成市城西街道福禄山村	25	男	1944 年
陈绍光	荣成市寻山街道楚家村	21	男	1944 年
吴同仁	荣成市寻山街道北吴家村	22	男	1944 年
于世琢	荣成市寻山街道嘉鱼旺村	27	男	1944 年
张庆瑞	荣成市寻山街道墩西张家村	24	男	1944 年
高瑞文	荣成市寻山街道西高家村	33	男	1944 年
张宝仁	荣成市寻山街道菜园村	23	男	1944 年
张常修	荣成市寻山街道菜园村	45	男	1944 年
孙发明	荣成市寻山街道菜园村	22	男	1944 年
樊景增	荣成市寻山街道寻山所村	19	男	1944 年
黄兆祥	荣成市寻山街道寻山所村	20	男	1944 年
刘宝成	荣成市寻山街道东龙家村	19	男	1944 年
刘玉瑶	荣成市寻山街道东龙家村	21	男	1944 年
毕和均	荣成市崂山街道西牟山村	26	男	1944 年
孙吉月	荣成市大疃镇双石周家村	20	男	1944 年
杨辉德	荣成市大疃镇双石周家村	21	男	1944 年
乔聚义	荣成市大疃镇乔家店村	19	男	1944 年
乔云波	荣成市大疃镇乔家店村	20	男	1944 年
迟干华	荣成市大疃镇迟家店村	28	男	1944 年
于开德	荣成市大疃镇孤石吴家村	19	男	1944 年
张学路	荣成市人和镇东黄埠岭村	18	男	1944 年
许　氏	荣成市人和镇东黄埠岭村	74	女	1944 年
王　保	荣成市人和镇灶户村	23	男	1944 年
王进升	荣成市人和镇灶户村	23	男	1944 年
王承先	荣成市宁津街道岛东耩村	23	男	1944 年
韩　年	荣成市人和镇东北河村	47	男	1944 年
李红财	荣成市人和镇院夼村	—	男	1944 年
王孝刚	荣成市人和镇院夼村	—	男	1944 年
王　氏	荣成市人和镇院夼村	—	女	1944 年
王学选	荣成市人和镇院夼村	—	男	1944 年
王传宝	荣成市港西镇旭口村	18	男	1944 年
毕连增	荣成市斥山街道	40	男	1944 年

姓 名	籍 贯	年 龄	性 别	死难时间
毕 芹	荣成市斥山街道	8	女	1944 年
钱 友	荣成市斥山街道	74	男	1944 年
王连光	荣成市斥山街道	43	男	1944 年
石 得	荣成市斥山街道	62	男	1944 年
石 收	荣成市斥山街道	65	男	1944 年
初以本	荣成市斥山街道初家齐山村	17	男	1944 年
张汝进	荣成市斥山街道吴家村	—	男	1944 年
梁司成	荣成市崖西镇西柳村	18	男	1944 年
周景山	荣成市桃园街道青木寨村	—	男	1944 年
大增之妻	荣成市桃园街道桃园村	60	女	1944 年
邹秀卿	荣成市桃园街道原家村	19	男	1944 年
王德新	荣成市港湾街道西车脚河村	23	男	1944 年
刘信斋	荣成市港湾街道桃树园村	34	男	1944 年
何振东	荣成市桃园街道东南海村	17	男	1944 年
何振邦	荣成市桃园街道东南海村	16	男	1944 年
孙成兰	荣成市埠柳镇黄沟村	22	男	1944 年
孙福成	荣成市埠柳镇黄沟村	23	男	1944 年
孙成刚	荣成市埠柳镇黄沟村	20	男	1944 年
孙吉峰	荣成市埠柳镇黄沟村	23	男	1944 年
孙丙和	荣成市埠柳镇虎台村	45	男	1944 年
孙玉爱	荣成市埠柳镇虎台村	43	女	1944 年
梁杜芝	荣成市埠柳镇虎台村	28	女	1944 年
孙胜堂	荣成市埠柳镇虎台村	24	男	1944 年
王 娟	荣成市埠柳镇虎台村	28	女	1944 年
龙 凤	荣成市埠柳镇虎台村	24	女	1944 年
刘玉会	荣成市埠柳镇南兰格村	22	男	1944 年
姚学生	荣成市埠柳镇西姚家村	19	男	1944 年
谢士伦	荣成市埠柳镇孔家村	21	男	1944 年
谢王氏	荣成市埠柳镇孔家村	40	女	1944 年
梁先安	荣成市埠柳镇孔家村	26	男	1944 年
丛来玉	荣成市埠柳镇孔家村	30	女	1944 年
邹本昌	荣成市埠柳镇孔家村	30	男	1944 年
曲乃珍	荣成市埠柳镇凤头村	21	男	1944 年
张均胜	荣成市虎山镇西塘子村	—	男	1944 年

姓 名	籍 贯	年 龄	性 别	死难时间
张允兴	荣成市虎山镇西山张家村	78	男	1944 年
张曙光之父	荣成市虎山镇五龙嘴村	25	男	1944 年
孙档子	荣成市虎山镇五龙嘴村	16	男	1944 年
张均明	荣成市虎山镇五龙嘴村	26	男	1944 年
于德宽	荣成市虎山镇五龙嘴村	40	男	1944 年
岳玉仁	荣成市虎山镇岳家村	50	男	1944 年
张丫头	荣成市虎山镇岳家村	—	女	1944 年
文奎之母	荣成市虎山镇岳家村	80	女	1944 年
冯所住	荣成市虎山镇冯家村	40	男	1944 年
冯文范	荣成市虎山镇冯家村	30	男	1944 年
于文仿	荣成市虎山镇金曲家村	20	男	1944 年
李兆芳	荣成市上庄镇庙东武家村	21	男	1944 年
胡崇樊	荣成市成山镇三村	17	男	1944 年
胡×之母	荣成市成山镇三村	38	女	1944 年
曹平安	荣成市成山镇三村	16	男	1944 年
袁正芝	荣成市成山镇落凤岗村	—	男	1944 年
袁宁珍	荣成市成山镇落凤岗村	—	男	1944 年
袁长信之父	荣成市成山镇落凤岗村	—	男	1944 年
袁长月之父	荣成市成山镇落凤岗村	—	男	1944 年
袁谭珍之叔	荣成市成山镇落凤岗村	—	男	1944 年
袁泽福	荣成市成山镇马山大疃村	21	男	1944 年
郑维仁	荣成市成山镇北郑家村	21	男	1944 年
王云和	荣成市埠柳镇孔家村	23	男	1944 年
孔庆基	荣成市埠柳镇孔家村	19	男	1944 年
于克维	荣成市荫子镇于家泊村	40	男	1944 年
胡世珍	荣成市成山镇北坡子	20	男	1944 年
闫维仁	荣成市成山镇成山三村	19	男	1944 年
张夕武	荣成市埠柳镇汉章泊村	24	男	1944 年
胡乃江	荣成市虎山镇胡家村	39	男	1944 年
宋丰绪	荣成市虎山镇五柳村	41	男	1944 年
孙月桂	荣成市俚岛镇古里高家村	—	男	1944 年
田翠红	荣成市俚岛镇古里高家村	—	男	1944 年
唐开秀	荣成市俚岛镇古里高家村	—	男	1944 年
任国荣	荣成市俚岛镇东庙院村	—	男	1944 年

姓 名	籍 贯	年 龄	性 别	死难时间
袁祺生	荣成市俚岛镇大疃林家村	19	男	1944 年
孙秉珍	荣成市俚岛镇前神堂口村	21	男	1944 年
徐再普	荣成市俚岛镇石山东村	21	男	1944 年
刘培裕	荣成市王连街道南桥头村	53	男	1944 年
全安之妻	荣成市王连街道西慕家村	—	女	1944 年
林治财	荣成市王连街道寨前赛家村	16	男	1944 年
江德春	荣成市夏庄镇江林庄村	35	男	1944 年
曲宝仁	荣成市夏庄镇二胪村	23	男	1944 年
徐可岑	荣成市夏庄镇二胪村	24	男	1944 年
曲希智	荣成市夏庄镇二胪村	37	男	1944 年
张宝夕	荣成市夏庄镇青埠岭村	21	男	1944 年
刘文彬	荣成市人和镇西河口村	33	男	1944 年
王茂山	荣成市人和镇沙口村	38	男	1944 年
邢聚忠	荣成市人和镇邢家嘴村	23	男	1944 年
王忠恕	荣成市宁津街道止马滩村	20	男	1944 年
孙厚智	荣成市宁津街道岛西庄村	29	男	1944 年
宋德召	荣成市人和镇金沟村	22	男	1944 年
秦有海	荣成市人和镇秦家竹村	21	男	1944 年
秦道连	荣成市人和镇秦家竹村	24	男	1944 年
张敬成	荣成市人和镇沙北头村	22	男	1944 年
王少党	荣成市人和镇北下河村	24	男	1944 年
汤光学	荣成市大疃镇岳泊庄村	21	男	1944 年
郭进璞	荣成市	24	男	1945 年 1 月
王永贤	荣成市上庄镇	18	男	1945 年 1 月
刘进德	荣成市崖西镇小刘家村	20	男	1945 年 2 月
姚学智	荣成市崖西镇丛家庄村	21	男	1945 年 2 月
王运增	荣成市上庄镇东旗杆石村	31	男	1945 年 2 月
姜士伦	荣成市崖头街道刁家沟村	26	男	1945 年 2 月
岳洪洲	荣成市城西街道郭家村	25	男	1945 年 2 月
鞠世和	荣成市崂山街道河南村	22	男	1945 年 2 月
李廷×	荣成市港西镇马格村	18	男	1945 年 2 月
吕耆年	荣成市成山镇马山蔡家村	34	男	1945 年 2 月
梁德志	荣成市埠柳镇西豆山村	24	男	1945 年 2 月
胡保琛	荣成市成山镇成山一村	26	男	1945 年 2 月

姓 名	籍 贯	年 龄	性 别	死难时间
张义顺	荣成市成山镇成山五村	24	男	1945 年 2 月
龙启忠	荣成市埠柳镇东张格村	22	男	1945 年 2 月
邱夕增	荣成市虎山镇邱家村	32	男	1945 年 2 月
王方东	荣成市港西镇王官庄村	28	男	1945 年 2 月
李廷洪	荣成市港西镇泊子周家村	17	男	1945 年 2 月
常乃聪	荣成市人和镇南梓椤村	21	男	1945 年 2 月
于天赐	荣成市宁津街道于家村	19	男	1945 年 2 月
王昭奎	荣成市人和镇宴家庄村	25	男	1945 年 2 月
李长洪	荣成市人和镇人和村	25	男	1945 年 2 月
柯德敏	荣成市荫子镇胡家屯村	23	男	1945 年 2 月
马御卿	荣成市荫子镇山马家村	25	男	1945 年 2 月
王元忠	荣成市荫子镇西兰家村	29	男	1945 年 2 月
柯世璞	荣成市荫子镇胡家屯村	19	男	1945 年 2 月
王元周	荣成市俚岛镇东庄	18	男	1945 年 2 月
刘玉华	荣成市滕家镇高落山村	22	男	1945 年 2 月
梁长才	荣成市俚岛镇沟崖张家村	25	男	1945 年 2 月
关惠民	荣成市俚岛镇关家村	27	男	1945 年 2 月
王永齐	荣成市荫子镇前青顶村	27	男	1945 年 3 月
徐保证	荣成市大疃镇西徐家村	22	男	1945 年 3 月
汤光晏	荣成市大疃镇姜家屯村	16	男	1945 年 3 月
徐洪才	荣成市大疃镇东徐家村	17	男	1945 年 3 月
王序恩	荣成市宁津街道所前王家村	24	男	1945 年 3 月
许善永	荣成市大疃镇河西村	27	男	1945 年 3 月
邢智动	荣成市东山街道万马邢家村	26	男	1945 年 3 月
张福忠	荣成市埠柳镇汉章泊村	20	男	1945 年 3 月
孙学忠	荣成市上庄镇东古章村	21	男	1945 年 3 月
邹汉成	荣成市	23	男	1945 年 3 月
李明美	荣成市东山街道	—	男	1945 年 3 月
王秉友	荣成市崖西镇西藏村	29	男	1945 年 4 月
王业壊	荣成市斥山街道尹格庄村	—	男	1945 年 4 月
于德川	荣成市虎山镇西塘子村	69	男	1945 年 4 月
刘盈增	荣成市成山镇蒲家泊村	21	男	1945 年 4 月
石永刚	荣成市成山镇刘家庄村	19	男	1945 年 4 月
颜同昌	荣成市俚岛镇颜家村	35	男	1945 年 4 月

姓 名	籍 贯	年 龄	性 别	死难时间
杨世山	荣成市成山镇成山一村	24	男	1945 年 4 月
王升华	荣成市人和镇北卧龙村	33	男	1945 年 4 月
柳吉永	荣成市大疃镇柳家屯村	48	男	1945 年 4 月
陈士恒	荣成市人和镇北齐山村	19	男	1945 年 4 月
吕本荣	荣成市人和镇人和村	18	男	1945 年 4 月
汤天芳	荣成市大疃镇大疃村	34	男	1945 年 5 月
李家松	荣成市崖头街道小孙家村	21	男	1945 年 6 月
王世敬	荣成市埠柳镇上埠头村	22	男	1945 年 6 月
曲夕珊	荣成市成山镇北曲格村	19	男	1945 年 7 月
徐保云	荣成市大疃镇西徐家村	18	男	1945 年 7 月
孙连山	荣成市大疃镇涌庄村	16	男	1945 年 7 月
王厚海	荣成市滕家镇西仙王家村	28	男	1945 年 7 月
王德功	荣成市崖西镇庄上王家村	17	男	1945 年 7 月
于全振	荣成市上庄镇北盛家村	17	男	1945 年 7 月
于文田	荣成市上庄镇刘家店村	29	男	1945 年 7 月
倪德荣	荣成市俚岛镇东庙院村	21	男	1945 年 7 月
姚振山	荣成市荫子镇前荫子夼村	21	男	1945 年 7 月
徐德堂	荣成市夏庄镇三胪村	25	男	1945 年 8 月
王洪坤	荣成市夏庄镇甲夼王家村	17	男	1945 年 8 月
王德升	荣成市王连街道寨前峨石村	19	男	1945 年 8 月
刘玉刚	荣成市王连街道东岛刘家村	22	男	1945 年 8 月
周维朋	荣成市城西街道后垛山村	20	男	1945 年 8 月
王永林	荣成市荫子镇兰村	25	男	1945 年 8 月
姚振范	荣成市荫子镇前荫子夼村	24	男	1945 年 8 月
毕世习	荣成市荫子镇杨家沟村	27	男	1945 年 8 月
王学玉	荣成市荫子镇北流水村	23	男	1945 年 8 月
张文全	荣成市荫子镇头甲村	36	男	1945 年 8 月
邹本盛	荣成市滕家镇单家村	22	男	1945 年 8 月
肖永明	荣成市滕家镇大章村	19	男	1945 年 8 月
许德文	荣成市滕家镇东滩郭家村	20	男	1945 年 8 月
郭永才	荣成市滕家镇东滩郭家村	18	男	1945 年 8 月
肖永善	荣成市滕家镇炮东村	31	男	1945 年 8 月
肖永命	荣成市滕家镇炮东村	27	男	1945 年 8 月
姜福信	荣成市滕家镇鲍村	24	男	1945 年 8 月

姓 名	籍 贯	年 龄	性 别	死难时间
曲广明	荣成市滕家镇草埠屯村	32	男	1945 年 8 月
陈克生	荣成市俚岛镇杏陈家村	21	男	1945 年 8 月
伍绍海	荣成市俚岛镇北花园村	23	男	1945 年 8 月
张夕庆	荣成市崖西镇万马庄村	28	男	1945 年 8 月
刘玉文	荣成市上庄镇小客岭村	21	男	1945 年 8 月
张夕礼	荣成市上庄镇二里周家村	19	男	1945 年 8 月
毕加胜	荣成市上庄镇河南王家村	22	男	1945 年 8 月
孙宝洪	荣成市上庄镇帽刘家村	25	男	1945 年 8 月
王国成	荣成市斥山街道立山村	28	男	1945 年 8 月
解德农	荣成市东山街道崮山前村	18	男	1945 年 8 月
邢义新	荣成市崂山街道南沽村	20	男	1945 年 8 月
徐东春	荣成市崖头街道海崖村	22	男	1945 年 8 月
国自福	荣成市崖头街道前密文村	18	男	1945 年 8 月
钱忠志	荣成市宁津街道东钱家村	32	男	1945 年 8 月
徐乃善	荣成市宁津街道东钱家村	20	男	1945 年 8 月
徐乃华	荣成市宁津街道东钱家村	20	男	1945 年 8 月
毕可仁	荣成市宁津街道东楮岛村	32	男	1945 年 8 月
唐开信	荣成市成山镇松埠嘴村	20	男	1945 年 8 月
蒲增显	荣成市成山镇蒲家泊村	20	男	1945 年 8 月
李维成	荣成市成山镇冯家庄村	19	男	1945 年 8 月
李国伟	荣成市埠柳镇不夜村	22	男	1945 年 8 月
王述伦	荣成市埠柳镇沙楼村	24	男	1945 年 8 月
刘元伟	荣成市成山镇成山一村	25	男	1945 年 8 月
倪永福	荣成市成山镇成山一村	29	男	1945 年 8 月
邵志超	荣成市成山镇成山一村	27	男	1945 年 8 月
王丙恒	荣成市埠柳镇埠柳村	23	男	1945 年 8 月
宋忠堂	荣成市虎山镇黄山王家村	20	男	1945 年 8 月
王传池	荣成市虎山镇黄山王家村	21	男	1945 年 8 月
宋智绪	荣成市虎山镇五柳村	22	男	1945 年
梁全斌	荣成市埠柳镇学福村	21	男	1945 年
孙玉法	荣成市埠柳镇石桥村	29	男	1945 年
唐凤源	荣成市成山镇成山二村	18	男	1945 年
王汉昌	荣成市崖西镇詹家庄村	17	男	1945 年
曲庆国	荣成市虎山镇得胜寨村	19	男	1945 年

姓 名	籍 贯	年 龄	性 别	死难时间
尹家和	荣成市虎山镇南于家村	18	男	1945 年
岳经玉	荣成市虎山镇岳家村	19	男	1945 年
张立国	荣成市虎山镇福落山村	21	男	1945 年
谭道义	荣成市人和镇南下河村	26	男	1945 年
高培基	荣成市大疃镇户山村	28	男	1945 年
王智章	荣成市王连街道孙家村	21	男	1945 年
毕志修	荣成市荫子镇王管松村	28	男	1945 年
王志田	荣成市俚岛镇白云东村	19	男	1945 年
王合亭	荣成市城西街道百尺崖村	28	男	1945 年
陈炳卿	荣成市城西街道楚家村	27	男	1945 年
高瑞三	荣成市寻山街道西高家村	21	男	1945 年
高瑞增	荣成市寻山街道西高家村	22	男	1945 年
高瑞乾	荣成市寻山街道西高家村	28	男	1945 年
高瑞友	荣成市寻山街道西高家村	22	男	1945 年
董永凯	荣成市崂山街道鲍家庄村	17	男	1945 年
王福桥	荣成市崖西镇东埠前村	26	男	1945 年
车仁政	荣成市崖西镇北崖西村	18	男	1945 年
车德文	荣成市崖西镇北崖西村	27	男	1945 年
赵永和	荣成市崖西镇车家庄村	25	男	1945 年
郑维周	荣成市崖西镇崖后村	20	男	1945 年
刘德利	荣成市崖西镇大山口村	31	男	1945 年
张彩忠	荣成市崖西镇隆峰村	19	男	1945 年
曲森柏	荣成市崖西镇桥南头村	19	男	1945 年
车仁校	荣成市崖西镇南崖西村	20	男	1945 年
戴和周	荣成市崖西镇卧龙戴家村	27	男	1945 年
李兆兴	荣成市上庄镇庙东武家村	35	男	1945 年
张庚序	荣成市上庄镇邢格村	17	男	1945 年
陈学连	荣成市上庄镇河南王家村	19	男	1945 年
王保持	荣成市上庄镇河南王家村	30	男	1945 年
孙振江	荣成市上庄镇涝村孙家村	18	男	1945 年
孙顺华	荣成市上庄镇涝村孙家村	21	男	1945 年
李增茂	荣成市上庄镇西旗杆石村	17	男	1945 年
赵堂财	荣成市上庄镇西旗杆石村	20	男	1945 年
姜万明	荣成市斥山街道南庙山村	31	男	1945 年

姓 名	籍 贯	年 龄	性 别	死难时间
姜万勤	荣成市斥山街道南庙山村	27	男	1945 年
苏廷荣	荣成市斥山街道西苏家村	19	男	1945 年
王增令	荣成市东山街道吉屯村	25	男	1945 年
毕庶君	荣成市东山街道柳村	28	男	1945 年
毕相臣	荣成市东山街道柳村	36	男	1945 年
刘常忍	荣成市东山街道于家庄村	24	男	1945 年
许德信	荣成市王连街道许家村	32	男	1945 年
洪建义	荣成市王连街道马岭洪家村	20	男	1945 年
刘洪斌	荣成市王连街道松顶后村	20	男	1945 年
于文佃	荣成市滕家镇小落村	18	男	1945 年
于进章	荣成市荫子镇兰村	22	男	1945 年
陈智洪	荣成市荫子镇杨家沟村	30	男	1945 年
王桂升	荣成市城西街道百尺崖村	20	男	1945 年
曲世信	荣成市荫子镇丛家泊村	17	男	1945 年
于仁续	荣成市荫子镇青岘庄村	19	男	1945 年
毕庶本	荣成市荫子镇东夏埠村	19	男	1945 年
孔庆镇	荣成市滕家镇孔家庄村	26	男	1945 年
肖细模	荣成市滕家镇大章村	23	男	1945 年
滕世福	荣成市滕家镇滕家村	22	男	1945 年
邹积良	荣成市滕家镇单家村	18	男	1945 年
姜树田	荣成市俚岛镇东崮村	24	男	1945 年
肖永星	荣成市滕家镇二章村	44	男	1945 年
肖永莱	荣成市滕家镇二章村	18	男	1945 年
杨夕顺	荣成市俚岛镇后瞳村	32	男	1945 年
隋元秀	荣成市俚岛镇英西庄村	22	男	1945 年
梁常田	荣成市俚岛镇沟崖张家村	22	男	1945 年
王宝濂	荣成市俚岛镇西利查埠村	26	男	1945 年
刘明里	荣成市俚岛镇南马道河村	19	男	1945 年
唐升礼	荣成市俚岛镇草岛寨村	21	男	1945 年
李际敬	荣成市俚岛镇项家寨村	20	男	1945 年
颜世春	荣成市俚岛镇颜家村	37	男	1945 年
杨夕仁	荣成市俚岛镇后瞳村	24	男	1945 年
宋玉松	荣成市俚岛镇庄上宋家村	25	男	1945 年
宋玉德	荣成市俚岛镇庄上宋家村	23	男	1945 年

姓名	籍贯	年龄	性别	死难时间
闫永信	荣成市大疃镇孤石吴家村	26	男	1945年
迟德生	荣成市大疃镇迟家店村	20	男	1945年
王吉生	荣成市大疃镇迟家店村	23	男	1945年
汤大仁	荣成市大疃镇岳泊庄村	27	男	1945年
汤红	荣成市大疃镇岳泊庄村	28	男	1945年
杨振豫	荣成市俚岛镇东烟墩村	25	男	1945年
毕续益	荣成市东山街道石头河村	26	男	1945年
毕可信	荣成市东山街道石头河村	25	男	1945年
毕可义	荣成市东山街道石头河村	21	男	1945年
毕可财	荣成市东山街道石头河村	37	男	1945年
毕可彬	荣成市东山街道石头河村	25	男	1945年
周德发	荣成市东山街道龙山后村	20	男	1945年
毕庶和	荣成市东山街道龙山后村	19	男	1945年
张忠贤	荣成市港湾街道大鱼岛村	18	男	1945年
张本亭	荣成市港湾街道玄镇村	20	男	1945年
张本农	荣成市港湾街道大鱼岛村	19	男	1945年
姜学耕	荣成市港湾街道桃树园村	27	男	1945年
王福思	荣成市宁津街道	29	男	1945年
王学平	荣成市崖头街道	—	男	1945年
董永顺	荣成市崂山街道鲍家庄村	22	男	1945年
林均亭	荣成市崂山街道南沽村	20	男	1945年
林基省	荣成市崂山街道小迟家村	20	男	1945年
姜世会	荣成市崂山街道崂山屯村	34	男	1945年
彭永洪	荣成市崖头街道后密文村	20	男	1945年
张和太	荣成市崖头街道丁家村	18	男	1945年
田春	荣成市崖头街道荣安居委会	—	男	1945年
张夕安	荣成市崖头街荣盛居委会	18	男	1945年
徐茂经	荣成市崖头街道徐家村	30	男	1945年
李世平	荣成市寻山街道竹村	21	男	1945年
程显华	荣成市寻山街道东龙家村	20	男	1945年
徐可亭	荣成市寻山街道前虎口村	23	男	1945年
董传红	荣成市崂山街道二疃村	21	男	1945年
张书龙	荣成市崂山街道南埠村	21	男	1945年
李元华	荣成市崂山街道崂山屯村	31	男	1945年

姓 名	籍 贯	年 龄	性 别	死难时间
赵云堂	荣成市崂山街道毕家屯村	22	男	1945 年
尹厚琛	荣成市宁津街道马栏耩村	19	男	1945 年
张积海	荣成市宁津街道季家村	18	男	1945 年
张本儒	荣成市宁津街道季家村	19	男	1945 年
张本雨	荣成市宁津街道季家村	22	男	1945 年
宁正德	荣成市宁津街道留村	15	男	1945 年
汤小玉	荣成市大疃镇大疃村	—	女	1945 年
汤洪福	荣成市大疃镇北湾头村	20	男	1945 年
迟念顺	荣成市大疃镇迟家店村	20	男	1945 年
汤二仁	荣成市大疃镇岳泊庄村	26	男	1945 年
王福坤	荣成市上庄镇中古章村	20	男	1945 年
苏克己	荣成市斥山街道西苏家村	31	男	1945 年
王业塔	荣成市斥山街道西寨村	21	男	1945 年
毕可贤	荣成市斥山街道西寨村	19	男	1945 年
初义宾	荣成市斥山街道初家齐山村	19	男	1945 年
王登光	荣成市斥山街道东火塘寨村	26	男	1945 年
梁维洪	荣成市崖西镇西柳村	17	男	1945 年
苑可兴	荣成市桃园街道苑家村	—	男	1945 年
苑永绪	荣成市桃园街道苑家村	—	男	1945 年
王业杰	荣成市港湾街道北车脚河村	16	男	1945 年
周吉池	荣成市桃园街道东南海村	20	男	1945 年
毕庶绅	荣成市东山街道河北村	—	男	1945 年
张厚本	荣成市东山街道茂山后村	—	男	1945 年
梁振功	荣成市埠柳镇学福村	—	男	1945 年
刘景本	荣成市埠柳镇现都村	29	男	1945 年
刘景风	荣成市埠柳镇现都村	23	女	1945 年
梁双喜	荣成市虎山镇庵里村	21	男	1945 年
卞进成	荣成市虎山镇卞家村	55	男	1945 年
冯瑞新	荣成市虎山镇冯家村	69	男	1945 年
李兆堂	荣成市上庄镇庙东武家村	16	男	1945 年
李彩炜	荣成市成山镇卧龙村	25	男	1945 年
王凤林	荣成市成山镇马厂村	17	男	1945 年
郑维信	荣成市成山镇北郑家村	21	男	1945 年
王成杰	荣成市成山镇石水河西村	19	男	1945 年

姓 名	籍 贯	年 龄	性 别	死难时间
刘明礼	荣成市成山镇葛家村	26	男	1945 年
李祥永	荣成市埠柳镇不夜村	25	男	1945 年
房敏贵	荣成市埠柳镇北兰格村	15	男	1945 年
于本杰	荣成市成山镇成山三村	18	男	1945 年
王起修	荣成市成山镇岳家庄村	62	男	1945 年
王文曲	荣成市成山镇岳家庄村	25	男	1945 年
宗玉坤	荣成市埠柳镇西张格村	23	男	1945 年
张学坤	荣成市虎山镇东双庙村	20	男	1945 年
常德修	荣成市虎山镇石糟村	27	男	1945 年
关永堂	荣成市俚岛镇关家村	—	男	1945 年
姜学叶	荣成市俚岛镇东庙院村	—	男	1945 年
姜宗岳	荣成市俚岛镇东庙院村	—	男	1945 年
李凤英	荣成市俚岛镇燕山村	22	男	1945 年
李元城	荣成市俚岛镇燕山村	34	男	1945 年
孙元锦	荣成市俚岛镇杏陈家村	—	男	1945 年
杨永奎	荣成市夏庄镇北山冷家村	40	男	1945 年
邹本坡	荣成市滕家镇西仙王家村	35	男	1945 年
刘文安	荣成市港西镇港山后村	31	男	1945 年
鞠洪旗	荣成市港西镇北城村	21	男	1945 年
王可敏	荣成市港西镇旭口村	20	男	1945 年
殷日明	荣成市人和镇南梓椤村	21	男	1945 年
连忠信	荣成市人和镇朱口村	22	男	1945 年
宋所明	荣成市人和镇王家竹村	29	男	1945 年
杨洪斋	荣成市人和镇炮前村	21	男	1945 年
谭爱卿	荣成市人和镇南下河村	24	男	1945 年
姜培芝	荣成市人和镇佛堂村	17	男	1945 年
姜培春	荣成市人和镇佛堂村	17	男	1945 年
张夕恒	荣成市人和镇蟠龙村	34	男	1945 年
许进合	荣成市人和镇人和村	21	男	1945 年
张起喜	荣成市虎山镇西山张家村	24	男	1945 年
王枝看	荣成市虎山镇台上村	27	男	1945 年
仁 子	荣成市上庄镇西涝村	—	男	—
连 友	荣成市上庄镇西涝村	—	男	—
鞠希成	荣成市崖西镇上观村	—	男	—

姓 名	籍 贯	年 龄	性 别	死难时间
丛双滋	荣成市崖西镇丛家庄村	—	男	—
张世太	荣成市港湾街道牧云庵村	—	男	—
刘永昌	荣成市埠柳镇东初家村	—	男	—
孔庆友	荣成市埠柳镇东初家村	—	男	—
刘崇福	荣成市埠柳镇东初家村	—	男	—
鞠昭钤	荣成市埠柳镇东下庄村	53	男	—
于承先	荣成市埠柳镇车古村	—	男	—
孙傅连	荣成市荫子镇后荫子夼村	23	男	—
罗栓子	荣成市虎山镇岳家村	20	男	—
岳洪喜	荣成市虎山镇岳家村	22	男	—
岳远超	荣成市城西街道东岭后村	—	男	—
岳 锁	荣成市城西街道东岭后村	—	男	—
李际年	荣成市寻山街道青安屯村	23	男	—
张学斌	荣成市寻山街道青安屯村	20	男	—
张金森	荣成市寻山街道青安屯村	20	男	—
张子洪	荣成市寻山街道青安屯村	20	男	—
毕书田	荣成市崂山街道西牟村	21	男	—
孙景田	荣成市崂山街道西牟村	22	男	—
孙祥士	荣成市崂山街道西牟村	19	男	—
张光祖	荣成市大疃镇东塔后村	—	男	—
潘宝林	荣成市人和镇靖海卫村	—	男	—
连 申	荣成市人和镇靖海卫村	—	男	—
崔二胜	荣成市人和镇西北河村	18	男	—
刘青新	荣成市人和镇西刘家疃村	27	男	—
周之灵	荣成市人和镇涨濛村	45	男	—
连传址	荣成市人和镇涨濛村	17	男	—
连厚尚之妻	荣成市人和镇涨濛村	26	女	—
连 能	荣成市人和镇涨濛村	19	女	—
邓 云	荣成市人和镇王家竹村	—	男	—
岳所子	荣成市虎山镇岳家村	25	男	—
岳伍仁	荣成市虎山镇岳家村	35	男	—
张汝演	荣成市虎山镇东塘子村	19	男	—
常 捆	荣成市虎山镇南寨子后村	—	女	—
张学京	荣成市虎山镇南寨子后村	—	女	—

姓 名	籍 贯	年 龄	性 别	死难时间
刘 明	荣成市俚岛镇南马道河村	20	男	—
杨 永	荣成市俚岛镇初家泊村	—	男	—
李红清	荣成市俚岛镇初家泊村	—	男	—
王德清	荣成市王连街道连家庄村	—	男	—
林长春	荣成市夏庄镇江林庄村	64	男	—
江培英	荣成市夏庄镇江林庄村	62	男	—
江培林	荣成市夏庄镇江林庄村	67	男	—
林元聚	荣成市夏庄镇江林庄村	56	男	—
江元秀	荣成市夏庄镇江林庄村	57	男	—
林建德	荣成市夏庄镇江林庄村	—	男	—
闫丰桂	荣成市夏庄镇小夏庄村	45	男	—
张夕英	荣成市夏庄镇青埠岭村	16	女	—
杨春发	荣成市夏庄镇圈杨家村	—	男	—
杨寿斋	荣成市夏庄镇圈杨家村	—	男	—
杨胜斋	荣成市夏庄镇圈杨家村	—	男	—
杨春生	荣成市夏庄镇圈杨家村	—	男	—
杨东增	荣成市夏庄镇圈杨家村	—	男	—
杨会增	荣成市夏庄镇圈杨家村	—	男	—
杨会周	荣成市夏庄镇圈杨家村	—	男	—
刘玉国	荣成市夏庄镇三胪村	35	男	—
刘玉生	荣成市夏庄镇三胪村	30	男	—
刘玉尉	荣成市夏庄镇三胪村	20	男	—
李喜世	荣成市荫子镇土城子村	55	男	—
李喜兴	荣成市荫子镇土城子村	45	男	—
荣华坤	荣成市荫子镇兰村	35	男	—
荣仲喜	荣成市荫子镇兰村	48	男	—
梁维信	荣成市荫子镇三冢泊村	—	男	—
梁思梦	荣成市荫子镇三冢泊村	—	男	—
姚福海	荣成市滕家镇韩家地村	—	男	—
徐振兴	荣成市滕家镇西河北村	—	男	—
徐基申	荣成市滕家镇西河北村	—	男	—
徐 斌	荣成市滕家镇西河北村	—	男	—
周大乾	荣成市	23	男	—
刘伟忠	荣成市	23	男	—

姓　名	籍　贯	年　龄	性　别	死难时间
史大君	荣成市	23	男	—
张连芳	荣成市	23	男	—
于全洪	荣成市	23	男	—
许斌之	荣成市	23	男	—
王宗善	荣成市	23	男	—
孙景福	荣成市	24	男	—
连承永	荣成市	24	男	—
张世清	荣成市	24	男	—
郭××	荣成市虎山镇	—	男	—
宋喜堂	荣成市虎山镇	—	男	—
王克华	荣成市夏庄镇大胪村	—	男	—
李秀卿	荣成市俚岛镇小耩村	—	女	—
苏善峰	荣成市宁津街道东苏家村	14	男	—
李品荣	荣成市大疃镇大珠玑村	38	男	1938 年 3 月
孙连顺	荣成市埠柳镇西初家村	33	男	1939 年
张夕坤	荣成市埠柳镇凤头村	25	男	1939 年
杨国智	荣成市宁津街道后卢家村	19	男	1940 年 12 月
孙宝山	荣成市埠柳镇虎台村	30	男	1940 年
孙珍子	荣成市桃园街道西南海村	25	女	1940 年
孔　氏	荣成市埠柳镇不夜村	34	女	1940 年
孙兆纲	荣成市埠柳镇西初家村	41	男	1941 年
王同生	荣成市虎山镇峰山前村	27	男	1941 年
张忠恕	荣成市人和镇大庄村	19	男	1941 年
张锡岭	荣成市上庄镇院前村	40	男	1942 年 11 月
苏清袁	荣成市俚岛镇关家村	—	男	1942 年 6 月
孙德才	荣成市埠柳镇西初家村	28	男	1942 年
于胜喜	荣成市虎山镇正寺村	35	男	1942 年
王立琪	荣成市虎山镇峰山前村	25	男	1942 年
张本范	荣成市人和镇南梓椤村	26	男	1942 年
毕建文	荣成市王连街道店子村	43	男	1942 年 12 月
周培臣之母	荣成市桃园街道桃园村	60	女	1943 年
王德义	荣成市人和镇团栾村	23	男	1943 年
王永兴	荣成市人和镇南梓椤村	29	男	1943 年
孙茂业	荣成市埠柳镇西初家村	24	男	1944 年

姓 名	籍 贯	年 龄	性 别	死难时间
侯文汉	荣成市人和镇南梓椤村	41	男	1944 年
孙玉山	荣成市埠柳镇西初家村	24	男	1944 年
曲立业	荣成市斥山街道殷家村	—	男	1944 年
许洪祥	荣成市人和镇团栾村	39	男	1944 年
韩锁才	荣成市人和镇灶户村	16	男	1945 年
冯宝智	荣成市俚岛镇陈冯庄村	—	男	—
张树秀	荣成市崂山街道烟墩村	21	男	—
董崇仁	荣成市崂山街道鲁家村	16	男	—
滕学堂	荣成市崂山街道鲁家村	17	男	—
康伍仁	荣成市崂山街道鲁家村	14	男	—
王永富	荣成市崂山街道鲁家村	15	男	—
康秀成	荣成市崂山街道鲁家村	16	男	—
王庭玉	荣成市崂山街道鲁家村	15	男	—
韩孟销	荣成市人和镇灶户村	23	男	—
王 丑	荣成市人和镇灶户村	37	男	—
合 计	2698			

责任人：鞠永军　　　　　　　核实人：连业萍　　　　　填表人：张洪波　王晓红
填报单位（签章）：荣成市委党史委　　　　　　　　　　填报时间：2009 年 4 月 20 日

文登市抗日战争时期死难者名录

姓名	籍贯	年龄	性别	死难时间
王仁斋	文登市侯家镇高家村	33	男	1938 年
于元伦	文登市葛家镇于家埠村	38	男	1938 年
毕 纯	文登市苘山镇汶口村	20	女	1938 年
毕贤序	文登市大水泊镇洪家庄村	26	男	1938 年
丁月林	文登市小观镇吴家庄村	22	男	1938 年
董厚宝	文登市宋村镇下徐村	—	男	1938 年
方仁礼	文登市文登营镇合板石村	16	男	1938 年
贺吉×	文登市龙山街道办事处河埠庄村	28	男	1938 年
贺兆明	文登市汪疃镇翠峡口村	34	男	1938 年
姜文胜	文登市文登营镇教场东村	19	男	1938 年
姜锡禄	文登市文登营镇	18	男	1938 年
鞠洪进	文登市宋村镇鹁鸽崖村	26	男	1938 年
邰玉璞	文登市小观镇邰家村	43	男	1938 年
李培文	文登市汪疃镇桑杭埠村	20	男	1938 年
李 胜	文登市葛家镇东旺疃村	17	男	1938 年
李树义	文登市龙山街道办事处河埠庄村	26	男	1938 年
李永明	文登市文登营镇马家岭村	25	男	1938 年
李曰全	文登市龙山街道办事处河埠庄村	25	男	1938 年
李兆芹	文登市大水泊镇河清村	20	男	1938 年
梁维清	文登市大水泊镇魏家庄村	17	男	1938 年
林来斌	文登市苘山镇二武林村	—	男	1938 年
刘宝树	文登市龙山街道办事处河埠庄村	25	男	1938 年
刘保华	文登市文登营镇西字城村	21	男	1938 年
刘培国	文登市文登营镇西字城村	28	男	1938 年
刘田华	文登市文登营镇教场东村	16	男	1938 年
刘文奎	文登市龙山街道办事处河埠庄村	33	男	1938 年
刘毓华	文登市文登营镇西字城村	21	男	1938 年
吕海斯	文登市葛家镇中旺疃村	37	男	1938 年
乔振湖	文登市大水泊镇栏杆河村	25	男	1938 年
曲福新	文登市文登营镇西庵村	21	男	1938 年
宋绍春	文登市宋村镇硝滩一村	33	男	1938 年

姓　名	籍　贯	年　龄	性　别	死难时间
隋原清	文登市米山镇米山村	32	男	1938 年
孙宝盛	文登市界石镇青庄村	20	男	1938 年
孙合清	文登市文登营镇沟于家村	24	男	1938 年
孙守忍	文登市苘山镇二武林村	—	男	1938 年
谭先德	文登市葛家镇松油村	20	男	1938 年
汤广义	文登市大水泊镇后村	19	男	1938 年
田荣昌	文登市高村镇万家庄村	24	男	1938 年
田为基	文登市米山镇东山后村	37	男	1938 年
童立东	文登市宋村镇大寨村	18	男	1938 年
童××	文登市宋村镇大寨村	18	男	1938 年
王吉德	文登市界石镇崮山后村	42	女	1938 年
王培英	文登市大水泊镇黄山阳村	23	男	1938 年
王树田	文登市界石镇崮山后村	49	男	1938 年
王有文	文登市文登营镇马格庄村	16	男	1938 年
王玉贞	文登市文登营镇营西村	22	男	1938 年
王云才	文登市大水泊镇金家庄村	22	男	1938 年
王忠孝	文登市大水泊镇后村	17	男	1938 年
吴永法	文登市泽头镇吴官屯村	21	男	1938 年
徐德莱	文登市宋村镇大床村	20	男	1938 年
杨春雨	文登市大水泊镇屯杨家村	18	男	1938 年
姚大有	文登市宋村镇姚山头村	22	男	1938 年
于初甲	文登市大水泊镇大水泊村	—	男	1938 年
于传璞	文登市文登营镇岭东村	26	男	1938 年
于道元	文登市汪疃镇翠峡口村	27	男	1938 年
于洪山	文登市界石镇崮山后村	—	男	1938 年
于洪章	文登市大水泊镇小沟村	28	男	1938 年
于敬初	文登市大水泊镇大水泊村	—	男	1938 年
于庆春之母	文登市大水泊镇大水泊村	—	女	1938 年
于统连	文登市大水泊镇大水泊村	—	男	1938 年
于万均之弟	文登市大水泊镇大水泊村	—	男	1938 年
于万均之母	文登市大水泊镇大水泊村	—	女	1938 年
于宪培之堂伯	文登市大水泊镇大水泊村	—	男	1938 年
于志齐	文登市大水泊镇大水泊村	26	男	1938 年
张文奎	文登市界石镇崮山后村	—	男	1938 年

姓 名	籍 贯	年 龄	性 别	死难时间
赵云江	文登市界石镇崮山后村	60	男	1938 年
邹付堂	文登市界石镇崮山后村	—	男	1938 年
毕保桂	文登市大水泊镇瓦屋庄村	19	男	1939 年
毕可唯	文登市侯家镇集后村	36	男	1939 年
卜文钦	文登市大水泊镇井南村	30	男	1939 年
陈春吉	文登市大水泊镇大沟村	26	男	1939 年
丛怀滋	文登市界石镇崮头集村	—	男	1939 年
丛树早	文登市界石镇河北崮头村	—	男	1939 年
崔登郁	文登市葛家镇东崔家口村	25	男	1939 年
邓树增	文登市文登营镇榛子崖村	24	男	1939 年
丁熙培	文登市汪疃镇西黄埠村	24	男	1939 年
付开田	文登市宋村镇青龙夼村	29	男	1939 年
顾玉泉	文登市天福街道办事处中渠格村	21	男	1939 年
侯正刚	文登市侯家镇侯家村	23	男	1939 年
黄培生	文登市界石镇桃花岘村	60	男	1939 年
黄培生之妻	文登市界石镇桃花岘村	60	女	1939 年
黄兆玉	文登市文登营镇小店村	22	男	1939 年
姜 省	文登市界石镇于家村	42	女	1939 年
姜天席	文登市宋村镇姜家庄村	22	男	1939 年
鞠合福	文登市宋村镇上徐村	25	男	1939 年
李桂锁	文登市大水泊镇荣家店村	30	男	1939 年
梁维仁	文登市大水泊镇魏家庄村	18	男	1939 年
林钧兆	文登市文登营镇埠岚村	27	男	1939 年
林连增	文登市泽头镇林村	35	男	1939 年
林××	文登市泽头镇吴官屯村	26	男	1939 年
林治国	文登市文登营镇庞家河村	22	男	1939 年
林治惠	文登市天福街道办事处峰西村	24	女	1939 年
林治田	文登市泽头镇吴官屯村	27	男	1939 年
刘大合	文登市侯家镇渠格庄村	23	男	1939 年
刘德新	文登市文登营镇西字城村	23	男	1939 年
刘国选	文登市侯家镇二马村	29	男	1939 年
刘吉开	文登市葛家镇西旺疃村	30	男	1939 年
刘伦章	文登市文登营镇西字城村	19	男	1939 年
刘喜增	文登市苘山镇小黄村	—	男	1939 年

姓 名	籍 贯	年龄	性别	死难时间
刘元华	文登市文登营镇西字城村	18	男	1939 年
刘振民	文登市界石镇大界石村	40	男	1939 年
刘忠仁	文登市汪疃镇李家庄村	29	男	1939 年
吕式仿	文登市葛家镇中旺疃村	24	男	1939 年
吕式所	文登市葛家镇中旺疃村	23	男	1939 年
吕寿山	文登市米山镇新发庄村	30	男	1939 年
吕宪序	文登市葛家镇西旺疃村	38	男	1939 年
吕以茂	文登市葛家镇陡埠村	36	男	1939 年
吕玉田	文登市界石镇小界石村	35	男	1939 年
马春德	文登市文登营镇张皮村	24	男	1939 年
荣凤胜	文登市大水泊镇荣家店村	30	男	1939 年
荣树模	文登市文登营镇前北风口村	20	男	1939 年
赛时建	文登市高村镇北邢家村	17	男	1939 年
宋举文	文登市葛家镇河北村	20	男	1939 年
隋福乾	文登市宋村镇上徐村	17	男	1939 年
隋锡江	文登市宋村镇上徐村	17	男	1939 年
孙合章	文登市高村镇沙柳村	22	男	1939 年
王炳坤	文登市葛家镇东孙疃村	33	男	1939 年
王卿臣	文登市文登营镇后长湾村	19	男	1939 年
王善友	文登市张家产镇西泊石村	24	男	1939 年
王书朋	文登市宋村镇下徐村	26	男	1939 年
王树滋	文登市大水泊镇金家庄村	20	男	1939 年
王树梓	文登市大水泊镇金家庄村	21	男	1939 年
王以方之兄	文登市界石镇桃花岘村	12	男	1939 年
王以云之姐	文登市界石镇桃花岘村	10	女	1939 年
王翼芝	文登市大水泊镇辛庄头村	20	男	1939 年
王 泽	文登市界石镇桃花岘村	20	男	1939 年
析永升	文登市汪疃镇泊家庄村	32	男	1939 年
肖永和	文登市大水泊镇口子后村	19	男	1939 年
徐文殿	文登市葛家镇西孙疃村	19	男	1939 年
许凤贞	文登市侯家镇集后村	34	男	1939 年
杨德仁	文登市小观镇裴家岛村	38	男	1939 年
于长海	文登市葛家镇英山前村	35	男	1939 年
于成森	文登市大水泊镇井南村	—	男	1939 年

姓 名	籍 贯	年 龄	性 别	死难时间
于大洪	文登市大水泊镇井南村	56	男	1939 年
于乏海	文登市大水泊镇井南村	—	男	1939 年
于 福	文登市小观镇于家庄村	35	男	1939 年
于福显	文登市大水泊镇井南村	26	男	1939 年
于福滋	文登市大水泊镇井南村	28	男	1939 年
于国氏	文登市大水泊镇井南村	70	女	1939 年
于合明	文登市大水泊镇大水泊村	29	男	1939 年
于洪国	文登市界石镇崮山后村	—	男	1939 年
于洪义	文登市葛家镇陡埠村	26	男	1939 年
于会兰	文登市大水泊镇西南台村	23	男	1939 年
于举成	文登市大水泊镇井南村		男	1939 年
于连玉	文登市汪疃镇西黄埠村	34	男	1939 年
于连仲	文登市高村镇沙柳村	23	男	1939 年
于时宾	文登市文登营镇于家产村	30	男	1939 年
于 氏	文登市泽库镇长会口村	—	女	1939 年
于世成	文登市大水泊镇井南村	—	男	1939 年
于寿科	文登市大水泊镇井南村	—	男	1939 年
于树汉	文登市米山镇西山后村	24	男	1939 年
于顺昌	文登市葛家镇铺集村	19	男	1939 年
于文国	文登市界石镇崮山后村	—	男	1939 年
于文华	文登市大水泊镇井南村	28	男	1939 年
于显庆	文登市张家产镇山阴沟村	40	男	1939 年
于秀英	文登市大水泊镇西南台村	19	女	1939 年
于学良	文登市泽头镇道口村	—	男	1939 年
于学泽	文登市泽头镇道口村	—	男	1939 年
于振江	文登市汪疃镇西黄埠村	35	男	1939 年
于作梅	文登市大水泊镇志门村	28	男	1939 年
张德人	文登市葛家镇李家庄村	20	男	1939 年
张福欣	文登市大水泊镇六山张家村	21	男	1939 年
张敬福	文登市文登营镇东仓村	32	男	1939 年
张仁卿	文登市大水泊镇六山张家村	17	男	1939 年
张云庆	文登市界石镇新炉村	30	男	1939 年
张云祥	文登市大水泊镇山后孙家村	22	男	1939 年
周 德	文登市宋村镇集西村	19	男	1939 年

姓 名	籍 贯	年 龄	性 别	死难时间
邹恒德	文登市葛家镇林子西村	25	男	1939 年
邹恒禄	文登市葛家镇林子西村	37	男	1939 年
鲍云松	文登市泽头镇下泊子村	30	男	1940 年
毕德子	文登市界石镇刘大庄村	—	男	1940 年
毕华序	文登市大水泊镇瓦屋庄村	22	男	1940 年
毕建序	文登市大水泊镇瓦屋庄村	45	男	1940 年
毕敬序	文登市汪疃镇北英武村	38	男	1940 年
毕可才	文登市高村镇西藤圈村	29	男	1940 年
毕可模	文登市宋村镇小床村	28	男	1940 年
毕可增	文登市宋村镇小床村	24	男	1940 年
毕明德	文登市大水泊镇庙西村	20	男	1940 年
毕庶德	文登市大水泊镇小台村	22	男	1940 年
毕××	文登市汪疃镇北英武村	36	男	1940 年
毕庶考	文登市大水泊镇瓦屋庄村	35	男	1940 年
毕庶月	文登市宋村镇双石村	15	男	1940 年
曹芳春	文登市苘山镇大夼村	21	男	1940 年
曹吉初	文登市宋村镇金西村	36	男	1940 年
曹云早	文登市苘山镇大夼村	41	男	1940 年
陈保学	文登市大水泊镇大沟村	25	男	1940 年
陈保忠	文登市大水泊镇大沟村	24	男	1940 年
陈金序	文登市文登营镇西杜梨村	21	男	1940 年
陈如生	文登市文登营镇侯家庵村	18	男	1940 年
陈世昌	文登市汪疃镇陈家山村	29	男	1940 年
陈岁吉	文登市大水泊镇大水泊村	18	男	1940 年
陈兆详	文登市天福街道办事处文山村	22	男	1940 年
初连重	文登市高村镇岭上初家村	51	男	1940 年
初钊基	文登市侯家镇南渠格村	—	男	1940 年
初钊增	文登市侯家镇南渠格村	—	男	1940 年
丛和胜	文登市苘山镇山马埠村	19	男	1940 年
丛仁珠	文登市汪疃镇桑杭埠村	29	男	1940 年
丛树全	文登市宋村镇金兆村	20	男	1940 年
丛田滋	文登市天福街道办事处小五里头村	21	男	1940 年
丛小敬	文登市葛家镇西宋格村	15	女	1940 年
丛信东	文登市大水泊镇后村	23	男	1940 年

姓　名	籍　贯	年龄	性别	死难时间
丛英珠	文登市苘山镇东道头村	26	男	1940 年
丛玉江	文登市张家产镇水井村	—	男	1940 年
丛玉珠	文登市大水泊镇歇驾夼村	36	男	1940 年
丛玉滋	文登市张家产镇水井村	—	男	1940 年
丛祝滋	文登市宋村镇下徐村	20	男	1940 年
崔当栓	文登市葛家镇东崔家口村	21	男	1940 年
崔汝泽	文登市葛家镇东崔家口村	22	男	1940 年
单香法	文登市大水泊镇毕家店村	22	男	1940 年
邓炳信	文登市文登营镇西字城村	26	男	1940 年
邓术海	文登市文登营镇长夼沟村	55	男	1940 年
董崇茂	文登市泽库镇长会口村	23	男	1940 年
董厚信	文登市高村镇岭上村	21	男	1940 年
董仁堂	文登市葛家镇周家埠村	19	男	1940 年
董永福	文登市文登营镇驾山窑村	23	男	1940 年
杜廷荣	文登市大水泊镇孤石村	35	男	1940 年
方崇成	文登市大水泊镇方家疃村	—	男	1940 年
方崇振	文登市大水泊镇方家疃村	—	男	1940 年
房树明	文登市宋村镇山东村	23	男	1940 年
傅开田	文登市宋村镇青龙夼村	39	男	1940 年
高德春	文登市汪疃镇东三庄村	—	男	1940 年
高德勤	文登市泽头镇刘家疃村	40	男	1940 年
高登之	文登市泽头镇大洼村	27	男	1940 年
高进德	文登市界石镇王家泊子村	31	男	1940 年
葛修茂	文登市泽库镇小葛家村	30	男	1940 年
宫本初	文登市葛家镇议城村	22	男	1940 年
宫云德	文登市苘山镇西苘山村	23	男	1940 年
杭文增	文登市文登营镇沟于家村	21	男	1940 年
何吉春	文登市文登营镇何家庄村	22	男	1940 年
贺吉胜	文登市界石镇院下村	24	男	1940 年
侯书森	文登市大水泊镇辛庄头村	23	男	1940 年
胡宗汉	文登市汪疃镇小屯村	18	男	1940 年
胡宗亭	文登市界石镇院下村	20	男	1940 年
黄　海	文登市界石镇岚后村	46	男	1940 年
黄兆新	文登市文登营镇西北岔村	25	男	1940 年

姓 名	籍 贯	年 龄	性 别	死难时间
江德润	文登市汪疃镇东三庄村	23	男	1940 年
江吉祥	文登市米山镇新上庄村	46	男	1940 年
江 坤	文登市汪疃镇东三庄村	—	男	1940 年
江亮传	文登市汪疃镇东三庄村	—	男	1940 年
江路安	文登市汪疃镇东三庄村	—	男	1940 年
江秋月	文登市汪疃镇东三庄村	35	男	1940 年
江周德	文登市汪疃镇东三庄村	—	男	1940 年
姜保堂	文登市环山街道办事处口子后村	25	男	1940 年
姜桂清	文登市宋村镇大寨村	32	男	1940 年
姜浩池	文登市侯家镇西泥沟村	20	男	1940 年
姜麦路	文登市泽库镇长会口村	11	男	1940 年
姜女华	文登市宋村镇大寨村	20	男	1940 年
姜荣寿	文登市宋村镇曲疃庄村	20	男	1940 年
姜应泽	文登市宋村镇姜家庄村	22	男	1940 年
姜振卿	文登市汪疃镇卅里铺村	—	男	1940 年
蒋锡胜	文登市大水泊镇小河村	19	男	1940 年
鞠合仁	文登市宋村镇上徐村	17	男	1940 年
鞠××	文登市宋村镇鹁鸽崖村	20	男	1940 年
鞠文恩	文登市宋村镇鹁鸽崖村	20	男	1940 年
鞠泽农	文登市崮山镇西崮山村	20	男	1940 年
李本成	文登市葛家镇英山前村	41	男	1940 年
李德万	文登市大水泊镇大河村	19	男	1940 年
李二安	文登市侯家镇石章河村	39	男	1940 年
李二安之妻	文登市侯家镇石章河村	39	女	1940 年
李法春	文登市文登营镇马家岭村	47	男	1940 年
李方德	文登市泽库镇后岛村	18	男	1940 年
李洪海	文登市侯家镇南渠格村	—	男	1940 年
李文常	文登市汪疃镇桑杭埠村	25	男	1940 年
李叙德	文登市葛家镇北石山头村	17	男	1940 年
梁××	文登市汪疃镇桑杭埠村	—	男	1940 年
梁国胜	文登市汪疃镇桑杭埠村	34	男	1940 年
梁焕臣	文登市文登营镇青口岚村	32	男	1940 年
梁 杰	文登市高村镇万家庄村	18	男	1940 年
梁培模	文登市文登营镇青口岚村	30	男	1940 年

姓　名	籍　贯	年龄	性别	死难时间
梁培庶	文登市文登营镇青口岚村	40	男	1940 年
林成其	文登市泽头镇林村	33	男	1940 年
林城起	文登市泽头镇林村	23	男	1940 年
林福信	文登市泽头镇林村	24	男	1940 年
林桂山	文登市泽头镇林村	27	男	1940 年
林辉斋	文登市泽头镇林村	22	男	1940 年
林基宏	文登市天福街道办事处文山村	26	男	1940 年
林基钟	文登市宋村镇集西村	26	男	1940 年
林均安	文登市泽头镇林村	23	男	1940 年
林均祥	文登市泽头镇吴官屯村	28	男	1940 年
林钧德	文登市大水泊镇大河村	37	男	1940 年
林钧兰	文登市文登营镇后长湾村	20	男	1940 年
林钧明	文登市宋村镇神格庄村	20	男	1940 年
林钧选	文登市文登营镇埠岚村	24	男	1940 年
林钧章	文登市苘山镇西杨格村	31	男	1940 年
林茂海	文登市文登营镇埠岚村	40	男	1940 年
林茂荣	文登市宋村镇李仙庄村	43	男	1940 年
林明同	文登市葛家镇洛格庄村	38	男	1940 年
林秀山	文登市泽头镇峰山村	41	男	1940 年
林××	文登市泽头镇林村	39	男	1940 年
林学兰	文登市泽头镇林村	37	男	1940 年
林　×	文登市泽头镇林村	20	男	1940 年
林治海	文登市泽头镇林村	24	男	1940 年
刘长春	文登市文登营镇八里庙村	18	男	1940 年
刘成俊	文登市界石镇大界石村	26	男	1940 年
刘大荣	文登市侯家镇南渠格村	—	男	1940 年
刘大义	文登市侯家镇渠格庄村	31	男	1940 年
刘道倘	文登市葛家镇西于村	—	男	1940 年
刘德维	文登市张家产镇小官村	32	男	1940 年
刘恩华	文登市文登营镇西字城村	19	男	1940 年
刘奎张	文登市文登营镇西字城村	50	男	1940 年
刘明华	文登市文登营镇西字城村	22	男	1940 年
刘　生	文登市宋村镇莱园子村	17	男	1940 年
刘堂三	文登市苘山镇小黄村	—	男	1940 年

姓 名	籍 贯	年 龄	性 别	死难时间
刘文华	文登市文登营镇沟于家村	21	男	1940 年
刘锡华	文登市文登营镇方格窑村	22	男	1940 年
刘 炎	文登市文登营镇西字城村	33	男	1940 年
刘泽敏之祖父	文登市汪疃镇丛家产村	—	男	1940 年
刘振江	文登市文登营镇西字城村	20	男	1940 年
刘振秀	文登市界石镇闫家泊子村	22	男	1940 年
刘忠国	文登市苘山镇西苘山村	21	男	1940 年
吕增序	文登市葛家镇议城村	18	男	1940 年
马连增	文登市开发区九里水头村	27	男	1940 年
乔廷玉	文登市大水泊镇五尚地村	27	男	1940 年
乔廷滋	文登市大水泊镇五尚地村	29	男	1940 年
苘仲锁	文登市埠口镇敖山村	25	男	1940 年
曲心斋	文登市界石镇闫家庄村	31	男	1940 年
荣春之	文登市大水泊镇口子后村	20	男	1940 年
荣世璞	文登市文登营镇前北风口村	19	男	1940 年
荣世浔	文登市文登营镇前北风口村	19	男	1940 年
荣贤之	文登市大水泊镇山后张家村	19	男	1940 年
赛时学	文登市大水泊镇赛家庄村	25	男	1940 年
赛自原	文登市高村镇中邢家村	44	男	1940 年
沙俊花	文登市界石镇西院下村	20	女	1940 年
邵名成	文登市侯家镇二马村	20	男	1940 年
宋陈氏	文登市开发区九里水头村	36	女	1940 年
宋登武	文登市张家产镇东泊石村	18	男	1940 年
宋福奎	文登市开发区九里水头村	38	男	1940 年
宋辉莲	文登市侯家镇南渠格村	—	男	1940 年
宋梦人	文登市开发区九里水头村	18	男	1940 年
宋协恩	文登市宋村镇孔格庄村	17	男	1940 年
宋协志	文登市界石镇崮头村	18	男	1940 年
宋月滋	文登市开发区九里水头村	7	男	1940 年
宋增修	文登市侯家镇南渠格村	—	男	1940 年
苏凯明	文登市侯家镇大白户村	38	男	1940 年
隋恩增	文登市宋村镇上徐村	21	男	1940 年
隋锡江	文登市宋村镇上徐村	17	男	1940 年
隋照朋	文登市宋村镇上徐村	18	男	1940 年

姓 名	籍 贯	年 龄	性 别	死难时间
隋忠俊	文登市米山镇米山村	15	男	1940 年
孙福仁	文登市张家产镇沟西村	34	男	1940 年
孙启志	文登市高村镇孙家埠村	23	男	1940 年
孙秋白	文登市葛家镇英山前村	26	男	1940 年
孙文安	文登市宋村镇集西村	24	男	1940 年
孙文财	文登市文登营镇马格庄村	35	男	1940 年
孙友本	文登市汪疃镇汪疃村	—	男	1940 年
孙佑得	文登市高村镇中邢家村	20	男	1940 年
孙佑华	文登市高村镇孙家埠村	20	男	1940 年
孙佑伦	文登市高村镇虎山村	26	男	1940 年
孙佑胜	文登市高村镇孙家埠村	21	男	1940 年
孙震汉	文登市高村镇绿杨村	—	男	1940 年
谭 秋	文登市葛家镇谭家口村	30	男	1940 年
谭先翘	文登市葛家镇松油村	20	男	1940 年
腾和民	文登市米山镇西石硼村	30	男	1940 年
田丰升	文登市侯家镇侯家村	62	男	1940 年
田洪仁	文登市高村镇万家庄村	27	男	1940 年
田治国	文登市文登营镇刘马庄村	35	男	1940 年
汪会郎	文登市汪疃镇东三庄村	30	男	1940 年
王炳礼	文登市张家产镇因寺桥村	52	男	1940 年
王 党	文登市苘山镇西刘章村	—	男	1940 年
王 ×	文登市侯家镇北廒村	26	男	1940 年
王道坤	文登市文登营镇西北岔村	19	男	1940 年
王德山	文登市大水泊镇西邹山村	21	男	1940 年
王德喜	文登市大水泊镇西邹山村	19	男	1940 年
王德义	文登市汪疃镇地文头村	19	男	1940 年
王广当	文登市葛家镇背眼村	20	男	1940 年
王桂东	文登市高村镇勒家店村	32	男	1940 年
王桂荣	文登市高村镇勒家店村	37	男	1940 年
王国开	文登市泽头镇峰山村	21	男	1940 年
王洪玉	文登市高村镇黄庵村	16	男	1940 年
王积春	文登市大水泊镇山后王家村	18	男	1940 年
王积森	文登市大水泊镇山后王家村	21	男	1940 年
王吉洪	文登市高村镇高村	40	男	1940 年

姓 名	籍 贯	年 龄	性 别	死难时间
王立忠	文登市文登营镇马格庄村	52	男	1940 年
王 民	文登市侯家镇南渠格村	—	女	1940 年
王培军	文登市文登营镇营西村	37	男	1940 年
王世生	文登市大水泊镇西堡子村	27	男	1940 年
王世义	文登市大水泊镇金家庄村	20	男	1940 年
王守山	文登市大水泊镇岳家村	25	男	1940 年
王书国	文登市葛家镇郭子村	27	男	1940 年
王书俭	文登市宋村镇下徐村	41	男	1940 年
王树德	文登市文登营镇止马岭村	39	男	1940 年
王树丰	文登市大水泊镇陈家埠村	41	男	1940 年
王树茂	文登市文登营镇止马岭村	25	男	1940 年
王×××	文登市宋村镇下徐村	41	男	1940 年
王天才	文登市宋村镇下徐村	39	男	1940 年
王天模	文登市宋村镇下徐村	26	男	1940 年
王文模	文登市葛家镇周家埠村	19	男	1940 年
王锡纯	文登市米山镇新发庄村	21	男	1940 年
王喜才	文登市文登营镇沟王家村	20	男	1940 年
王喜林	文登市界石镇西院下村	26	男	1940 年
王序坤	文登市侯家镇西泥沟村	28	男	1940 年
王永俭	文登市高村镇汤泊阳村	18	男	1940 年
王玉海	文登市侯家镇侯家村	29	男	1940 年
王云升	文登市大水泊镇金家庄村	21	男	1940 年
王云秀	文登市文登营镇泊邓家村	30	男	1940 年
王振珠	文登市文登营镇后长湾村	22	男	1940 年
吴相兴	文登市米山镇西下庄村	19	男	1940 年
席牛氏	文登市高村镇高村	53	女	1940 年
夏德平	文登市界石镇烂木沟村	19	男	1940 年
邢 当	文登市泽头镇岛集村	27	男	1940 年
邢德本	文登市文登营镇前北风口村	24	男	1940 年
邢庆奎	文登市大水泊镇东邹山村	22	男	1940 年
邢延瑞	文登市高村镇中邢家村	24	男	1940 年
徐寿生	文登市大水泊镇下河村	21	男	1940 年
徐宣光	文登市大水泊镇生地村	—	男	1940 年
徐原德	文登市大水泊镇辛庄头村	26	男	1940 年

姓 名	籍 贯	年 龄	性 别	死难时间
徐振海	文登市宋村镇渠格庄村	31	男	1940 年
徐振合	文登市大水泊镇岳家村	39	男	1940 年
徐仲雷	文登市大水泊镇生地村	—	男	1940 年
许东才	文登市大水泊镇三庄村	38	男	1940 年
许善庭	文登市宋村镇大寨村	19	男	1940 年
杨丰会	文登市侯家镇寨前杨家村	33	男	1940 年
杨福成	文登市侯家镇侯家村	26	男	1940 年
杨桂亭	文登市界石镇闫家泊子村	19	男	1940 年
杨桂象	文登市高村镇沙柳村	27	男	1940 年
杨恺象	文登市高村镇沙柳村	20	男	1940 年
杨迁华	文登市文登营镇岚寨村	28	男	1940 年
杨 四	文登市侯家镇侯家村	40	男	1940 年
杨元京	文登市侯家镇侯家村	26	男	1940 年
杨增玫	文登市侯家镇上郭家村	40	女	1940 年
于 参	文登市界石镇崮头集村	—	男	1940 年
于福堂	文登市文登营镇后驾山村	18	男	1940 年
于福咸	文登市大水泊镇河北村	29	男	1940 年
于刚永	文登市环山街道办事处河圈村	24	男	1940 年
于恭滋	文登市大水泊镇大水泊村	23	男	1940 年
于贵林	文登市大水泊镇井南村	34	男	1940 年
于桂文	文登市大水泊镇西南台村	21	男	1940 年
于国考	文登市侯家镇南渠格村	—	男	1940 年
于国培	文登市大水泊镇后土埠岭村	20	男	1940 年
于洪海	文登市高村镇波浪后村	20	男	1940 年
于举新	文登市宋村镇硝二村	28	男	1940 年
于举×	文登市宋村镇硝二村	28	男	1940 年
于连兄之兄	文登市大水泊镇大水泊村	—	男	1940 年
于墨林	文登市大水泊镇大河村	29	男	1940 年
于庆昌	文登市大水泊镇井东村	18	男	1940 年
于仁美	文登市文登营镇后驾山村	30	男	1940 年
于仁增	文登市环山街道办事处西寨村	40	男	1940 年
于诗通	文登市侯家镇南渠格村	—	男	1940 年
于时吉	文登市高村镇辛店子村	36	男	1940 年
于守礼	文登市宋村镇硝一村	40	男	1940 年

姓 名	籍 贯	年 龄	性 别	死难时间
于淑欣	文登市大水泊镇大水泊村	25	男	1940 年
于树叶	文登市米山镇西山后村	26	男	1940 年
于树由	文登市宋村镇孔格庄村	20	男	1940 年
于栓德	文登市汪疃镇汪疃村	—	男	1940 年
于文基	文登市大水泊镇泽上村	19	男	1940 年
于文戌	文登市大水泊镇集东村	27	男	1940 年
于 五	文登市高村镇高村	74	男	1940 年
于夕征之子	文登市米山镇埠南庄村	20	男	1940 年
于锡训	文登市宋村镇东孔格村	—	男	1940 年
于××	文登市大水泊镇大水泊村	—	男	1940 年
于新宽	文登市汪疃镇东三庄村	—	男	1940 年
于秀峰	文登市泽头镇上泊子村	30	男	1940 年
于学礼	文登市大水泊镇集东村	19	男	1940 年
于延清	文登市大水泊镇大水泊村	30	男	1940 年
于永海	文登市大水泊镇北洼村	33	男	1940 年
于 正	文登市界石镇崮头集村	—	男	1940 年
于植英	文登市大水泊镇大水泊村	30	男	1940 年
于专贵	文登市大水泊镇孤石村	—	男	1940 年
袁福海	文登市葛家镇祝家泊子村	19	男	1940 年
张 德	文登市高村镇河西村	71	男	1940 年
张福胜	文登市大水镇砣头村	29	男	1940 年
张洪仁	文登市高村镇西山村	40	男	1940 年
张洪义	文登市高村镇西山村	38	男	1940 年
张锦山	文登市张家产镇初家庄村	20	男	1940 年
张培合	文登市大水泊镇六山张家村	45	男	1940 年
张仁福	文登市文登营镇柯家庄村	29	男	1940 年
张润泽	文登市宋村镇李仙庄村	18	男	1940 年
张胜友	文登市葛家镇林子西村	65	男	1940 年
张世桂	文登市大水泊镇张家村	24	男	1940 年
张树武	文登市张家产镇张家产村	46	男	1940 年
张思仁	文登市宋村镇宋村	23	男	1940 年
张太辰之母	文登市张家产镇张家产村	40	女	1940 年
张太平	文登市张家产镇张家产村	42	男	1940 年
张万林	文登市张家产镇张家产村	31	男	1940 年

姓 名	籍 贯	年 龄	性 别	死难时间
张万寿	文登市张家产镇张家产村	37	男	1940 年
张锡会	文登市大水泊镇六山张家村	20	男	1940 年
张锡荣	文登市大水泊镇六山张家村	24	男	1940 年
张新江	文登市文登营镇大店村村	25	男	1940 年
张意欣	文登市苘山镇东杨格村	—	男	1940 年
张云堂	文登市大水泊镇山后孙家村	23	男	1940 年
张云秀	文登市大水泊镇山后孙家村	32	男	1940 年
张执川	文登市大水泊镇张家村	34	男	1940 年
张子平	文登市大水泊镇六山张家村	23	男	1940 年
赵福秋	文登市葛家镇洛格庄村	24	男	1940 年
赵桂武	文登市张家产镇因寺桥村	42	男	1940 年
赵熙德	文登市张家产镇沟西村	20	男	1940 年
赵熙章	文登市张家产镇因寺桥村	58	男	1940 年
赵竹轩	文登市龙山街道办事处生产村	38	男	1940 年
郑开泽	文登市米山镇老埠村	—	男	1940 年
郑修仁	文登市米山镇老埠村	—	男	1940 年
郑修亭	文登市米山镇老埠村	—	男	1940 年
郑永坤	文登市宋村镇郑家沟村	18	男	1940 年
周昌贵	文登市宋村镇郭家店村	21	男	1940 年
周昌玉	文登市宋村镇郭家店村	27	男	1940 年
周成聪	文登市高村镇高村	55	男	1940 年
周国成	文登市高村镇河西村	20	男	1940 年
周洪斌	文登市汪疃镇地文头村	18	男	1940 年
周洪增	文登市高村镇万家庄村	19	男	1940 年
周建礼	文登市大水泊镇小北村	25	男	1940 年
周培功	文登市高村镇高村	49	男	1940 年
周培国	文登市高村镇二甲村	30	男	1940 年
周培荣	文登市高村镇二甲村	40	男	1940 年
周培信	文登市高村镇二甲村	25	男	1940 年
周庆兰	文登市侯家镇山前村	25	男	1940 年
周荣海	文登市高村镇高村	73	男	1940 年
周汝成	文登市高村镇高村	55	男	1940 年
周廷盛	文登市高村镇高村	40	男	1940 年
周文清	文登市开发区九里水头村	26	男	1940 年

姓 名	籍 贯	年 龄	性 别	死难时间
周之秀	文登市高村镇河西村	69	男	1940 年
周 住	文登市高村镇高村	52	女	1940 年
邹恒昭	文登市大水泊镇仁和坊村	19	男	1940 年
邹立亭	文登市张家产镇大官庄村	27	男	1940 年
邹文学	文登市高村镇北腾圈村	19	男	1940 年
邹秀群	文登市葛家镇南石山头村	17	男	1940 年
柏开路	文登市汪疃镇泊家庄村	44	男	1941 年
鲍李子	文登市汪疃镇郝家屯村	—	男	1941 年
鲍仙洲	文登市汪疃镇郝家屯村	—	男	1941 年
毕才序	文登市宋村镇炉上村	21	男	1941 年
毕华崇	文登市天福街道办事处架子山村	25	男	1941 年
毕建国	文登市侯家镇汤家村	23	男	1941 年
毕建芝	文登市大水泊镇辛庄头村	21	男	1941 年
毕可华	文登市大水泊镇栏杆河村	16	男	1941 年
毕可勤	文登市界石镇场东村	36	男	1941 年
毕可清	文登市大水泊镇毕家店村	18	男	1941 年
毕可仁	文登市大水泊镇河东乔家村	22	男	1941 年
毕可振	文登市界石镇刘大庄村	18	男	1941 年
毕世良	文登市大水泊镇庙西村	18	男	1941 年
毕庶昌	文登市大水泊镇瓦屋庄村	19	男	1941 年
毕庶恒	文登市张家产镇邹家床村	23	男	1941 年
毕庶起	文登市环山街道办事处河圈村	22	男	1941 年
毕庶洋	文登市大水泊镇瓦屋庄村	20	男	1941 年
毕锁柱	文登市泽头镇魏家庄村	60	男	1941 年
毕序振	文登市苘山镇胡家西村	23	男	1941 年
毕学增	文登市侯家镇山前村	17	男	1941 年
毕遮滋	文登市大水泊镇瓦屋庄村	18	男	1941 年
毕自行	文登市侯家镇山前村	28	男	1941 年
伯学勤	文登市高村镇脉田村	16	男	1941 年
蔡德开	文登市小观镇东浪暖村	34	男	1941 年
蔡永泉	文登市小观镇南湾村	27	男	1941 年
曹保聚	文登市苘山镇台道头村	26	男	1941 年
曹树信	文登市宋村镇金西村	21	男	1941 年
常当云	文登市葛家镇东于村	19	男	1941 年

姓　名	籍　贯	年　龄	性　别	死难时间
陈立经	文登市文登营镇五岔口村	30	男	1941 年
陈林序	文登市文登营镇西杜梨村	17	男	1941 年
陈世华	文登市大水泊镇志门村	22	男	1941 年
陈文进	文登市苘山镇中苘山村	24	男	1941 年
陈裕泉	文登市文登营镇营南村	22	男	1941 年
陈振荣	文登市汪疃镇陈家山村	26	男	1941 年
陈志西	文登市大水泊镇志门村	23	男	1941 年
迟必政	文登市高村镇绿杨村	—	男	1941 年
迟京瑞	文登市葛家镇东谭家口村	—	男	1941 年
初学信	文登市葛家镇河北村	25	男	1941 年
褚会卿	文登市高村镇凤台村	27	男	1941 年
丛宝山	文登市宋村镇郭家店村	21	男	1941 年
丛彬珠	文登市米山镇姜格庄村	71	男	1941 年
丛德珠	文登市天福街道办事处小五里头村	24	男	1941 年
丛林生	文登市汪疃镇楼下村	20	男	1941 年
丛培元	文登市天福街道办事处北宫村	23	男	1941 年
丛全滋	文登市大水泊镇金家庄村	20	男	1941 年
丛术才	文登市宋村镇河格村	—	男	1941 年
丛树春	文登市大水泊镇客岭村	27	男	1941 年
丛树开	文登市泽库镇辛旺庄村	26	男	1941 年
丛树敏	文登市汪疃镇楼下村	15	女	1941 年
丛树清	文登市大水泊镇后村	17	男	1941 年
丛树全	文登市宋村镇金北村	20	男	1941 年
丛树升	文登市米山镇西古场村	30	男	1941 年
丛树松	文登市宋村镇金北村	17	男	1941 年
丛喜滋	文登市大水泊镇客岭村	21	男	1941 年
丛玉滋之母	文登市汪疃镇楼下村	—	女	1941 年
丛泽滋	文登市米山镇郭格村	25	男	1941 年
丛子男	文登市葛家镇南于疃村	40	男	1941 年
崔海亭	文登市葛家镇东崔家口村	36	男	1941 年
崔敬之	文登市张家产镇崔家营村	26	男	1941 年
崔喜财	文登市葛家镇东崔家口村	21	男	1941 年
崔子义	文登市葛家镇东崔家口村	19	男	1941 年
戴合明	文登市文登营镇青口岚村	17	男	1941 年

姓　名	籍　贯	年　龄	性　别	死难时间
戴甲彬	文登市米山镇塝南庄村	18	男	1941 年
邓　宝	文登市文登营镇西字城村	21	男	1941 年
邓汝坤	文登市文登营镇西字城村	17	男	1941 年
邓汝卫	文登市文登营镇榛子崖村	21	男	1941 年
邓汝学	文登市文登营镇邓南庄村	26	男	1941 年
邓汝增	文登市文登营镇西字城村	55	男	1941 年
邓汝周	文登市文登营镇邓南庄村	17	男	1941 年
邓树川	文登市文登营镇西字城村	23	男	1941 年
邓树清	文登市文登营镇长夼沟村	21	男	1941 年
邓树阴	文登市文登营镇方格窑村	31	男	1941 年
邓文秀	文登市文登营镇西字城村	22	男	1941 年
丁福全	文登市大水泊镇屯宋家村	21	男	1941 年
丁×全	文登市小观镇吴家庄村	21	男	1941 年
丁培俭	文登市苘山镇丁家洼村	28	男	1941 年
董崇界	文登市高村镇岭上董家村	—	男	1941 年
董荣英	文登市高村镇岭上村	27	男	1941 年
窦文玉	文登市泽头镇胡格庄村	26	男	1941 年
杜成财	文登市大水泊镇孤石村	—	男	1941 年
杜成会	文登市大水泊镇孤石村	22	男	1941 年
方在忠	文登市文登营镇合板石村	31	男	1941 年
方泽忠	文登市文登营镇合板石村	31	男	1941 年
房××	文登市宋村镇山东村	29	男	1941 年
房德生	文登市宋村镇山东村	29	男	1941 年
房树德	文登市高村镇高村	19	男	1941 年
房树秋	文登市埠口镇初家庄村	30	男	1941 年
房喜林	文登市高村镇高村	21	男	1941 年
高华奎	文登市汪疃镇郝家屯村	—	男	1941 年
高田庆	文登市界石镇王家泊子村	23	男	1941 年
高座河	文登市汪疃镇郝家屯村	—	男	1941 年
耿常德	文登市苘山镇么山村	60	男	1941 年
谷源章	文登市苘山镇大奇村	24	男	1941 年
谷源珍	文登市苘山镇大奇村	41	男	1941 年
郭春×	文登市文登营镇马格庄村	21	男	1941 年
郭夕川	文登市米山镇山西头村	28	男	1941 年

姓 名	籍 贯	年 龄	性 别	死难时间
韩玉才	文登市宋村镇李仙庄村	20	男	1941 年
贺吉臣	文登市界石镇西院下村	25	男	1941 年
贺文兴	文登市界石镇西院下村	27	男	1941 年
侯党奎	文登市葛家镇董家庄村	20	男	1941 年
侯贵礼	文登市大水泊镇岭上王家村	20	男	1941 年
侯文香	文登市侯家镇北鱼池村	19	男	1941 年
侯锡福	文登市大水泊镇岭上王家村	32	男	1941 年
侯玉学	文登市埠口镇上冷家村	23	男	1941 年
侯云福	文登市葛家镇林子西村	22	男	1941 年
黄从时	文登市界石镇新炉村	23	男	1941 年
黄念模	文登市文登营镇架山窑村	40	男	1941 年
黄丕田	文登市界石镇王家泊子村	33	男	1941 年
黄祥云	文登市文登营镇中仓村	18	男	1941 年
黄兆兰	文登市文登营镇西北岔村	26	男	1941 年
黄兆明	文登市大水泊镇埠前头村	25	男	1941 年
黄兆文	文登市文登营镇驾山窑村	23	男	1941 年
江德昌	文登市汪疃镇东三庄村	21	男	1941 年
江先荣	文登市米山镇新上庄村	30	男	1941 年
姜充启	文登市埠口镇上冷家村	—	男	1941 年
姜典祀	文登市宋村镇金北村	19	男	1941 年
姜刚祉	文登市宋村镇姜家庄村	26	男	1941 年
姜吉秀	文登市文登营镇岳家口村	22	男	1941 年
姜连堂	文登市大水泊镇小台村	30	男	1941 年
姜孟礼	文登市高村镇岭上董家村	20	男	1941 年
姜永进	文登市宋村镇埠后村	18	男	1941 年
姜永英	文登市宋村镇徐格村	20	男	1941 年
姜云启	文登市埠口镇上冷家村	18	男	1941 年
姜宗传	文登市界石镇赵家庄村	21	男	1941 年
解英栋	文登市宋村镇石灰窑村	18	男	1941 年
金立成	文登市高村镇墩后村	25	男	1941 年
金立勤	文登市高村镇后泊子村	26	男	1941 年
金志文	文登市高村镇后泊子村	21	男	1941 年
鞠宝荀	文登市大水泊镇大乔家村	27	男	1941 年
鞠富林	文登市米山镇埠南庄村	38	男	1941 年

姓 名	籍 贯	年 龄	性 别	死难时间
鞠连红	文登市大水泊镇鞠家庄村	29	男	1941 年
鞠维生	文登市大水泊镇庙西村	22	男	1941 年
鞠学兰	文登市泽库镇虎口窑村	20	男	1941 年
向 ×	文登市葛家镇东谭家口村	—	男	1941 年
李本修	文登市文登营镇前北风口村	24	男	1941 年
李德胜	文登市文登营镇方格窑村	30	男	1941 年
李德仙	文登市文登营镇前北风口村	23	男	1941 年
李德欣	文登市文登营镇前北风口村	23	男	1941 年
李洞梅	文登市宋村镇硝一村	19	男	1941 年
李二举	文登市米山镇佛东介村	—	男	1941 年
李广学	文登市大水泊镇河清村	17	男	1941 年
李会瑞	文登市泽头镇东程格村	19	男	1941 年
李会志	文登市葛家镇姚家庄村	17	男	1941 年
李惠信	文登市泽头镇东程格村	21	男	1941 年
李培基	文登市大水泊镇李家疃村	20	男	1941 年
李士年	文登市文登营镇教场东村	22	男	1941 年
李同梅	文登市宋村镇硝二村	19	男	1941 年
李文洲	文登市泽头镇东程格村	24	男	1941 年
李学珍	文登市埠口镇上冷家村	—	男	1941 年
李再明	文登市葛家镇下卧龙村	27	男	1941 年
李宗连	文登市泽头镇西程格村	20	男	1941 年
连承良	文登市高村镇汤西村	30	男	1941 年
梁国海	文登市汪疃镇桑杭埠村	—	男	1941 年
梁焕义	文登市文登营镇青口岚村	29	男	1941 年
梁斋欣	文登市侯家镇南廒村	—	男	1941 年
梁正学	文登市大水泊镇瓦屋庄村	22	男	1941 年
林保海	文登市泽头镇高家庄村	24	男	1941 年
林凤桂	文登市泽头镇林村	18	男	1941 年
林和昭	文登市泽头镇高家庄村	24	男	1941 年
林基德	文登市张家产镇林家庄村	50	男	1941 年
林基洪	文登市宋村镇北马村	—	男	1941 年
林基乐	文登市宋村镇硝二村	21	男	1941 年
林基路	文登市张家产镇林家庄村	27	男	1941 年
林××	文登市宋村镇神格村	19	男	1941 年

姓 名	籍 贯	年龄	性别	死难时间
林均英	文登市宋村镇藏格庄村	21	男	1941 年
林均洲	文登市泽头镇林村	16	男	1941 年
林钧礼	文登市宋村镇神格庄村	19	男	1941 年
林钧荣	文登市张家产镇林家庄村	24	男	1941 年
林树德	文登市泽头镇程子塽村	21	男	1941 年
林双喜	文登市宋村镇郭家店村	20	男	1941 年
林文峰	文登市米山镇郭格村	13	男	1941 年
林治成	文登市宋村镇神格庄村	19	男	1941 年
林治德	文登市泽头镇林村	18	男	1941 年
林治敬	文登市宋村镇山东村	19	男	1941 年
林治业	文登市汪疃镇白鹿屯村	23	男	1941 年
刘北山	文登市葛家镇刘家上口村	56	男	1941 年
刘冲章	文登市文登营镇西字城村	45	男	1941 年
刘崇山	文登市侯家镇南学村	28	男	1941 年
刘大庆	文登市汪疃镇柏家庄村	—	男	1941 年
刘德财	文登市米山镇老埠村	49	男	1941 年
刘德秀	文登市侯家镇东泥沟村	21	男	1941 年
刘丰吉	文登市苘山镇小黄村	—	男	1941 年
刘 福	文登市汪疃镇丛家产村	—	男	1941 年
刘福文	文登市米山镇西石硼村	30	男	1941 年
刘富远	文登市高村镇礼格庄村	24	男	1941 年
刘更仁	文登市大水泊镇泊集村	27	男	1941 年
刘洪岐	文登市苘山镇西道头村	21	男	1941 年
刘建民	文登市葛家镇院西村	45	男	1941 年
刘敬清	文登市苘山镇崖子头村	27	男	1941 年
刘乃远	文登市高村镇高村	23	男	1941 年
刘树林	文登市界石镇辛上庄村	37	男	1941 年
刘双德	文登市米山镇大山前村	27	男	1941 年
刘双任	文登市开发区九里水头村	35	男	1941 年
刘双喜	文登市汪疃镇郝家屯村	—	男	1941 年
刘文华	文登市文登营镇西字城村	31	男	1941 年
刘文清	文登市高村镇汤西村	20	男	1941 年
刘祥德	文登市高村镇南产村	24	男	1941 年
刘孝民	文登市苘山镇东高格庄村	23	男	1941 年

姓 名	籍 贯	年 龄	性 别	死难时间
刘秀仁	文登市埠口镇敖山村	—	男	1941 年
刘学章	文登市文登营镇方格窑村	20	男	1941 年
刘友桂	文登市高村镇岭上董家村	27	男	1941 年
刘友仁	文登市大水泊镇小河村	26	男	1941 年
刘玉清	文登市大水泊镇前埠岭村	19	男	1941 年
刘玉仁	文登市侯家镇北廒村	34	男	1941 年
刘珍华	文登市文登营镇西字城村	30	男	1941 年
刘忠璞	文登市侯家镇大时家村	21	男	1941 年
鲁华清	文登市汪疃镇郝家庄村	—	男	1941 年
鲁举田	文登市宋村镇硝二村	28	男	1941 年
鲁岐山	文登市宋村镇硝二村	23	男	1941 年
鲁文忠	文登市宋村镇硝二村	22	男	1941 年
吕福贵	文登市葛家镇葛家村	20	男	1941 年
吕合奎	文登市葛家镇中旺疃村	33	男	1941 年
吕其斯	文登市葛家镇葛家村	30	男	1941 年
吕其亭	文登市葛家镇中旺疃村	23	男	1941 年
吕庆云	文登市米山镇新发庄村	22	男	1941 年
吕泉序	文登市葛家镇西旺疃村	19	男	1941 年
吕四亭	文登市葛家镇中旺疃村	40	男	1941 年
吕天瑞	文登市葛家镇王家庄村	40	男	1941 年
吕新生	文登市文登营镇西字城村	20	男	1941 年
栾培进	文登市米山镇山西头村	30	男	1941 年
倪文玉	文登市葛家镇英山前村	24	男	1941 年
倪永洪	文登市高村镇倪家村	21	男	1941 年
宁同增	文登市文登营镇八里庙村	33	男	1941 年
牛树义	文登市环山街道办事处宋家沟村	19	男	1941 年
牛运生	文登市张家产镇车卧岛村	17	男	1941 年
乔廷洪	文登市大水泊镇河东乔家村	16	男	1941 年
乔振华	文登市大水泊镇栏杆河村	22	男	1941 年
苘连升	文登市埠口镇敖山村	20	男	1941 年
苘仲锁	文登市埠口镇敖山村	—	男	1941 年
曲世和	文登市张家产镇石羊口村	22	男	1941 年
曲云清	文登市侯家镇南廒村	20	男	1941 年
荣保山	文登市大水泊镇后村	20	男	1941 年

姓　名	籍　贯	年　龄	性　别	死难时间
荣凤林	文登市大水泊镇后村	18	男	1941 年
荣凤仁	文登市大水泊镇荣家店村	21	男	1941 年
荣仁声	文登市大水泊镇芦口村	24	男	1941 年
荣世仁	文登市文登营镇岭东村	38	男	1941 年
荣育川	文登市大水泊镇章子山村	23	男	1941 年
荣育堂	文登市大水泊镇章子山村	25	男	1941 年
荣在章	文登市大水泊镇章子山村	23	男	1941 年
赛时章	文登市高村镇中邢家村	19	男	1941 年
赛时振	文登市高村镇中邢家村	19	男	1941 年
邵炳兴	文登市侯家镇二马村	34	男	1941 年
邵名杰	文登市侯家镇二马村	21	男	1941 年
邵名礼	文登市侯家镇二马村	21	男	1941 年
邵名启	文登市侯家镇二马村	32	男	1941 年
邵树成	文登市宋村镇北马村	35	男	1941 年
邵树芝	文登市侯家镇二马村	21	男	1941 年
邵维欣	文登市宋村镇南马村	21	男	1941 年
邵文国	文登市泽库镇姚家村	17	男	1941 年
石　宏	文登市葛家镇大英村	18	男	1941 年
石　明	文登市葛家镇大英村	18	男	1941 年
时立凯	文登市埠口镇下冷家村	50	男	1941 年
时云来	文登市宋村镇曲疃庄村	33	男	1941 年
宋和吉	文登市宋村镇周格庄村	18	男	1941 年
宋京兰	文登市泽头镇虎口窑村	22	男	1941 年
宋锁经	文登市环山街道办事处宋家沟村	34	男	1941 年
宋协礼	文登市宋村镇硝二村	20	男	1941 年
宋××	文登市宋村镇李仙庄村	—	男	1941 年
宋协民	文登市宋村镇李仙庄村	25	男	1941 年
宋玉堂	文登市文登营镇	27	男	1941 年
宋运福	文登市大水泊镇屯宋家村	45	男	1941 年
宋宗奎	文登市界石镇崮山后村	27	男	1941 年
宋宗政	文登市宋村镇埠后村	21	男	1941 年
隋连祺	文登市大水泊镇歇驾夼村	26	男	1941 年
隋永茂	文登市埠口镇卧龙村	36	男	1941 年
孙恒清	文登市高村镇后泊村	24	男	1941 年

姓 名	籍 贯	年 龄	性 别	死难时间
孙立信	文登市界石镇岚子后村	17	男	1941 年
孙连信	文登市界石镇岚子后村	20	男	1941 年
孙　×	文登市汪疃镇楼下村	—	男	1941 年
孙启东	文登市高村镇孙家埠村	25	男	1941 年
孙全会	文登市小观镇东店子村	20	男	1941 年
孙绍春	文登市张家产镇岚村	19	男	1941 年
孙绍兴	文登市张家产镇岚村	20	男	1941 年
孙守钦	文登市泽头镇孔格庄村	26	男	1941 年
孙书连	文登市小观镇北黄村	27	男	1941 年
孙王氏	文登市天福街道办事处峰西村	62	女	1941 年
孙文璞	文登市大水泊镇章子山村	18	男	1941 年
孙显模	文登市泽库镇尹家村	19	男	1941 年
孙佑成	文登市高村镇汤泊阳村	18	男	1941 年
孙玉璞	文登市侯家镇江山泊村	18	男	1941 年
孙云才	文登市葛家镇祝家泊子村	20	男	1941 年
孙中南	文登市界石镇北鲁家埠村	35	男	1941 年
孙宗元	文登市宋村镇山东村	21	男	1941 年
谭庆明	文登市葛家镇西谭家口村	30	男	1941 年
谭秋贵	文登市葛家镇西谭家口村	35	男	1941 年
谭秋连	文登市葛家镇西谭家口村	30	男	1941 年
谭祥林	文登市葛家镇西谭家口村	50	男	1941 年
谭忠仁	文登市葛家镇西谭家口村	40	男	1941 年
腾吉泰	文登市米山镇西石硼村	45	男	1941 年
腾龙成	文登市葛家镇祝家泊子村	20	男	1941 年
腾文序	文登市葛家镇南于村	17	男	1941 年
田明才	文登市张家产镇田家床村	17	男	1941 年
田其林	文登市高村镇高村	24	男	1941 年
田学晋	文登市高村镇万家庄村	20	男	1941 年
王安春	文登市大水泊镇岭上王家村	27	男	1941 年
王霸生	文登市汪疃镇上韩家村	—	男	1941 年
王宝林	文登市文登营镇后长湾村	19	男	1941 年
王保京	文登市大水泊镇东堡子村	18	男	1941 年
王本松	文登市米山镇新上庄村	28	男	1941 年
王本新	文登市汪疃镇桑杭埠村	56	男	1941 年

姓　名	籍　贯	年龄	性别	死难时间
王炳万	文登市天福街道办事处十里头村	31	男	1941 年
王长元	文登市大水泊镇团山村	26	男	1941 年
王长振	文登市大水泊镇鞠家庄村	28	男	1941 年
王承会	文登市大水泊镇崖下村	21	男	1941 年
王春洋	文登市葛家镇背眼村	19	男	1941 年
王大保	文登市葛家镇葛家村	40	男	1941 年
王大才	文登市大水泊镇团山村	26	男	1941 年
王德湖	文登市苘山镇西刘章村	—	男	1941 年
王　二	文登市开发区	37	男	1941 年
王凤臣	文登市文登营镇后长湾村	33	男	1941 年
王福庆	文登市侯家镇潘家村	19	男	1941 年
王桂本	文登市宋村镇城东村	—	男	1941 年
王桂才	文登市埠口镇敖山村	—	男	1941 年
王桂连	文登市宋村镇城东村	20	男	1941 年
王桂亭	文登市侯家镇二马村	26	男	1941 年
王洪成	文登市宋村镇藏格村	—	男	1941 年
王洪云	文登市大水泊镇歇驾夼村	29	男	1941 年
王积湘	文登市文登营镇张皮村	22	男	1941 年
王积忠	文登市文登营镇张皮村	20	男	1941 年
王基芝	文登市大水泊镇初家村	19	男	1941 年
王克和	文登市大水泊镇马家庄村	22	男	1941 年
王莲胜	文登市汪疃镇翠峡口村	33	男	1941 年
王培基	文登市文登营镇教场东村	20	男	1941 年
王仁增	文登市文登营镇前北风口村	20	男	1941 年
王少焕	文登市天福办事处文山村	22	男	1941 年
王世贤	文登市界石镇西院下村	19	男	1941 年
王仕元	文登市大水泊镇杭里村	31	男	1941 年
王书汉	文登市米山镇小埠村	32	男	1941 年
王书元	文登市高村镇下夼村	18	男	1941 年
王树丰	文登市大水泊镇陈家埠村	25	男	1941 年
王维合	文登市小观镇垒子村	41	男	1941 年
王文党	文登市宋村镇孔格庄村	19	男	1941 年
王文模	文登市葛家镇周家埠村	21	男	1941 年
王文升	文登市埠口镇上埠村	18	男	1941 年

姓 名	籍 贯	年 龄	性 别	死难时间
王文仲	文登市环山街道办事处东坑村	19	男	1941年
王文洲	文登市大水泊镇西堡子村	19	男	1941年
王 喜	文登市汪疃镇上韩家村	—	男	1941年
王喜棠	文登市大水泊镇岳家村	17	男	1941年
王喜祉	文登市文登营镇沟褚家村	22	男	1941年
王新基	文登市文登营镇后北风口村	24	男	1941年
王修吉	文登市米山镇南古场村	18	男	1941年
王秀锋	文登市文登营镇中仓村	32	男	1941年
王序经	文登市埠口镇山后郭家村	25	男	1941年
王学福	文登市大水泊镇迟家河村	19	男	1941年
王学优	文登市汪疃镇西黄埠村	23	男	1941年
王学之	文登市大水泊镇迟家河村	19	男	1941年
王言清	文登市界石镇西院下村	28	男	1941年
王义弟	文登市葛家镇背眼村	30	男	1941年
王玉伦	文登市大水泊镇大乔家村	28	男	1941年
王元生之妻	文登市汪疃镇上韩家村	—	女	1941年
王月文	文登市米山镇郭格庄村	33	男	1941年
王云秋	文登市大水泊镇金家庄村	33	男	1941年
王云忠	文登市文登营镇泊邓家村	29	男	1941年
王振吉	文登市大水泊镇埠前头村	31	男	1941年
王振一	文登市文登营镇后长湾村	34	男	1941年
王作文	文登市大水泊镇东堡子村	18	男	1941年
卫前山	文登市宋村镇下徐村	18	男	1941年
卫前贤	文登市张家产镇冷家村	24	男	1941年
温荣会	文登市张家产镇杏林庄	21	男	1941年
吴富友	文登市大水镇泊岳家村	34	男	1941年
夏振恒	文登市界石镇烂木沟村	42	男	1941年
向寅山	文登市文登营镇营西村	20	男	1941年
小 累	文登市汪疃镇楼下村	—	男	1941年
小 满	文登市汪疃镇楼下村	—	男	1941年
小 能	文登市汪疃镇楼下村	—	男	1941年
小 转	文登市汪疃镇楼下村	14	女	1941年
肖 亮	文登市苘山镇管山村	18	男	1941年
邢德义	文登市文登营镇前北风口村	29	男	1941年

姓 名	籍 贯	年 龄	性 别	死难时间
邢丰年	文登市大水泊镇山后孙家村	19	男	1941 年
邢丰善	文登市大水泊镇山后孙家村	23	男	1941 年
邢 荣	文登市文登营镇前北风口村	17	男	1941 年
邢延岐	文登市高村镇中邢家村	34	男	1941 年
徐承峨	文登市大水泊镇辛庄头村	21	男	1941 年
徐克勤	文登市泽头镇虎口窑村	20	男	1941 年
徐元良	文登市大水泊镇下河村	19	男	1941 年
徐元敏	文登市葛家镇东孙疃村	25	男	1941 年
许 敏	文登市苘山镇许家屯村	30	男	1941 年
许瑞丰	文登市大水泊镇三庄村	30	男	1941 年
许善庭	文登市宋村镇大寨村	19	男	1941 年
许新全	文登市宋村镇大寨村	29	男	1941 年
杨炳龙	文登市文登营镇杨家产村	27	男	1941 年
杨 恩	文登市小观镇西里岛村	18	男	1941 年
杨丰洲	文登市泽库镇岭上村	25	男	1941 年
杨福安	文登市高村镇汤东村	21	男	1941 年
杨福寿	文登市大水泊镇山后孙家村	18	男	1941 年
杨立元	文登市高村镇沙柳村	41	男	1941 年
杨庆仁	文登市侯家镇侯家村	25	男	1941 年
杨同聚	文登市小观镇裴家岛村	23	男	1941 年
杨原德	文登市侯家镇侯家村	16	男	1941 年
杨忠信	文登市文登营镇岭东村	24	男	1941 年
杨作清	文登市大水泊镇屯杨家村	24	男	1941 年
杨作庆	文登市大水泊镇屯杨家村	18	男	1941 年
姚大启	文登市宋村镇姚山头村	19	男	1941 年
姚大训	文登市宋村镇姚山头村	20	男	1941 年
姚忠殉	文登市宋村镇姚山头村	22	男	1941 年
姚子山	文登市文登营镇姚家疃村	21	男	1941 年
于宝洪	文登市宋村镇硝二村	20	男	1941 年
于宝×	文登市宋村镇硝二村	20	男	1941 年
于长贵	文登市大水泊镇孤石村	17	男	1941 年
于成龙	文登市大水泊镇北洼村	21	男	1941 年
于传路	文登市米山镇塝南村	32	男	1941 年
于德春	文登市小观镇北黄村	21	男	1941 年

姓　名	籍　贯	年　龄	性　别	死难时间
于德来	文登市界石镇西院下村	19	男	1941 年
于殿金	文登市大水泊镇井东村	22	男	1941 年
于东京	文登市葛家镇于家埠村	23	男	1941 年
于敦敬	文登市大水泊镇大水泊村	19	男	1941 年
于福成	文登市汪疃镇白鹿村	23	男	1941 年
于福亭	文登市大水泊镇荣家店村	19	男	1941 年
于广海	文登市葛家镇北长岚村	21	男	1941 年
于桂发	文登市葛家镇周家埠村	35	男	1941 年
于桂三	文登市葛家镇于家埠村	39	男	1941 年
于桂生	文登市米山镇南郑格村	20	男	1941 年
于桂增	文登市大水泊镇西南台村	24	男	1941 年
于国卿	文登市大水泊镇大河村	18	男	1941 年
于洪昌	文登市大水泊镇大台村	25	男	1941 年
于吉昌	文登市大水泊镇西南台村	23	男	1941 年
于建喜	文登市大水泊镇柳林村	23	男	1941 年
于景洲	文登市大水泊镇泽上村	25	男	1941 年
于举检	文登市米山镇南郑格村	20	男	1941 年
于乃勋	文登市大水泊镇泊高家村	35	男	1941 年
于培英	文登市米山镇长山村	22	男	1941 年
于　秋	文登市米山镇南郑格村	30	男	1941 年
于秋连	文登市米山镇南郑格村	20	男	1941 年
于泉滋	文登市大水泊镇大水泊村	26	男	1941 年
于仁进	文登市大水泊镇西南台村	25	男	1941 年
于仁泽	文登市大水泊镇西南台村	17	男	1941 年
于壬申	文登市大水泊镇场西村	—	男	1941 年
于荣光	文登市文登营镇后驾山村	17	男	1941 年
于诗勤	文登市侯家镇渠格村	19	男	1941 年
于士金	文登市泽头镇上泊子村	19	男	1941 年
于世尧	文登市大水泊镇西南台村	24	男	1941 年
于守玉	文登市葛家镇葛家村	40	男	1941 年
于书德	文登市大水泊镇南疃村	22	男	1941 年
于书经	文登市大水泊镇南疃村	20	男	1941 年
于术万	文登市米山镇南郑格村	20	男	1941 年
于树堂	文登市大水泊镇埠前头村	22	男	1941 年

姓　名	籍　贯	年　龄	性　别	死难时间
于双德	文登市界石镇场东村	37	男	1941 年
于　四	文登市大水泊镇大水泊村	—	男	1941 年
于天福	文登市高村镇靳家村	19	男	1941 年
于天增	文登市宋村镇宋疃庄村	35	男	1941 年
于田绪	文登市泽头镇上泊子村	52	男	1941 年
于同岭	文登市界石镇西院下村	20	男	1941 年
于维海	文登市大水泊镇后土埠村	23	男	1941 年
于文海	文登市界石镇岚子后村	23	男	1941 年
于文江	文登市界石镇岚子后村	13	男	1941 年
于文民	文登市界石镇于家产村	18	男	1941 年
于文泉	文登市米山镇南郑格村	20	女	1941 年
于夕友	文登市米山镇南郑格村	20	男	1941 年
于锡英	文登市大水泊镇泽上村	25	男	1941 年
于　祥	文登市大水泊镇大水泊村	—	男	1941 年
于新范	文登市宋村镇硝一村	32	男	1941 年
于新福	文登市文登营镇西字城村	17	男	1941 年
于新经	文登市环山街道办事处宅库村	21	男	1941 年
于信培	文登市大水泊镇后土埠岭村	23	男	1941 年
于雪子	文登市葛家镇赤金泊村	48	女	1941 年
于延德	文登市大水泊镇大水泊村	20	男	1941 年
于延凯	文登市大水泊镇大水泊村	28	男	1941 年
于　衍	文登市大水泊镇西南台村	20	男	1941 年
于永会	文登市葛家镇赤金泊村	55	男	1941 年
于永顺	文登市文登营镇西仓村	50	男	1941 年
于永增	文登市高村镇高村	22	男	1941 年
于玉尧	文登市大水泊镇西南台村	21	男	1941 年
于振海	文登市大水泊镇西邹山村	18	男	1941 年
于振江	文登市苘山镇胡家西村	27	男	1941 年
于振雷	文登市大水泊镇芦子口村	33	男	1941 年
于振山	文登市大水泊镇西南台村	17	男	1941 年
于自新	文登市大水泊镇河北村	31	男	1941 年
于宗越	文登市高村镇脉田村	18	男	1941 年
元均奎	文登市汪疃镇西三庄村	18	男	1941 年
原宜贤	文登市高村镇脉田村	21	男	1941 年

姓 名	籍 贯	年 龄	性 别	死难时间
岳永兰	文登市文登营镇张家村	22	男	1941 年
岳智忠	文登市大水泊镇岳家村	29	男	1941 年
张炳全	文登市文登营镇北洼村	39	男	1941 年
张传仁	文登市苘山镇东高格村	23	男	1941 年
张德增	文登市大水泊镇六山张家村	33	男	1941 年
张恩仁	文登市宋村镇宋村	23	男	1941 年
张福山	文登市大水泊镇康家庄村	17	男	1941 年
张桂平之祖母	文登市汪疃镇楼下村	—	女	1941 年
张吉勤	文登市埠口镇张家埠村	20	男	1941 年
张 检	文登市米山镇山西头村	60	男	1941 年
张锦珠	文登市张家产镇汤村店村	35	男	1941 年
张立才	文登市大水泊镇南洼村	31	男	1941 年
张连生	文登市张家产镇汤村店村	21	男	1941 年
张培伦	文登市张家产镇汤村店村	32	男	1941 年
张培友	文登市张家产镇汤村店村	18	男	1941 年
张 秋	文登市米山镇南郑格村	20	女	1941 年
张 氏	文登市文登营镇马格庄村	50	女	1941 年
张世新	文登市大水泊镇前埠村	26	男	1941 年
张书政	文登市埠口镇张家埠村	25	男	1941 年
张太泽	文登市大水泊镇场西村	—	男	1941 年
张文良	文登市大水泊镇南洼村	25	男	1941 年
张文模	文登市宋村镇宋村	22	男	1941 年
张文荣之祖母	文登市汪疃镇楼下村	—	女	1941 年
张锡祥	文登市大水泊镇六山张家村	17	男	1941 年
张熙芹	文登市文登营镇单鲍产村	23	男	1941 年
张喜思	文登市文登营镇后驾山村	21	男	1941 年
张永生	文登市米山镇山西头村	26	男	1941 年
张 增	文登市大水泊镇六山张家村	23	男	1941 年
张增生	文登市文登营镇北洼村	20	男	1941 年
张志进	文登市高村镇汤西村	27	男	1941 年
赵淑英	文登市米山镇南郑格村	25	女	1941 年
赵竹三	文登市环山街道办事处苏家河村	47	男	1941 年
郑芳春之妹	文登市文登营镇方格窑村	3	女	1941 年
郑芳春之祖母	文登市文登营镇方格窑村	60	女	1941 年

姓　名	籍　贯	年　龄	性　别	死难时间
郑汝模	文登市文登营镇方格窑村	33	男	1941 年
郑修珍	文登市米山镇老埠村	39	男	1941 年
仲兆和	文登市大水泊镇六山仲家村	23	男	1941 年
周昌贵	文登市宋村镇郭家店村	21	男	1941 年
周承祥	文登市高村镇高村	17	男	1941 年
周　德	文登市宋村镇集西村	19	男	1941 年
周培俊	文登市高村镇二甲村	15	男	1941 年
周培智	文登市高村镇二甲村	29	男	1941 年
周庆南	文登市宋村镇集西村	22	男	1941 年
周文礼	文登市埠口镇敖山村	—	男	1941 年
周云田	文登市高村镇万家庄村	24	男	1941 年
朱培振	文登市文登营镇何家店村	41	男	1941 年
祝云通	文登市高村镇礼格庄村	23	男	1941 年
邹本仁	文登市大水泊镇仁和坊村	27	男	1941 年
邹德明	文登市文登营镇刘马庄村	21	男	1941 年
张　氏	文登市汪疃镇楼下村	—	女	1941 年
鲍云梅	文登市泽头镇下泊子村	18	男	1942 年
毕监堂	文登市泽头镇魏家庄村	43	男	1942 年
毕鉴英	文登市埠口镇蔡家村	32	男	1942 年
毕敬序	文登市宋村镇神格庄村	23	男	1942 年
毕可法	文登市泽头镇许家埠村	20	男	1942 年
毕可增	文登市大水泊镇毕家店村	41	男	1942 年
毕立瑞	文登市泽头镇魏家庄村	34	男	1942 年
毕世元	文登市大水泊镇洪家庄村	22	男	1942 年
毕树章	文登市张家产镇东官道村	—	男	1942 年
毕庶光	文登市大水泊镇毕家店村	20	男	1942 年
毕庶洪	文登市大水泊镇毕家店村	22	男	1942 年
毕庶金	文登市大水泊镇瓦屋庄村	21	男	1942 年
毕庶清	文登市苘山镇小黄村	32	男	1942 年
毕庶仁	文登市宋村镇神格庄村	29	男	1942 年
毕庶英	文登市高村镇北圈村	40	男	1942 年
毕庶章	文登市埠口镇东官道村	32	男	1942 年
毕亭序	文登市大水泊镇瓦屋庄村	50	男	1942 年
毕学序	文登市宋村镇炉上村	22	男	1942 年

姓　名	籍　贯	年　龄	性　别	死难时间
毕玉先	文登市大水泊镇瓦屋庄村	17	男	1942 年
毕志修	文登市文登营镇沟于家村	28	男	1942 年
蔡明松	文登市小观镇百寿庄村	21	男	1942 年
蔡世镇	文登市葛家镇河北村	24	男	1942 年
蔡英卓	文登市小观镇百寿村	32	男	1942 年
蔡云汉	文登市小观镇杏林庄村	29	男	1942 年
曹洪武	文登市宋村镇金西村	21	男	1942 年
曹洪信	文登市宋村镇金西村	22	男	1942 年
曹松柏	文登市泽头镇小埠村	—	男	1942 年
曹云章	文登市苘山镇大夼村	—	男	1942 年
曹振海	文登市泽头镇刘家疃村	42	男	1942 年
岑得寨	文登市葛家镇东孙疃村	25	男	1942 年
陈　八	文登市文登营镇营南村	65	男	1942 年
陈宝田	文登市文登营镇营南村	65	男	1942 年
陈保生	文登市文登营镇营南村	70	男	1942 年
陈保住	文登市文登营镇营南村	58	男	1942 年
陈丙寅	文登市文登营镇营南村	75	男	1942 年
陈　大	文登市文登营镇营南村	69	男	1942 年
陈大成	文登市文登营镇营南村	78	男	1942 年
陈得意	文登市文登营镇营南村	50	男	1942 年
陈　德	文登市文登营镇营南村	70	男	1942 年
陈　东	文登市文登营镇营南村	58	男	1942 年
陈　二	文登市文登营镇营南村	65	男	1942 年
陈二柱	文登市文登营镇营南村	40	男	1942 年
陈高氏	文登市文登营镇营南村	30	女	1942 年
陈何楠	文登市文登营镇营南村	18	男	1942 年
陈洪礼	文登市大水泊镇大沟村	21	男	1942 年
陈华峰	文登市文登营镇营南村	6	男	1942 年
陈　吉	文登市文登营镇营南村	14	男	1942 年
陈吉梦	文登市文登营镇营南村	80	男	1942 年
陈姜氏	文登市文登营镇营南村	65	女	1942 年
陈金成	文登市文登营镇营南村	25	男	1942 年
陈金桃	文登市文登营镇营南村	13	男	1942 年
陈　九	文登市文登营镇营南村	58	男	1942 年

姓 名	籍 贯	年龄	性别	死难时间
陈举生	文登市文登营镇营南村	65	男	1942 年
陈 奎	文登市文登营镇营南村	52	男	1942 年
陈朗轩	文登市文登营镇营南村	60	男	1942 年
陈梁氏	文登市文登营镇营南村	50	女	1942 年
陈 亮	文登市文登营镇营南村	20	女	1942 年
陈刘氏	文登市文登营镇营南村	68	女	1942 年
陈 氏	文登市文登营镇营南村	35	女	1942 年
陈刘氏	文登市文登营镇营南村	45	女	1942 年
陈刘氏	文登市文登营镇营南村	35	女	1942 年
陈×氏	文登市文登营镇营南村	35	女	1942 年
陈明婆	文登市文登营镇营南村	50	女	1942 年
陈木琦	文登市汪疃镇北大英村	—	男	1942 年
陈 男	文登市文登营镇营南村	—	男	1942 年
陈 尼	文登市文登营镇营南村	—	女	1942 年
陈 氏	文登市文登营镇营南村	—	女	1942 年
陈×氏	文登市文登营镇营南村	—	女	1942 年
陈暖暖	文登市文登营镇营南村	—	女	1942 年
陈 庆	文登市文登营镇营南村	30	男	1942 年
陈荣氏	文登市文登营镇营南村	60	女	1942 年
陈荣序	文登市文登营镇营南村	55	男	1942 年
陈 三	文登市文登营镇营南村	50	男	1942 年
陈三之妻	文登市文登营镇营南村	50	女	1942 年
陈 升	文登市文登营镇营南村	60	男	1942 年
陈石兰	文登市文登营镇营南村	—	男	1942 年
陈世恢	文登市文登营镇营南村	23	男	1942 年
陈寿姜	文登市文登营镇营南村	60	女	1942 年
陈书田	文登市文登营镇营南村	70	男	1942 年
陈 树	文登市文登营镇营南村	60	男	1942 年
陈 四	文登市文登营镇营南村	—	男	1942 年
陈 松	文登市文登营镇营南村	32	女	1942 年
陈唐氏	文登市文登营镇营南村	62	女	1942 年
陈王氏	文登市文登营镇营南村	60	女	1942 年
陈文德	文登市文登营镇营南村	65	男	1942 年
陈文×	文登市文登营镇营南村	38	男	1942 年

姓 名	籍 贯	年 龄	性 别	死难时间
陈文田	文登市文登营镇营南村	65	男	1942 年
陈五婆	文登市文登营镇营南村	60	女	1942 年
陈 西	文登市文登营镇营南村	55	男	1942 年
陈 喜	文登市文登营镇营南村	74	男	1942 年
陈先甲	文登市文登营镇营南村	54	男	1942 年
陈 祥	文登市文登营镇营南村	—	男	1942 年
陈祥成	文登市文登营镇营南村	58	男	1942 年
陈 萧	文登市文登营镇营南村	10	女	1942 年
陈×小	文登市文登营镇营南村	10	男	1942 年
陈 兴	文登市文登营镇营南村	3	男	1942 年
陈×星	文登市文登营镇营南村	25	女	1942 年
陈徐氏	文登市文登营镇营南村	40	女	1942 年
陈序荃	文登市文登营镇河北村	16	男	1942 年
陈运成	文登市文登营镇营南村	30	男	1942 年
陈 增	文登市文登营镇营南村	40	男	1942 年
陈 周	文登市文登营镇营南村	60	男	1942 年
陈宗桂	文登市天福街道办事处中渠格村	24	男	1942 年
陈宗生	文登市文登营镇营南村	33	男	1942 年
迟福田	文登市葛家镇迟家庄村	—	男	1942 年
迟文政	文登市葛家镇西于村	26	男	1942 年
迟永基	文登市葛家镇迟家庄村	—	男	1942 年
迟永山	文登市葛家镇迟家庄村	—	男	1942 年
初庆德	文登市高村镇望海初家村	21	男	1942 年
褚显图	文登市高村镇风台村	18	男	1942 年
从仁珠	文登市环山办事处宅库村	47	男	1942 年
丛宝林	文登市米山镇东山后村	21	男	1942 年
丛大民	文登市米山镇山西头村	6	男	1942 年
丛德滋	文登市大水泊镇山后孙家村	23	男	1942 年
丛尊珠	文登市大水泊镇歇驾夼村	22	男	1942 年
丛华滋	文登市大水泊镇金家庄村	19	男	1942 年
丛进保	文登市葛家镇西宋格庄村	22	男	1942 年
丛连柱	文登市葛家镇山北头村	37	男	1942 年
丛琳珠	文登市张家产镇水井村	—	男	1942 年
丛霖滋	文登市宋村镇河格庄村	20	男	1942 年

姓 名	籍 贯	年 龄	性 别	死难时间
丛明珠	文登市宋村镇河格庄村	21	男	1942 年
丛培胜	文登市大水泊镇金家庄村	21	男	1942 年
丛培圣	文登市大水泊镇金家庄村	22	男	1942 年
丛琪珠	文登市界石镇崮头集村	—	男	1942 年
丛荣滋	文登市文登营镇马家岭村	19	男	1942 年
丛胜滋	文登市大水泊镇大河村	17	男	1942 年
丛术江	文登市米山镇东山后村	19	男	1942 年
丛术俊	文登市米山镇东山后村	21	男	1942 年
丛树春	文登市汪疃镇岭西村	—	男	1942 年
丛树茂	文登市大水泊镇生地村	77	男	1942 年
丛树芹	文登市张家产镇水井村	18	男	1942 年
丛树泉	文登市大水泊镇芦子口村	20	男	1942 年
丛树文	文登市大水泊镇金家庄村	18	男	1942 年
丛树友	文登市大水泊镇泊岳家村	22	男	1942 年
丛双喜	文登市大水泊镇芦子口村	23	男	1942 年
丛天滋	文登市宋村镇河格庄村	20	男	1942 年
丛文山	文登市界石镇崮山后村	—	男	1942 年
丛意滋	文登市大水泊镇芦子口村	20	男	1942 年
丛玉文	文登市张家产镇水井村	—	男	1942 年
丛玉滋	文登市宋村镇下徐村	19	男	1942 年
崔登春	文登市葛家镇西崔家口村	38	男	1942 年
崔登海	文登市葛家镇东崔家口村	24	男	1942 年
崔登兴	文登市葛家镇西崔家口村	29	男	1942 年
崔连凤	文登市葛家镇东崔家口村	23	女	1942 年
崔孟建	文登市葛家镇东崔家口村	24	男	1942 年
崔玉泽	文登市葛家镇东崔家口村	20	男	1942 年
崔云龙	文登市葛家镇东崔家口村	34	男	1942 年
单日增	文登市大水泊镇毕家店村	22	男	1942 年
邓汝才	文登市文登营镇埠岚村	17	男	1942 年
邓汝胜	文登市文登营镇泊邓家村	30	男	1942 年
邓汝为	文登市文登营镇邓南庄村	23	男	1942 年
邓树全	文登市文登营镇泊邓家村	19	男	1942 年
邓学海	文登市宋村镇河格庄村	24	男	1942 年
丁锡周	文登市小观镇吴家庄村	16	男	1942 年

姓　名	籍　贯	年　龄	性　别	死难时间
丁永贵	文登市汪疃镇汪疃村	—	男	1942 年
董崇德	文登市高村镇岭上董家村	—	男	1942 年
董崇开	文登市高村镇岭上村	21	男	1942 年
董崇兰之夫	文登市张家产镇大永福村	—	男	1942 年
董崇伍	文登市大水泊镇芦子口村	35	男	1942 年
董春璞	文登市天福街道办事处北潘家村	18	男	1942 年
董厚荣	文登市埠口镇赵家床村	25	男	1942 年
董　秀	文登市高村镇岭上董家村	—	男	1942 年
董学艺	文登市葛家镇山北头村	41	男	1942 年
董以彬	文登市张家产镇杏林庄村	—	男	1942 年
董以发	文登市大水泊镇芦子口村	26	男	1942 年
董以法	文登市张家产镇文石山村	17	男	1942 年
董以堂	文登市大水泊镇章子山村	32	男	1942 年
董以万之母	文登市张家产镇汤村店子村	—	女	1942 年
杜廷红	文登市大水泊镇孤石村	—	男	1942 年
杜廷续	文登市大水泊镇孤石村	—	男	1942 年
杜廷镇	文登市大水泊镇孤石村	—	男	1942 年
段永逵	文登市汪疃镇段家庄村	—	男	1942 年
方崇歧	文登市大水泊镇方家疃村	—	男	1942 年
方文林	文登市文登营镇合板石村	22	男	1942 年
方字岳	文登市大水泊镇方家疃村	—	男	1942 年
房福生	文登市张家产镇东官道村	—	男	1942 年
房敏贵	文登市埠口镇下冷家村	30	男	1942 年
房敏生	文登市张家产镇安子泊村	—	男	1942 年
房清峰	文登市埠口镇东官道村	22	男	1942 年
房新德	文登市张家产镇东官道村	—	男	1942 年
房秀山	文登市埠口镇初家庄村	26	男	1942 年
高焕苣	文登市泽头镇刘家疃村	—	男	1942 年
高文华	文登市米山镇下铺子村	25	男	1942 年
高　氏	文登市文登营镇营南村	65	女	1942 年
高　小	文登市文登营镇营南村	65	男	1942 年
耿河成	文登市葛家镇山北头村	37	男	1942 年
耿培田	文登市米山镇新庄村	49	男	1942 年
宫夕伦	文登市葛家镇占甲埠村	23	男	1942 年

姓　名	籍　贯	年龄	性　别	死难时间
宫锡保	文登市葛家镇山北头村	19	男	1942 年
宫云×	文登市葛家镇山北头村	26	男	1942 年
宫云千	文登市葛家镇占甲埠村	27	男	1942 年
宫云早	文登市葛家镇议城村	19	男	1942 年
宫云贞	文登市葛家镇占甲埠村	17	男	1942 年
顾秉荣	文登市张家产镇北水观村	25	男	1942 年
顾陈氏	文登市文登营镇营南村	—	女	1942 年
顾×氏	文登市文登营镇营南村	50	女	1942 年
顾锡×	文登市埠口镇顶子村	—	男	1942 年
顾哑巴	文登市文登营镇营南村	40	女	1942 年
郭天亮	文登市界石镇新炉上村	20	男	1942 年
韩可明	文登市高村镇韩家村	15	男	1942 年
韩占徐	文登市葛家镇东孙疃村	30	男	1942 年
杭文德	文登市文登营镇沟于家村	34	男	1942 年
贺吉昌	文登市龙山街道办事处河埠庄村	27	男	1942 年
贺世保	文登市界石镇院下村	17	男	1942 年
洪东旬	文登市张家产镇河南村	—	男	1942 年
洪汉仁	文登市张家产镇河南村	—	男	1942 年
侯官来	文登市张家产镇山后侯家村	—	男	1942 年
侯贵富	文登市张家产镇山后侯家村	—	男	1942 年
侯贵利	文登市张家产镇山后侯家村	—	男	1942 年
侯贵云	文登市张家产镇山后侯家村	—	男	1942 年
侯桂凤	文登市泽库镇尹家村	—	男	1942 年
侯会新	文登市泽库镇后岛村	—	男	1942 年
侯连顺	文登市张家产镇庙山姜家村	—	男	1942 年
侯连锁	文登市张家产镇庙山姜家村	—	男	1942 年
侯书敏	文登市张家产镇山后侯家村	—	男	1942 年
侯锡恩	文登市高村镇	22	男	1942 年
侯玉锋	文登市张家产镇山后侯家村	—	男	1942 年
侯中伏	文登市小观镇东店子村	17	男	1942 年
侯仲秋	文登市张家产镇山后侯家村	—	男	1942 年
侯双胜	文登市泽库镇后岛村	—	男	1942 年
胡本华	文登市张家产镇河胡家村	—	男	1942 年
淮贤堂	文登市葛家镇东崔家村	23	男	1942 年

姓　名	籍　贯	年龄	性别	死难时间
黄崇富	文登市张家产镇黄家店村	—	男	1942 年
黄相彬	文登市文登营镇驾山窑村	20	男	1942 年
黄学沉	文登市埠口镇下冷家村	21	男	1942 年
黄兆山	文登市文登营镇西北岔村	17	男	1942 年
黄兆维	文登市文登营镇小店村	25	男	1942 年
黄兆文	文登市文登营镇西北岔村	18	男	1942 年
贾福民	文登市文登营镇文登营村	20	男	1942 年
江福海	文登市大水泊镇西堡子村	28	男	1942 年
江孟福	文登市汪疃镇东三庄村	17	男	1942 年
姜宾章	文登市界石镇河西村	19	男	1942 年
姜大荣	文登市环山街道办事处口子后村	9	男	1942 年
姜典祉	文登市宋村镇金北村	19	男	1942 年
姜凤殿	文登市葛家镇姜家庄村	25	男	1942 年
姜辉琨	文登市泽库镇西泊村	24	男	1942 年
姜进泽	文登市泽库镇长会口村	28	男	1942 年
姜立早	文登市环山街道办事处宅库村	54	男	1942 年
姜利德	文登市环山街道办事处宅库村	23	男	1942 年
姜刘氏	文登市环山街道办事处口子后村	68	女	1942 年
姜刘氏之孙女一	文登市环山街道办事处口子后村	3	女	1942 年
姜刘氏之孙女二	文登市环山街道办事处口子后村	5	女	1942 年
姜茂本	文登市环山街道办事处口子后村	45	男	1942 年
姜明章	文登市界石镇田家屯村	23	男	1942 年
姜　氏	文登市环山街道办事处口子后村	20	女	1942 年
姜　平	文登市环山街道办事处口子后村	—	女	1942 年
姜　审	文登市环山街道办事处口子后村	—	女	1942 年
姜书宝	文登市葛家镇姜家埠村	34	男	1942 年
姜树耕	文登市葛家镇东孙疃村	40	男	1942 年
姜天保	文登市宋村镇姜家庄村	25	男	1942 年
姜天福	文登市宋村镇姜家庄村	17	男	1942 年
姜文德	文登市文登营镇教场东村	17	男	1942 年
姜文墨	文登市葛家镇东宋格村	15	男	1942 年
姜文欣	文登市侯家镇初家庄村	20	男	1942 年
姜原文	文登市大水泊镇埠前头村	25	男	1942 年
姜仲立	文登市宋村镇姜家庄村	32	男	1942 年

姓 名	籍 贯	年龄	性别	死难时间
解礼原	文登市宋村镇北马村	21	男	1942 年
金成启	文登市大水泊镇大水泊村	—	男	1942 年
金立敏	文登市高村镇后泊子村	23	男	1942 年
金立仁	文登市高村镇墩后村	17	男	1942 年
金连仲	文登市米山镇大山前村	23	男	1942 年
鞠宝成	文登市大水泊镇小台村	19	男	1942 年
鞠德新	文登市小观镇出林庄村	28	男	1942 年
鞠付军	文登市葛家镇李家庄村	20	男	1942 年
鞠连会	文登市葛家镇李家庄村	23	男	1942 年
鞠连惠	文登市葛家镇李家庄村	24	男	1942 年
鞠连信	文登市大水泊镇山后孙家村	34	男	1942 年
鞠培基	文登市葛家镇李家庄村	56	男	1942 年
鞠维勤	文登市苘山镇西苘山村	25	男	1942 年
鞠文进	文登市葛家镇李家庄村	24	男	1942 年
鞠秀农	文登市米山镇新上庄村	16	男	1942 年
鞠远信	文登市大水泊镇庙西村	23	男	1942 年
康里政	文登市张家产镇河南村	—	男	1942 年
黄××	文登市文登营镇营南村	23	男	1942 年
李保国	文登市高村镇岭上董家村	31	男	1942 年
李 本	文登市葛家镇东旺疃村	12	女	1942 年
李春岐	文登市葛家镇东孙疃村	30	男	1942 年
李德洪	文登市泽头镇泽头村	50	男	1942 年
李德轩	文登市界石镇王家庄村	19	男	1942 年
李付林	文登市葛家镇东孙疃村	50	男	1942 年
李洪义	文登市侯家镇西泥沟村	20	男	1942 年
李洪远	文登市侯家镇渠格村	21	男	1942 年
李华良	文登市大水泊镇河清村	34	男	1942 年
李会祥	文登市大水泊镇乐园村	24	男	1942 年
李 刘	文登市葛家镇东旺疃村	30	男	1942 年
李仁本	文登市界石镇关崮头村	22	男	1942 年
李尚仁	文登市大水泊镇宅库村	21	男	1942 年
李士勋	文登市泽库镇前岛村	—	男	1942 年
李 ×	文登市米山镇草场村	27	男	1942 年
李世万	文登市泽库镇前岛村	—	男	1942 年

姓　名	籍　贯	年　龄	性　别	死难时间
李守恺	文登市侯家镇山前村	25	男	1942 年
李　宿	文登市泽库镇前岛村	—	女	1942 年
李天臣	文登市汪疃镇北大英村	—	男	1942 年
李同生	文登市泽头镇泽头村	24	男	1942 年
李文喜	文登市文登营镇大店村	26	男	1942 年
李信善	文登市葛家镇东旺疃村	17	男	1942 年
李学善	文登市文登营镇起家乔村	25	男	1942 年
李学珍	文登市埠口镇上冷家村	19	男	1942 年
李学忠	文登市葛家镇东旺疃村	22	男	1942 年
李永保	文登市界石镇王家泊子村	21	男	1942 年
李元臣	文登市汪疃镇大英村	26	男	1942 年
李云祥	文登市泽库镇前岛村	—	男	1942 年
李在梁	文登市葛家镇东旺疃村	34	男	1942 年
李在月	文登市葛家镇东旺疃村	29	男	1942 年
李振海	文登市大水泊镇东堡子村	19	男	1942 年
李竹三	文登市大水泊镇三庄村	22	男	1942 年
李　转	文登市泽库镇前岛村	—	女	1942 年
李宗海	文登市泽头镇泽头村	28	男	1942 年
梁德文	文登市泽库镇后岛村	—	男	1942 年
梁付成之祖母	文登市泽库镇后岛村	—	女	1942 年
梁斋富	文登市侯家镇南傲村	—	男	1942 年
林春京	文登市葛家镇杭格庄村	50	男	1942 年
林春开	文登市葛家镇林家庄村	23	男	1942 年
林当州	文登市葛家镇东孙疃村	30	男	1942 年
林福国	文登市米山镇小山前村	12	男	1942 年
林福友	文登市张家产镇林家库村	—	男	1942 年
林桂生	文登市泽头镇林村	27	男	1942 年
林国恩	文登市泽头镇林村	23	男	1942 年
林国信	文登市文登营镇埠岚村	5	男	1942 年
林浩玉	文登市泽头镇林村	21	男	1942 年
林辉亭	文登市文登营镇埠岚村	36	男	1942 年
林辉柱	文登市文登营镇埠岚村	11	男	1942 年
林基敬	文登市宋村镇北马村	17	男	1942 年
林基山	文登市葛家镇林子西村	18	男	1942 年

姓 名	籍 贯	年 龄	性 别	死难时间
林基水	文登市泽头镇林村	22	男	1942 年
林基忠	文登市泽头镇林村	24	男	1942 年
林吉钟	文登市宋村镇集西村	26	男	1942 年
林 江	文登市宋村镇下徐村	24	男	1942 年
林京信	文登市泽头镇林村	21	男	1942 年
林 菊	文登市文登营镇埠岚村	18	女	1942 年
林均明	文登市宋村镇曲疃庄村	—	男	1942 年
林××	文登市宋村镇神格村	20	男	1942 年
林钧国	文登市文登营镇岭东村	37	男	1942 年
林钧朋	文登市宋村镇曲疃庄村	21	男	1942 年
林钧卿	文登市苘山西杨格村	42	男	1942 年
林钧仁	文登市大水泊镇口子后村	22	男	1942 年
林钧洲	文登市泽头镇林村	17	男	1942 年
林若东	文登市泽头镇林村	27	男	1942 年
林书森	文登市泽头镇林村	26	男	1942 年
林树森	文登市泽头镇程子耩村	35	男	1942 年
林双喜	文登市宋村镇郭家店村	20	男	1942 年
林田增	文登市泽头镇林村	19	男	1942 年
林 同	文登市葛家镇洛格庄村	22	男	1942 年
林文田	文登市宋村镇硝一村	24	男	1942 年
林新义	文登市文登营镇庞家河村	24	男	1942 年
林学春	文登市泽头镇林村	36	男	1942 年
林治松	文登市泽头镇高家庄村	25	男	1942 年
林子友	文登市泽头镇林村	22	男	1942 年
刘保仁	文登市高村镇鞠格庄村	18	男	1942 年
刘昌才	文登市侯家镇东廒村	39	男	1942 年
刘成本	文登市苘山镇西道头村	21	男	1942 年
刘成华	文登市文登营镇西字城村	19	男	1942 年
刘崇德	文登市文登营镇沟于家村	19	男	1942 年
刘崇福	文登市文登营镇西字城村	21	男	1942 年
刘川堂	文登市苘山镇东杨格庄村	37	男	1942 年
刘大魁	文登市侯家镇东廒村	55	男	1942 年
刘德福	文登市文登营镇西字城村	17	男	1942 年
刘德富	文登市高村镇汤西村	53	男	1942 年

姓 名	籍 贯	年 龄	性 别	死难时间
刘德功	文登市苘山镇西武林村	—	男	1942 年
刘德海	文登市文登营镇西字城村	24	男	1942 年
刘德学	文登市高村镇汤西村	39	男	1942 年
刘 桂	文登市葛家镇西于村	45	男	1942 年
刘恒进	文登市葛家镇窑南坡村	20	男	1942 年
刘厚凯	文登市宋村镇大泽头村	18	男	1942 年
刘建森	文登市大水泊镇初家村	27	男	1942 年
刘敬修	文登市文登营镇西北岔村	22	男	1942 年
刘克家	文登市苘山镇新权村	62	男	1942 年
刘克勤	文登市文登营镇沟褚家村	29	男	1942 年
刘培章	文登市高村镇鞠格庄村	22	男	1942 年
刘其明	文登市环山街道办事处宅库村	18	男	1942 年
刘其堂	文登市环山街道办事处宅库村	23	男	1942 年
刘其玉	文登市苘山镇东道头村	19	男	1942 年
刘仁恒	文登市高村镇南滕圈村	27	男	1942 年
刘守伦	文登市界石镇闫家泊子村	20	男	1942 年
刘书升	文登市苘山镇东杨格庄村	27	男	1942 年
刘 蜀	文登市泽库镇尹家村	—	男	1942 年
刘树森	文登市宋村镇硝一村	25	男	1942 年
刘树山	文登市米山镇长埠村	22	男	1942 年
刘水田	文登市侯家镇东廒村	52	男	1942 年
刘思勤	文登市高村镇汤泊阳村	28	男	1942 年
刘田增	文登市葛家镇于家口村	—	男	1942 年
刘万成	文登市葛家镇下口村	40	男	1942 年
刘 为	文登市界石镇大界石村	16	男	1942 年
刘文新	文登市高村镇汤西村	25	男	1942 年
刘文兴	文登市高村镇汤西村	30	男	1942 年
刘喜明	文登市天福街道办事处河北村	21	男	1942 年
刘孝义	文登市苘山镇沟道头村	18	男	1942 年
刘学进	文登市侯家镇东廒村	25	男	1942 年
刘衍玉	文登市宋村镇台上村	22	男	1942 年
刘永兰	文登市文登营镇营南村	23	女	1942 年
刘友财	文登市张家产镇黄家店村	—	男	1942 年
刘玉滨	文登市张家产镇北崖子村	—	男	1942 年

姓 名	籍 贯	年 龄	性 别	死难时间
刘玉丰	文登市泽头镇小埠村	—	男	1942 年
刘玉亮	文登市宋村镇大泽头村	19	男	1942 年
刘玉林	文登市张家产镇小官村	22	男	1942 年
刘云喜	文登市宋村镇曲瞳庄村	27	男	1942 年
刘正春	文登市侯家镇东廒村	52	男	1942 年
鲁喜山	文登市宋村镇硝一村	20	男	1942 年
吕和序	文登市葛家镇葛家村	50	男	1942 年
吕坤序	文登市葛家镇葛家村	40	男	1942 年
吕伦序	文登市葛家镇周家埠村	21	男	1942 年
吕如序	文登市葛家镇西孙瞳村	28	男	1942 年
吕世江	文登市葛家镇周家埠村	60	男	1942 年
吕寿喜	文登市界石镇吕家上口村	29	男	1942 年
吕新友	文登市葛家镇中旺瞳村	21	男	1942 年
吕彦奎	文登市葛家镇葛家村	21	男	1942 年
吕以胜	文登市葛家镇姜家埠村	28	男	1942 年
吕以信	文登市葛家镇周家埠村	19	男	1942 年
栾培安	文登市米山镇山西头村	32	男	1942 年
马布英	文登市苘山镇西武林村	40	男	1942 年
马石二	文登市葛家镇林子西村	29	男	1942 年
马世环	文登市苘山镇西武林村	—	男	1942 年
马世仁	文登市葛家镇林子西村	30	男	1942 年
马英贤	文登市泽头镇大宋家村	19	男	1942 年
马玉宝	文登市文登营镇东巷后村	30	男	1942 年
马战生	文登市葛家镇林子西村	35	男	1942 年
马忠林	文登市张家产镇南汤村	—	男	1942 年
牟 德	文登市文登营镇营南村	56	男	1942 年
牟进子	文登市文登营镇营南村	15	男	1942 年
牟桐生	文登市高村镇虎山村	22	男	1942 年
牟 氏	文登市文登营镇营南村	55	女	1942 年
牟×氏	文登市文登营镇营南村	60	女	1942 年
牟马氏	文登市文登营镇营南村	32	女	1942 年
倪贵山	文登市葛家镇东宋格村	27	男	1942 年
倪日亮	文登市高村镇倪家村	30	男	1942 年
倪世斌	文登市葛家镇东宋格庄村	22	男	1942 年

姓 名	籍 贯	年 龄	性 别	死难时间
宁云红	文登市文登营镇八里庙村	24	男	1942 年
牛序彬	文登市张家产镇车卧岛村	25	男	1942 年
潘世万	文登市葛家镇潘家上口村	15	男	1942 年
潘淑英	文登市宋村镇宋村	18	男	1942 年
潘志善	文登市界石镇汤里后村	34	男	1942 年
乔廷贵	文登市大水泊镇五尚地村	25	男	1942 年
乔廷率	文登市张家产镇安子泊村	—	男	1942 年
乔廷肾	文登市张家产镇安子泊村	—	男	1942 年
乔维秀	文登市张家产镇安子泊村	14	男	1942 年
乔卫秀	文登市张家产镇安子泊村	—	男	1942 年
邱洪德	文登市侯家镇东泥沟村	29	男	1942 年
曲厚信	文登市高村镇曲家村	21	男	1942 年
曲连生	文登市侯家镇南廒村	—	男	1942 年
曲日田	文登市米山镇西古场村	20	男	1942 年
曲世龙	文登市张家产镇石羊口村	19	男	1942 年
曲书恒	文登市泽库镇后岛村	—	男	1942 年
曲修太	文登市埠口镇永福孙家村	30	男	1942 年
荣崇义	文登市大水泊镇章子山村	20	男	1942 年
荣德合	文登市大水泊镇山后孙家村	48	男	1942 年
荣福臻	文登市大水泊镇山后张家村	22	男	1942 年
荣树兰	文登市文登营镇营南村	57	女	1942 年
荣在文	文登市大水泊镇章子山村	27	男	1942 年
荣在信	文登市大水泊镇章子山村	18	男	1942 年
赛道财	文登市大水泊镇赛家庄村	35	男	1942 年
赛道德	文登市高村镇北邢家村	19	男	1942 年
赛道祥	文登市大水泊镇赛家庄村	25	男	1942 年
赛恩余	文登市大水泊镇埠前头村	22	男	1942 年
赛土文	文登市泽头镇林村	23	男	1942 年
赛自莱	文登市高村镇中邢家村	24	男	1942 年
沙中序	文登市界石镇板桥村	27	男	1942 年
商天增	文登市大水泊镇集东村	26	男	1942 年
邵　×	文登市张家产镇庙山姜家村	—	男	1942 年
邵炳信	文登市侯家镇小洛村	21	男	1942 年
邵恒郁	文登市张家产镇庙山村	22	男	1942 年

姓 名	籍 贯	年龄	性别	死难时间
邵名显	文登市侯家镇二马村	21	男	1942 年
邵 秋	文登市泽库镇前岛村	—	女	1942 年
邵树成	文登市宋村镇北马村	—	男	1942 年
邵维欣	文登市宋村镇南马村	21	男	1942 年
邵振华	文登市环山街道办事处帽埠埽村	22	男	1942 年
石乐书	文登市葛家镇大英村	18	男	1942 年
时吉仁	文登市埠口镇下冷家村	—	男	1942 年
时立敬	文登市高村镇格达村	19	男	1942 年
时立科	文登市苘山镇中庵村	—	男	1942 年
时立明	文登市侯家镇时家淮村	—	男	1942 年
时立善	文登市高村镇格达村	19	男	1942 年
时 增	文登市张家产镇大永福村	—	男	1942 年
史佳山	文登市侯家镇初家庄村	25	男	1942 年
宋 城	文登市宋村镇东孔格村	—	男	1942 年
宋福生	文登市环山街道办事处宋家沟村	35	男	1942 年
宋和春	文登市宋村镇周格庄村	—	男	1942 年
宋和喜	文登市宋村镇周格庄村	—	男	1942 年
宋吉清	文登市葛家镇西旺疃村	21	男	1942 年
宋连启	文登市大水泊镇屯宋家村	19	男	1942 年
宋连锁	文登市大水泊镇屯宋家村	18	男	1942 年
宋岐正	文登市泽头镇小宋家村	75	男	1942 年
宋启明	文登市大水泊镇屯宋家村	18	男	1942 年
宋全正	文登市泽头镇小宋家村	24	男	1942 年
宋松楠	文登市泽头镇小宋家村	23	男	1942 年
宋××	文登市泽头镇小宋家村	29	男	1942 年
宋亭荣	文登市泽头镇小宋家村	24	男	1942 年
宋文配	文登市界石镇石头河村	84	女	1942 年
宋文山	文登市环山街道办事处宋家沟村	31	男	1942 年
宋文增	文登市宋村镇草埠村	20	男	1942 年
宋喜桂	文登市大水泊镇泊高家村	24	男	1942 年
宋协礼	文登市宋村镇硝二村	20	男	1942 年
宋协良	文登市大水泊镇屯宋家村	20	男	1942 年
宋协敏	文登市葛家镇下口村	35	男	1942 年
宋协顺	文登市泽头镇刘家疃村	40	男	1942 年

姓 名	籍 贯	年 龄	性 别	死难时间
宋协温	文登市宋村镇硝一村	18	男	1942 年
宋秀堂	文登市大水泊镇屯宋家村	20	男	1942 年
宋义德	文登市大水泊镇集东村	26	男	1942 年
宋运福	文登市大水泊镇屯宋家村	24	男	1942 年
宋运堂	文登市葛家镇下口村	38	男	1942 年
宋宗礼	文登市泽头镇刘家疃村	42	男	1942 年
宋宗石	文登市宋村镇硝三村	21	男	1942 年
宋宗文	文登市葛家镇大背后村	40	男	1942 年
苏大早	文登市汪疃镇白鹿店子村	—	男	1942 年
苏桂山	文登市泽头镇西仙村	32	男	1942 年
苏连信	文登市葛家镇洛格庄村	27	男	1942 年
苏永年	文登市张家产镇河胡家村	—	男	1942 年
隋焕初	文登市环山街道办事处西坑村	21	男	1942 年
隋焕仁	文登市环山街道办事处西坑村	19	男	1942 年
隋景序	文登市葛家镇铺集村	54	男	1942 年
隋 雪	文登市侯家镇吴家滩村	—	男	1942 年
隋永懋	文登市泽库镇南卒庄村	20	男	1942 年
隋原光	文登市米山镇米山村	26	男	1942 年
隋原吉	文登市米山镇米山村	17	男	1942 年
隋忠诚	文登市米山镇米山村	25	男	1942 年
隋忠春	文登市米山镇米山村	30	男	1942 年
隋忠民	文登市米山镇米山村	14	男	1942 年
孙福全	文登市小观镇北湾村	58	男	1942 年
孙福胜	文登市张家产镇岚村	—	男	1942 年
孙福喜	文登市小观镇坦埠村	20	男	1942 年
孙合新	文登市小观镇坦埠村	21	男	1942 年
孙洪考	文登市泽库镇寨前村	18	男	1942 年
孙洪生	文登市小观镇庙东村	31	男	1942 年
孙吉福	文登市张家产镇汤村店村	29	男	1942 年
孙吉合	文登市文登营镇刘马庄村	35	男	1942 年
孙来京	文登市张家产镇南汤村	—	男	1942 年
孙老菊	文登市葛家镇祝家泊子村	70	男	1942 年
孙立保	文登市泽头镇南桥村	16	男	1942 年
孙连友	文登市大水泊镇迟家河村	27	男	1942 年

姓　名	籍　贯	年　龄	性　别	死难时间
孙启才	文登市高村镇孙家埠村	24	男	1942 年
孙启德	文登市高村镇孙家埠村	27	男	1942 年
孙启若	文登市高村镇孙家埠村	25	男	1942 年
孙启喜	文登市高村镇孙家埠村	26	男	1942 年
孙启忠	文登市侯家镇吴家滩村	27	男	1942 年
孙　生	文登市文登营镇营南村	50	男	1942 年
孙世万	文登市葛家镇刘家上口村	13	男	1942 年
孙世忠	文登市文登营镇后长湾村	28	男	1942 年
孙守章	文登市泽头镇雨夼村	22	男	1942 年
孙寿海	文登市大水泊镇生地村	—	男	1942 年
孙寿林	文登市大水泊镇生地村	—	男	1942 年
孙寿启	文登市大水泊镇生地村	—	男	1942 年
孙寿云	文登市大水泊镇岭上孙家村	25	男	1942 年
孙寿征	文登市大水泊镇生地村	—	男	1942 年
孙树元	文登市高村镇孙家埠村	44	男	1942 年
孙停横	文登市张家产镇北崖子村	82	男	1942 年
孙卫金	文登市泽头镇许家埠村	23	男	1942 年
孙　氏	文登市文登营镇营南村	30	女	1942 年
孙秀鲁	文登市米山镇横口村	35	男	1942 年
孙学斌	文登市大水泊镇生地村	—	男	1942 年
孙学德	文登市大水泊镇生地村	—	男	1942 年
孙学国	文登市大水泊镇生地村	—	男	1942 年
孙永雪	文登市宋村镇大寨村	22	男	1942 年
孙佑亭	文登市高村镇虎山村	20	男	1942 年
孙云山	文登市葛家镇东孙疃村	30	男	1942 年
孙之华	文登市高村镇格达村	19	男	1942 年
孙忠本	文登市文登营镇东杜梨村	24	男	1942 年
孙自恒	文登市高村镇孙家埠村	27	男	1942 年
谭合训	文登市葛家镇谭家口村	21	男	1942 年
谭和友	文登市葛家镇松油村	36	男	1942 年
谭麦林	文登市葛家镇西谭家口村	25	男	1942 年
谭秋仁	文登市葛家镇西谭家口村	40	男	1942 年
谭先泽	文登市葛家镇谭家口村	22	男	1942 年
谭义业	文登市葛家镇铺集村	18	男	1942 年

姓 名	籍 贯	年 龄	性 别	死难时间
汤天宝	文登市大水泊镇大乔家村	30	男	1942 年
唐德福	文登市泽头镇东仙庄村	25	男	1942 年
唐培坤	文登市泽头镇刘家疃村	18	男	1942 年
腾 和	文登市葛家镇西于村	54	男	1942 年
田明会	文登市张家产镇邹家床村	23	男	1942 年
田世元	文登市高村镇万家庄村	22	男	1942 年
田树木	文登市高村镇万家庄村	18	男	1942 年
田舞臣	文登市张家产镇邹家床村	—	男	1942 年
田由信	文登市张家产镇邹家床村	—	男	1942 年
王保财	文登市葛家镇北石山头村	18	男	1942 年
王保锡	文登市葛家镇祝家泊子村	26	男	1942 年
王本寿	文登市葛家镇南石村	90	男	1942 年
王彬绍	文登市文登营镇前驾山村	29	男	1942 年
王炳义	文登市文登营镇前北风口村	24	男	1942 年
王陈氏	文登市文登营镇营南村	39	女	1942 年
王承奇	文登市张家产镇杏林庄村	—	男	1942 年
王大福	文登市宋村镇小寨村	19	男	1942 年
王大中	文登市大水泊镇团山村	20	男	1942 年
王代芹	文登市葛家镇王官屯村	55	男	1942 年
王代为	文登市葛家镇王官屯村	56	男	1942 年
王 党	文登市泽库镇后岛村	—	男	1942 年
王 ×	文登市宋村镇东孔格村	—	男	1942 年
王道江	文登市文登营镇西北岔村	23	男	1942 年
王峰山	文登市文登营镇止马岭村	25	男	1942 年
王凤海	文登市界石镇李家疃村	24	男	1942 年
王凤祥	文登市文城镇河北村	23	男	1942 年
王福成	文登市文登营镇刘马庄村	47	男	1942 年
王福秋	文登市侯家镇北韩家村	28	男	1942 年
王 付	文登市葛家镇大背后村	32	女	1942 年
王桂才	文登市埠口镇敖山村	20	男	1942 年
王和尚	文登市葛家镇背眼村	20	男	1942 年
王洪才	文登市葛家镇祝家泊子村	22	男	1942 年
王洪京	文登市葛家镇王官屯村	60	男	1942 年
王洪恕	文登市文登营镇岚宅村	18	男	1942 年

姓　名	籍　贯	年龄	性别	死难时间
王洪义	文登市小观镇朱家庄村	32	男	1942年
王积德	文登市大水泊镇大乔家村	24	男	1942年
王积贯	文登市文登营镇张皮村	21	男	1942年
王积凯	文登市大水泊镇山后王家村	25	男	1942年
王积众	文登市文登营镇张皮村	19	男	1942年
王坚仁	文登市大水泊镇生地村	—	男	1942年
王　津	文登市苘山镇管山村	32	男	1942年
王经友	文登市文登营镇西仓村	22	男	1942年
王矩堂	文登市大水泊镇陈家埠村	18	男	1942年
王克俭	文登市大水泊镇马家庄村	26	男	1942年
王立春	文登市大水泊镇歇驾夼村	26	男	1942年
王连福	文登市文登营镇中仓村	20	男	1942年
王连钟	文登市文登营镇中仓村	36	男	1942年
王茂成	文登市大水泊镇西堡子村	30	男	1942年
王茂敬	文登市大水泊镇黄山阳村	22	男	1942年
王　牛	文登市泽库镇前岛村	—	男	1942年
王培之	文登市张家产镇北圈村	16	男	1942年
王启文	文登市大水泊镇生地村	—	男	1942年
王前山	文登市宋村镇下徐村	19	男	1942年
王　乾	文登市张家产镇顾家村	—	男	1942年
王钦史	文登市高村镇庄家村	24	男	1942年
王钦约	文登市高村镇庄家村	42	男	1942年
王　卿	文登市葛家镇王官屯村	17	女	1942年
王清华	文登市大水泊镇生地村	—	男	1942年
王日义	文登市大水泊镇大台村	24	男	1942年
王善家	文登市大水泊镇山后王家村	22	男	1942年
王善修	文登市文登营镇前驾山村	29	男	1942年
王石梅	文登市葛家镇黄龙岘村	24	男	1942年
王士进	文登市泽库镇小台村	19	男	1942年
王×氏	文登市文登营镇埠岚村	45	女	1942年
王世荣	文登市张家产镇登登口村	20	男	1942年
王寿仁	文登市大水泊镇岭上孙家村	50	男	1942年
王寿山	文登市大水泊镇泊岳家村	21	男	1942年
王书佃	文登市葛家镇郭子村	28	男	1942年

姓 名	籍 贯	年 龄	性 别	死难时间
王书福	文登市米山镇大塆村	27	男	1942 年
王书连	文登市小观镇小观村	22	男	1942 年
王书山	文登市大水泊镇黄山阳村	28	男	1942 年
王书田	文登市大水泊镇瓦屋庄村	36	男	1942 年
王书信	文登市宋村镇下徐村	23	男	1942 年
王树军	文登市大水泊镇陈家埠村	18	男	1942 年
王树良	文登市文登营镇长夼沟村	18	男	1942 年
王树松	文登市大水泊镇陈家埠村	21	男	1942 年
王树亭	文登市大水泊镇陈家埠村	31	男	1942 年
王树文	文登市开发区止马岭村	45	男	1942 年
王思员	文登市环山街道办事处八里张家村	26	男	1942 年
王 太	文登市大水泊镇大水泊村	36	男	1942 年
王天敏	文登市米山镇塆北头村	22	男	1942 年
王同昭	文登市文登营镇驾山窑村	21	男	1942 年
王为纯	文登市文登营镇前北风口村	28	男	1942 年
王文公	文登市米山镇塆北头村	42	男	1942 年
王文召	文登市张家产镇西泊石村	—	男	1942 年
王文贞	文登市文登营镇岚宅村	20	男	1942 年
王文周	文登市米山镇大塆村	27	男	1942 年
王希堂	文登市大水泊镇泊岳家村	21	男	1942 年
王锡福	文登市大水泊镇迟家河村	18	男	1942 年
王锡坤	文登市文登营镇汤泊村	31	男	1942 年
王锡学	文登市文登营镇后北风口村	28	男	1942 年
王熙学	文登市大水泊镇陈家埠村	71	男	1942 年
王喜聚	文登市文登营镇沟王家村	18	男	1942 年
王 祥	文登市大水泊镇岭上孙家村	70	男	1942 年
王祥昭	文登市文登营镇驾山窑村	19	男	1942 年
王逍氏	文登市文登营镇营南村	65	女	1942 年
王小二	文登市文登营镇营南村	—	男	1942 年
王小清	文登市界石镇小界石村	19	男	1942 年
王小已	文登市文登营镇营南村	—	男	1942 年
王 新	文登市文登营镇营南村	45	女	1942 年
王新义	文登市文登营镇东屯村	22	男	1942 年
王新展	文登市小观镇南湾村	—	男	1942 年

姓　名	籍　贯	年　龄	性　别	死难时间
王信华	文登市葛家镇潘家上口村	40	女	1942 年
王　醒	文登市葛家镇北石山头村	30	女	1942 年
王修球	文登市汪疃镇上韩家村	—	男	1942 年
王秀娥	文登市苘山镇东杨格庄村	27	女	1942 年
王秀亭	文登市大水泊镇团山村	22	男	1942 年
王绪福	文登市大水泊镇金家庄村	25	男	1942 年
王学奎	文登市大水泊镇念头村	27	男	1942 年
王学新	文登市小观镇南湾村	—	男	1942 年
王延科	文登市大水泊镇后村	21	男	1942 年
王洋秀	文登市米山镇东下庄村	28	男	1942 年
王英岁	文登市张家产镇南汤村	—	男	1942 年
王玉海	文登市大水泊镇念头村	33	男	1942 年
王玉山	文登市大水泊镇埠前头村	20	男	1942 年
王玉×	文登市高村镇沙柳村	21	男	1942 年
王月义	文登市大水泊镇大台村	22	男	1942 年
王云财	文登市大水泊镇金家庄村	25	男	1942 年
王云德	文登市大水泊镇金家庄村	18	男	1942 年
王云海	文登市葛家镇周家埠村	25	男	1942 年
王云升	文登市大水泊镇金家庄村	20	男	1942 年
王运亭	文登市米山镇岭口村	—	男	1942 年
王增田	文登市文登营镇营南村	39	男	1942 年
王占国	文登市泽头镇西程格庄村	23	男	1942 年
王振山	文登市汪疃镇大英村	36	男	1942 年
王振忠	文登市大水泊镇埠前头村	25	男	1942 年
王治国	文登市大水泊镇团山村	25	男	1942 年
王忠汉	文登市大水泊镇陈家埠村	15	男	1942 年
王忠学	文登市葛家镇背眼村	22	男	1942 年
卫前闲	文登市张家产镇冷家村	—	男	1942 年
温　德	文登市张家产镇杏林庄村	—	男	1942 年
温克良	文登市张家产镇杏林庄村	—	男	1942 年
温克志	文登市张家产镇杏林庄村	—	男	1942 年
温荣殿	文登市张家产镇杏林庄村	—	男	1942 年
温荣俭	文登市张家产镇杏林庄村	—	男	1942 年
温荣真	文登市张家产镇杏林庄村	—	男	1942 年

姓 名	籍 贯	年 龄	性 别	死难时间
吴丙学	文登市侯家镇吴家滩村	—	男	1942 年
吴炳干	文登市侯家镇吴家滩村	19	男	1942 年
吴明田	文登市米山镇新上庄村	39	男	1942 年
吴 青	文登市侯家镇吴家滩村	—	男	1942 年
吴庆文	文登市宋村镇北马村	—	男	1942 年
吴 全	文登市侯家镇二马村	19	男	1942 年
吴汝海	文登市侯家镇吴家滩村		男	1942 年
吴汝巡	文登市侯家镇吴家滩村		男	1942 年
吴树凯	文登市侯家镇吴家滩村		男	1942 年
吴学考	文登市汪疃镇白鹿屯村	—	男	1942 年
吴永法	文登市泽头镇吴官屯村	27	男	1942 年
吴 有	文登市环山街道办事处宋家沟村	30	男	1942 年
吴云凯	文登市泽头镇吴官屯村	28	男	1942 年
夏德桂	文登市泽库镇西泊子村	36	男	1942 年
小梅子	文登市汪疃镇白鹿屯村	—	女	1942 年
肖锡坤	文登市高村镇礼格庄村	17	男	1942 年
刑开吉	文登市张家产镇北圈村	17	男	1942 年
邢丰吉	文登市大水泊镇山后孙家村	17	男	1942 年
邢洪玉	文登市泽头镇岛集村	16	男	1942 年
邢吉春	文登市泽头镇岛集村	50	男	1942 年
邢 明	文登市文登营镇前北风口村	22	男	1942 年
邢庆路	文登市大水泊镇山后孙家村	50	男	1942 年
邢永东	文登市泽头镇岛集村	48	男	1942 年
邢玉乾	文登市大水泊镇东邹山村	21	男	1942 年
邢玉庆	文登市大水泊镇东邹山村	—	男	1942 年
邢玉亭	文登市大水泊镇东邹山村	—	男	1942 年
徐成春	文登市米山镇岭口村	—	男	1942 年
徐成福	文登市米山镇岭口村	—	男	1942 年
徐承恩	文登市泽头镇小埠村	—	男	1942 年
徐承荣	文登市文登营镇西杜梨村	25	男	1942 年
徐承三	文登市侯家镇南廒村	—	男	1942 年
徐传士	文登市大水泊镇初家村	17	男	1942 年
徐狗剩	文登市苘山镇西武林村	—	男	1942 年
徐国涛	文登市泽头镇下泊子村	22	男	1942 年

姓 名	籍 贯	年龄	性 别	死难时间
徐国同	文登市界石镇梧桐奄村	—	男	1942 年
徐家胜	文登市大水泊镇下河村	20	男	1942 年
徐家振	文登市大水泊镇下河村	22	男	1942 年
徐连海	文登市葛家镇东孙疃村	45	男	1942 年
徐 良	文登市泽头镇小埠村	16	男	1942 年
徐明清	文登市侯家镇西泥沟村	36	男	1942 年
徐明祥	文登市侯家镇西泥沟村	20	男	1942 年
徐友丛	文登市泽头镇小埠村	—	男	1942 年
徐源泉	文登市侯家镇下河村	20	男	1942 年
徐运生	文登市宋村镇硝二村	26	男	1942 年
许德斌	文登市张家产镇东水道村	26	男	1942 年
许敬志	文登市大水泊镇三庄村	20	男	1942 年
许洛善	文登市大水泊镇岭上孙家村	40	男	1942 年
许四婆	文登市文登营镇营南村	70	女	1942 年
许文宾	文登市界石镇牟村	40	男	1942 年
阎福金	文登市宋村镇西马村	20	男	1942 年
颜祥任	文登市泽库镇辛旺庄村	27	男	1942 年
杨 党	文登市泽库镇尹家村	—	男	1942 年
杨德山	文登市泽头镇杨家庵村	21	男	1942 年
杨景山	文登市泽头镇杨家疃村	45	男	1942 年
杨克林	文登市泽头镇杨家疃村	51	男	1942 年
杨茂友	文登市泽库镇尹家村	87	男	1942 年
杨培生	文登市天福街道办事处大五里头村	26	男	1942 年
杨 巧	文登市界石镇六度寺村	21	女	1942 年
杨树仁	文登市泽头镇杨家疃村	21	男	1942 年
杨树信	文登市侯家镇河杨家村	21	男	1942 年
杨文章	文登市大水泊镇山后孙家村	23	男	1942 年
杨锡太	文登市文登营镇林家泊子村	18	男	1942 年
杨晓光	文登市文登营镇西子城村	30	男	1942 年
杨永明	文登市宋村镇埠后村	24	男	1942 年
杨永生	文登市宋村镇埠后村	20	男	1942 年
姚大庆	文登市宋村镇姚山头村	22	男	1942 年
姚忠原	文登市宋村镇姚山头村	19	男	1942 年
殷邦秋	文登市张家产镇岚村	30	男	1942 年

姓 名	籍 贯	年 龄	性 别	死难时间
殷冲卿	文登市张家产镇岚村	—	男	1942 年
殷锡棋	文登市宋村镇曲疃庄村	—	男	1942 年
殷秀江	文登市米山镇新上庄村	30	男	1942 年
于兆麟	文登市大水泊镇井南村	29	男	1942 年
于安民	文登市大水泊镇大水泊村	—	男	1942 年
于炳全	文登市大水泊镇埠前头村	19	男	1942 年
于成深	文登市大水泊镇河北村	27	男	1942 年
于成志	文登市埠口镇下冷家村	—	男	1942 年
于春新	文登市大水泊镇杭里村	27	男	1942 年
于 德	文登市葛家镇南于疃村	33	男	1942 年
于德增	文登市大水泊镇北洼村	40	男	1942 年
于殿臣	文登市大水泊镇井东村	25	男	1942 年
于殿晨	文登市大水泊镇集东村	25	男	1942 年
于殿金	文登市大水泊镇集东村	24	男	1942 年
于东彬	文登市大水泊镇芦子口村	24	男	1942 年
于东槐	文登市大水泊镇芦子口村	28	男	1942 年
于敦江	文登市大水泊镇大水泊村	28	男	1942 年
于方才	文登市宋村镇大床村	21	男	1942 年
于 放	文登市宋村镇大床村	—	男	1942 年
于福臣	文登市大水泊镇迟家河村	20	男	1942 年
于福德	文登市大水泊镇西水泊村	22	男	1942 年
于辅堂	文登市苘山镇山马于村	21	男	1942 年
于广海	文登市葛家镇北长岚村	—	男	1942 年
于桂亭	文登市小观镇徐埠头村	32	男	1942 年
于国和	文登市大水泊镇大河村	27	男	1942 年
于国基	文登市大水泊镇泽上村	23	男	1942 年
于国秀	文登市侯家镇渠格村	29	男	1942 年
于海洲	文登市大水泊镇北洼村	29	男	1942 年
于洪宾	文登市宋村镇郑家沟村	31	男	1942 年
于洪江	文登市泽头镇下泊子村	35	男	1942 年
于洪宽	文登市宋村镇郑家沟村	—	男	1942 年
于洪礼	文登市大水泊镇大台村	26	男	1942 年
于洪全	文登市米山镇西山后村	30	男	1942 年
于洪珊	文登市大水泊镇南疃村	29	男	1942 年

姓　名	籍　贯	年　龄	性　别	死难时间
于洪树	文登市米山镇西山后村	40	男	1942 年
于洪水	文登市葛家镇黄龙岘村	30	男	1942 年
于华齐	文登市大水泊镇大水泊村	22	男	1942 年
于　会	文登市葛家镇议城村	25	男	1942 年
于建文	文登市大水泊镇泊岳家村	38	男	1942 年
于教先	文登市高村镇庄家村	30	男	1942 年
于锦章	文登市大水泊镇小沟村	27	男	1942 年
于进溪	文登市葛家镇窑南坡村	22	男	1942 年
于敬讯	文登市大水泊镇泊岳家村	20	男	1942 年
于举连	文登市大水泊镇章子山村	19	男	1942 年
于举贤	文登市大水泊镇三庄村	28	男	1942 年
于开端	文登市宋村镇河格庄村	23	男	1942 年
于凯山	文登市葛家镇葛家村	50	男	1942 年
于　奎	文登市大水泊镇大水泊村	—	男	1942 年
于兰勋	文登市泽库镇前岛村	—	女	1942 年
于兰勋之子	文登市泽库镇前岛村	—	男	1942 年
于连举	文登市高村镇沙柳村	24	男	1942 年
于连水	文登市大水泊镇栏杆村	24	男	1942 年
于　民	文登市葛家镇赤金泊村	13	女	1942 年
于　明	文登市大水泊镇井南村	21	男	1942 年
于　×	文登市大水泊镇河北村	26	男	1942 年
于暖勋	文登市大水泊镇泊高家村	26	男	1942 年
于培岐	文登市大水泊镇大水泊村	32	男	1942 年
于培松	文登市宋村镇东孔格村	—	男	1942 年
于培文	文登市文登营镇岭东村	20	男	1942 年
于朋辅	文登市埠口镇大旺庄村	27	男	1942 年
于庆昌	文登市大水泊镇集东村	21	男	1942 年
于庆福	文登市大水泊镇西南台村	23	男	1942 年
于庆旭	文登市大水泊镇集东村	23	男	1942 年
于仁会	文登市文登营镇后驾山村	17	男	1942 年
于仁学	文登市文登营镇后驾山村	38	男	1942 年
于瑞三	文登市大水泊镇河北村	23	男	1942 年
于瑞滋	文登市大水泊镇河北村	20	男	1942 年
于润洪	文登市大水泊镇集东村	23	男	1942 年

姓 名	籍 贯	年 龄	性 别	死难时间
于润廷	文登市大水泊镇集东村	23	男	1942 年
于 森	文登市大水泊镇西南台村	25	女	1942 年
于绍乾	文登市大水泊镇大水泊村	22	男	1942 年
于慎忠	文登市大水泊镇西南台村	18	男	1942 年
于诗华	文登市张家产镇山后侯家村	—	男	1942 年
于时太	文登市高村镇辛店村	20	男	1942 年
于寿轲	文登市大水泊镇河北村	19	男	1942 年
于淑伦	文登市宋村镇大床村	21	男	1942 年
于树彬	文登市葛家镇洛格庄村	28	男	1942 年
于树宽	文登市米山镇西山后村	40	男	1942 年
于树仁	文登市米山镇西山后村	30	男	1942 年
于 水	文登市米山镇西铺头村	37	男	1942 年
于水义	文登市大水泊镇南洼村	24	男	1942 年
于顺滋	文登市大水泊镇大水泊村	22	男	1942 年
于所臣	文登市高村镇庄家村	21	男	1942 年
于天增	文登市高村镇高村	23	男	1942 年
于廷水	文登市米山镇南郑格村	40	男	1942 年
于同连	文登市葛家镇林子西村	21	男	1942 年
于万秀	文登市大水泊镇河东乔家村	22	男	1942 年
于为良	文登市侯家镇下郭家村	18	男	1942 年
于维振	文登市米山镇南郑格村	40	男	1942 年
于文华	文登市大水泊镇河北村	20	男	1942 年
于文礼	文登市大水泊镇大乔家村	22	男	1942 年
于文茂	文登市小观镇百寿庄村	23	男	1942 年
于文新	文登市宋村镇西海庄村	—	男	1942 年
于文绪	文登市大水泊镇大水泊村	38	男	1942 年
于锡海	文登市大水泊镇泽上村	19	男	1942 年
于 喜	文登市宋村镇硝二村	43	男	1942 年
于小京	文登市葛家镇北长岚村	—	男	1942 年
于小庆	文登市葛家镇于家口村	—	男	1942 年
于小子	文登市大水泊镇西南台村	—	男	1942 年
于信峰	文登市环山街道办事处宅库村	47	男	1942 年
于学全	文登市葛家镇葛家村	40	男	1942 年
于延琦	文登市文登营镇岭东村	28	男	1942 年

姓 名	籍 贯	年 龄	性 别	死难时间
于延祝	文登市大水泊镇大水泊村	19	男	1942 年
于印章	文登市大水泊镇集东村	28	男	1942 年
于涌详	文登市高村镇苏家泊村	38	男	1942 年
于云才	文登市汪疃镇北大英村	—	男	1942 年
于云亭	文登市大水泊镇岐阳村	82	男	1942 年
于云泽	文登市葛家镇于家埠村	32	男	1942 年
于运财	文登市高村镇苏家泊村	26	男	1942 年
于运东	文登市葛家镇洛格庄村	28	男	1942 年
于运连	文登市环山街道办事处宅库村	23	男	1942 年
于在恕	文登市大水泊镇大水泊村	32	男	1942 年
于战英	文登市大水泊镇大水泊村	26	女	1942 年
于兆文	文登市泽库镇花岛村	—	男	1942 年
于照杰	文登市小观镇北黄村	25	男	1942 年
于振合	文登市大水泊镇场西村	—	男	1942 年
于智峰	文登市环山街道办事处宅库村	42	男	1942 年
于忠山	文登市葛家镇洛格庄村	19	男	1942 年
于仲亭	文登市米山镇南郑格村	30	男	1942 年
于 珠	文登市高村镇倪家村	20	男	1942 年
于作章	文登市文登营镇文登营村	20	男	1942 年
原道斌	文登市高村镇脉田村	34	男	1942 年
原宜强	文登市高村镇脉田村	23	男	1942 年
袁永祥	文登市大水泊镇大水泊村	33	男	1942 年
岳登连	文登市大水泊镇河清村	20	男	1942 年
张炳钧	文登市大水泊镇张家村	19	男	1942 年
张才堂	文登市张家产镇汤村店村	24	男	1942 年
张崇生	文登市米山镇山西头村	30	男	1942 年
张德人	文登市葛家镇李家庄村	25	男	1942 年
张德义	文登市汪疃镇岭西村	—	男	1942 年
张德友	文登市张家产镇汤村店村	20	男	1942 年
张福长	文登市大水泊镇六山张家村	30	男	1942 年
张福金	文登市张家产镇杏林庄村	—	男	1942 年
张国胜	文登市文登营镇	18	男	1942 年
张洪聚	文登市环山街道办事处八里张家村	27	男	1942 年
张洪信	文登市高村镇西山村	42	男	1942 年

姓 名	籍 贯	年 龄	性 别	死难时间
张 举	文登市大水泊镇东堡子村	21	男	1942 年
张力山	文登市张家产镇初家庄村	—	男	1942 年
张明海	文登市汪疃镇西三庄村	24	男	1942 年
张培邮	文登市张家产镇东汤村	—	男	1942 年
张启明	文登市大水泊镇砬头村	34	男	1942 年
张启×	文登市大水泊镇康子庄村	19	男	1942 年
张仁芝	文登市大水泊镇六山张家村	23	男	1942 年
张荣来	文登市张家产镇东官道村	—	男	1942 年
张润泽	文登市宋村镇李仙庄村	—	男	1942 年
张世生	文登市张家产镇南崖子村	—	男	1942 年
张书岐	文登市张家产镇邹家庄村	30	男	1942 年
张××	文登市埠口镇张家埠村	—	男	1942 年
张树华	文登市文登营镇沟于家村	23	男	1942 年
张水林	文登市埠口镇张家埠村	40	男	1942 年
张思齐	文登市侯家镇小洛村	26	男	1942 年
张太顺	文登市葛家镇郭子村	36	男	1942 年
张文本	文登市文登营镇后驾山村	19	男	1942 年
张文仁	文登市文登营镇后驾山村	20	男	1942 年
张文义	文登市文登营镇后驾山村	19	男	1942 年
张文召	文登市文登营镇后驾山村	27	男	1942 年
张营成	文登市小观镇朱家庄村	33	男	1942 年
张玉纯	文登市苘山镇西武林村	—	男	1942 年
张元清	文登市界石镇蒿墣村	31	男	1942 年
张云海	文登市大水泊镇山后孙家村	27	男	1942 年
张云友	文登市文登营镇李家夼村	32	男	1942 年
张战子	文登市葛家镇林子西村	25	女	1942 年
张战子之子	文登市葛家镇林子西村	2	男	1942 年
张执本	文登市大水泊镇张家村	18	男	1942 年
张治东	文登市大水泊镇生地村	34	男	1942 年
赵德善	文登市侯家镇西泥沟村	31	男	1942 年
赵桂凤	文登市侯家镇西泥沟村	19	男	1942 年
赵恒志	文登市界石镇崮山后村	19	男	1942 年
赵佳佳	文登市高村镇鞠格庄村	30	男	1942 年
赵进斗	文登市葛家镇洛格庄村	18	男	1942 年

姓 名	籍 贯	年 龄	性 别	死难时间
赵晓堂	文登市界石镇宫家庄村	27	男	1942 年
赵云堂	文登市天福街道办事处中渠格村	21	男	1942 年
赵占玉	文登市界石镇崮山后村	—	男	1942 年
郑德泽	文登市米山镇姜格庄村	18	男	1942 年
郑明春	文登市米山镇老埠村	79	男	1942 年
郑仁德	文登市文登营镇沟王家村	25	男	1942 年
郑树桂	文登市米山镇姜格庄村	27	男	1942 年
郑云江	文登市宋村镇郑家沟村	—	男	1942 年
周承东	文登市张家镇庙山姜家村	—	男	1942 年
周国爱	文登市高村镇河西村	19	男	1942 年
周红顺	文登市葛家镇周家埠村	40	男	1942 年
周岐聪	文登市高村镇高村	29	男	1942 年
周少祖	文登市高村镇高村	29	男	1942 年
周云华	文登市高村镇万家庄村	18	男	1942 年
周之奎	文登市高村镇高村	26	男	1942 年
周之泽	文登市高村镇河西村	18	男	1942 年
周作俭	文登市龙山街道办事处柳林村	38	男	1942 年
祝承忠	文登市汪疃镇祝家英村	—	男	1942 年
祝得义	文登市汪疃镇祝家英村	—	男	1942 年
祝树根	文登市汪疃镇祝家英村	—	男	1942 年
祝栓永	文登市汪疃镇祝家英村	—	男	1942 年
祝月永	文登市汪疃镇祝家英村	—	男	1942 年
邹大壮	文登市苘山镇山马邹村	25	男	1942 年
邹德坤	文登市文登营镇刘马庄村	24	男	1942 年
邹洪英	文登市葛家镇岔河村	—	男	1942 年
邹万福	文登市文登营镇刘马庄村	23	男	1942 年
邹新贵	文登市苘山镇山马邹村	30	男	1942 年
李文江	文登市界石镇田家屯村	38	男	1943 年
毕如亭	文登市汪疃镇东黄埠村	—	男	1943 年
毕庶明	文登市天福街道办事处架子山村	22	男	1943 年
毕庶珍	文登市大水泊镇瓦屋庄村	48	男	1943 年
毕顺德	文登市汪疃镇北英武村	—	男	1943 年
毕务会	文登市天福街道办事处架子山村	26	男	1943 年
曹凤梅	文登市宋村镇金西村	23	男	1943 年

姓　名	籍　贯	年　龄	性　别	死难时间
曹积经	文登市界石镇岭西村	19	男	1943 年
曹　品	文登市苘山镇大夼村	—	女	1943 年
曹同春	文登市汪疃镇曹家泊子村	—	男	1943 年
岑兆华	文登市葛家镇大英村	20	男	1943 年
车卯生	文登市汪疃镇汪疃村	20	男	1943 年
车瑞生	文登市汪疃镇汪疃村	—	男	1943 年
陈更所	文登市汪疃镇陈家山村	—	男	1943 年
陈连之	文登市汪疃镇陈家山村	—	男	1943 年
陈新举	文登市汪疃镇白鹿店子村	25	男	1943 年
陈作义	文登市大水泊镇章子口村	30	男	1943 年
程文桂	文登市侯家镇北廒村	22	男	1943 年
迟培金	文登市葛家镇东于村	76	男	1943 年
迟智滨	文登市葛家镇西于村	70	男	1943 年
初君吉	文登市高村镇辛店子村	34	男	1943 年
慈云牛	文登市泽库镇慈家村	18	男	1943 年
丛柏珠	文登市界石镇崮山后村	—	男	1943 年
丛树德	文登市大水泊镇生地村	18	男	1943 年
丛树栋	文登市天福街道办事处五里庄村	18	男	1943 年
丛树桂	文登市天福街道办事处凉水湾村	18	女	1943 年
丛树荣	文登市天福街道办事处凉水湾村	19	女	1943 年
丛×××	文登市界石镇崮头集村	—	男	1943 年
丛树生	文登市米山镇东山后村	20	男	1943 年
丛万滋	文登市天福街道办事处大五里头村	24	男	1943 年
丛欣珠	文登市界石镇崮头集村	—	男	1943 年
丛月单	文登市宋村镇下徐村	49	男	1943 年
崔保增	文登市葛家镇东崔家村	21	男	1943 年
崔　四	文登市葛家镇东崔家村	30	男	1943 年
邓汝范	文登市文登营镇邓南庄村	22	男	1943 年
丁吉维	文登市苘山镇丁家洼村	18	男	1943 年
董以荣	文登市葛家镇周家埠村	25	男	1943 年
宫桂秋	文登市葛家镇占甲埠村	21	男	1943 年
宫甲申	文登市葛家镇占甲埠村	18	男	1943 年
宫润桐	文登市宋村镇宋村	22	男	1943 年
宫夕生	文登市米山镇西石硼村	50	男	1943 年

姓 名	籍 贯	年 龄	性 别	死难时间
宫夕延	文登市葛家镇占甲埠村	20	男	1943 年
宫相生	文登市葛家镇韩家庄村	22	男	1943 年
宫云茂	文登市葛家镇占甲埠村	19	男	1943 年
宫照福	文登市米山镇西石硼村	—	男	1943 年
顾纪伟	文登市苘山镇大夼村	—	男	1943 年
顾连德	文登市苘山镇大夼村	—	男	1943 年
顾连合	文登市苘山镇大夼村	—	男	1943 年
贺传文	文登市文城镇东坑村	23	男	1943 年
侯诚德	文登市大水泊镇辛庄头村	21	男	1943 年
侯桂森	文登市文登营镇东庵后村	20	男	1943 年
侯自芝	文登市侯家镇下郭家村	38	男	1943 年
胡廷连	文登市埠口镇山后郭家村	18	男	1943 年
黄学修	文登市埠口镇下冷家村	16	男	1943 年
黄兆清	文登市文登营镇驾山窑村	24	男	1943 年
姜 八	文登市泽库镇长会口村	19	男	1943 年
姜滨荣	文登市文城镇口子后村	18	男	1943 年
姜长春	文登市界石镇北崮头村	22	男	1943 年
姜大奎	文登市汪疃镇卅里铺村	—	男	1943 年
姜浩俭	文登市泽库镇长会口村	19	男	1943 年
姜明学	文登市界石镇田家屯村	24	男	1943 年
姜铭珍	文登市泽库镇长会口村	36	男	1943 年
姜书礼	文登市界石镇姜家泊子村	41	男	1943 年
姜中岐之妻	文登市汪疃镇汪疃村	—	女	1943 年
蒋原礼	文登市大水泊镇小河村	18	男	1943 年
金立怡	文登市高村镇墩后村	19	男	1943 年
鞠宝才	文登市高村镇汤东村	19	男	1943 年
鞠文轩	文登市宋村镇鹁鸽崖村	22	男	1943 年
李本学	文登市文登营镇前北凤口村	34	男	1943 年
李成英	文登市大水泊镇东堡子村	33	男	1943 年
李和男	文登市泽头镇胡格村	43	男	1943 年
李开亭	文登市葛家镇刘格庄村	73	男	1943 年
李彭模	文登市文登营镇马家岭村	21	男	1943 年
李世祥	文登市米山镇西夏庄村	20	男	1943 年
李叙仁	文登市大水泊镇李家村	19	男	1943 年

姓　名	籍　贯	年龄	性别	死难时间
李兆丰	文登市大水泊镇乐园村	32	男	1943 年
李自敬	文登市文登营镇牟家庄村	22	男	1943 年
李宗祥	文登市泽头镇东程格村	19	男	1943 年
李宗泽	文登市葛家镇英山前村	23	男	1943 年
林基恕	文登市泽头镇林村	28	男	1943 年
林钧芳	文登市文登营镇岭东村	27	男	1943 年
林留成	文登市泽头镇林村	20	男	1943 年
林善斋	文登市宋村镇集西村	21	男	1943 年
林世宗	文登市泽头镇胡格村	24	男	1943 年
林书任	文登市泽头镇林村	21	男	1943 年
林树云	文登市葛家镇大英村	25	男	1943 年
林苏山	文登市文登营镇庞家河村	38	男	1943 年
林堂元	文登市泽库镇西程格庄村	19	男	1943 年
林万春	文登市泽头镇林村	18	男	1943 年
林治华	文登市文登营镇庞家河村	18	男	1943 年
林治生	文登市葛家镇下口村	27	男	1943 年
林中伏	文登市泽头镇林村	20	男	1943 年
刘　便	文登市葛家镇西于村	—	男	1943 年
刘成林	文登市葛家镇下口村	48	男	1943 年
刘成山	文登市葛家镇下口村	34	男	1943 年
刘春林	文登市界石镇辛上庄村	24	男	1943 年
刘　翠	文登市高村镇岭上董家村	—	女	1943 年
刘大和	文登市侯家镇南渠格村	—	男	1943 年
刘大云	文登市侯家镇南渠格村	—	男	1943 年
刘德安	文登市米山镇南古场村	27	男	1943 年
刘德伦	文登市埠口镇敖山村	28	男	1943 年
刘德乾	文登市天福街道办事处松坡村	43	男	1943 年
刘凡滋	文登市天福街道办事处五里庄村	44	男	1943 年
刘海昌	文登市葛家镇西于疃村	21	男	1943 年
刘开会	文登市大水泊镇泊高家村	—	男	1943 年
刘开秀	文登市大水泊镇泊高家村	69	男	1943 年
刘美考	文登市界石镇蒿墕村	22	男	1943 年
刘培智	文登市文登营镇岚宅村	38	男	1943 年
刘　氏	文登市高村镇岭上董家村	—	女	1943 年

姓 名	籍 贯	年龄	性别	死难时间
刘双田	文登市界石镇刘家产村	30	男	1943 年
刘所宽	文登市葛家镇西于村	50	男	1943 年
刘文殿	文登市高村镇汤西村	23	男	1943 年
刘学庆	文登市荺山镇沟道头村	23	男	1943 年
刘以政	文登市界石镇大界石村	22	男	1943 年
刘玉新	文登市米山镇老埠村	18	男	1943 年
刘玉英	文登市界石镇蒋家疃村	24	男	1943 年
刘运泮	文登市葛家镇韩家庄村	21	男	1943 年
刘振山	文登市汪疃镇前白鹿村	—	男	1943 年
刘镇善	文登市界石镇大界石村	26	男	1943 年
刘忠友	文登市汪疃镇李家庄村	31	男	1943 年
刘宗礼	文登市界石镇石头河村	19	男	1943 年
柳保春	文登市张家产镇汤村店村	27	男	1943 年
柳学书	文登市葛家镇议城村	25	男	1943 年
吕明道	文登市葛家镇议城村	22	男	1943 年
吕式同	文登市葛家镇中旺疃村	34	男	1943 年
吕守信	文登市葛家镇下卧龙村	23	男	1943 年
吕秀珍	文登市葛家镇东于村	—	女	1943 年
马春堂	文登市文登营镇张皮村	23	男	1943 年
马丹香	文登市荺山镇新权村	35	女	1943 年
马均德	文登市荺山镇山马埠村	37	男	1943 年
倪玉金	文登市高村镇辛店子村	29	男	1943 年
乔廷伦	文登市大水泊镇河东乔家村	22	男	1943 年
曲培仁	文登市文登营镇西庵村	26	男	1943 年
曲学全	文登市汪疃镇西黄埠村	27	男	1943 年
荣福之	文登市大水泊镇荣家店村	18	男	1943 年
荣学良	文登市大水泊镇山后张家村	25	男	1943 年
荣在才	文登市大水泊镇章子山村	19	男	1943 年
荣振江	文登市大水泊镇章子山村	28	男	1943 年
赛道福	文登市高村镇中邢家村	27	男	1943 年
赛道忠	文登市泽头镇林村	23	男	1943 年
邵传连	文登市张家产镇庙山村	21	男	1943 年
邵茂坤	文登市文城镇帽埠埒村	24	男	1943 年
石喜宏	文登市葛家镇大英村	20	男	1943 年

姓　名	籍　贯	年　龄	性　别	死难时间
时吉茂	文登市苘山镇东柳村	29	男	1943 年
时立义	文登市张家产镇告驾口村	—	男	1943 年
宋世模	文登市宋村镇青岭村	20	男	1943 年
宋协德	文登市泽头镇刘家疃村	22	男	1943 年
隋恩增	文登市宋村镇上徐村	21	男	1943 年
隋荷亭	文登市大水泊镇歇驾夼村	20	男	1943 年
隋庆河	文登市埠口镇下埠前村	—	男	1943 年
隋日福	文登市埠口镇下埠前村	—	男	1943 年
隋忠福	文登市米山镇米山村	32	男	1943 年
孙　保	文登市汪疃镇曹家泊子村	—	男	1943 年
孙洪和	文登市泽库镇滩西村	21	男	1943 年
孙培早	文登市小观镇庙东村	46	男	1943 年
孙启岩	文登市高村镇孙家埠村	27	男	1943 年
孙慎仁	文登市高村镇苏家泊村	65	男	1943 年
孙胜宽	文登市小观镇坦埠村	18	男	1943 年
孙守致	文登市泽头镇孔格村	21	男	1943 年
孙寿海	文登市大水泊镇生地村	26	男	1943 年
孙文义	文登市苘山镇西柳村	38	男	1943 年
孙友本	文登市汪疃镇曾家房村	—	男	1943 年
孙佑乾	文登市高村镇孙家埠村	25	男	1943 年
孙佑堂	文登市高村镇孙家埠村	24	男	1943 年
孙忠传	文登市文登营镇东杜梨村	21	男	1943 年
谭戍业	文登市葛家镇松油村	39	男	1943 年
汤光彬	文登市大水泊镇庙西村	23	男	1943 年
唐国珍	文登市天福街道办事处北潘家村	—	男	1943 年
腾吉雪	文登市米山镇西石硼村	50	男	1943 年
腾检柱	文登市米山镇西石硼村	45	男	1943 年
腾克瑞	文登市米山镇西石硼村	50	男	1943 年
腾文本	文登市米山镇西石硼村	30	男	1943 年
田术燧	文登市高村镇岭上初家村	54	男	1943 年
田由增	文登市张家产镇田家床村	21	男	1943 年
田张氏	文登市高村镇岭上初家村	74	女	1943 年
王宝清	文登市文登营镇后长湾村	23	男	1943 年
王丙川	文登市米山镇堠北头村	35	男	1943 年

姓　名	籍　贯	年　龄	性　别	死难时间
王炳杰	文登市文登营镇刘马庄村	23	男	1943 年
王承海	文登市大水泊镇崖下村	23	男	1943 年
王承会	文登市大水泊镇崖下村	25	男	1943 年
王从文	文登市界石镇李家疃村	22	男	1943 年
王大礼	文登市大水泊镇团山村	28	男	1943 年
王德春	文登市文登营镇东屯村	22	男	1943 年
王德奎	文登市界石镇崮山后村	20	男	1943 年
王德泉	文登市葛家镇姜家庄村	21	男	1943 年
王桂芳	文登市侯家镇小洛村	29	男	1943 年
王洪成	文登市宋村镇苍格庄村	21	男	1943 年
王基福	文登市大水泊镇陈家埠村	23	男	1943 年
王吉德	文登市界石镇崮头集村	—	女	1943 年
王进山	文登市米山镇埠北头村	34	男	1943 年
王清江	文登市泽头镇林村	23	男	1943 年
王庆岳	文登市文登营镇岚宅村	38	男	1943 年
王汝福	文登市米山镇郭格庄村	20	男	1943 年
王汝庆	文登市米山镇埠北头村	30	男	1943 年
王书民	文登市环山办事处西寨村	12	男	1943 年
王树松	文登市高村镇沙柳村	32	男	1943 年
王天人	文登市米山镇埠北头村	30	男	1943 年
王同显	文登市文登营镇东庵后村	25	男	1943 年
王为镐	文登市文登营镇前北风口村	25	男	1943 年
王熙龙	文登市大水泊镇陈家埠村	16	男	1943 年
王熙胜	文登市大水泊镇陈家埠村	22	男	1943 年
王喜春	文登市文登营镇沟王家村	20	男	1943 年
王学云	文登市界石镇王家泊子村	33	男	1943 年
王言松	文登市界石镇院下村	33	男	1943 年
王永增	文登市文登营镇前北风口村	41	男	1943 年
王有杰	文登市文登营镇前北风口村	43	男	1943 年
王玉梅	文登市小观镇南湾村	—	男	1943 年
王月德	文登市文城镇帽埠埆村	31	男	1943 年
王钟汉	文登市大水泊镇陈家埠村	19	男	1943 年
邢永善	文登市米山镇陈家屯村	21	男	1943 年
徐洪典	文登市米山镇埠北头村	31	男	1943 年

姓　名	籍　贯	年　龄	性　别	死难时间
徐小秋	文登市汪疃镇白鹿店子村	—	男	1943 年
徐宗珠	文登市龙山街道办事处西寨村	19	男	1943 年
许维环	文登市界石镇石头河村	25	男	1943 年
许新清	文登市张家产镇东水边村	23	男	1943 年
颜德祝	文登市侯家镇颜家寨村	30	男	1943 年
杨和成	文登市苘山镇杨家卧龙村	20	男	1943 年
杨庆恩	文登市张家产镇庙山村	23	男	1943 年
杨夕东	文登市侯家镇上郭家村	38	男	1943 年
杨夕洪	文登市侯家镇上郭家村	42	男	1943 年
杨锡山	文登市天福街道办事处大五里头村	19	男	1943 年
姚喜坤	文登市宋村镇姚山头村	20	男	1943 年
于保岐	文登市侯家镇南鱼池村	22	男	1943 年
于保云	文登市葛家镇于家埠村	29	男	1943 年
于德松	文登市米山镇埠南村	15	男	1943 年
于桂之	文登市大水泊镇西南台村	20	男	1943 年
于国勋	文登市侯家镇下郭家村	17	男	1943 年
于洪海	文登市葛家镇大英村	24	男	1943 年
于辉胜	文登市大水泊镇大水泊村	19	男	1943 年
于金连	文登市小观镇万家口村	17	男	1943 年
于经纬	文登市高村镇苏家泊村	20	男	1943 年
于敬华	文登市大水泊镇泊岳家村	28	男	1943 年
于昆阳	文登市大水泊镇西南台村	16	男	1943 年
于庆义	文登市高村镇崖子头村	22	男	1943 年
于人方	文登市天福街道办事处西渠格村	33	男	1943 年
于人洪	文登市界石镇南鲁家埠村	25	男	1943 年
于人贤	文登市界石镇南鲁家埠村	25	男	1943 年
于人洵	文登市界石镇南鲁家埠村	39	男	1943 年
于仁宾	文登市大水泊镇栏杆村	27	男	1943 年
于日堂	文登市汪疃镇于家英村	39	男	1943 年
于升诗之妻	文登市汪疃镇汪疃村	—	女	1943 年
于世举	文登市汪疃镇大英村	25	男	1943 年
于书珊	文登市开发区于家产村	35	男	1943 年
于　四	文登市高村镇苏家泊村	23	男	1943 年
于廷汉	文登市葛家镇葛家村	29	男	1943 年

姓　名	籍　贯	年　龄	性　别	死难时间
于文德	文登市大水泊镇沟曲家村	23	男	1943 年
于文同	文登市汪疃镇东三庄村	20	男	1943 年
于锡忠	文登市米山镇南郑格庄村	18	男	1943 年
于仙桂	文登市大水泊镇大河村	24	男	1943 年
于小信	文登市界石镇刘家产村	60	男	1943 年
于宜华	文登市界石镇南鲁家埠村	32	男	1943 年
于宜堂	文登市界石镇南鲁家埠村	23	男	1943 年
俞竹修	文登市界石镇王家泊子村	21	男	1943 年
原道祥	文登市高村镇脉田村	22	男	1943 年
袁信芝	文登市葛家镇祝家泊子村	22	男	1943 年
张国君	文登市大水泊镇张家村	52	男	1943 年
张华英	文登市大水泊镇栏杆河村	23	男	1943 年
张锦回	文登市张家产镇汤村店村	21	男	1943 年
张培楚	文登市高村镇后泊子村	30	男	1943 年
张世川	文登市环山街道办事处八里张家村	—	男	1943 年
张双进	文登市埠口镇张家埠村	18	男	1943 年
张太兴	文登市葛家镇郭子村	42	男	1943 年
张文诗	文登市文登营镇漩夼村	19	男	1943 年
张云堂	文登市崮山镇西杨格村	17	男	1943 年
张执元	文登市大水泊镇张家村	19	男	1943 年
张子学	文登市大水泊镇时埠村	28	男	1943 年
赵润堂	文登市文登营镇林家店村	22	男	1943 年
周怀恩	文登市高村镇高村	29	男	1943 年
邹　飞	文登市文登营镇杏树夼村	21	男	1943 年
包　旗	文登市葛家镇北石山头村	60	男	1944 年
毕可模	文登市大水泊镇瓦屋庄村	20	男	1944 年
毕可荣	文登市侯家镇山前村	54	男	1944 年
毕庶昌	文登市张家产镇邹家床村	22	男	1944 年
毕庶常	文登市大水泊镇瓦屋庄村	20	男	1944 年
毕双琪	文登市天福街道办事处河北村	40	男	1944 年
毕意奎	文登市天福街道办事处峰南村	25	男	1944 年
毕意连	文登市天福街道办事处峰南村	33	男	1944 年
陈本立	文登市米山镇东古场村	21	男	1944 年
陈德荣	文登市汪疃镇王家产村	23	男	1944 年

姓　名	籍　贯	年　龄	性　别	死难时间
陈洪德	文登市苘山镇中黄岚村	24	男	1944 年
陈金昭	文登市龙山街道办事处沙子村	24	男	1944 年
陈业胜	文登市汪疃镇陈家山村	—	男	1944 年
迟永连	文登市葛家镇迟家庄村	30	男	1944 年
初世武	文登市葛家镇西于疃村	17	男	1944 年
慈日斋	文登市泽库镇慈家村	28	男	1944 年
慈所柱	文登市泽库镇慈家村	23	男	1944 年
丛　二	文登市葛家镇议城村	50	男	1944 年
丛芳滋	文登市米山镇南崮头村	19	男	1944 年
丛贯珠	文登市天福街道办事处凉水湾村	22	男	1944 年
丛连兴	文登市苘山镇丁家埠村	23	男	1944 年
丛日光	文登市葛家镇西宋格庄村	25	男	1944 年
丛树柏	文登市苘山镇山马埠村	25	男	1944 年
丛树国	文登市界石镇河东村	20	男	1944 年
丛树洪	文登市苘山镇北郭格庄村	17	男	1944 年
丛祥滋	文登市天福街道办事处凉水湾村	21	男	1944 年
丛小友	文登市葛家镇祝家泊子村	23	男	1944 年
丛学增	文登市米山镇郭格庄村	20	男	1944 年
丛永滋	文登市汪疃镇杭上村	—	男	1944 年
崔吉保	文登市侯家镇崔家村	19	男	1944 年
崔吉同	文登市侯家镇崔家村	30	男	1944 年
崔天本	文登市环山街道办事处管庄村	23	男	1944 年
崔为仁	文登市大水泊镇口子后村	21	男	1944 年
崔贤泽	文登市葛家镇西崔家口村	26	男	1944 年
崔云福	文登市苘山镇东黄岚村	29	男	1944 年
邓汝泽	文登市文登营镇青口岚村	20	男	1944 年
邓树田	文登市文登营镇西字城村	22	男	1944 年
董崇友	文登市高村镇岭上村	23	男	1944 年
董厚福	文登市宋村镇下徐村	24	男	1944 年
董淑珍	文登市高村镇岭上村	18	女	1944 年
董以信	文登市张家产镇杏林庄村	23	男	1944 年
董　源	文登市张家产镇田家庄村	26	男	1944 年
方崇岳	文登市大水泊镇方家疃村	24	男	1944 年
高　孟	文登市文登营镇东杜梨村	45	男	1944 年

姓 名	籍 贯	年 龄	性 别	死难时间
高清海	文登市小观镇北黄村	25	男	1944 年
高云坤	文登市文登营镇东杜梨村	41	男	1944 年
高云路	文登市侯家镇吴家滩村	22	男	1944 年
高云祥	文登市文登营镇东杜梨村	36	男	1944 年
耿义山	文登市葛家镇山北头村	19	男	1944 年
宫本桂	文登市葛家镇占甲埠村	18	男	1944 年
宫本山	文登市葛家镇占甲埠村	22	男	1944 年
宫锡岩	文登市葛家镇占甲埠村	—	男	1944 年
顾锡思	文登市埠口镇顶子村	29	男	1944 年
官培言	文登市葛家镇议城村	60	男	1944 年
管德连	文登市环山街道办事处苏家河村	16	男	1944 年
郭春林	文登市文登营镇马格庄村	38	男	1944 年
郭殿奎	文登市宋村镇郭家店村	24	男	1944 年
侯福举	文登市泽库镇岭上村	19	男	1944 年
侯国信	文登市葛家镇东于疃村	16	男	1944 年
黄桂周	文登市界石镇晒子村	18	男	1944 年
黄培兴	文登市界石镇桃花岘村	50	男	1944 年
黄相永	文登市大水泊镇后土埠岭村	24	男	1944 年
黄泽宝	文登市界石镇晒子村	18	男	1944 年
黄兆京	文登市文登营镇驾山寨村	22	男	1944 年
黄兆绅	文登市文登营镇小店村	25	男	1944 年
姜洪福	文登市米山镇东古场村	22	男	1944 年
姜全福	文登市米山镇长墙村	24	男	1944 年
姜树茂	文登市界石镇崮头集村	—	男	1944 年
姜永怡	文登市天福街道办事处河北村	25	男	1944 年
姜忠模	文登市高村镇礼格庄村	19	男	1944 年
鞠东海	文登市米山镇墙南庄村	22	男	1944 年
鞠树本	文登市米山镇北郑格庄村	18	男	1944 年
鞠维初	文登市苘山镇东苘山	22	男	1944 年
鞠自明	文登市葛家镇李家庄村	25	男	1944 年
孔繁坤	文登市界石镇辛上庄村	20	男	1944 年
李德茂	文登市宋村镇鹁鸪崖村	35	男	1944 年
李德森	文登市宋村镇鹁鸪崖村	21	男	1944 年
李德文	文登市文登营镇前北风口村	24	男	1944 年

姓　名	籍　贯	年　龄	性　别	死难时间
李华亭	文登市汪疃镇杭上村	22	男	1944 年
李会泉	文登市葛家镇英山前村	23	男	1944 年
李品同	文登市大水泊镇砣头村	21	男	1944 年
李日全	文登市龙山街道办事处河埠庄村	19	男	1944 年
李　生	文登市宋村镇西海庄村	—	男	1944 年
李盛华	文登市文登营镇岳家口村	26	男	1944 年
李世学	文登市高村镇辛店子村	30	男	1944 年
李树芳	文登市汪疃镇红石头村	26	男	1944 年
李树义	文登市龙山街道办事处河埠庄村	24	男	1944 年
李玉珊	文登市葛家庄刘格庄村	19	男	1944 年
梁斋馥	文登市侯家镇南廒村	22	男	1944 年
林春阳	文登市葛家镇岔河村	40	男	1944 年
林大喜	文登市泽头镇林村	25	男	1944 年
林风桂	文登市泽头镇林村	16	男	1944 年
林洪义	文登市米山镇南郑格庄村	18	男	1944 年
林辉仁	文登市泽头镇林村	23	男	1944 年
林基汉	文登市宋村镇北马村	24	男	1944 年
林基兰	文登市泽头镇林村	21	女	1944 年
林京奎	文登市泽头镇吴官屯村	22	男	1944 年
林均学	文登市泽头镇林村	20	男	1944 年
林乐孟	文登市泽头镇胡格庄村	34	男	1944 年
林新壮	文登市泽头镇林村	19	男	1944 年
林秀峰	文登市泽头镇王家庄村	18	男	1944 年
林治保	文登市泽头镇林村	23	男	1944 年
林治才	文登市葛家镇下口村	19	男	1944 年
林治海	文登市宋村镇集后村	42	男	1944 年
刘炳辰	文登市侯家镇南廒村	25	男	1944 年
刘常孝	文登市高村镇礼格庄村	21	男	1944 年
刘德法	文登市文登营镇西字城村	28	男	1944 年
刘德林	文登市埠口镇敖山村	23	男	1944 年
刘贵云	文登市侯家镇南廒村	20	男	1944 年
刘国范	文登市米山镇西铺头村	25	男	1944 年
刘明珠	文登市界石镇闫家泊子村	20	男	1944 年
刘全义	文登市苘山镇东杨格庄村	19	男	1944 年

姓　名	籍　贯	年　龄	性　别	死难时间
刘世四	文登市葛家镇西旺疃村	50	男	1944 年
刘思学	文登市高村镇万家庄村	18	男	1944 年
刘思忠	文登市高村镇汤泊阳村	27	男	1944 年
刘信洪	文登市天福街道办事处十里头村	27	男	1944 年
刘玉堂	文登市大水泊镇前土埠岭村	27	男	1944 年
刘宗庭	文登市天福街道办事处河南村	21	男	1944 年
柳保山	文登市葛家镇议城村	21	男	1944 年
鲁树山	文登市宋村镇硝二村	18	男	1944 年
鲁松华	文登市米山镇南崮头村	20	男	1944 年
吕福礼	文登市葛家镇西旺疃村	40	男	1944 年
吕式恩	文登市界石镇楚岘村	23	男	1944 年
吕顺生	文登市葛家镇西旺疃村	40	男	1944 年
吕以朗	文登市葛家镇西旺疃村	23	男	1944 年
马仁全	文登市荷山镇山马埠村	20	男	1944 年
马　锁	文登市荷山镇山马于村	23	男	1944 年
倪贵欣	文登市葛家镇韩家庄村	—	男	1944 年
倪玉堂	文登市高村镇辛店子村	26	男	1944 年
牛文兴	文登市高村镇沙柳村	22	男	1944 年
邱文瑞	文登市宋村镇石羊村	25	男	1944 年
曲焕章	文登市天福街道办事处北磨山村	28	男	1944 年
曲连山	文登市葛家镇洛格庄村	23	男	1944 年
曲书国	文登市侯家镇南廒村	22	男	1944 年
曲站启	文登市侯家镇大百户村	23	男	1944 年
荣凤凯	文登市大水泊镇后村	24	男	1944 年
荣术蓉	文登市大水泊镇崖下村	21	男	1944 年
荣在全	文登市大水泊镇章子山村	23	男	1944 年
赛道滋	文登市文登营镇范家店村	33	男	1944 年
邵建明	文登市米山镇佛东夼村	22	男	1944 年
邵树山	文登市宋村镇宋村	18	男	1944 年
邵治文	文登市宋村镇宋村	29	男	1944 年
盛在仁	文登市汪疃镇于家英村	25	男	1944 年
时立海	文登市侯家镇西泥沟村	30	男	1944 年
宋保山	文登市界石镇开真观村	21	男	1944 年
宋德义	文登市界石镇崮山后村	18	男	1944 年

姓 名	籍 贯	年 龄	性 别	死难时间
宋福乾	文登市高村镇黄庵村	20	男	1944 年
宋福新	文登市宋村镇周格庄村	37	男	1944 年
宋文学	文登市宋村镇周格庄村	22	男	1944 年
宋文滋	文登市界石镇开真观村	17	男	1944 年
宋 ×	文登市米山镇新上庄村	20	男	1944 年
隋焕初	文登市环山街道办事处西坑村	22	男	1944 年
隋焕仁	文登市环山街道办事处西坑村	19	男	1944 年
隋全良	文登市米山镇米山村	23	男	1944 年
隋日梅	文登市高村镇河西村	21	男	1944 年
隋锡民	文登市环山街道办事处苏家河村	18	男	1944 年
隋玉清	文登市泽库镇南辛庄村	21	男	1944 年
孙长福	文登市苘山镇汶口村	26	男	1944 年
孙成举	文登市葛家镇东谭家口村	—	男	1944 年
孙传信	文登市高村镇孙家埠村	33	男	1944 年
孙洪芝	文登市泽头镇南桥村	18	男	1944 年
孙会连	文登市米山镇横口村	23	男	1944 年
孙加启	文登市界石镇蒋家疃村	23	男	1944 年
孙立华	文登市泽头镇南桥村	25	男	1944 年
孙立昭	文登市泽头镇北桥村	20	男	1944 年
孙连江	文登市米山镇横口村	50	男	1944 年
孙念华	文登市米山镇横口村	33	男	1944 年
孙钦宝	文登市泽头镇南桥村	27	男	1944 年
孙钦汤	文登市泽头镇南桥村	19	男	1944 年
孙寿峰	文登市米山镇后山后村	22	男	1944 年
孙书宾	文登市米山镇小山前村	21	男	1944 年
孙树堂	文登市葛家镇英山前村	40	男	1944 年
孙先汉	文登市米山镇横口村	17	男	1944 年
孙学佃	文登市泽头镇南桥村	27	男	1944 年
孙佑本	文登市汪疃镇曹家房村	33	男	1944 年
孙佑华	文登市大水泊镇山后孙家村	20	男	1944 年
孙佑秀	文登市高村镇孙家埠村	22	男	1944 年
孙佑珍	文登市高村镇孙家埠村	22	男	1944 年
孙佑芝	文登市大水泊镇后土埠岭村	21	男	1944 年
孙玉华	文登市界石镇鞠家庄村	19	男	1944 年

姓 名	籍 贯	年 龄	性 别	死难时间
孙玉卿	文登市侯家镇高家村	15	男	1944 年
孙元太	文登市小观镇孙家寨村	34	男	1944 年
孙云章	文登市葛家镇林子西村	20	男	1944 年
孙之干	文登市米山镇横口村	26	男	1944 年
谭德莱	文登市葛家镇谭家口村	22	男	1944 年
谭吉普	文登市葛家镇谭家口村	22	男	1944 年
汤吉斌	文登市高村镇凤台村	24	男	1944 年
唐续万	文登市界石镇张格庄村	50	男	1944 年
滕德增	文登市侯家镇西廒村	26	男	1944 年
滕世义	文登市米山镇南夏庄村	19	男	1944 年
田明智	文登市张家产镇麃艮村	19	男	1944 年
田由民	文登市张家产镇邹家床村	21	男	1944 年
田佑山	文登市文登营镇刘马庄村	28	男	1944 年
田自泽	文登市泽头镇岛集村	20	男	1944 年
王长云	文登市大水泊镇前土埠村	24	男	1944 年
王成俊	文登市侯家镇西泥沟村	18	男	1944 年
王承林	文登市泽库镇尹家村	19	男	1944 年
王大福	文登市宋村镇小寨村	19	男	1944 年
王德纯	文登市大水泊镇山后王家村	30	男	1944 年
王德京	文登市大水泊镇大乔家村	25	男	1944 年
王桂润	文登市张家产镇南圈村	20	男	1944 年
王积宾	文登市文登营镇侯家庵村	19	男	1944 年
王积元	文登市文登营镇张皮村	25	男	1944 年
王进兴	文登市苘山镇白玉庄村	20	男	1944 年
王连喜	文登市葛家镇黄龙岘村	21	男	1944 年
王培福	文登市米山镇岭上村	25	男	1944 年
王清海	文登市大水泊镇崖下村	21	男	1944 年
王庆信	文登市宋村镇青龙夼村	33	男	1944 年
王绳增	文登市大水泊镇大水泊村	30	男	1944 年
王世德	文登市大水泊镇朱家庄村	21	男	1944 年
王守安	文登市泽头镇里岛村	24	男	1944 年
王书明	文登市宋村镇下徐村	23	男	1944 年
王书信	文登市宋村镇下徐村	22	男	1944 年
王 锁	文登市大水泊镇岭上王家村	78	男	1944 年

姓 名	籍 贯	年 龄	性 别	死难时间
王伟积	文登市文登营镇张皮村	25	男	1944 年
王锡汉	文登市大水泊镇山后王家村	20	男	1944 年
王 喜	文登市大水泊镇陈家埠村	20	男	1944 年
王喜超	文登市界石镇院下村	23	男	1944 年
王 ×	文登市米山镇长墥村	30	男	1944 年
王旭东	文登市泽库镇滩西村	21	男	1944 年
王曰政	文登市小观镇波罗岛村	28	男	1944 年
王忠贵	文登市大水泊镇陈家埠村	32	男	1944 年
王宗学	文登市界石镇岭西村	19	男	1944 年
吴炳学	文登市侯家镇吴家滩村	29	男	1944 年
吴道玉	文登市小观镇吴家村	29	男	1944 年
吴 菊	文登市侯家镇吴家滩村	—	男	1944 年
吴庆芝	文登市宋村镇北马村	27	男	1944 年
吴学俭	文登市文城镇吴家庵村	17	男	1944 年
肖学增	文登市苘山镇田里村	25	男	1944 年
邢锡岑	文登市高村镇凤台顶后村	20	男	1944 年
邢学增	文登市泽头镇虎口山村	20	男	1944 年
邢延海	文登市高村镇中邢家村	23	男	1944 年
徐 成	文登市文登营镇林家店村	40	男	1944 年
徐成德	文登市汪疃镇店子村	25	男	1944 年
徐承钧	文登市大水泊镇迟家河村	18	男	1944 年
徐承山	文登市侯家镇南敖村	21	男	1944 年
徐元坤	文登市米山镇墥北头村	18	男	1944 年
阎福全	文登市宋村镇西马村	20	男	1944 年
杨夕泰	文登市侯家镇上郭家村	32	男	1944 年
杨永生	文登市宋村镇埠后村	22	男	1944 年
姚大启	文登市宋村镇姚山头村	19	男	1944 年
姚大有	文登市宋村镇姚山头村	33	男	1944 年
姚中殉	文登市宋村镇姚山头村	22	男	1944 年
姚忠堂	文登市宋村镇姚山头村	23	男	1944 年
殷崇卿	文登市张家产镇岚村	21	男	1944 年
殷文峰	文登市汪疃镇卧龙村	29	男	1944 年
殷锡棋	文登市宋村镇曲疃庄村	23	男	1944 年
于安堂	文登市高村镇靳家村	28	男	1944 年

姓　名	籍　贯	年　龄	性　别	死难时间
于东昌	文登市大水泊镇芦子口村	25	男	1944 年
于敦庆	文登市大水泊镇迟家河村	20	男	1944 年
于福善	文登市汪疃镇白鹿村	24	男	1944 年
于付之	文登市汪疃镇陈家山村	—	男	1944 年
于桂景	文登市小观镇北黄村	20	男	1944 年
于桂山	文登市大水泊镇西南台村	24	男	1944 年
于和尚	文登市葛家镇于家埠村	18	男	1944 年
于洪思	文登市界石镇崮头集村	—	男	1944 年
于　华	文登市大水泊镇前土埠村	23	男	1944 年
于积华	文登市高村镇靳家村	27	男	1944 年
于吉孟	文登市高村镇苏家泊村	23	男	1944 年
于进章	文登市大水泊镇集东村	23	男	1944 年
于敬宜	文登市泽库镇后岛村	20	男	1944 年
于令水	文登市葛家镇洛格庄村	34	男	1944 年
于仁昌	文登市文登营镇后驾山村	21	男	1944 年
于诗华	文登市埠口镇山后侯家村	24	男	1944 年
于诗俭	文登市侯家镇南渠格村	—	男	1944 年
于诗佑	文登市大水泊镇大河村	25	男	1944 年
于水云	文登市泽头镇于家河村	18	男	1944 年
于万顺	文登市侯家镇高家村	24	男	1944 年
于维清	文登市宋村镇石羊村	28	男	1944 年
于文宾	文登市大水泊镇乐园村	19	男	1944 年
于锡勋	文登市宋村镇孔格庄村	21	男	1944 年
于喜增	文登市界石镇院下村	25	男	1944 年
于先义	文登市汪疃镇陈家山村	—	男	1944 年
于秀文	文登市大水泊镇西南台村	28	男	1944 年
于延庆	文登市大水泊镇大水泊村	28	男	1944 年
于云路	文登市文登营镇沟于家村	36	男	1944 年
于振海	文登市龙山街道办事处柳林村	25	男	1944 年
于忠霞	文登市苘山镇山马于村	23	男	1944 年
袁树芳	文登市米山镇大塂村	29	男	1944 年
张道恒	文登市文登营镇后驾山村	20	男	1944 年
张福英	文登市大水泊镇六山张家村	29	男	1944 年
张连礼	文登市米山镇陈家屯村	21	男	1944 年

姓　名	籍　贯	年　龄	性　别	死难时间
张庆义	文登市张家产镇邹家庄村	21	男	1944 年
张世友	文登市大水泊镇崖下村	25	男	1944 年
张太平	文登市高村镇河西村	20	男	1944 年
张万善	文登市张家产镇	44	男	1944 年
张玉龙	文登市小观镇西店子村	21	男	1944 年
张玉周	文登市葛家镇林子西村	20	男	1944 年
张正昌	文登市文登营镇翻身庄村	30	男	1944 年
赵明山	文登市界石镇赵家庄村	27	男	1944 年
赵熙南	文登市张家产镇因寺桥村	23	男	1944 年
郑连德	文登市葛家镇英山前村	24	男	1944 年
郑志宏	文登市葛家镇林子西村	22	男	1944 年
周昌金	文登市宋村镇郭家店村	17	男	1944 年
周德胜	文登市高村镇万家庄村	25	男	1944 年
周恩吉	文登市高村镇河西村	19	男	1944 年
周恩元	文登市高村镇河西村	21	男	1944 年
周国法	文登市高村镇河西村	19	男	1944 年
周明林	文登市高村镇万家庄村	25	男	1944 年
周文礼	文登市埠口镇敖山村	30	男	1944 年
祝业本	文登市汪疃镇祝家英村	18	男	1944 年
邹立珍	文登市文登营镇杏树夼村	20	男	1944 年
邹立珠	文登市大水泊镇仁和坊村	26	男	1944 年
毕建民	文登市宋村镇小床村	22	男	1945 年
毕可礼	文登市汪疃镇北英武村	33	男	1945 年
毕庶成	文登市大水泊镇毕家店村	24	男	1945 年
毕庶欣	文登市宋村镇双石村	22	男	1945 年
毕序全	文登市文登营镇西杜梨村	30	男	1945 年
蔡喜保	文登市小观镇万家寨村	32	男	1945 年
蔡永增	文登市小观镇出林庄村	20	男	1945 年
陈慕琦	文登市汪疃镇大英村	17	男	1945 年
迟连生	文登市葛家镇东于疃村	25	男	1945 年
迟心桂	文登市葛家镇东于疃村	22	男	1945 年
迟心奇	文登市高村镇礼格庄村	22	男	1945 年
初军钊	文登市侯家镇上郭家村	19	男	1945 年
初俊然	文登市高村镇望海初家村	17	男	1945 年

姓 名	籍 贯	年 龄	性 别	死难时间
初 氏	文登市泽库镇长会口村	—	女	1945 年
初云龙	文登市界石镇蒿墟村	16	男	1945 年
丛成玉	文登市侯家镇朱家村	—	男	1945 年
丛德水	文登市界石镇崮头集村	—	男	1945 年
丛范滋	文登市文城镇刘家庄村	28	男	1945 年
丛宫子	文登市侯家镇朱家村	60	男	1945 年
丛培义	文登市龙山街道办事处西龙格村	22	男	1945 年
丛庆滋	文登市大水泊镇大河村	20	男	1945 年
丛瑞滋	文登市汪疃镇杭上村	23	男	1945 年
丛珊珠	文登市高村镇慈口观村	30	男	1945 年
丛树才	文登市宋村镇河格庄村	20	男	1945 年
丛树椿	文登市汪疃镇岭西村	25	男	1945 年
丛树茂	文登市侯家镇朱家村	—	男	1945 年
丛树森	文登市大水泊镇歇驾夼村	21	男	1945 年
丛树升	文登市环山街道办事处八里张家村	—	男	1945 年
丛树友	文登市米山镇东山后村	18	男	1945 年
丛文芳	文登市界石镇崮头集村	—	男	1945 年
丛泽滋	文登市天福街道办事处峰西村	19	男	1945 年
丛滋合	文登市侯家镇朱家村	62	男	1945 年
崔东礼	文登市泽头镇倪家庄村	21	男	1945 年
崔福兴	文登市侯家镇崔家村	60	男	1945 年
崔 氏	文登市泽库镇长会口村	—	女	1945 年
崔秀顺	文登市侯家镇崔家村	—	男	1945 年
崔宗华	文登市侯家镇崔家村	20	男	1945 年
邓汝殿	文登市泽库镇小台村	19	男	1945 年
邓树云	文登市文登营镇青口岚村	20	男	1945 年
丁云岱	文登市小观镇吴家庄村	21	男	1945 年
丁展荣	文登市小观镇吴家庄村	21	男	1945 年
董崇乾之母	文登市泽库镇长会口村	—	女	1945 年
董崇忠	文登市高村镇岭上村	24	男	1945 年
董广清	文登市泽库镇长会口村	—	男	1945 年
董礼功	文登市张家产镇车卧岛村	25	男	1945 年
董祥朋	文登市泽库镇长会口村	—	男	1945 年
董以德	文登市张家产镇车卧岛村	31	男	1945 年

姓 名	籍 贯	年龄	性 别	死难时间
董以广	文登市泽库镇长会口村	—	男	1945 年
董玉良	文登市泽库镇长会口村	—	男	1945 年
董志明	文登市侯家镇朱家村	57	男	1945 年
窦 可	文登市泽头镇胡格庄村	23	男	1945 年
方崇镇	文登市大水泊镇方家疃村	21	男	1945 年
方忠礼	文登市文登营镇合板石村	24	男	1945 年
房清信	文登市埠口镇东官道村	27	男	1945 年
高焕芝	文登市泽头镇刘家疃村	24	男	1945 年
高文振	文登市米山镇下铺子村	24	男	1945 年
高学封	文登市米山镇堳南庄村	21	男	1945 年
高永吉	文登市泽头镇刘家疃村	50	男	1945 年
高永考	文登市泽头镇刘家疃村	46	男	1945 年
高振福	文登市汪疃镇地文头村	16	男	1945 年
葛福万	文登市宋村镇渠格庄村	23	男	1945 年
宫本乐	文登市葛家镇议城村	—	男	1945 年
宫本茂	文登市葛家镇韩家庄村	28	男	1945 年
宫锡和	文登市米山镇长山村	24	男	1945 年
宫锡伦	文登市葛家镇占甲埠村	27	男	1945 年
宫云林	文登市葛家镇议城村	22	男	1945 年
谷元德	文登市汪疃镇王家产村	17	男	1945 年
郭华山	文登市龙山街道办事处九里水头村	26	男	1945 年
郭华芝	文登市文登营镇马家岭村	20	男	1945 年
韩书贵	文登市侯家镇东廒村	22	男	1945 年
韩文斌	文登市环山街道办事处城西村	18	男	1945 年
侯桂凤	文登市泽库镇尹家村	31	男	1945 年
侯奎清	文登市大水泊镇岭上王家村	53	男	1945 年
侯书明	文登市大水泊镇章子山村	24	男	1945 年
侯书勋	文登市埠口镇山后侯家村	22	男	1945 年
侯书泽	文登市埠口镇山后侯家村	22	男	1945 年
侯玉民	文登市埠口镇山后郭家村	25	男	1945 年
胡义序	文登市张家产镇河胡家村	17	男	1945 年
黄顺坤	文登市文登营镇西北岔村	28	男	1945 年
黄兆绪	文登市文登营镇小店村	24	男	1945 年
江同德	文登市汪疃镇东三庄村	23	男	1945 年

姓　名	籍　贯	年龄	性别	死难时间
姜桂华	文登市宋村镇大寨村	20	男	1945 年
姜开斌	文登市泽库镇长会口村	—	男	1945 年
姜开端	文登市泽库镇长会口村	—	男	1945 年
姜开杰之母	文登市泽库镇长会口村	—	女	1945 年
姜开年	文登市泽库镇长会口村	—	男	1945 年
姜开旗	文登市泽库镇长会口村	—	男	1945 年
姜开腾	文登市泽库镇长会口村	—	男	1945 年
姜开兴	文登市泽库镇长会口村	—	男	1945 年
姜开玉	文登市泽库镇长会口村	—	男	1945 年
姜开智	文登市泽库镇长会口村	—	男	1945 年
姜开忠	文登市泽库镇长会口村	—	男	1945 年
姜恺明	文登市泽库镇长会口村	—	男	1945 年
姜来顺	文登市泽库镇长会口村	—	女	1945 年
姜明初之妻	文登市泽库镇长会口村	—	女	1945 年
姜铭陆之妻	文登市泽库镇长会口村	—	女	1945 年
姜培芝	文登市汪疃镇东黄埠村	31	男	1945 年
姜　氏	文登市侯家镇崔家村	—	女	1945 年
姜天华	文登市宋村镇埠后村	20	男	1945 年
姜玉琏	文登市文登营镇岳家口村	17	男	1945 年
姜毓航	文登市泽库镇长会口村	—	男	1945 年
姜毓男	文登市泽库镇长会口村	—	男	1945 年
姜章律	文登市泽库镇长会口村	—	男	1945 年
姜昭亭	文登市环山街道办事处西藕湾村	16	男	1945 年
蒋田德	文登市界石镇亮夼村	17	男	1945 年
金立俭	文登市高村镇后泊子村	26	男	1945 年
金立兴	文登市高村镇后泊子村	32	男	1945 年
鞠传仁	文登市宋村镇鹁鸽崖村	28	男	1945 年
鞠洪新	文登市大水泊镇鞠家庄村	33	男	1945 年
鞠忠新	文登市米山镇埠南庄村	22	男	1945 年
邰成木	文登市小观镇邰家村	—	男	1945 年
李成生	文登市泽库镇前岛村	25	男	1945 年
李德发	文登市苘山镇西杨格村	19	男	1945 年
李德正	文登市环山街道办事处城西村	21	男	1945 年
李　电	文登市葛家镇东旺疃村	21	男	1945 年

姓 名	籍 贯	年龄	性别	死难时间
李继成	文登市侯家镇石章河村	30	男	1945 年
李令明	文登市泽头村泽头村	23	男	1945 年
李 生	文登市侯家镇南廒村	25	男	1945 年
李寿海	文登市文登营镇东庵村	22	男	1945 年
李书明	文登市大水泊镇李家疃村	25	男	1945 年
李文忠	文登市天福街道办事处河南村	18	男	1945 年
李学明	文登市葛家镇英山前村	22	男	1945 年
李延春	文登市天福街道办事处文山村	21	男	1945 年
李在明	文登市葛家镇	21	男	1945 年
李宗春	文登市葛家镇英山前村	19	男	1945 年
李宗江	文登市泽头镇许家埠村	22	男	1945 年
李宗言	文登市泽头镇泽头村	23	男	1945 年
梁焕福	文登市文登营镇青口岚村	20	男	1945 年
梁玉杰	文登市文登营镇后长湾村	22	男	1945 年
林芳滋	文登市泽头镇高家庄村	24	男	1945 年
林 洪	文登市泽头镇高家庄村	24	男	1945 年
林辉敏	文登市泽头镇林村	29	男	1945 年
林钧晓	文登市界石镇旸里后村	21	男	1945 年
林连学	文登市泽头镇林村	22	男	1945 年
林治军	文登市泽头镇高家庄村	24	男	1945 年
刘宝树	文登市龙山街道办事处河埠庄村	20	男	1945 年
刘昌法	文登市界石镇蒿塂村	30	男	1945 年
刘昌盛	文登市葛家镇下口村	24	男	1945 年
刘承立	文登市汪疃镇楼下村	34	男	1945 年
刘承序	文登市环山街道办事处西南庄村	22	男	1945 年
刘德善	文登市张家产镇小官村	24	男	1945 年
刘方卿	文登市宋村镇曲疃庄村	—	男	1945 年
刘凤山	文登市宋村镇金北村	22	男	1945 年
刘其昌	文登市侯家镇寨颜家村	20	男	1945 年
刘其山	文登市苘山镇小黄村	22	男	1945 年
刘启华	文登市大水泊镇泊高家村	27	男	1945 年
刘勤范	文登市侯家镇二马村	29	男	1945 年
刘 石	文登市大水泊镇鞠家庄村	24	男	1945 年
刘 氏	文登市泽库镇长会口村	—	女	1945 年

姓　名	籍　贯	年　龄	性　别	死难时间
刘世安	文登市界石镇河东村	20	男	1945 年
刘书伦	文登市界石镇院下村	20	男	1945 年
刘思贤	文登市高村镇汤西村	19	男	1945 年
刘　堂	文登市侯家镇南鱼池村	25	男	1945 年
刘文斗	文登市苘山镇大草场村	19	男	1945 年
刘文江	文登市龙山街道办事处泊子村	19	男	1945 年
刘文奎	文登市龙山街道办事处河埠庄村	29	男	1945 年
刘文山	文登市葛家镇西旺疃村	23	男	1945 年
刘孝德	文登市苘山镇西苘山村	19	男	1945 年
刘秀森	文登市大水泊镇泊高家村	77	男	1945 年
刘恂孝	文登市高村镇礼格庄村	38	男	1945 年
刘永华	文登市文登营镇沟于家村	18	男	1945 年
刘玉丰	文登市宋村镇大泽头村	20	男	1945 年
刘玉全	文登市侯家镇小洛村	19	男	1945 年
刘玉山	文登市侯家镇小洛村	28	男	1945 年
刘玉堂	文登市文登营镇后长湾村	33	男	1945 年
刘云范	文登市埠口镇东官道村	35	男	1945 年
刘云卿	文登市宋村镇曲疃庄村	30	男	1945 年
刘云喜	文登市宋村镇曲疃庄村	27	男	1945 年
刘运早	文登市米山镇东铺头村	23	男	1945 年
刘振德	文登市大水泊镇鞠家庄村	36	男	1945 年
刘宗禄	文登市界石镇刘大庄村	25	男	1945 年
鲁喜山	文登市宋村镇硝三村	20	男	1945 年
鲁云贵	文登市小观镇小观村	27	男	1945 年
吕福序	文登市葛家镇葛家村	24	男	1945 年
吕华序	文登市葛家镇中旺疃村	18	男	1945 年
吕敬序	文登市葛家镇中旺疃村	20	男	1945 年
吕式喜	文登市葛家镇西旺疃村	30	男	1945 年
吕彦丰	文登市葛家镇葛家村	29	男	1945 年
吕以才	文登市葛家镇葛家村	20	男	1945 年
吕以卿	文登市葛家镇西旺疃村	23	男	1945 年
吕永芳	文登市葛家镇旺格庄村	23	男	1945 年
吕永坤	文登市葛家镇旺格庄村	19	男	1945 年
栾忠秀	文登市葛家镇院东村	24	男	1945 年

姓 名	籍 贯	年 龄	性 别	死难时间
马尚吉	文登市苘山镇西黄山村	23	男	1945 年
苗华德	文登市汪疃镇于家英村	27	男	1945 年
倪盛远	文登市高村镇黄庵村	19	男	1945 年
牛文同	文登市张家产镇车卧岛村	29	男	1945 年
庞自文	文登市汪疃镇大英村	34	男	1945 年
邱春堂	文登市宋村镇小泽头村	22	男	1945 年
邱德姜	文登市宋村镇菜园子村	—	男	1945 年
曲范序	文登市张家产镇石羊口村	29	男	1945 年
曲万玲	文登市文登营镇西庵村	22	男	1945 年
任连生	文登市葛家镇陡埠村	34	男	1945 年
荣凤早	文登市天福街道办事处河北村	20	男	1945 年
荣凤之	文登市大水泊镇山后孙家村	23	男	1945 年
荣育德	文登市大水泊镇章子山村	25	男	1945 年
赛时满	文登市高村镇中邢家村	27	男	1945 年
邵炳义	文登市侯家镇小洛村	25	男	1945 年
邵树山	文登市宋村镇宋村	28	男	1945 年
邵 宿	文登市侯家镇朱家村	—	男	1945 年
邵维勤	文登市环山街道办事处帽埠堧村	21	男	1945 年
时吉仁	文登市埠口镇下冷家村	18	男	1945 年
时可政	文登市高村镇格达村	22	男	1945 年
时立文	文登市苘山镇中庵村	22	男	1945 年
史占玉	文登市泽头镇倪家庄村	39	男	1945 年
宋德贵	文登市侯家镇小洛村	19	男	1945 年
宋福礼	文登市宋村镇周格庄村	29	男	1945 年
宋连强	文登市侯家镇朱家村	—	男	1945 年
宋仁芝	文登市大水泊镇口子后村	22	男	1945 年
宋术仁	文登市宋村镇周格庄村	32	男	1945 年
宋文本	文登市环山街道办事处宋家沟村	20	男	1945 年
宋文泽	文登市葛家镇下口村	27	男	1945 年
宋文忠	文登市宋村镇周格庄村	30	男	1945 年
宋协臣	文登市葛家镇大背后村	22	男	1945 年
宋协海	文登市宋村镇硝一村	39	男	1945 年
宋协洲	文登市宋村镇硝一村	37	男	1945 年
宋宗良	文登市宋村镇硝三村	26	男	1945 年

姓 名	籍 贯	年龄	性别	死难时间
宋宗清	文登市泽头镇大宋家村	—	男	1945 年
苏兰兆	文登市张家产镇大官庄村	27	男	1945 年
苏培柱	文登市泽头镇西仙庄村	27	男	1945 年
隋士佩	文登市米山镇米山村	25	男	1945 年
孙 当	文登市大水泊镇崖下村	28	男	1945 年
孙德本	文登市米山镇后山后村	20	男	1945 年
孙德坤	文登市米山镇后山后村	18	男	1945 年
孙福坤	文登市小观镇坦埠村	27	男	1945 年
孙福全	文登市侯家镇江山泊村	26	男	1945 年
孙福文	文登市界石镇青庄村	24	男	1945 年
孙洪升	文登市泽头镇南桥村	35	男	1945 年
孙惠之	文登市汪疃镇孙家沟村	20	男	1945 年
孙启泽	文登市高村镇孙家埠村	26	男	1945 年
孙 氏	文登市泽库镇长会口村	—	女	1945 年
孙寿章	文登市泽头镇雨夼村	25	男	1945 年
孙书松	文登市小观镇孙家寨村	22	男	1945 年
孙树春	文登市泽头镇南桥村	34	男	1945 年
孙文山	文登市高村镇孙家埠村	20	男	1945 年
孙喜坤	文登市小观镇坦埠村	20	男	1945 年
孙永贤	文登市米山镇横口村	22	男	1945 年
孙永雪	文登市宋村镇大寨村	22	男	1945 年
孙永叶	文登市米山镇横口村	24	男	1945 年
孙佑德	文登市高村镇汤泊阳村	24	男	1945 年
孙佑坤	文登市高村镇孙家埠村	27	男	1945 年
孙佑增	文登市高村镇苏家泊村	21	男	1945 年
孙曰芹	文登市小观镇庙东村	16	男	1945 年
孙振安	文登市高村镇绿杨村	19	男	1945 年
孙宗盟	文登市泽头镇南桥村	15	男	1945 年
谭福庆	文登市葛家镇姜家庄村	43	男	1945 年
谭世武	文登市葛家镇姜家庄村	23	男	1945 年
唐 兰	文登市界石镇板桥村	28	男	1945 年
田 福	文登市侯家镇朱家村	—	男	1945 年
田明海	文登市高村镇慈口观村	23	男	1945 年
田明顺	文登市张家产镇田家床村	21	男	1945 年

姓 名	籍 贯	年 龄	性 别	死难时间
王保增	文登市泽库镇滩西村	25	男	1945 年
王成祥	文登市文登营镇泊邓家村	22	男	1945 年
王初发	文登市侯家镇西廒村	21	男	1945 年
王道海	文登市文登营镇西北岔村	24	男	1945 年
王德海	文登市天福街道办事处峰西村	23	男	1945 年
王德清	文登市大水泊镇大乔家村	26	男	1945 年
王德胜	文登市文登营镇姜家庵村	28	男	1945 年
王合进	文登市大水泊镇金家庄村	25	男	1945 年
王洪志	文登市宋村镇下徐村	—	男	1945 年
王积成	文登市张家产镇西泊石村	33	男	1945 年
王积胜	文登市荀山镇北申格庄村	19	男	1945 年
王积秀	文登市大水泊镇河清村	23	男	1945 年
王进职	文登市高村镇崖子头村	25	男	1945 年
王兰森	文登市侯家镇小洛村	—	男	1945 年
王仁林	文登市大水泊镇大水泊村	38	男	1945 年
王仁学	文登市文登营镇西北岔村	22	男	1945 年
王荣增	文登市葛家镇东孙疃村	31	男	1945 年
王如山	文登市米山镇垛夼村	24	男	1945 年
王　氏	文登市泽库镇长会口村	—	女	1945 年
王世举	文登市小观镇北湾村	20	男	1945 年
王世秀	文登市埠口镇山后郭家村	30	男	1945 年
王世忠	文登市葛家镇上卧龙村	22	男	1945 年
王书湖	文登市小观镇小观村	21	男	1945 年
王书文	文登市环山街道办事处八里张家村	23	男	1945 年
王树学	文登市大水泊镇陈家埠村	30	男	1945 年
王天胜	文登市宋村镇下徐村	27	男	1945 年
王文增	文登市大水泊镇荣家店村	30	男	1945 年
王文芝	文登市龙山街道办事处王家庵村	21	男	1945 年
王锡春	文登市张家产镇南汤村	18	男	1945 年
王锡洪	文登市米山镇郭格庄村	36	男	1945 年
王锡学	文登市米山镇郭格庄村	18	男	1945 年
王熙岐	文登市大水泊镇初家村	31	男	1945 年
王秀峰	文登市葛家镇南长岚村	25	男	1945 年
王学成	文登市界石镇王家泊子村	22	男	1945 年

姓　名	籍　贯	年龄	性别	死难时间
王学华	文登市汪疃镇西黄埠村	19	男	1945 年
王延光	文登市葛家镇赤金泊村	19	男	1945 年
王云卓	文登市大水泊镇岭上王家村	60	男	1945 年
王振铎	文登市张家产镇南汤村	40	男	1945 年
王忠山	文登市高村镇万家庄村	39	男	1945 年
王子敏	文登市小观镇大芦头村	18	男	1945 年
温煜奎	文登市张家产镇车卧岛村	22	男	1945 年
吴炳道	文登市宋村镇金南村	23	男	1945 年
吴学玉	文登市侯家镇二马村	25	男	1945 年
吴玉凯	文登市泽头镇吴官屯村	22	男	1945 年
肖春元	文登市葛山镇田里村	20	男	1945 年
邢洪璞	文登市泽头镇唐疃村	21	男	1945 年
邢玉成	文登市大水泊镇东邹山村	26	男	1945 年
邢忠进	文登市米山镇鸭子夼村	27	男	1945 年
修其珠	文登市龙山街道办事处三里河村	23	男	1945 年
徐承恩	文登市侯家镇下河村	26	男	1945 年
徐德荣	文登市宋村镇小床村	—	男	1945 年
徐环玉	文登市小观镇北黄村	19	男	1945 年
徐同日	文登市汪疃镇西三庄村	32	男	1945 年
徐万通	文登市宋村镇渠格庄村	30	男	1945 年
徐宣文	文登市大水泊镇生地村	25	男	1945 年
徐雨仁	文登市葛家镇东孙疃村	23	男	1945 年
许善敏	文登市汪疃镇许家村	25	男	1945 年
许新合	文登市宋村镇大寨村	29	男	1945 年
许信保	文登市界石镇牟村	20	男	1945 年
许兆坤	文登市小观镇许家村	19	男	1945 年
许正玉	文登市葛山镇许家屯村	31	男	1945 年
颜德仁	文登市侯家镇朱家村	25	男	1945 年
颜德信	文登市侯家镇朱家村	17	男	1945 年
颜凤才	文登市侯家镇颜家寨村	25	男	1945 年
颜文德	文登市环山街道办事处河南村	22	男	1945 年
杨炳坤	文登市文登营镇杨家产村	19	男	1945 年
杨承璞	文登市大水泊镇屯杨家村	23	男	1945 年
杨　党	文登市泽库镇尹家村	19	男	1945 年

姓 名	籍 贯	年 龄	性 别	死难时间
杨洪象	文登市高村镇沙柳村	21	男	1945 年
杨吉忠	文登市侯家镇河杨家村	24	男	1945 年
杨原普	文登市侯家镇侯家村	21	男	1945 年
杨振申	文登市泽头镇杨家疃村	18	男	1945 年
杨忠桂	文登市文登营镇岭东村	32	男	1945 年
姚大民	文登市宋村镇姚山头村	21	男	1945 年
姚忠堂	文登市宋村镇姚山头村	22	男	1945 年
殷锡贤	文登市宋村镇曲疃庄村	23	男	1945 年
于安贞	文登市高村镇靳家村	25	男	1945 年
于保勋	文登市泽库镇花岛村	36	男	1945 年
于传升	文登市米山镇埠南村	21	男	1945 年
于大起	文登市苘山镇白玉庄村	30	男	1945 年
于道仁	文登市汪疃镇翠家口村	18	男	1945 年
于洞江	文登市米山镇埠南村	21	男	1945 年
于敦洲	文登市大水泊镇大水泊村	23	男	1945 年
于方文	文登市宋村镇大床村	24	男	1945 年
于贵法	文登市葛家镇周家埠村	43	男	1945 年
于国凤	文登市侯家镇下郭家村	24	男	1945 年
于洪义	文登市界石镇大产村	20	男	1945 年
于进德	文登市文登营镇东仓村	33	男	1945 年
于举仁	文登市宋村镇硝二村	34	男	1945 年
于俊宜	文登市泽库镇辛立庄村	23	男	1945 年
于开江	文登市汪疃镇大英村	17	男	1945 年
于勤堂	文登市界石镇石头河村	34	男	1945 年
于人江	文登市界石镇南鲁家埠村	27	男	1945 年
于仁海	文登市龙山街道办事处柳林村	27	男	1945 年
于森远	文登市侯家镇大百户村	23	男	1945 年
于慎行	文登市大水泊镇西南台村	28	男	1945 年
于胜德	文登市汪疃镇东三庄村	30	男	1945 年
于盛才	文登市苘山镇白玉庄村	19	男	1945 年
于 氏	文登市泽库镇长会口村	—	女	1945 年
于世义	文登市大水泊镇后土埠村	23	男	1945 年
于树文	文登市葛家镇陡埠村	42	男	1945 年
于所连	文登市葛家镇赤金泊村	21	男	1945 年

姓 名	籍 贯	年 龄	性 别	死难时间
于万召	文登市小观镇万家口村	24	男	1945 年
于为堂	文登市侯家镇崔家村	21	男	1945 年
于维同	文登市小观镇于家庄村	23	男	1945 年
于文合	文登市界石镇崮头集村	—	男	1945 年
于文水	文登市大水泊镇乐园村	41	男	1945 年
于文益	文登市大水泊镇大乔家村	25	男	1945 年
于锡国	文登市界石镇崮头集村	20	男	1945 年
于 喜	文登市宋村镇硝二村	43	男	1945 年
于祥文	文登市环山街道办事处十里头村	29	男	1945 年
于秀平	文登市葛家镇洛格庄村	25	男	1945 年
于云兴	文登市小观镇于家庄村	18	男	1945 年
于再洲	文登市文登营镇于冼庄村	21	男	1945 年
于在坤	文登市文登营镇东仓村	24	男	1945 年
于增贵	文登市小观镇北黄村	23	男	1945 年
于增龙	文登市小观镇北黄村	22	男	1945 年
于占江	文登市葛家镇院东村	21	男	1945 年
于之恩	文登市葛家镇赤金泊村	34	男	1945 年
于忠礼	文登市界石镇崮头集村	—	男	1945 年
张道全	文登市文登营镇后驾山村	20	男	1945 年
张德林	文登市张家产镇	22	男	1945 年
张恩模	文登市环山街道办事处八里张家村	21	男	1945 年
张洪宾	文登市侯家镇河杨家村	18	男	1945 年
张华洲	文登市埠口镇上埠前村	28	男	1945 年
张培敬	文登市张家产镇小关庄村	37	男	1945 年
张培忠	文登市高村镇后泊子村	20	男	1945 年
张世山	文登市界石镇小界石村	32	男	1945 年
张守山	文登市葛家镇陡埠村	27	男	1945 年
张书伦	文登市米山镇陈家屯村	17	男	1945 年
张书山	文登市苘山镇东杨格庄村	37	男	1945 年
张锡堂	文登市大水泊镇康子庄村	21	男	1945 年
张修志	文登市文登营镇沟于家村	31	男	1945 年
张占岐	文登市葛家镇西于疃村	18	男	1945 年
张兆堂	文登市张家产镇汤村店村	25	男	1945 年
张正玉	文登市张家产镇南崖子村	24	男	1945 年

姓　名	籍　贯	年　龄	性　别	死难时间
张竹松	文登市界石镇鞠家庄村	19	男	1945 年
赵保亮	文登市苘山镇北刘章村	28	男	1945 年
赵桂珠	文登市界石镇赵家庄村	27	男	1945 年
赵泮山	文登市天福街道办事处河北村	25	男	1945 年
赵堂连	文登市高村镇鞠格庄村	22	男	1945 年
赵熙东	文登市侯家镇西泥沟村	23	男	1945 年
赵玉堂	文登市环山街道办事处苏家村	23	男	1945 年
郑金诺	文登市葛家镇英山前村	25	男	1945 年
郑金铺	文登市葛家镇英山前村	22	男	1945 年
郑开春	文登市葛家镇英山前村	15	男	1945 年
郑全锁	文登市小观镇北湾村	20	男	1945 年
仲积伦	文登市大水泊镇六山仲家村	25	男	1945 年
周昌万	文登市泽库镇寨前村	19	男	1945 年
周贵林	文登市高村镇万家庄村	33	男	1945 年
周洪礼	文登市高村镇万家庄村	31	男	1945 年
周经礼	文登市高村镇高村	30	男	1945 年
周民贞	文登市高村镇河西村	20	男	1945 年
周义庆	文登市侯家镇朱家村	58	男	1945 年
周智国	文登市高村镇二甲村	19	男	1945 年
周宗盛	文登市高村镇高村	18	男	1945 年
朱　氏	文登市泽库镇长会口村	—	女	1945 年
朱元秀	文登市葛家镇生格庄村	26	男	1945 年
邹本荣	文登市汪疃镇邹家庵村	21	男	1945 年
邹　氏	文登市泽库镇长会口村	—	女	1945 年
李兰章	文登市文登营镇马岭村	—	男	—
王熙瑞	文登市天福街道办事处河北村	—	男	—
于文岳	文登市米山镇南郑格庄村	—	男	—
合　计	2982			

责任人：徐元超　刘洪阳　　　核实人：赵险峰　刘洪阳　　　填表人：于燕
填报单位（签章）：文登市委党史研究室　　　　　　　填报时间：2009 年 4 月 18 日

乳山市抗日战争时期死难者名录

姓 名	籍 贯	年 龄	性 别	死难时间
邹长盛	乳山市白沙滩镇邹家村	24	男	1938 年
宋文子	乳山市城区街道办事处南江村	20	男	1938 年
徐连桂	乳山市城区街道办事处石村	30	男	1938 年
钟全玉之子	乳山市崖子镇泽科村	19	男	1938 年
钟兆宽	乳山市崖子镇泽科村	21	男	1938 年
陈二发	乳山市城区街道办事处夏南村	32	男	1938 年 8 月
王始阳之叔	乳山市城区街道办事处夏北村	30	男	1938 年 8 月 8 日
王始阳之姑	乳山市城区街道办事处夏北村	22	女	1938 年 8 月 8 日
王始阳之丫环	乳山市城区街道办事处夏北村	17	女	1938 年 8 月 8 日
宋宝仁之子	乳山市城区街道办事处夏西村	23	男	1938 年 8 月 8 日
王永功	乳山市城区街道办事处夏西村	75	男	1938 年 8 月 8 日
王永亮	乳山市城区街道办事处夏西村	70	男	1938 年 8 月 8 日
王书林	乳山市城区街道办事处夏西村	55	男	1938 年 8 月 8 日
王书林之妻弟	乳山市城区街道办事处夏西村	20	男	1938 年 8 月 8 日
王永泉	乳山市城区街道办事处夏西村	36	男	1938 年 8 月 8 日
刘成轩	乳山市城区街道办事处夏西村	45	男	1938 年 8 月 8 日
刘成轩之妻	乳山市城区街道办事处夏西村	38	女	1938 年 8 月 8 日
王兰泉	乳山市城区街道办事处夏西村	37	男	1938 年 8 月 8 日
王兰泉之女	乳山市城区街道办事处夏西村	4	女	1938 年 8 月 8 日
王兰泉之佣人	乳山市城区街道办事处夏西村	19	女	1938 年 8 月 8 日
王明升	乳山市城区街道办事处夏西村	39	男	1938 年 8 月 8 日
李运朴	乳山市城区街道办事处夏西村	50	男	1938 年 8 月 8 日
于福松	乳山市夏村镇于家庄村	—	男	1938 年冬
于年礼	乳山市夏村镇于家庄村	—	男	1938 年冬
于年礼之妻	乳山市夏村镇于家庄村	—	女	1938 年冬
于年祯	乳山市夏村镇于家庄村	—	男	1938 年冬
于天芝	乳山市夏村镇于家庄村	—	男	1938 年冬
于天勤	乳山市夏村镇于家庄村	—	男	1938 年冬
于天台	乳山市夏村镇于家庄村	—	男	1938 年冬
于年战	乳山市夏村镇于家庄村	—	男	1938 年冬
于天爽	乳山市夏村镇于家庄村	—	男	1938 年冬

姓 名	籍 贯	年 龄	性 别	死难时间
于天仁	乳山市夏村镇于家庄村	—	男	1938 年冬
于天聪	乳山市夏村镇于家庄村	—	男	1938 年冬
于天戍	乳山市夏村镇于家庄村	—	男	1938 年冬
于天恕	乳山市夏村镇于家庄村	—	男	1938 年冬
张文荣	乳山市夏村镇南庄村	20	男	1939 年
杨坤现	乳山市崖子镇东凤凰崖村	20	女	1939 年
孙同善	乳山市崖子镇崖子村	30	男	1939 年
孙维涛	乳山市崖子镇崖子村	35	男	1939 年
孙维旭	乳山市崖子镇崖子村	38	男	1939 年
修 儿	乳山市诸往镇崖后村	20	男	1939 年
高 荣	乳山市夏村镇官庄村	27	男	1939 年 2 月 7 日
刘书洪	乳山市夏村镇官庄村	20	男	1939 年 2 月 7 日
刘孟喜	乳山市夏村镇官庄村	38	男	1939 年 2 月 7 日
刘孟喜之子	乳山市夏村镇官庄村	12	男	1939 年 2 月 7 日
宫玉花	乳山市诸往镇口子村	40	男	1939 年 2 月 23 日
宫培兰	乳山市诸往镇口子村	40	男	1939 年 2 月 23 日
宫培春	乳山市诸往镇口子村	45	男	1939 年 2 月 23 日
宫锡德	乳山市诸往镇口子村	25	男	1939 年 2 月 23 日
林田贵	乳山市大孤山镇山西头村	29	男	1939 年 2 月 26 日
刁永壮	乳山市徐家镇小浩口村	21	男	1939 年 3 月
王文明	乳山市诸往镇大院村	22	男	1939 年 3 月
陈京乐	乳山市诸往镇大院村	24	男	1939 年 3 月
宫国利之祖母	乳山市冯家镇徐家村	50	女	1939 年 4 月 1 日
杨 旦	乳山市午极镇午极村	—	女	1939 年 4 月 5 日
冯夕正之妻	乳山市冯家镇冯家村	—	女	1939 年 8 月 14 日
冯国全	乳山市冯家镇冯家村	—	男	1939 年 8 月 14 日
冯曰信之父	乳山市冯家镇冯家村	—	男	1939 年 8 月 14 日
王书义之父	乳山市城区街道办事处夏西村	76	男	1939 年 9 月 30 日
董贵伍之妻	乳山市城区街道办事处夏西村	60	女	1939 年 9 月 30 日
董贵伍之子	乳山市城区街道办事处夏西村	28	男	1939 年 9 月 30 日
姜书新	乳山市夏村镇姜家村	—	男	1939 年冬
徐春生	乳山市夏村镇台依村	—	男	1939 年冬
马淑贞	乳山市夏村镇台依村	—	女	1939 年冬
杨占方	乳山市夏村镇台依村	—	男	1939 年冬

姓　名	籍　贯	年　龄	性　别	死难时间
徐文法	乳山市夏村镇台依村	—	男	1939 年冬
徐福堂	乳山市夏村镇台依村	—	男	1939 年冬
徐桂生	乳山市夏村镇台依村	17	男	1939 年冬
徐元民	乳山市夏村镇台依村	—	男	1939 年冬
徐玉堂之妻	乳山市夏村镇台依村	—	女	1939 年冬
郑　锡	乳山市夏村镇郑家村	—	男	1939 年冬
郑路令	乳山市夏村镇郑家村	—	男	1939 年冬
郑　勋	乳山市夏村镇郑家村	—	男	1939 年冬
郑　顺	乳山市夏村镇郑家村	—	男	1939 年冬
崔　氏	乳山市夏村镇郑家村	—	女	1939 年冬
郑　爱	乳山市夏村镇郑家村	—	女	1939 年冬
孙俊言	乳山市白沙滩镇白沙滩村	30	男	1940 年
孙同会	乳山市徐家镇王家庄村	20	男	1940 年
曲绵礼	乳山市崖子镇北果子村	20	男	1940 年
杨坤昌	乳山市崖子镇东凤凰崖村	22	男	1940 年
于天允	乳山市乳山寨镇风台顶村	20	男	1940 年 2 月 13 日
于天奎	乳山市乳山寨镇风台顶村	25	男	1940 年 2 月 13 日
于洪祥	乳山市乳山寨镇风台顶村	23	男	1940 年 2 月 13 日
于天泽	乳山市乳山寨镇风台顶村	27	男	1940 年 2 月 13 日
于锡祥	乳山市乳山寨镇风台顶村	28	男	1940 年 2 月 13 日
于天英	乳山市乳山寨镇风台顶村	30	男	1940 年 2 月 13 日
于天芳	乳山市乳山寨镇风台顶村	35	男	1940 年 2 月 13 日
于天述	乳山市乳山寨镇风台顶村	40	男	1940 年 2 月 13 日
于同福	乳山市乳山寨镇风台顶村	47	男	1940 年 2 月 13 日
于月书	乳山市乳山寨镇风台顶村	21	男	1940 年 2 月 13 日
于长锁	乳山市乳山寨镇风台顶村	23	男	1940 年 2 月 13 日
于藏儿	乳山市乳山寨镇风台顶村	6	女	1940 年 2 月 13 日
张显珠	乳山市乳山寨镇楼村	27	男	1940 年 2 月 13 日
张德伦	乳山市乳山寨镇楼村	26	男	1940 年 2 月 13 日
于永正	乳山市乳山寨镇宋河村	20	男	1940 年 2 月 13 日
鞠连文之妻	乳山市乳山寨镇宋河村	21	女	1940 年 2 月 13 日
郭　氏	乳山市乳山寨镇宋河村	30	女	1940 年 2 月 13 日
孙德进	乳山市乳山寨镇宋河村	32	男	1940 年 2 月 13 日
宋绪庆之叔	乳山市乳山寨镇玉皇台村	36	男	1940 年 2 月 13 日

姓 名	籍 贯	年 龄	性 别	死难时间
宋绪庆之兄	乳山市乳山寨镇玉皇台村	20	男	1940 年 2 月 13 日
宋立有	乳山市城区街道办事处夏西村	40	男	1940 年 2 月 14 日
宋广升	乳山市城区街道办事处夏西村	42	男	1940 年 2 月 14 日
王忠堂	乳山市城区街道办事处夏西村	30	男	1940 年 2 月 14 日
宫锡林	乳山市下初镇东马台石村	22	男	1940 年 3 月
谭刘氏	乳山市下初镇东马台石村	55	女	1940 年 3 月
徐本子	乳山市下初镇东马台石村	24	男	1940 年 3 月
冯曰猛	乳山市冯家镇冯家村	14	男	1940 年 3 月 11 日
陈 虎	乳山市诸往镇大院村	25	男	1940 年 8 月
陈福生	乳山市白沙滩镇六村屯村	28	男	1941 年
赵德智	乳山市冯家镇赵家庵村	—	男	1941 年
赵福亮之父	乳山市冯家镇赵家庵村	—	男	1941 年
赵德全之母	乳山市冯家镇赵家庵村	—	女	1945 年
徐少祯	乳山市徐家镇杨家屯村	22	男	1941 年
姜斗林	乳山市徐家镇杨家屯村	20	男	1941 年
刘建斌	乳山市崖子镇北果子村	20	男	1941 年
刘培芸	乳山市崖子镇北果子村	20	男	1941 年
曲德明	乳山市崖子镇北果子村	20	男	1941 年
杨锡更	乳山市崖子镇东凤凰崖村	20	男	1941 年
杨坤燕	乳山市崖子镇东凤凰崖村	20	男	1941 年
杨积娥	乳山市崖子镇东凤凰崖村	20	男	1941 年
姜文斌	乳山市崖子镇东凤凰崖村	19	男	1941 年
郑田泗	乳山市育黎镇藏金夼村	—	男	1941 年
张守彬	乳山市诸往镇神童庙村	53	男	1942 年 11 月
许天河	乳山市诸往镇神童庙村	60	男	1942 年 11 月
邓方庆	乳山市育黎镇邓家村	—	男	1941 年 1 月 7 日
邓朋芝	乳山市育黎镇邓家村	—	男	1941 年 1 月 7 日
邓 平	乳山市育黎镇邓家村	—	男	1941 年 1 月 7 日
邓 理	乳山市育黎镇邓家村	—	男	1941 年 1 月 7 日
邓文元	乳山市育黎镇邓家村	—	男	1941 年 1 月 7 日
邓延彬	乳山市育黎镇邓家村	—	男	1941 年 1 月 7 日
宋洪友	乳山市城区街道办事处北江村	24	男	1941 年 2 月 2 日
仇祝德之父	乳山市城区街道办事处北江村	30	男	1941 年 2 月 2 日
仇庆阳	乳山市城区街道办事处仇家洼村	35	男	1941 年 2 月 2 日

姓　名	籍　贯	年龄	性别	死难时间
刘佃礼	乳山市大孤山镇下刘家村	42	男	1941年2月4日
张文三	乳山市午极镇西柳家村	60	男	1941年3月7日
于照沛之妻	乳山市诸往镇孙家夼村	50	女	1941年4月
于照沛之孙	乳山市诸往镇孙家夼村	3	男	1941年4月
姜子顺	乳山市海阳所镇邢家村	60	男	1941年5月
姜仁经	乳山市海阳所镇邢家村	26	男	1941年5月
邢良金	乳山市海阳所镇邢家村	50	男	1941年5月
邢万玉	乳山市海阳所镇邢家村	40	男	1941年5月
姜玉成	乳山市海阳所镇邢家村	30	男	1941年5月
姜旭洲	乳山市海阳所镇邢家村	60	男	1941年5月
宋福春	乳山市海阳所镇邢家村	40	男	1941年5月
姜书孟	乳山市海阳所镇邢家村	30	男	1941年5月
马绍起	乳山市海阳所镇邢家村	25	男	1941年5月
姜月凤	乳山市海阳所镇邢家村	22	女	1941年5月
宋保利	乳山市下初镇巫山村	49	男	1941年5月
李沉清	乳山市诸往镇姜格庄村	18	男	1941年5月
于天福	乳山市乳山寨镇小岚村	26	男	1941年10月8日
于勤本	乳山市乳山寨镇小岚村	30	男	1941年10月8日
李振发之父	乳山市乳山寨镇崔家沟村	56	男	1941年春
郭夕纯	乳山市乳山寨镇车村	25	男	1941年10月28日
郭富森	乳山市乳山寨镇车村	26	男	—
王文卿	乳山市诸往镇姜格庄村	22	男	1941年11月
李全清	乳山市诸往镇姜格庄村	32	男	1941年11月
徐姜氏	乳山市下初镇西马台石村	45	女	1941年12月
徐小花	乳山市下初镇西马台石村	2	女	1941年12月
姜　堂	乳山市白沙滩镇曹家庄村	42	男	1942年
陈仁开	乳山市白沙滩镇六村屯村	23	男	1942年
林德苍	乳山市白沙滩镇六村屯村	27	男	1942年
邹云芝	乳山市白沙滩镇邹家村	30	男	1942年
林占友之姐	乳山市大孤山镇吴家沟村	15	女	1942年
刘廷太之母	乳山市冯家镇马家泊子村	50	女	1942年
张三之子	乳山市冯家镇马家泊子村	2	男	1942年
孔庆亮之妻	乳山市冯家镇万家村	—	女	1942年
迟安京	乳山市海阳所镇西泓赵家村	40	男	1942年

姓　名	籍　贯	年　龄	性　别	死难时间
姜明山	乳山市南黄镇河崖村	32	男	1942 年
曹积祥之母	乳山市下初镇河南村	29	女	1942 年
周日祥	乳山市下初镇皂地村	31	男	1942 年
马寿山	乳山市徐家镇圣石前村	19	男	1942 年
高喜传	乳山市徐家镇杨家屯村	21	男	1942 年
杨钟看	乳山市崖子镇东凤凰崖村	20	男	1942 年
杨宗言	乳山市崖子镇东凤凰崖村	21	男	1942 年
杨坤利	乳山市崖子镇东凤凰崖村	23	男	1942 年
杨德新	乳山市崖子镇东凤凰崖村	36	男	1942 年
杨锡周	乳山市崖子镇东凤凰崖村	19	男	1942 年
杨德勇	乳山市崖子镇东凤凰崖村	20	男	1942 年
张可典	乳山市崖子镇东井口村	27	男	1942 年
张方伦	乳山市崖子镇东井口村	25	男	1942 年
张可荣	乳山市崖子镇东井口村	24	男	1942 年
沙寿洪	乳山市崖子镇东涝口村	44	男	1942 年
勇仁高	乳山市育黎镇北勇家村	—	男	1942 年
勇仁祥	乳山市育黎镇北勇家村	—	男	1942 年
勇左本	乳山市育黎镇北勇家村	—	男	1942 年
郑延卓	乳山市育黎镇老由古村	—	男	1942 年
郑明春	乳山市育黎镇老由古村	—	男	1942 年
倪德荣	乳山市育黎镇马庄村	—	男	1942 年
郑兆好	乳山市育黎镇帽张家村	—	男	1942 年
郑兆训	乳山市育黎镇帽张家村	—	男	1942 年
郑兆奎	乳山市育黎镇帽张家村	—	男	1942 年
李乃国	乳山市育黎镇南李家村	—	男	1942 年
李乃国之母	乳山市育黎镇南李家村	—	女	1942 年
李文林	乳山市育黎镇南李家村	—	男	1942 年
李玉安	乳山市育黎镇南西屋村	—	男	1942 年
宫运青	乳山市育黎镇南西屋村	—	男	1942 年
李学坤	乳山市育黎镇南西屋村	—	男	1942 年
陈忠湖	乳山市育黎镇南西屋村	—	男	1942 年
郭秀本	乳山市育黎镇山后村	—	男	1942 年
郭永增	乳山市育黎镇山后村	—	男	1942 年
刘绪镇	乳山市育黎镇社庄村	—	男	1942 年

姓 名	籍 贯	年 龄	性 别	死难时间
孙宝全	乳山市育黎镇社庄村	—	男	1942 年
刘绪路	乳山市育黎镇社庄村	—	男	1942 年
阮福海	乳山市育黎镇社庄村	—	男	1942 年
刘占章	乳山市育黎镇社庄村	—	男	1942 年
刘明川	乳山市育黎镇社庄村	—	男	1942 年
倪德亨	乳山市育黎镇塔庄村	—	男	1942 年
倪勤甲	乳山市育黎镇塔庄村	—	男	1942 年
倪永安	乳山市育黎镇塔庄村	—	男	1942 年
倪京林	乳山市育黎镇塔庄村	—	男	1942 年
倪龙勤	乳山市育黎镇塔庄村	—	男	1942 年
倪延周	乳山市育黎镇塔庄村	—	男	1942 年
于崇金	乳山市育黎镇汪水村	—	男	1942 年
郑助堂	乳山市育黎镇汪水村	—	男	1942 年
郑全堂	乳山市育黎镇汪水村	—	男	1942 年
丁乐亭	乳山市育黎镇汪水村	—	男	1942 年
闫学玉	乳山市育黎镇王母夼村		男	
王老三	乳山市育黎镇西纪村		男	1942 年
王崇岭	乳山市育黎镇西纪村		男	1942 年
王孟言	乳山市育黎镇西纪村		男	1942 年
王亨瑞	乳山市育黎镇西纪村	—	男	1942 年
于占海	乳山市育黎镇育黎村	—	男	1942 年
孙书久	乳山市育黎镇育黎村	—	男	1942 年
宋传行	乳山市育黎镇育黎村	—	男	1942 年
宋连晋	乳山市育黎镇育黎村	—	男	1942 年
王仁光	乳山市育黎镇育黎村	—	男	1942 年
隋克英	乳山市诸往镇沟西村	27	男	1942 年
隋若告	乳山市诸往镇沟西村	58	男	1942 年
张小云	乳山市诸往镇沟西村	14	女	1942 年
张小翠	乳山市诸往镇沟西村	1	女	1942 年
宫夕安	乳山市诸往镇九龙圈村	20	男	1942 年
刘维年	乳山市诸往镇九龙圈村	16	男	1942 年
于小七	乳山市诸往镇九龙圈村	20	男	1942 年
曲绵轩	乳山市诸往镇九龙圈村	20	男	1942 年
曲洪林	乳山市诸往镇九龙圈村	—	男	1942 年

姓 名	籍 贯	年 龄	性 别	死难时间
刘春庆	乳山市诸往镇九龙圈村	—	男	1942 年
于际挥	乳山市诸往镇流水头村	—	男	1942 年
于法正	乳山市诸往镇流水头村	20	男	1942 年
小 本	乳山市诸往镇流水头村	20	男	1942 年
史行述	乳山市大孤山镇大史家村	42	男	1942 年 10 月
史行运	乳山市大孤山镇大史家村	22	男	1942 年 10 月
史永仁之祖父	乳山市大孤山镇大史家村	60	男	1942 年 10 月
王卫心	乳山市大孤山镇姜家庄村	58	男	1942 年 1 月
王福安	乳山市大孤山镇姜家庄村	21	男	1942 年 1 月
于良月	乳山市海阳所镇姜家庄村	13	女	1942 年 1 月
周文秀	乳山市海阳所镇双峰庄村	20	男	1942 年 1 月
段于氏	乳山市下初镇三甲村	42	女	1942 年 1 月
孙洪芳	乳山市崖子镇东庄村	—	男	1942 年 1 月
钟 京	乳山市崖子镇磨山村	35	男	1942 年 1 月
钟伯俊	乳山市崖子镇磨山村	39	男	1942 年 1 月
钟伯禄之女	乳山市崖子镇磨山村	21	女	1942 年 1 月
宋吉发	乳山市崖子镇山西村	36	男	1942 年 1 月
宋吉允	乳山市崖子镇山西村	45	男	1942 年 1 月
宋奎之妻	乳山市崖子镇山西村	25	女	1942 年 1 月
宋合之女	乳山市崖子镇山西村	18	女	1942 年 1 月
王活文	乳山市崖子镇申家村	45	男	1942 年 1 月
沙广生	乳山市崖子镇下沙家村	66	男	1942 年 1 月
沙尚顺	乳山市崖子镇下沙家村	—	男	1942 年 1 月
沙广喜	乳山市崖子镇下沙家村	—	男	1942 年 1 月
沙尚月	乳山市崖子镇下沙家村	70	男	1942 年 1 月
滕书凯	乳山市崖子镇兴村	—	男	1942 年 1 月
孙维才	乳山市崖子镇崖子村	13	男	1942 年 1 月
孙宝义	乳山市崖子镇崖子村	28	男	1942 年 1 月
孙徐善	乳山市崖子镇崖子村	25	男	1942 年 1 月
孙维盼	乳山市崖子镇崖子村	50	男	1942 年 1 月
孙维徐之子	乳山市崖子镇崖子村	35	男	1942 年 1 月
孙少千之妻	乳山市崖子镇崖子村	33	女	1942 年 1 月
孙少千之女	乳山市崖子镇崖子村	13	女	1942 年 1 月
孙维宽之母	乳山市崖子镇崖子村	60	女	1942 年 1 月

姓名	籍贯	年龄	性别	死难时间
孙维宽	乳山市崖子镇崖子村	—	男	1942 年 1 月
孙维宽之妻	乳山市崖子镇崖子村	43	女	1942 年 1 月
李培仁	乳山市崖子镇闫家夼村	—	男	1942 年 1 月
钟桂芝	乳山市崖子镇泽科村	29	男	1942 年 1 月
隋德珍	乳山市育黎镇于家村	—	女	1942 年 1 月
郑小丑	乳山市诸往镇安夼村	20	男	1942 年 1 月
李 氏	乳山市诸往镇安夼村	30	女	1942 年 1 月
郑方远	乳山市诸往镇泊子庄村	20	男	1942 年 1 月
郑风秀	乳山市诸往镇泊子庄村	19	女	1942 年 1 月
王 钦	乳山市诸往镇大龙口村	40	男	1942 年 1 月
鲁才亭	乳山市诸往镇大龙口村	25	男	1942 年 1 月
宫合然之母	乳山市诸往镇大龙口村	70	女	1942 年 1 月
王俊经	乳山市诸往镇大龙口村	30	男	1942 年 1 月
宫典庆	乳山市诸往镇大龙口村	65	男	1942 年 1 月
王成早	乳山市诸往镇大龙口村	20	男	1942 年 1 月
陈福宽	乳山市诸往镇大院村	38	男	1942 年 1 月
陈京起	乳山市诸往镇大院村	28	男	1942 年 1 月
王文清	乳山市诸往镇大院村	26	男	1942 年 1 月
陈天堂	乳山市诸往镇大院村	22	男	1942 年 1 月
陈世旺	乳山市诸往镇大院村	24	男	1942 年 1 月
勇仁高	乳山市诸往镇大院村	41	男	1942 年 1 月
李文好	乳山市诸往镇东辛庄头村	43	男	1942 年 1 月
隋阮英	乳山市诸往镇东诸往村	45	男	1942 年 1 月
隋于氏	乳山市诸往镇东诸往村	40	女	1942 年 1 月
隋锁吉	乳山市诸往镇东诸往村	5	男	1942 年 1 月
隋广瑞	乳山市诸往镇东诸往村	13	女	1942 年 1 月
隋广兰	乳山市诸往镇东诸往村	10	女	1942 年 1 月
隋奎喜之妻	乳山市诸往镇东诸往村	41	女	1942 年 1 月
隋丁氏	乳山市诸往镇东诸往村	23	女	1942 年 1 月
王 赞	乳山市诸往镇垛疃村	60	男	1942 年 1 月
王吉普	乳山市诸往镇垛疃村	70	男	1942 年 1 月
王永文之大伯	乳山市诸往镇垛疃村	60	男	1942 年 1 月
王 升	乳山市诸往镇垛疃村	62	男	1942 年 1 月
王吉庆	乳山市诸往镇垛疃村	63	男	1942 年 1 月

姓 名	籍 贯	年龄	性别	死难时间
王翠玉	乳山市诸往镇垛疃村	24	女	1942 年 1 月
王凤贵之母	乳山市诸往镇垛疃村	30	女	1942 年 1 月
刘振学	乳山市诸往镇二龙口村	34	男	1942 年 1 月
栾晋刚	乳山市诸往镇后庄村	30	男	1942 年 1 月
栾良传	乳山市诸往镇后庄村	40	男	1942 年 1 月
王言山	乳山市诸往镇后庄村	40	男	1942 年 1 月
栾绪良	乳山市诸往镇后庄村	48	男	1942 年 1 月
栾喜章之子	乳山市诸往镇后庄村	—	男	1942 年 1 月
姜连洲	乳山市诸往镇姜格庄村	35	男	1942 年 1 月
李浠清	乳山市诸往镇姜格庄村	14	男	1942 年 1 月
姜兴泰	乳山市诸往镇姜格庄村	26	男	1942 年 1 月
侯中云	乳山市诸往镇姜格庄村	24	男	1942 年 1 月
侯万福	乳山市诸往镇姜格庄村	24	男	1942 年 1 月
姜连运之大伯父	乳山市诸往镇姜格庄村	70	男	1942 年 1 月
许日泰	乳山市诸往镇姜格庄村	30	男	1942 年 1 月
小 广	乳山市诸往镇九龙圈村	17	男	1942 年 1 月
小道亭	乳山市诸往镇流水头村	15	男	1942 年 1 月
姜运希之妹	乳山市诸往镇马陵村	13	女	1942 年 1 月
刘长聚	乳山市诸往镇绕涧村	40	男	1942 年 1 月
刘同祥	乳山市诸往镇绕涧村	53	男	1942 年 1 月
刘连欣之祖母	乳山市诸往镇绕涧村	65	女	1942 年 1 月
刘百路	乳山市诸往镇绕涧村	30	男	1942 年 1 月
刘尚武	乳山市诸往镇绕涧村	40	男	1942 年 1 月
刘元香	乳山市诸往镇绕涧村	39	男	1942 年 1 月
丁燕枝	乳山市诸往镇绕涧村	37	男	1942 年 1 月
刘典亮	乳山市诸往镇绕涧村	40	男	1942 年 1 月
刘典亮之妹	乳山市诸往镇绕涧村	24	女	1942 年 1 月
许振收之妹	乳山市诸往镇神童庙村	4	女	1942 年 1 月
唐积京	乳山市诸往镇唐家村	40	男	1942 年 1 月
郑玉坤	乳山市诸往镇田家庄村	32	男	1942 年 1 月
王振友	乳山市诸往镇田家庄村	45	男	1942 年 1 月
王仁福之母	乳山市诸往镇铁山村	40	女	1942 年 1 月
薛秀叶之姑祖母	乳山市诸往镇铁山村	30	女	1942 年 1 月
于天学	乳山市诸往镇铁山村	35	男	1942 年 1 月

姓　名	籍　贯	年　龄	性　别	死难时间
朱贵礼之二伯	乳山市诸往镇铁山村	20	男	1942 年 1 月
薛占亭之叔兄	乳山市诸往镇铁山村	20	男	1942 年 1 月
王龙江之父	乳山市诸往镇铁山村	28	男	1942 年 1 月
孙恒芹之伯母	乳山市诸往镇铁山村	50	女	1942 年 1 月
王连福	乳山市诸往镇西尚山村	—	男	1942 年 1 月
王兆元	乳山市诸往镇西尚山村	—	男	1942 年 1 月
赵宋功	乳山市诸往镇西辛庄头村	55	男	1942 年 1 月
王振贵	乳山市诸往镇西诸往村	38	男	1942 年 1 月
许仁亭	乳山市诸往镇许家村	29	男	1942 年 1 月
许丰云	乳山市诸往镇许家村	32	男	1942 年 1 月
许大有	乳山市诸往镇许家村	30	男	1942 年 1 月
谭志洲	乳山市诸往镇许家村	20	男	1942 年 11 月
许维亭	乳山市诸往镇许家村	32	男	1942 年 11 月
孙善高	乳山市诸往镇许家村	25	男	1942 年 11 月
隋竹堂	乳山市诸往镇野房村	25	男	1942 年 1 月
隋新之父	乳山市诸往镇野房村	—	男	1942 年 1 月
隋洪吉	乳山市诸往镇野房村	72	男	1942 年 1 月
隋洪仁	乳山市诸往镇野房村	74	男	1942 年 1 月
隋曰简	乳山市诸往镇招民庄村	62	男	1942 年 1 月
隋振师	乳山市诸往镇招民庄村	66	男	1942 年 1 月
许玉成	乳山市诸往镇招民庄村	49	男	1942 年 1 月
许言成	乳山市诸往镇招民庄村	47	男	1942 年 1 月
许端兴	乳山市诸往镇招民庄村	48	男	1942 年 1 月
许端希	乳山市诸往镇招民庄村	46	男	1942 年 1 月
隋吉贵	乳山市诸往镇招民庄村	35	男	1942 年 1 月
许端元之妻	乳山市诸往镇招民庄村	27	女	1942 年 1 月
隋占兴	乳山市诸往镇招民庄村	24	男	1942 年 1 月
隋占欣	乳山市诸往镇招民庄村	21	男	1942 年 1 月
许德风	乳山市诸往镇招民庄村	65	男	1942 年 1 月
沙恩义	乳山市崖子镇下沙家村	32	男	1942 年 2 月
沙尚章	乳山市崖子镇下沙家村	65	男	1942 年 2 月
徐长得	乳山市下初镇上初村	20	男	1942 年春
张木匠	乳山市下初镇上初村	29	男	1942 年春
刘洪田	乳山市下初镇上初村	40	男	1942 年春

姓 名	籍 贯	年 龄	性 别	死难时间
郑 氏	乳山市下初镇上初村	35	女	1942 年春
宋宗学	乳山市下初镇史家疃村	32	男	1942 年春
宋协平	乳山市下初镇史家疃村	17	女	1944 年秋
宫云九	乳山市崖子镇台上村	18	男	1942 年春
宫焕成	乳山市冯家镇吴格庄村	22	男	1942 年秋
袁守典	乳山市夏村镇张八庄村	12	男	1942 年秋
宫云川	乳山市崖子镇青山村	—	男	1942 年 2 月 9 日
宫连行	乳山市崖子镇青山村	50	男	1942 年 2 月 9 日
刘文起	乳山市崖子镇北果子村	40	男	1942 年 2 月 19 日
宫典孟之姐	乳山市崖子镇南马石村	19	女	1942 年 2 月 19 日
宫俊秀	乳山市崖子镇南马石村	30	男	1942 年 2 月 19 日
宫典坤之妻	乳山市崖子镇南马石村	—	女	1942 年 2 月 19 日
王龙臣	乳山市大孤山镇北念头村	15	男	1942 年 3 月
王书信	乳山市大孤山镇北念头村	15	男	1942 年 3 月
王本平	乳山市大孤山镇北念头村	29	男	1942 年 3 月
王本升	乳山市大孤山镇北念头村	30	男	1942 年 3 月
宋宝生	乳山市海阳所镇大庄村	24	男	1942 年 3 月
徐本洪	乳山市下初镇日照庄村	43	男	1942 年 3 月
徐同俊	乳山市下初镇西马台石村	43	男	1942 年 3 月
张翠林	乳山市下初镇西庄村	60	男	1942 年 10 月
田昭德	乳山市乳山寨镇东司马庄村	35	男	1942 年 3 月 26 日
高世庆之妻	乳山市乳山寨镇盘古庄村	32	女	1942 年 3 月 27 日
高忠义	乳山市乳山寨镇盘古庄村	23	男	1942 年 3 月 27 日
高世庆之女	乳山市乳山寨镇盘古庄村	11	女	1942 年 3 月 27 日
高同庆	乳山市乳山寨镇盘古庄村	20	男	1942 年 3 月 27 日
高天仁	乳山市乳山寨镇盘古庄村	19	男	1942 年 3 月 27 日
宋 桃	乳山市下初镇日照庄村	20	男	1942 年 4 月
孙树芝	乳山市下初镇山前庄村	46	男	1942 年 4 月
杨德超	乳山市崖子镇东凤凰崖村	10	男	1942 年 4 月
李朋清	乳山市诸往镇姜格庄村	22	男	1942 年 4 月
王培先	乳山市城区街道办事处夏南村	45	男	1942 年 5 月
黄书义之父	乳山市城区街道办事处夏南村	52	男	1942 年 5 月
张树喜	乳山市下初镇巫山村	45	男	1942 年 5 月
宋文章之妻	乳山市午极镇鲁家夼村	37	女	1942 年 5 月 2 日

姓 名	籍 贯	年 龄	性 别	死难时间
林培兰之妻	乳山市午极镇鲁家夼村	42	女	1942 年 5 月 2 日
隋发桂	乳山市诸往镇东诸往村	62	男	1942 年 6 月
王召荣	乳山市诸往镇中尚山村	30	男	1942 年 6 月
魏常举	乳山市午极镇上万口村	36	男	1942 年 6 月 11 日
段举升	乳山市午极镇鲁家夼村	22	男	1942 年 7 月 3 日
王云周	乳山市午极镇上万口村	45	男	1942 年 7 月 8 日
徐步云	乳山市诸往镇扫帚涧村	51	男	1942 年 9 月
宫锡泮	乳山市冯家镇徐家村	40	男	1942 年 10 月 7 日
李满子	乳山市乳山寨镇横山后村	17	男	1942 年 10 月 12 日
邵吉平	乳山市乳山寨镇圈港村	22	男	1942 年 10 月 15 日
单翠山	乳山市乳山寨镇圈港村	25	男	1942 年 10 月 15 日
李子满	乳山市乳山寨镇崔家沟村	16	男	1942 年 10 月 16 日
王 幕	乳山市乳山寨镇寨东村	20	男	1942 年 10 月 16 日
冷书恩	乳山市乳山寨镇寨西村	23	男	1942 年 10 月 16 日
王 举	乳山市乳山寨镇寨中村	21	男	1942 年 10 月 16 日
于克香	乳山市崖子镇北地口村	32	女	1942 年 10 月 16 日
刘振山	乳山市崖子镇北寨村	43	男	1942 年 10 月 16 日
孙兴善	乳山市崖子镇北寨村	18	男	1942 年 10 月 16 日
宋英海之父	乳山市崖子镇岛子村	32	男	1942 年 10 月 16 日
刘春理	乳山市崖子镇泥渡夼村	32	男	1942 年 10 月 16 日
刘丰全	乳山市崖子镇泥渡夼村	48	男	1942 年 10 月 16
刘丰会	乳山市崖子镇泥渡夼村	47	男	1942 年 10 月 16 日
刘元章	乳山市崖子镇泥渡夼村	53	男	1942 年 10 月 16 日
于振材	乳山市崖子镇泥渡夼村	52	男	1942 年 10 月 16 日
刘元文	乳山市崖子镇泥渡夼村	54	男	1942 年 10 月 16 日
宋国经	乳山市崖子镇山下村	48	男	1942 年 10 月 16 日
刘洪学	乳山市崖子镇北果子村	30	男	1942 年 10 月 17 日
曲英贤	乳山市崖子镇北果子村	30	男	1942 年 10 月 17 日
刘建周之妻	乳山市崖子镇北果子村	20	女	1942 年 10 月 17 日
刘玉道	乳山市崖子镇北果子村	30	男	1942 年 10 月 17 日
刘文臣	乳山市崖子镇北果子村	40	男	1942 年 10 月 17 日
刘君臣	乳山市崖子镇北果子村	30	男	1942 年 10 月 17 日
刘培勤	乳山市崖子镇北果子村	—	男	1942 年 10 月 17 日
刘文增	乳山市崖子镇北果子村	—	男	1942 年 10 月 17 日

姓　名	籍　贯	年　龄	性　别	死难时间
曲学伦	乳山市崖子镇北果子村	50	男	1942 年 10 月 17 日
曲庆先	乳山市崖子镇北果子村	40	男	1942 年 10 月 17 日
刘玉山	乳山市崖子镇北果子村	—	男	1942 年 10 月 17 日
刘绪会之姐	乳山市崖子镇北果子村	20	女	1942 年 10 月 17 日
孙玉贤之女	乳山市崖子镇沟东村	10	女	1942 年 10 月 17 日
姜贝利	乳山市崖子镇姜家夼村	50	男	1942 年 10 月 17 日
姜贝法	乳山市崖子镇姜家夼村	50	男	1942 年 10 月 17 日
姜贝元	乳山市崖子镇姜家夼村	—	男	1942 年 10 月 17 日
姜兆仁	乳山市崖子镇姜家夼村	—	男	1942 年 10 月 17 日
姜兆起	乳山市崖子镇姜家夼村	70	男	1942 年 10 月 17 日
姜进绪之母	乳山市崖子镇姜家夼村	40	女	1942 年 10 月 17 日
姜贝吉之子	乳山市崖子镇姜家夼村	10	男	1942 年 10 月 17 日
姜瑞花之母	乳山市崖子镇姜家夼村	30	女	1942 年 10 月 17 日
乔俊峰	乳山市崖子镇井乔家村	60	男	1942 年 10 月 17 日
乔明通	乳山市崖子镇井乔家村	18	男	1942 年 10 月 17 日
吴学奎	乳山市崖子镇南果子村	70	男	1942 年 10 月 17 日
吴学贵	乳山市崖子镇南果子村	—	男	1942 年 10 月 17 日
刘文茂	乳山市崖子镇南果子村	—	男	1942 年 10 月 17 日
吴学本	乳山市崖子镇南果子村	—	男	1942 年 10 月 17 日
吴缉仁之祖母	乳山市崖子镇南果子村	—	女	1942 年 10 月 17 日
祝明哲	乳山市崖子镇南马石村	14	男	1942 年 10 月 17 日
宫云伦	乳山市崖子镇南马石村	—	男	1942 年 10 月 17 日
宫子瑜	乳山市崖子镇南马石村	—	男	1942 年 10 月 17 日
宫本源之妹	乳山市崖子镇南马石村	—	女	1942 年 10 月 17 日
宫俊曰	乳山市崖子镇南马石村	—	男	1942 年 10 月 17 日
宫典英	乳山市崖子镇南马石村	—	女	1942 年 10 月 17 日
宫振平之姑	乳山市崖子镇南马石村	—	女	1942 年 10 月 17 日
宫锡永之祖父	乳山市崖子镇台上村	—	男	1942 年 10 月 17 日
王丛云	乳山市崖子镇台上村	—	男	1942 年 10 月 17 日
宫培谨	乳山市崖子镇枣林村	9	男	1942 年 10 月 17 日
宫日德	乳山市崖子镇枣林村	40	男	1942 年 10 月 17 日
宫培人	乳山市崖子镇枣林村	11	男	1942 年 10 月 17 日
宫世鑫之祖母	乳山市崖子镇枣林村	70	女	1942 年 10 月 17 日
宫培洪之伯母	乳山市崖子镇枣林村	70	女	1942 年 10 月 17 日

姓 名	籍 贯	年 龄	性 别	死难时间
宫连升之女	乳山市崖子镇枣林村	30	女	1942 年 10 月 17 日
王书显之二女	乳山市诸往镇上石硼村	20	女	1942 年 10 月 17 日
王小兰	乳山市诸往镇上石硼村	20	男	1942 年 10 月 17 日
王晋法	乳山市诸往镇上石硼村	24	男	1942 年 10 月 17 日
宋奎泗	乳山市乳山寨镇赤家口村	22	男	1942 年 10 月 18 日
于新林	乳山市乳山寨镇赤家口村	—	男	1942 年 10 月 18 日
李学良之妻	乳山市乳山寨镇赤家口村	—	女	1942 年 10 月 18 日
于云年	乳山市乳山寨镇赤家口村	—	男	1942 年 10 月 18 日
兰英兆之长兄	乳山市乳山口镇兰家村	38	男	1942 年 10 月 20 日
兰英兆之二兄	乳山市乳山口镇兰家村	30	男	1942 年 10 月 20 日
王忠义	乳山市冯家镇北泥沟村	37	男	1942 年 10 月 23 日
郑贵富	乳山市诸往镇流水头村	60	男	1942 年 10 月（农历）
郑建堂	乳山市诸往镇流水头村	25	男	1942 年 10 月（农历）
于云正	乳山市诸往镇流水头村	16	男	1942 年 10 月（农历）
于海正	乳山市诸往镇流水头村	40	男	1942 年 10 月（农历）
于 凯	乳山市诸往镇流水头村	41	男	1942 年 10 月（农历）
王秀峰	乳山市冯家镇东泥沟村	29	男	1942 年 11 月
子 美	乳山市崖子镇草庵村	5	男	1942 年 11 月
于九江	乳山市崖子镇草庵村	50	男	1942 年 11 月
矫洪起	乳山市崖子镇草庵村	30	男	1942 年 11 月
郑 陶	乳山市崖子镇草庵村	40	男	1942 年 11 月
史吉庆	乳山市崖子镇草庵村	18	男	1942 年 11 月
杨积芬	乳山市崖子镇东凤凰崖村	19	女	1942 年 11 月
杨宗莲	乳山市崖子镇东凤凰崖村	22	男	1942 年 11 月
张可金	乳山市崖子镇东井口村	30	男	1942 年 11 月
沙太金	乳山市崖子镇东涝口村	59	男	1942 年 11 月
沙永江	乳山市崖子镇东涝口村	46	男	1942 年 11 月
沙 氏	乳山市崖子镇东涝口村	45	女	1942 年 11 月
矫巩云	乳山市崖子镇蓬家夼村	50	男	1942 年 11 月
矫天姜	乳山市崖子镇蓬家夼村	48	女	1942 年 11 月
沙朋举之妻	乳山市崖子镇上沙家村	—	女	1942 年 11 月
沙朋木之女	乳山市崖子镇上沙家村	17	女	1942 年 11 月
史仁堂	乳山市崖子镇史家村	50	男	1942 年 11 月
庄孟璞	乳山市崖子镇史家村	24	男	1942 年 11 月

姓 名	籍 贯	年 龄	性 别	死难时间
史培元	乳山市崖子镇史家村	50	男	1942 年 11 月
王仁发	乳山市崖子镇西凤凰崖村	26	男	1942 年 11 月
杨宗善	乳山市崖子镇西凤凰崖村	20	男	1942 年 11 月
杨 氏	乳山市崖子镇西凤凰崖村	70	女	1942 年 11 月
牟信发	乳山市崖子镇西涝口村	80	男	1942 年 11 月
姜 氏	乳山市崖子镇西涝口村	45	女	1942 年 11 月
姜德尊	乳山市崖子镇西涝口村	15	男	1942 年 11 月
宋 氏	乳山市崖子镇西涝口村	67	女	1942 年 11 月
王月发	乳山市诸往镇姚家埠村	25	男	1942 年 11 月
宫殿庆	乳山市诸往镇大龙口村	70	男	1942 年 11 月
郑小丑	乳山市诸往镇安夼村	20	男	1942 年 11 月
李 氏	乳山市诸往镇安夼村	30	女	1942 年 11 月
陈永春	乳山市诸往镇大院村	—	男	1942 年 11 月
陈永春之妻	乳山市诸往镇大院村	—	女	1942 年 11 月
陈 华	乳山市诸往镇大院村	—	男	1942 年 11 月
陈 四	乳山市诸往镇大院村	—	男	1942 年 11 月
陈 虎	乳山市诸往镇大院村	—	男	1942 年 11 月
陈 春	乳山市诸往镇大院村	—	男	1942 年 11 月
陈 黑	乳山市诸往镇大院村	—	男	1942 年 11 月
陈京春之子	乳山市诸往镇大院村	—	男	1942 年 11 月
刘学亭	乳山市诸往镇九龙圈村	88	男	1942 年 11 月
孙孟善	乳山市崖子镇双石村	8	男	1942 年 11 月
王 臣	乳山市崖子镇姜家夼村	—	男	1942 年 11 月
王德保	乳山市午极镇小虎岚村	24	男	1942 年 11 月 2 日
段先明	乳山市午极镇小虎岚村	25	男	1942 年 11 月 2 日
段喜明	乳山市午极镇小虎岚村	26	男	1942 年 11 月 2 日
刘志玲	乳山市乳山口镇刘家庄村	29	男	1942 年 11 月 8 日
刘志宝	乳山市乳山口镇刘家庄村	17	男	1942 年 11 月 8 日
李顺昌	乳山市城区街道办事处黄埠崖村	26	男	1942 年 11 月 10 日
李奎庆	乳山市午极镇土心头村	46	男	1942 年 11 月 15 日
李人青	乳山市午极镇土心头村	31	男	1942 年 11 月 15 日
李文禄	乳山市午极镇土心头村	32	男	1942 年 11 月 19 日
宫锡纯	乳山市诸往镇口子村	20	男	1942 年 11 月 21 日
宫允进	乳山市诸往镇口子村	30	男	1942 年 11 月 21 日

姓 名	籍 贯	年 龄	性 别	死难时间
宫培同	乳山市诸往镇口子村	37	男	1942 年 11 月 21 日
宫培俭	乳山市诸往镇口子村	42	男	1942 年 11 月 21 日
宫培章	乳山市诸往镇口子村	40	男	1942 年 11 月 21 日
小进福	乳山市诸往镇李格庄村	16	男	1942 年 11 月 21 日
于学胜	乳山市诸往镇李格庄村	29	男	1942 年 11 月 21 日
宋书册	乳山市诸往镇李格庄村	21	男	1942 年 11 月 21 日
李占玉	乳山市育黎镇鲁济村	—	男	1942 年 11 月 22 日
李明珍	乳山市育黎镇鲁济村	—	男	1942 年 11 月 22 日
李书义	乳山市育黎镇鲁济村	—	男	1942 年 11 月 22 日
王玉珍	乳山市诸往镇下石硼村	70	男	1942 年 11 月 24 日
王培正	乳山市诸往镇下石硼村	60	男	1942 年 11 月 24 日
王培成	乳山市诸往镇下石硼村	62	男	1942 年 11 月 24 日
王玉贵	乳山市诸往镇下石硼村	37	男	1942 年 11 月 24 日
王维起	乳山市诸往镇下石硼村	63	男	1942 年 11 月 24 日
王后福之子	乳山市诸往镇下石硼村	1	男	1942 年 11 月 24 日
王守本之母	乳山市诸往镇下石硼村	50	女	1942 年 11 月 24 日
宫保年	乳山市诸往镇崖后村	30	男	1942 年 11 月 24 日
宫保凯	乳山市诸往镇崖后村	40	男	1942 年 11 月 24 日
曲学信	乳山市诸往镇崖后村	30	男	1942 年 11 月 24 日
宫云玖	乳山市诸往镇崖后村	35	男	1942 年 11 月 24 日
宫善文	乳山市诸往镇崖后村	52	男	1942 年 11 月 24 日
宫夕仁	乳山市诸往镇崖后村	23	男	1942 年 11 月 24 日
宫夕学	乳山市诸往镇崖后村	25	男	1942 年 11 月 24 日
宫夕山	乳山市诸往镇崖后村	22	男	1942 年 11 月 24 日
孙孟云	乳山市诸往镇崖后村	40	男	1942 年 11 月 24 日
宫万历	乳山市诸往镇崖后村	20	男	1942 年 11 月 24 日
曲学仁	乳山市诸往镇崖后村	45	男	1942 年 11 月 24 日
曲京芹	乳山市诸往镇崖后村	30	男	1942 年 11 月 24 日
曲京松	乳山市诸往镇崖后村	20	男	1942 年 11 月 24 日
宫云菊	乳山市诸往镇崖后村	—	女	1942 年 11 月 24 日
宫云礼	乳山市诸往镇崖后村	—	男	1942 年 11 月 24 日
宫会连	乳山市诸往镇崖后村	—	男	1942 年 11 月 24 日
宫友党	乳山市诸往镇崖后村	—	男	1942 年 11 月 24 日
宋同本	乳山市下初镇下初村	36	男	1942 年 12 月

姓 名	籍 贯	年 龄	性 别	死难时间
宋书占	乳山市下初镇辛家疃村	23	男	1942 年 12 月
胡文成	乳山市夏村镇小疃村	—	男	1942 年 12 月
于复寿	乳山市夏村镇小疃村	—	男	1942 年 12 月
于复恒	乳山市夏村镇小疃村	—	男	1942 年 12 月
邓忠奎	乳山市夏村镇小疃村	—	男	1942 年 12 月
邓忠义	乳山市夏村镇小疃村	—	男	1942 年 12 月
曹 德	乳山市下初镇河南村	32	男	1943 年
于礼安	乳山市徐家镇东南寨村	24	男	1943 年
徐元寿	乳山市崖子镇山西村	35	男	1943 年
王维香	乳山市诸往镇下石硼村	23	男	1943 年 1 月
孙玉亭	乳山市午极镇大虎岚村	43	男	1943 年 4 月 5 日
王德周	乳山市午极镇上万口村	27	男	1943 年 6 月 7 日
刘玉仁	乳山市诸往镇东尚山村	25	男	1943 年 9 月
宋玉考	乳山市海阳所镇南泓西村	28	男	1943 年 11 月
王 菊	乳山市下初镇芦头村	—	女	1943 年 11 月
宫昌洲	乳山市白沙滩镇宫家村	29	男	1944 年
张天璞	乳山市白沙滩镇小滩村	26	男	1944 年
耿仁彬	乳山市城区街道办事处东耿家村	18	男	1944 年
于培秀	乳山市城区街道办事处东耿家村	17	男	1944 年
赵良芹	乳山市午极镇车道村	34	男	1944 年 9 月 10 日
崔良范	乳山市午极镇车道村	22	男	1944 年 9 月 10 日
宋文亭	乳山市夏村镇宋家庄村	21	男	1945 年 1 月
徐学经	乳山市徐家镇车门口村	32	男	1945 年
徐培明	乳山市徐家镇车门口村	20	男	1945 年
徐培玉	乳山市徐家镇车门口村	22	男	1945 年
刘书堂	乳山市徐家镇车门口村	21	男	1945 年
杨宗树	乳山市崖子镇东凤凰崖村	20	男	1945 年
杨德利	乳山市崖子镇东凤凰崖村	38	男	1945 年
矫恒昌	乳山市崖子镇蓬家夼村	24	男	—
矫天玲	乳山市崖子镇蓬家夼村	22	男	—
合 计	605			

责任人：栾法龙　　　　　核实人：勇天磊　于　晓　　　　　填表人：勇天磊

填报单位（签章）：乳山市党史史志办公室　　　　　填报时间：2009 年 5 月 8 日

莱芜市莱城区抗日战争时期死难者名录

姓 名	籍 贯	年 龄	性 别	死难时间
杨桂芳	莱城区方下镇许小洼村	29	男	1938 年 1 月
段登林	莱城区高庄街道圣水庵村	37	男	1938 年 1 月
孟继顺	莱城区杨庄镇凤凰官庄村	43	男	1938 年 2 月
王孝笃	莱城区苗山镇东见马村	28	男	1938 年
贺庆章	莱城区凤城街道东风村	20	男	1938 年
贺庆功	莱城区凤城街道东风村	19	男	1938 年
毕指南	莱城区牛泉镇南三官庙村	30	男	1938 年
亓瑞生	莱城区高庄街道西汶南村	18	男	1938 年
亓恒春	莱城区牛泉镇范庄村	21	男	1938 年
马祥云	莱城区牛泉镇侯家沟村	16	男	1938 年
刘长松	莱城区牛泉镇鹿家庄村	16	男	1938 年
刘润生	莱城区口镇太平村	30	男	1938 年
郑义明	莱城区口镇古城村	29	男	1938 年
孙兆田	莱城区方下镇孙封邱村	21	男	1938 年
孟昭东	莱城区方下镇大辛庄村	34	男	1938 年
柏成连	莱城区雪野镇吕祖泉村	22	男	1938 年
郑家聚	莱城区口镇南街村	18	男	1938 年
刘学贤	莱城区张家洼街道片家镇村	17	男	1938 年
高延盛	莱城区张家洼街道王楼村	31	男	1938 年
徐克义	莱城区张家洼街道王楼村	26	男	1938 年
贾贤庆	莱城区张家洼街道港里村	24	男	1938 年
高凤章	莱城区张家洼街道高家洼村	30	男	1938 年
张永泉	莱城区牛泉镇鹁鸽楼村	28	男	1938 年
邹立志	莱城区高庄街道沙埠子村	21	男	1938 年
赵金武	莱城区和庄乡和庄村	17	男	1938 年
吴增珠	莱城区大王庄镇温家庄村	27	男	1938 年
陈俊绍	莱城区大王庄镇大槐树村	24	男	1938 年
张玉荣	莱城区杨庄镇侯家洼村	18	男	1938 年
刘仲新	莱城区寨里镇小下村	22	男	1939 年 1 月
雷昭举	莱城区牛泉镇西五斗村	25	男	1939 年 1 月
张务泗	莱城区牛泉镇鹁鸽楼村	20	男	1939 年 1 月

姓 名	籍 贯	年 龄	性 别	死难时间
张立明	莱城区苗山镇东张家庄村	38	男	1939 年 1 月
李庆振	莱城区牛泉镇南宫村	19	男	1939 年 2 月
李焕玉	莱城区牛泉镇八里沟村	30	男	1939 年 2 月
李西臣	莱城区茶业口镇峪门村	20	男	1939 年 3 月
戴乐顺	莱城区方下镇孙封邱村	20	男	1939 年 4 月
陈占春	莱城区羊里镇东留村	19	男	1939 年 4 月
仲吉信	莱城区苗山镇漫道村	23	男	1939 年 4 月
刘胜信	莱城区牛泉镇鸲鸽楼村	19	男	1939 年 5 月
亓敬义	莱城区高庄街道尧王村	24	男	1939 年 5 月
张公和	莱城区寨里镇寨东村	22	男	1939 年 5 月
苏坤之	莱城区寨里镇寨西村	30	男	1939 年 6 月
李墨秋	莱城区苗山镇陡峪村	21	男	1939 年 8 月
孙法山	莱城区高庄街道五龙村	29	男	1939 年 8 月
李恩荣	莱城区口镇郭陈村	23	男	1939 年 8 月
刁玉春	莱城区方下镇方南村	19	男	1939 年 8 月
孟广珠	莱城区牛泉镇西上庄村	34	男	1939 年 8 月
张登含	莱城区羊里镇戴家庄村	24	男	1939 年 9 月
张长凯	莱城区羊里镇北留村	17	男	1939 年 9 月
戴俊英	莱城区寨里镇戴鱼池村	52	男	1939 年 9 月
郑家秀	莱城区口镇南街村	27	男	1939 年 9 月
李相文	莱城区羊里镇东留村	23	男	1939 年 9 月
张信芝	莱城区方下镇亓官庄村	22	男	1939 年 9 月
亓廷举	莱城区高庄街道南梨沟村	22	男	1939 年 9 月
张德仁	莱城区高庄街道南梨沟村	18	男	1939 年 9 月
谷恒盛	莱城区高庄街道井峪村	28	男	1939 年 9 月
纪忠政	莱城区高庄街道野店村	18	男	1939 年 9 月
刘元儒	莱城区苗山镇北苗山村	16	男	1939 年 9 月
王恒芝	莱城区苗山镇苗山村	21	男	1939 年 9 月
张希贤	莱城区苗山镇苗山村	21	男	1939 年 9 月
田敬业	莱城区苗山镇田家楼村	23	男	1939 年 9 月
赵承骞	莱城区苗山镇田家楼村	17	男	1939 年 9 月
赵纪房	莱城区苗山镇田家楼村	18	男	1939 年 9 月
蒋仲行	莱城区苗山镇田家楼村	21	男	1939 年 9 月
李海胜	莱城区苗山镇陡峪村	17	男	1939 年 9 月

姓 名	籍 贯	年龄	性别	死难时间
李明章	莱城区和庄乡下崔家庄村	19	男	1939 年 9 月
丁德昌	莱城区和庄乡下崔家庄村	42	男	1939 年 9 月
王淑德	莱城区和庄乡西车辐村	27	男	1939 年 9 月
张太先	莱城区苗山镇南文字村	21	男	1939 年 9 月
刘胜茂	莱城区苗山镇南文字村	41	男	1939 年 9 月
张立柱	莱城区苗山镇南文字村	26	男	1939 年 9 月
康诵平	莱城区高庄街道任家洼村	19	男	1939 年 11 月
王绪水	莱城区苗山镇苗山村	32	男	1939 年 12 月
刘春告	莱城区寨里镇小下村	21	男	1939 年 12 月
赵法标	莱城区口镇青石桥村	23	男	1939 年
郑乐顺	莱城区口镇下水河村	33	男	1939 年
梁盛先	莱城区羊里镇北傅家庄村	31	男	1939 年
朱司恭	莱城区羊里镇西温石埠村	29	男	1939 年
张继坡	莱城区羊里镇红岭子村	38	男	1939 年
刘克让	莱城区方下镇沈家岭村	26	男	1939 年
李德茂	莱城区方下镇嘶马河村	18	男	1939 年
亓希儒	莱城区牛泉镇西上庄村	18	男	1939 年
程墨林	莱城区苗山镇南文字村	35	男	1939 年
李振林	莱城区凤城街道西关村	17	男	1939 年
张崇福	莱城区口镇陶南村	33	男	1939 年
王宪录	莱城区方下镇方南村	25	男	1939 年
王振山	莱城区方下镇兰沟崖村	20	男	1939 年
窦子芳	莱城区牛泉镇鹁鸽楼村	29	男	1939 年
董海堂	莱城区高庄街道小洼子村	32	男	1939 年
邵玉召	莱城区苗山镇灰堆村	28	男	1939 年
丁龙圣	莱城区和庄乡和庄村	27	男	1939 年
李文义	莱城区茶业口镇茶业口村	18	男	1939 年
李臣兰	莱城区茶业口镇王白杨村	41	男	1939 年
刘建松	莱城区雪野镇北峪村	25	男	1939 年
李德森	莱城区杨庄镇太平官庄村	39	男	1939 年
亓洪发	莱城区凤城街道孟家庄村	32	男	1939 年
姚佃成	莱城区凤城街道东方红村	33	男	1939 年
石洪生	莱城区凤城街道石家庄村	24	男	1939 年
刘安宾	莱城区口镇赵家村	19	男	1939 年

姓 名	籍 贯	年 龄	性 别	死难时间
王化圣	莱城区口镇赵家村	19	男	1939 年
魏佑焕	莱城区口镇东街村	34	男	1939 年
张延忠	莱城区口镇青石桥村	26	男	1939 年
胥冠德	莱城区口镇陶南村	36	男	1939 年
吴增奎	莱城区口镇刘陈村	20	男	1939 年
刁玉兰	莱城区口镇康陈村	21	男	1939 年
康诵谨	莱城区口镇康陈村	19	男	1939 年
景玉环	莱城区张家洼街道片家镇村	30	男	1939 年
朱司友	莱城区羊里镇朱家庄村	20	男	1939 年
朱茂经	莱城区羊里镇朱家庄村	24	男	1939 年
张维厚	莱城区羊里镇东温石埠村	26	男	1939 年
赵玉林	莱城区羊里镇红岭子村	19	男	1939 年
李瑞生	莱城区方下镇李封邱村	18	男	1939 年
时光彩	莱城区方下镇时方下村	19	男	1939 年
王传忠	莱城区方下镇时方下村	19	男	1939 年
张学孔	莱城区牛泉镇亓毛埠村	21	男	1939 年
毕先康	莱城区牛泉镇毕毛埠村	20	男	1939 年
葛希明	莱城区牛泉镇东五斗村	17	男	1939 年
马炳章	莱城区牛泉镇鹿家庄村	19	男	1939 年
孟广用	莱城区牛泉镇冯徐冶村	17	男	1939 年
亓凤林	莱城区牛泉镇李条庄村	18	男	1939 年
王梓宜	莱城区高庄街道羊庄村	47	男	1939 年
马廷照	莱城区和庄乡关西坡村	37	男	1939 年
王在森	莱城区苗山镇常庄村	32	男	1939 年
李绍林	莱城区苗山镇南峪村	26	男	1939 年
刘长训	莱城区苗山镇北文字村	27	男	1939 年
李国人	莱城区茶业口镇吉山村	19	男	1939 年
李长福	莱城区雪野镇鹿野村	37	男	1939 年
毕秋德	莱城区雪野镇东下游村	22	男	1939 年
韩庆吉	莱城区雪野镇西下游村	36	男	1939 年
周美瑶	莱城区大王庄镇焉家庄村	25	男	1939 年
苏曰存	莱城区大王庄镇虎口崖村	18	男	1939 年
张传华	莱城区大王庄镇虎口崖村	19	男	1939 年
苏孔昌	莱城区寨里镇寨西村	25	男	1939 年

姓　名	籍　贯	年龄	性别	死难时间
赵相朋	莱城区寨里镇赵官庄村	29	男	1939 年
景曰松	莱城区寨里镇水东庄村	21	男	1939 年
苏汉银	莱城区寨里镇东鱼池村	22	男	1939 年
马兴树	莱城区杨庄镇孟家官庄村	21	男	1939 年
陈佃本	莱城区杨庄镇陈西村	22	男	1939 年
李迎芝	莱城区羊里镇东留村	18	男	1940 年 1 月
张子久	莱城区方下镇亓官庄村	20	男	1940 年 1 月
刘加笃	莱城区牛泉镇曹省庄村	43	男	1940 年 1 月
孙兆来	莱城区高庄街道南冶村	24	男	1940 年 1 月
郑其明	莱城区苗山镇北祝家洼村	44	男	1940 年 1 月
张智田	莱城区苗山镇北文字村	32	男	1940 年 1 月
赵树英	莱城区牛泉镇马家庄村	21	男	1940 年 2 月
秦克泗	莱城区牛泉镇东牛泉村	24	男	1940 年 2 月
任功良	莱城区和庄乡丁南峪村	18	男	1940 年 2 月
李光文	莱城区苗山镇陡峪村	21	男	1940 年 2 月
刘乐增	莱城区寨里镇小下村	22	男	1940 年 2 月
朱茂铨	莱城区羊里镇朱家庄村	20	男	1940 年 3 月
李光教	莱城区羊里镇北陈家庄村	23	男	1940 年 3 月
毕于松	莱城区牛泉镇毕毛埠村	17	男	1940 年 3 月
郭玉泉	莱城区高庄街道南梨沟村	20	男	1940 年 3 月
吴先觉	莱城区茶业口镇东榆林村	19	男	1940 年 3 月
王子顺	莱城区茶业口镇东榆林村	23	男	1940 年 3 月
赵树政	莱城区牛泉镇马家庄村	22	男	1940 年 4 月
刘荣章	莱城区方下镇沈家岭村	22	男	1940 年 4 月
刘云章	莱城区方下镇刘封邱村	25	男	1940 年 4 月
李守泉	莱城区牛泉镇南宫村	23	男	1940 年 4 月
吴宗安	莱城区茶业口镇上法山村	28	男	1940 年 4 月
苏孔礼	莱城区寨里镇寨西村	21	男	1940 年 4 月
张新英	莱城区苗山镇陡峪村	16	男	1940 年 5 月
王云泽	莱城区张家洼街道高家洼村	31	男	1940 年 5 月
张庆祥	莱城区牛泉镇将山后村	30	男	1940 年 5 月
巩际友	莱城区寨里镇郗鱼池村	23	男	1940 年 5 月
吕祖诰	莱城区张家洼街道东芹村	21	男	1940 年 5 月
孙立英	莱城区方下镇柳行沟村	43	男	1940 年 5 月

姓　名	籍　贯	年　龄	性　别	死难时间
亓子荣	莱城区牛泉镇亓毛埠村	23	男	1940 年 5 月
吴冠学	莱城区牛泉镇东五斗村	31	男	1940 年 5 月
张务久	莱城区牛泉镇鹁鸽楼村	17	男	1940 年 5 月
闫明德	莱城区牛泉镇渐河村	23	男	1940 年 5 月
孙守和	莱城区高庄街道南冶村	20	男	1940 年 5 月
朱尔彬	莱城区苗山镇苗山村	23	男	1940 年 5 月
高金安	莱城区羊里镇东留村	20	男	1940 年 6 月
张程高	莱城区雪野镇胡家庄村	22	男	1940 年 6 月
刘洪祥	莱城区雪野镇胡家庄村	23	男	1940 年 6 月
郝德教	莱城区羊里镇郝中荣村	17	男	1940 年 6 月
颜京秋	莱城区苗山镇大后坡村	22	男	1940 年 6 月
高士杰	莱城区羊里镇东留村	34	男	1940 年 7 月
李传祥	莱城区羊里镇泉子沟村	18	男	1940 年 7 月
刘昌宽	莱城区牛泉镇西泉河村	37	男	1940 年 7 月
董汉章	莱城区苗山镇南文字村	30	男	1940 年 7 月
毕于泗	莱城区牛泉镇圣井村	29	男	1940 年 7 月
丁振华	莱城区牛泉镇圣井村	36	男	1940 年 7 月
孟传忠	莱城区牛泉镇南白塔村	24	男	1940 年 7 月
孙英利	莱城区和庄乡北麻峪村	29	男	1940 年 7 月
鹿德兴	莱城区牛泉镇西牛泉村	21	男	1940 年 8 月
吕瑞坤	莱城区牛泉镇绿凡崖村	20	男	1940 年 8 月
刘子芳	莱城区高庄街道五龙村	21	男	1940 年 8 月
李文焕	莱城区高庄街道五龙村	31	男	1940 年 8 月
王　川	莱城区雪野镇吕祖泉村	22	男	1940 年 8 月
刘志圣	莱城区牛泉镇东牛泉村	20	男	1940 年 8 月
孙兆庆	莱城区苗山镇西邢村	22	男	1940 年 8 月
崔怀德	莱城区茶业口镇潘家崖村	20	男	1940 年 8 月
亓恒太	莱城区方下镇鲁西村	41	男	1940 年 9 月
王俊峰	莱城区张家洼街道高家洼村	30	男	1940 年 9 月
孙庆丰	莱城区方下镇柳行沟村	31	男	1940 年 9 月
亓兴兰	莱城区方下镇柳行沟村	20	女	1940 年 9 月
杜春友	莱城区高庄街道石棚村	32	男	1940 年 9 月
孙兆连	莱城区高庄街道南毛家庄村	27	男	1940 年 9 月
耿林德	莱城区雪野镇东下游村	18	男	1940 年 9 月

姓 名	籍 贯	年 龄	性 别	死难时间
刘兆山	莱城区寨里镇寨南村	40	男	1940 年 9 月
许芬兰	莱城区方下镇许小洼村	20	男	1940 年 11 月
亓卓明	莱城区牛泉镇圣井村	47	男	1940 年 11 月
张俊三	莱城区高庄街道北王庄村	29	男	1940 年 11 月
亓功一	莱城区方下镇柳行沟村	28	男	1940 年 11 月
王恒俊	莱城区寨里镇涝坡村	31	男	1940 年 11 月
戴金环	莱城区寨里镇涝坡村	31	男	1940 年 11 月
刘俊行	莱城区杨庄镇刘家店村	45	男	1940 年 11 月
颜景和	莱城区张家洼街道北王家庄村	29	男	1940 年 12 月
刘关海	莱城区牛泉镇马家庄村	28	男	1940 年 12 月
亓公祯	莱城区高庄街道大北冶村	19	男	1940 年 12 月
张永茂	莱城区口镇太平村	20	男	1940 年
吴维和	莱城区口镇上水河村	38	男	1940 年
王淑东	莱城区张家洼街道高家洼村	22	男	1940 年
李生策	莱城区方下镇韩官庄村	20	男	1940 年
亓汉彬	莱城区牛泉镇西上庄村	22	男	1940 年
秦玉岩	莱城区牛泉镇祥沟村	28	男	1940 年
张同昌	莱城区苗山镇横山口村	30	男	1940 年
栾尚珠	莱城区和庄乡嵩泉村	21	男	1940 年
张新志	莱城区苗山镇南文字村	18	男	1940 年
徐勤业	莱城区凤城街道孟家庄村	30	男	1940 年
张心年	莱城区张家洼街道张家洼村	20	男	1940 年
吕宜传	莱城区凤城街道吕花园村	32	男	1940 年
韩传荣	莱城区口镇西街村	18	男	1940 年
韩玉学	莱城区口镇西街村	24	男	1940 年
魏佑宣	莱城区口镇东街村	42	男	1940 年
张敬法	莱城区张家洼街道北山阳村	36	男	1940 年
陶云三	莱城区口镇陶北村	22	男	1940 年
李家正	莱城区张家洼街道李家镇村	20	男	1940 年
李庆余	莱城区张家洼街道李家镇村	26	男	1940 年
王延生	莱城区口镇桃花峪村	25	男	1940 年
张子贡	莱城区口镇北崔家庄村	24	男	1940 年
朱尔运	莱城区羊里镇羊里村	30	男	1940 年
彭秀友	莱城区羊里镇北留村	25	男	1940 年

续表

姓名	籍贯	年龄	性别	死难时间
杨元成	莱城区羊里镇北留村	23	男	1940 年
杨洪恩	莱城区羊里镇东留村	28	男	1940 年
杨坤银	莱城区羊里镇东留村	29	男	1940 年
王秉松	莱城区羊里镇东留村	30	男	1940 年
刘恒友	莱城区羊里镇西温石埠村	20	男	1940 年
刘振富	莱城区羊里镇孟家庄村	30	男	1940 年
赵玉敬	莱城区羊里镇东土屋村	29	男	1940 年
王　彬	莱城区方下镇徐封邱村	30	男	1940 年
陈际云	莱城区方下镇鲁西村	27	男	1940 年
卢灿比	莱城区方下镇鲁西村	21	男	1940 年
谷俊海	莱城区方下镇谷台子村	32	男	1940 年
李成策	莱城区方下镇韩官庄村	37	男	1940 年
亓美苓	莱城区方下镇兰沟崖村	20	女	1940 年
张维增	莱城区方下镇亓官庄村	30	男	1940 年
赵梅川	莱城区牛泉镇马家庄村	22	男	1940 年
毕于坦	莱城区牛泉镇圣井村	22	男	1940 年
毕树德	莱城区牛泉镇圣井村	29	男	1940 年
张汉林	莱城区高庄街道石棚村	18	男	1940 年
魏振秀	莱城区高庄街道魏家洼村	20	男	1940 年
刘菊美	莱城区高庄街道吴家岭村	21	男	1940 年
苏月长	莱城区苗山镇苏上坡村	34	男	1940 年
王英钧	莱城区苗山镇孙家峪村	29	男	1940 年
王其利	莱城区苗山镇西见马村	21	男	1940 年
王子芝	莱城区苗山镇大漫子村	28	男	1940 年
崔永元	莱城区和庄乡和庄村	22	男	1940 年
张兴田	莱城区茶业口镇西嵬石村	21	男	1940 年
李林田	莱城区茶业口镇中温峪村	30	男	1940 年
韩连珂	莱城区雪野镇花峪村	32	男	1940 年
周庆相	莱城区苗山镇北方山村	40	男	1940 年
吕善桂	莱城区张家洼街道青杨行村	25	男	1940 年
倪星培	莱城区大王庄镇蛤蟆石村	29	男	1940 年
高立栋	莱城区大王庄镇孤山子村	19	男	1940 年
刘加坤	莱城区大王庄镇虎口崖村	22	男	1940 年
苏西禄	莱城区寨里镇宜山村	18	男	1940 年

姓 名	籍 贯	年龄	性别	死难时间
李西海	莱城区寨里镇太平村	19	男	1940 年
张洙田	莱城区凤城街道小曹村	20	男	1940 年
陈沛河	莱城区凤城街道董花园村	27	男	1940 年
邹宪章	莱城区张家洼街道西邹村	20	男	1940 年
崔延庚	莱城区张家洼街道马头梁坡村	23	男	1940 年
朱司晨	莱城区口镇赵家村	22	男	1940 年
魏元培	莱城区口镇东街村	20	男	1940 年
魏屏业	莱城区口镇东街村	16	男	1940 年
张金源	莱城区张家洼街道许家沟村	31	男	1940 年
魏信传	莱城区口镇山口村	21	男	1940 年
周庆璧	莱城区口镇山口村	26	男	1940 年
田永忠	莱城区口镇谷堆山村	18	男	1940 年
于云芝	莱城区口镇下水河村	24	男	1940 年
陶冠先	莱城区口镇陶南村	17	男	1940 年
马维俊	莱城区口镇马陈村	33	男	1940 年
吕昌茂	莱城区张家洼街道片家镇村	19	男	1940 年
景汉生	莱城区张家洼街道片家镇村	43	男	1940 年
吕桂亭	莱城区张家洼街道片家镇村	19	男	1940 年
亓会洙	莱城区张家洼街道王楼村	19	男	1940 年
郭礼宗	莱城区张家洼街道郭家镇村	25	男	1940 年
郭汝堂	莱城区张家洼街道郭家镇村	24	男	1940 年
郭宗其	莱城区张家洼街道郭家镇村	32	男	1940 年
冯玉奎	莱城区张家洼街道港里村	22	男	1940 年
卢星民	莱城区羊里镇仪封村	38	男	1940 年
刘元龙	莱城区羊里镇北陈家庄村	28	男	1940 年
孟昭敏	莱城区羊里镇孟中荣村	34	男	1940 年
孟广美	莱城区羊里镇孟中荣村	21	男	1940 年
贾守让	莱城区羊里镇东留村	22	男	1940 年
王秉仁	莱城区羊里镇东留村	26	男	1940 年
张兵吉	莱城区羊里镇三官庙村	19	男	1940 年
李金琢	莱城区羊里镇西土屋村	21	男	1940 年
赵善荣	莱城区方下镇方北村	23	男	1940 年
曹京阳	莱城区方下镇方北村	17	男	1940 年
王同春	莱城区方下镇徐封邱村	20	男	1940 年

姓 名	籍 贯	年 龄	性 别	死难时间
刘锡河	莱城区方下镇方赵庄村	25	男	1940 年
魏更怀	莱城区方下镇沈家岭村	20	男	1940 年
刘昌告	莱城区方下镇沈家岭村	22	男	1940 年
刘文信	莱城区方下镇沈家岭村	25	男	1940 年
亓有军	莱城区方下镇孙封邱村	31	男	1940 年
刘庆吉	莱城区方下镇刘封邱村	21	男	1940 年
刘洪吉	莱城区方下镇刘封邱村	27	男	1940 年
张西璧	莱城区方下镇鲁西村	25	男	1940 年
谷义廉	莱城区方下镇谷台子村	23	男	1940 年
耿芝兴	莱城区方下镇耿公清村	20	男	1940 年
耿庆贞	莱城区方下镇耿公清村	20	男	1940 年
亓连永	莱城区方下镇龙泉官庄村	29	男	1940 年
张维勤	莱城区方下镇亓官庄村	23	男	1940 年
曹春亮	莱城区方下镇陈家庄村	22	男	1940 年
李海岑	莱城区方下镇乔家义村	18	男	1940 年
鹿加于	莱城区牛泉镇西牛泉村	38	男	1940 年
鹿保兴	莱城区牛泉镇西牛泉村	23	男	1940 年
张协启	莱城区牛泉镇东五斗村	25	男	1940 年
陈书训	莱城区牛泉镇鹁鸽楼村	21	男	1940 年
刘凤林	莱城区牛泉镇鹁鸽楼村	24	女	1940 年
韩如昌	莱城区牛泉镇圣井村	20	男	1940 年
丁振玉	莱城区牛泉镇圣井村	30	男	1940 年
毕德洲	莱城区牛泉镇圣井村	27	男	1940 年
亓西合	莱城区牛泉镇圣井村	30	男	1940 年
亓继贤	莱城区牛泉镇蒲洼村	31	男	1940 年
蔺相迎	莱城区牛泉镇蒲洼村	36	男	1940 年
王少春	莱城区牛泉镇蒲洼村	23	男	1940 年
李延荣	莱城区牛泉镇南白塔村	22	男	1940 年
周长义	莱城区牛泉镇南白塔村	19	男	1940 年
周之鼎	莱城区牛泉镇南白塔村	43	男	1940 年
周安荣	莱城区牛泉镇中白塔村	22	男	1940 年
付清河	莱城区牛泉镇青沙沟村	37	男	1940 年
张士杰	莱城区牛泉镇青沙沟村	18	男	1940 年
王效瑞	莱城区牛泉镇张积庄村	26	男	1940 年

姓 名	籍 贯	年 龄	性 别	死难时间
吕宪吉	莱城区牛泉镇吕家楼村	24	男	1940 年
亓效春	莱城区牛泉镇渐河村	21	男	1940 年
王余平	莱城区牛泉镇李条庄村	24	男	1940 年
亓凤托	莱城区牛泉镇李条庄村	32	男	1940 年
亓凤明	莱城区牛泉镇李条庄村	25	男	1940 年
亓宗堂	莱城区牛泉镇李条庄村	20	男	1940 年
亓玉花	莱城区牛泉镇李条庄村	17	男	1940 年
蔺瑞武	莱城区牛泉镇西蔺家庄村	26	男	1940 年
任化先	莱城区高庄街道石棚村	22	男	1940 年
韩立芝	莱城区高庄街道石棚村	28	男	1940 年
亓环吉	莱城区高庄街道北梨沟村	25	男	1940 年
杨之梁	莱城区高庄街道上亓家峪村	22	男	1940 年
毕德河	莱城区高庄街道东汶南村	23	男	1940 年
亓进忠	莱城区高庄街道团山村	20	男	1940 年
亓贵田	莱城区高庄街道团山村	38	男	1940 年
段伦常	莱城区高庄街道井峪村	21	男	1940 年
谷方兰	莱城区高庄街道井峪村	25	男	1940 年
杨绪昌	莱城区高庄街道井峪村	19	男	1940 年
谷方德	莱城区高庄街道井峪村	20	男	1940 年
尚庆增	莱城区苗山镇北苗山村	21	男	1940 年
王宜荣	莱城区苗山镇苗山村	16	男	1940 年
魏洪让	莱城区苗山镇苗山村	36	男	1940 年
刘乐庆	莱城区苗山镇南辛庄村	16	男	1940 年
颜世武	莱城区苗山镇大后坡村	20	男	1940 年
李成德	莱城区苗山镇大后坡村	23	男	1940 年
周美廷	莱城区苗山镇下方山村	21	男	1940 年
郭增德	莱城区苗山镇上郭家沟村	32	男	1940 年
郭恒德	莱城区苗山镇上郭家沟村	28	男	1940 年
陈兰亭	莱城区苗山镇田家楼村	28	男	1940 年
蒋玉礼	莱城区苗山镇田家楼村	20	男	1940 年
周庆荣	莱城区苗山镇西见马村	35	男	1940 年
李奉明	莱城区苗山镇兰子村	25	男	1940 年
尚绪法	莱城区苗山镇东孟家峪村	22	男	1940 年
唐玉增	莱城区苗山镇唐上坡村	22	男	1940 年

姓 名	籍 贯	年 龄	性 别	死难时间
张瑞祥	莱城区和庄乡张家台村	21	男	1940 年
张德武	莱城区和庄乡张家台村	24	男	1940 年
张秋太	莱城区和庄乡张家台村	23	男	1940 年
高庆长	莱城区和庄乡草庙头村	22	男	1940 年
赵金财	莱城区和庄乡佛羊村	22	男	1940 年
李玉华	莱城区和庄乡佛羊村	35	男	1940 年
尚连奉	莱城区和庄乡上崔家庄村	36	男	1940 年
李忠德	莱城区和庄乡下崔家庄村	19	男	1940 年
田伯蒲	莱城区和庄乡荣科村	25	男	1940 年
毛景田	莱城区和庄乡车南峪村	43	男	1940 年
毛玉明	莱城区和庄乡车南峪村	36	男	1940 年
谷友宝	莱城区和庄乡东平州村	20	男	1940 年
田丰远	莱城区和庄乡普通村	19	男	1940 年
郇仁忠	莱城区和庄乡普通村	25	男	1940 年
黄向文	莱城区和庄乡下洼村	17	男	1940 年
唐增银	莱城区和庄乡下洼村	24	男	1940 年
邴业盈	莱城区和庄乡北麻峪村	16	男	1940 年
陈奉刚	莱城区和庄乡峨峪村	20	男	1940 年
郭汉水	莱城区和庄乡峨峪村	18	男	1940 年
郭春锡	莱城区和庄乡峨峪村	20	男	1940 年
郭汉会	莱城区和庄乡峨峪村	30	男	1940 年
闫太广	莱城区和庄乡马家峪村	20	男	1940 年
刘善德	莱城区苗山镇常庄村	18	男	1940 年
张佃明	莱城区苗山镇黄崖村	27	男	1940 年
魏美亭	莱城区苗山镇高塘村	21	男	1940 年
张更池	莱城区苗山镇南文字村	20	男	1940 年
田永和	莱城区苗山镇北文字村	43	男	1940 年
张路德	莱城区苗山镇北文字村	29	男	1940 年
董文林	莱城区苗山镇响水湾村	19	男	1940 年
张金保	莱城区苗山镇西坡村	22	男	1940 年
王思信	莱城区苗山镇西坡村	22	男	1940 年
李田兰	莱城区茶业口镇高白杨村	30	男	1940 年
高桂信	莱城区茶业口镇高白杨村	18	男	1940 年
解云栋	莱城区茶业口镇上王庄村	27	男	1940 年

姓　名	籍　贯	年龄	性别	死难时间
闫德银	莱城区茶业口镇卧铺村	20	男	1940 年
崔才德	莱城区茶业口镇潘家崖村	18	男	1940 年
陈传武	莱城区雪野镇东台头村	19	男	1940 年
韩明录	莱城区雪野镇南白座村	27	男	1940 年
翟加岭	莱城区雪野镇岭东村	25	男	1940 年
毕荣恩	莱城区雪野镇岭东村	35	男	1940 年
杨学等	莱城区雪野镇胡荸萝村	23	男	1940 年
高峰祥	莱城区雪野镇娘娘庙村	38	男	1940 年
孟宪军	莱城区雪野镇南栾宫村	37	男	1940 年
王丙奎	莱城区大王庄镇前卞庄村	20	男	1940 年
韩明春	莱城区大王庄镇后卞庄村	20	男	1940 年
徐明田	莱城区大王庄镇姚家峪村	33	男	1940 年
张公水	莱城区寨里镇水北西街村	34	男	1940 年
曹逢池	莱城区寨里镇曹大下村	24	男	1940 年
孙西海	莱城区寨里镇王大下村	29	男	1940 年
孙西山	莱城区寨里镇王大下村	19	男	1940 年
郭子彬	莱城区寨里镇陈大下村	30	男	1940 年
苏将泉	莱城区寨里镇寨南村	31	男	1940 年
苏和之	莱城区寨里镇寨西村	17	男	1940 年
苏将奎	莱城区寨里镇寨西村	19	男	1940 年
赵学迎	莱城区寨里镇赵官庄村	16	男	1940 年
王佃选	莱城区寨里镇边王许村	28	男	1940 年
张杰三	莱城区寨里镇公王庄村	21	男	1940 年
张洪良	莱城区寨里镇前裴王村	20	男	1940 年
唐振泮	莱城区寨里镇唐王许村	26	男	1940 年
苏里之	莱城区寨里镇苏坡村	32	男	1940 年
曹连法	莱城区杨庄镇武庙村	20	男	1940 年
王福泽	莱城区牛泉镇蔺家庄村	36	男	1941 年 1 月
李法林	莱城区苗山镇南峪村	27	男	1941 年 1 月
李汉林	莱城区苗山镇南峪村	26	男	1941 年 1 月
李玉税	莱城区苗山镇南峪村	75	男	1941 年 1 月
李玉俊	莱城区苗山镇南峪村	70	男	1941 年 1 月
刘圣田	莱城区苗山镇南峪村	63	男	1941 年 1 月
李翠林之妻	莱城区苗山镇南峪村	29	女	1941 年 1 月

姓　名	籍　贯	年龄	性别	死难时间
孙凯道	莱城区苗山镇崮山村	67	男	1941 年 1 月
姜四老人	莱城区苗山镇崮山村	60	男	1941 年 1 月
吴树仁	莱城区苗山镇崮山村	27	男	1941 年 1 月
徐敬恭之兄	莱城区苗山镇常庄村	51	男	1941 年 1 月
鹿秀蒲	莱城区牛泉镇东牛泉村	21	男	1941 年 2 月
亓明刚	莱城区牛泉镇南宫村	29	男	1941 年 2 月
李振先	莱城区高庄街道东沟里村	34	男	1941 年 2 月
郝印甲	莱城区羊里镇郝中荣村	41	男	1941 年 2 月
何式永	莱城区高庄街道站里村	38	男	1941 年 2 月
李守宣	莱城区高庄街道西沟里村	46	男	1941 年 2 月
刘春禄	莱城区苗山镇常庄村	19	男	1941 年 2 月
郗长义	莱城区寨里镇郗鱼池村	25	男	1941 年 2 月
高永纯	莱城区杨庄镇前郭庄村	20	男	1941 年 2 月
亓守成	莱城区牛泉镇双泉村	21	男	1941 年 3 月
张传秀	莱城区牛泉镇庞家庄村	19	男	1941 年 3 月
王生学	莱城区高庄街道前王家峪村	25	男	1941 年 3 月
亓春亭	莱城区方下镇亓官庄村	29	男	1941 年 4 月
王其军	莱城区苗山镇苗山村	29	男	1941 年 4 月
李万秋	莱城区牛泉镇西泉河村	26	男	1941 年 5 月
张代云	莱城区大王庄镇西上崮村	19	男	1941 年 5 月
刘俊利	莱城区方下镇李家义村	19	男	1941 年 6 月
芦耀亭	莱城区张家洼街道张家洼村	40	男	1941 年 7 月
高占禄	莱城区高庄街道槲林村	37	男	1941 年 7 月
温同岭	莱城区高庄街道南梨沟村	19	男	1941 年 7 月
李光献	莱城区苗山镇陡峪村	22	男	1941 年 7 月
刘德增	莱城区寨里镇吴家洼村	33	男	1941 年 7 月
秦香涛	莱城区牛泉镇东牛泉村	26	男	1941 年 8 月
亓绍增	莱城区牛泉镇东上庄村	21	男	1941 年 8 月
陈松兰	莱城区寨里镇宜山村	29	男	1941 年 8 月
亓清浩	莱城区高庄街道南梨沟村	28	男	1941 年 8 月
唐德彪	莱城区苗山镇唐上坡村	37	男	1941 年 8 月
李元增	莱城区苗山镇南峪村	22	男	1941 年 8 月
张效敬	莱城区苗山镇北文字村	19	男	1941 年 8 月
张吉林	莱城区苗山镇北文字村	41	男	1941 年 8 月

姓 名	籍 贯	年 龄	性 别	死难时间
穆若彬	莱城区雪野镇东峪村	24	男	1941 年 8 月
王增阳	莱城区雪野镇南栾宫村	37	男	1941 年 8 月
苏步莹	莱城区寨里镇宜山村	36	男	1941 年 8 月
李应春	莱城区茶业口镇刘白杨村	22	男	1941 年 9 月
秦明友	莱城区茶业口镇刘白杨村	26	男	1941 年 9 月
秦光国	莱城区茶业口镇刘白杨村	30	男	1941 年 9 月
刘奎饼	莱城区茶业口镇刘白杨村	28	男	1941 年 9 月
李应安	莱城区茶业口镇刘白杨村	32	男	1941 年 9 月
刘均明	莱城区茶业口镇刘白杨村	28	男	1941 年 9 月
刘均青	莱城区茶业口镇刘白杨村	30	男	1941 年 9 月
刘小周	莱城区茶业口镇刘白杨村	16	男	1941 年 9 月
刘春兰	莱城区茶业口镇刘白杨村	40	男	1941 年 9 月
刘木子	莱城区茶业口镇刘白杨村	22	男	1941 年 9 月
刘哑巴	莱城区茶业口镇刘白杨村	19	男	1941 年 9 月
刘萌章	莱城区茶业口镇刘白杨村	40	男	1941 年 9 月
刘春新	莱城区茶业口镇刘白杨村	45	男	1941 年 9 月
李应山	莱城区茶业口镇刘白杨村	32	男	1941 年 9 月
刘桂子	莱城区茶业口镇刘白杨村	17	男	1941 年 9 月
李应德	莱城区茶业口镇刘白杨村	25	男	1941 年 9 月
刘均怀	莱城区茶业口镇刘白杨村	41	男	1941 年 9 月
刘均德	莱城区茶业口镇刘白杨村	39	男	1941 年 9 月
秦光永	莱城区茶业口镇刘白杨村	26	男	1941 年 9 月
刘均瑞	莱城区茶业口镇刘白杨村	31	男	1941 年 9 月
刘应响	莱城区茶业口镇刘白杨村	42	男	1941 年 9 月
刘奎利	莱城区茶业口镇刘白杨村	30	男	1941 年 9 月
刘荣章	莱城区茶业口镇刘白杨村	31	男	1941 年 9 月
刘奎连	莱城区茶业口镇刘白杨村	28	女	1941 年 9 月
刘 瑞	莱城区茶业口镇刘白杨村	24	男	1941 年 9 月
刘均章	莱城区茶业口镇刘白杨村	53	男	1941 年 9 月
刘均圣	莱城区茶业口镇刘白杨村	35	男	1941 年 9 月
刘均芳	莱城区茶业口镇刘白杨村	13	男	1941 年 9 月
秦光明	莱城区茶业口镇刘白杨村	35	男	1941 年 9 月
李应贤	莱城区茶业口镇刘白杨村	46	男	1941 年 9 月
刘均月	莱城区茶业口镇刘白杨村	29	男	1941 年 9 月

姓 名	籍 贯	年 龄	性 别	死难时间
刘前意	莱城区茶业口镇刘白杨村	40	男	1941 年 9 月
耿恩洪	莱城区方下镇方北村	28	男	1941 年 9 月
卢建仁	莱城区羊里镇中土屋村	19	男	1941 年 9 月
张汉德	莱城区方下镇亓官庄村	19	男	1941 年 9 月
李焕友	莱城区牛泉镇八里沟村	29	男	1941 年 9 月
张风格	莱城区高庄街道五龙村	29	男	1941 年 9 月
尚连增	莱城区和庄乡上崔家庄村	26	男	1941 年 9 月
亓存志	莱城区牛泉镇南宫村	17	男	1941 年 11 月
杜佃儒	莱城区牛泉镇杜官庄村	24	男	1941 年 11 月
蒋仕儒	莱城区苗山镇五色崖村	21	男	1941 年 11 月
黄云洪	莱城区苗山镇下周村	21	男	1941 年 11 月
吕祥田	莱城区苗山镇蔡峪村	38	男	1941 年 11 月
韩许宾	莱城区口镇青石桥村	28	男	1941 年
张乐群	莱城区口镇太平村	33	男	1941 年
马兆庚	莱城区羊里镇东温石埠村	34	男	1941 年
耿德虎	莱城区方下镇耿公清村	22	男	1941 年
王瑞敬	莱城区张家洼街道高家洼村	25	男	1941 年
刘加松	莱城区方下镇何家庄村	18	男	1941 年
李洪春	莱城区方下镇蔺家楼村	19	男	1941 年
秦玉杰	莱城区牛泉镇祥沟村	41	男	1941 年
马士杰	莱城区牛泉镇鹿家庄村	20	男	1941 年
栾振清	莱城区和庄乡嗇泉村	32	男	1941 年
李秋成	莱城区苗山镇南峪村	20	男	1941 年
韩传太	莱城区凤城街道叶家庄村	21	男	1941 年
甄 磊	莱城区凤城街道西关村	26	女	1941 年
吕其曾	莱城区口镇赵家村	27	男	1941 年
韩玉新	莱城区口镇西街村	21	男	1941 年
吕禄爱	莱城区口镇大冶村	26	男	1941 年
王锡祚	莱城区张家洼街道北山阳村	23	男	1941 年
毕于思	莱城区口镇狂山村	21	男	1941 年
李庆儒	莱城区张家洼街道李家镇村	23	男	1941 年
车学伦	莱城区口镇垂杨村	31	男	1941 年
张其生	莱城区口镇小冶村	28	男	1941 年
张西珠	莱城区羊里镇羊里村	30	男	1941 年

姓 名	籍 贯	年 龄	性 别	死难时间
张复武	莱城区羊里镇戴家庄村	25	男	1941 年
王效亮	莱城区羊里镇贾家洼村	15	男	1941 年
刘文友	莱城区方下镇刘家庙村	24	男	1941 年
吴永源	莱城区方下镇丰登官庄村	25	男	1941 年
李登祥	莱城区方下镇李家义村	25	男	1941 年
邹志颜	莱城区方下镇李家义村	22	男	1941 年
张梅雪	莱城区牛泉镇东上庄村	16	男	1941 年
刘春泉	莱城区牛泉镇西上庄村	20	男	1941 年
李子文	莱城区牛泉镇渐河村	29	男	1941 年
亓连生	莱城区牛泉镇李条庄村	35	男	1941 年
李子欣	莱城区牛泉镇东凤阳村	21	男	1941 年
郭锡林	莱城区高庄街道黄沟村	25	男	1941 年
亓云财	莱城区高庄街道北十里河村	28	男	1941 年
李玉臣	莱城区高庄街道关帝庙村	34	男	1941 年
王丙常	莱城区苗山镇苏上坡村	21	男	1941 年
王其陈	莱城区苗山镇苗山村	31	男	1941 年
张万年	莱城区和庄乡张家台村	52	男	1941 年
赵洪玺	莱城区和庄乡和庄村	20	男	1941 年
崔宝玺	莱城区和庄乡西平州村	27	男	1941 年
李世久	莱城区苗山镇南峪村	19	男	1941 年
王传秀	莱城区茶业口镇王白杨村	23	男	1941 年
刘清忠	莱城区茶业口镇珍峪村	22	男	1941 年
贾俊三	莱城区大王庄镇焉家林村	21	男	1941 年
周庆泉	莱城区大王庄镇焉家庄村	23	男	1941 年
陈佃银	莱城区大王庄镇西风炉村	33	男	1941 年
张传远	莱城区大王庄镇西上崮村	23	男	1941 年
张松亭	莱城区寨里镇寨西村	46	男	1941 年
姜文斗	莱城区寨里镇公王庄村	—	男	1941 年
戴俊河	莱城区寨里镇戴鱼池村	48	男	1941 年
李可良	莱城区寨里镇太平村	29	男	1941 年
鲁程尼	莱城区杨庄镇胡宅村	36	男	1941 年
马乐天	莱城区杨庄镇马家庄村	26	男	1941 年
张西峰	莱城区杨庄镇大埠头村	23	男	1941 年
王圣复	莱城区杨庄镇龙尾村	22	男	1941 年

姓 名	籍 贯	年 龄	性 别	死难时间
亓兆铨	莱城区张家洼街道北王家庄村	27	男	1941 年
孟召恕	莱城区凤城街道孟花园村	27	男	1941 年
任向春	莱城区凤城街道孟花园村	21	男	1941 年
李安之	莱城区口镇赵家村	23	男	1941 年
韩玉彬	莱城区口镇北街村	24	男	1941 年
沈念武	莱城区口镇古城村	26	男	1941 年
李登浩	莱城区口镇花水泉村	26	男	1941 年
魏秀传	莱城区口镇山口村	28	男	1941 年
魏广臣	莱城区口镇山口村	39	男	1941 年
周传诗	莱城区口镇山口村	38	男	1941 年
张士邦	莱城区口镇江水村	19	男	1941 年
郑美成	莱城区口镇下水河村	21	男	1941 年
刘西朋	莱城区口镇刘陈村	23	男	1941 年
康在政	莱城区口镇康陈村	22	男	1941 年
康举业	莱城区口镇康陈村	26	男	1941 年
刘笃敬	莱城区张家洼街道片家镇村	31	男	1941 年
吕宜仁	莱城区张家洼街道片家镇村	30	男	1941 年
徐少孟	莱城区张家洼街道王楼村	20	男	1941 年
亓学先	莱城区张家洼街道王楼村	42	男	1941 年
亓敬银	莱城区张家洼街道王楼村	21	男	1941 年
景逢言	莱城区张家洼街道藕池村	35	男	1941 年
赵学信	莱城区口镇冶庄村	22	男	1941 年
邹甲春	莱城区张家洼街道邹高庄村	29	男	1941 年
张寅桂	莱城区口镇垂杨村	28	男	1941 年
郭同林	莱城区张家洼街道郭家镇村	47	男	1941 年
贾若才	莱城区张家洼街道港里村	25	男	1941 年
李承木	莱城区羊里镇仪封村	21	男	1941 年
朱司德	莱城区羊里镇城子县村	29	男	1941 年
朱尔泉	莱城区羊里镇朱家庄村	21	男	1941 年
朱茂谦	莱城区羊里镇朱家庄村	22	男	1941 年
张元田	莱城区羊里镇戴家庄村	35	男	1941 年
朱玉绥	莱城区羊里镇西温石埠村	20	男	1941 年
万圣太	莱城区羊里镇西土屋村	36	男	1941 年
刘汝山	莱城区方下镇沈家岭村	18	男	1941 年

姓名	籍贯	年龄	性别	死难时间
李同举	莱城区方下镇李封邱村	39	男	1941年
潘德贵	莱城区方下镇冶河村	24	男	1941年
亓瑞有	莱城区方下镇石桥子村	19	男	1941年
高龙顺	莱城区方下镇东五龙口村	20	男	1941年
鹿成武	莱城区方下镇鹿家堂村	25	男	1941年
蔺松文	莱城区方下镇陈家庄村	20	男	1941年
鹿加贞	莱城区牛泉镇西牛泉村	34	男	1941年
曹廷举	莱城区牛泉镇南三官庙村	48	男	1941年
李润芝	莱城区牛泉镇八里沟村	21	男	1941年
李宗海	莱城区牛泉镇八里沟村	41	男	1941年
陈潘林	莱城区牛泉镇东五斗村	36	男	1941年
秦玉芝	莱城区牛泉镇祥沟村	19	男	1941年
时丰学	莱城区牛泉镇圣井村	24	男	1941年
张纪春	莱城区牛泉镇石门村	20	男	1941年
吴瑞兰	莱城区牛泉镇茂盛堂村	23	男	1941年
刘玉明	莱城区牛泉镇刘省庄村	29	男	1941年
吕有光	莱城区牛泉镇吕家楼村	20	男	1941年
亓美科	莱城区牛泉镇渐河村	20	女	1941年
亓凤安	莱城区牛泉镇李条庄村	24	男	1941年
亓凤流	莱城区牛泉镇李条庄村	26	男	1941年
李柱白	莱城区牛泉镇蔺家庄村	17	男	1941年
李绍海	莱城区牛泉镇东凤阳村	47	男	1941年
吕成一	莱城区牛泉镇西凤阳村	31	男	1941年
吕传一	莱城区牛泉镇西凤阳村	26	男	1941年
杨玉香	莱城区高庄街道西汶南村	24	男	1941年
亓孝苏	莱城区高庄街道坡草洼村	24	男	1941年
亓连贞	莱城区高庄街道鲁家庄村	30	男	1941年
李文杰	莱城区高庄街道五龙村	26	男	1941年
狄红友	莱城区苗山镇苗山村	22	男	1941年
王宜清	莱城区苗山镇苗山村	29	男	1941年
屈宝让	莱城区苗山镇北于家庄村	20	男	1941年
李等实	莱城区苗山镇北于家庄村	22	男	1941年
刘秀轩	莱城区苗山镇西杓山村	29	男	1941年
刘禄传	莱城区苗山镇西杓山村	24	男	1941年

姓 名	籍 贯	年 龄	性 别	死难时间
刘圣传	莱城区苗山镇西杓山村	19	男	1941 年
王奉清	莱城区苗山镇东见马村	19	男	1941 年
任绪成	莱城区苗山镇北祝家洼村	22	男	1941 年
张守和	莱城区苗山镇兰子村	20	男	1941 年
赵绪京	莱城区苗山镇兰子村	41	男	1941 年
王其福	莱城区苗山镇陡峪村	23	男	1941 年
唐子荣	莱城区苗山镇唐上坡村	31	男	1941 年
李玉德	莱城区苗山镇栾家庄村	20	男	1941 年
蔡守仁	莱城区和庄乡崮泉村	31	男	1941 年
张福俊	莱城区和庄乡张家台村	36	男	1941 年
张祥太	莱城区和庄乡张家台村	22	男	1941 年
张恒太	莱城区和庄乡张家台村	32	男	1941 年
房山奎	莱城区和庄乡佛羊村	35	男	1941 年
刘志学	莱城区和庄乡佛羊村	21	男	1941 年
袁心忠	莱城区和庄乡马杓湾村	27	男	1941 年
张京生	莱城区和庄乡马杓湾村	23	男	1941 年
崔修田	莱城区和庄乡和庄村	23	男	1941 年
李加运	莱城区和庄乡荣科村	41	男	1941 年
郭庆本	莱城区和庄乡官家村	37	男	1941 年
郭庆山	莱城区和庄乡官家村	28	男	1941 年
马春友	莱城区和庄乡关西坡村	33	男	1941 年
王龙吉	莱城区和庄乡青石关村	26	男	1941 年
王仲恒	莱城区和庄乡西车辐村	35	男	1941 年
姜来福	莱城区和庄乡车南峪村	21	男	1941 年
姜丰印	莱城区和庄乡车南峪村	21	男	1941 年
王恒伦	莱城区和庄乡北麻峪村	22	男	1941 年
邴业成	莱城区和庄乡横顶村	31	男	1941 年
郭荣德	莱城区和庄乡峨峪村	21	男	1941 年
刘春臣	莱城区苗山镇常庄村	45	男	1941 年
张生才	莱城区苗山镇东邢村	24	男	1941 年
孙光祯	莱城区苗山镇崮山村	25	男	1941 年
孙兆吉	莱城区苗山镇崮山村	23	男	1941 年
李光起	莱城区苗山镇南峪村	23	男	1941 年
尚曰德	莱城区苗山镇北围村	18	男	1941 年

姓 名	籍 贯	年 龄	性 别	死难时间
秦季春	莱城区苗山镇南文字村	31	男	1941 年
张恩桂	莱城区苗山镇南文字村	27	男	1941 年
张震业	莱城区苗山镇南文字村	24	男	1941 年
王福明	莱城区茶业口镇下法山村	20	男	1941 年
朱京文	莱城区茶业口镇上法山村	34	男	1941 年
梅纪成	莱城区茶业口镇阁老村	22	男	1941 年
杨玉珂	莱城区茶业口镇珍峪村	22	男	1941 年
常振福	莱城区茶业口镇上宅科村	22	男	1941 年
韩明福	莱城区雪野镇南白座村	32	男	1941 年
霍爱全	莱城区雪野镇胡家庄村	31	男	1941 年
苗茂才	莱城区雪野镇胡家庄村	33	男	1941 年
张成贤	莱城区雪野镇王老村	29	男	1941 年
李光爵	莱城区雪野镇西峪河南村	35	男	1941 年
郭福增	莱城区雪野镇东站里村	22	男	1941 年
朱日瑞	莱城区雪野镇上游村	36	男	1941 年
常延合	莱城区雪野镇岭东村	40	男	1941 年
朱日禄	莱城区雪野镇吕祖泉村	22	男	1941 年
李玉乾	莱城区张家洼街道青杨行村	21	男	1941 年
李学敬	莱城区苗山镇亓家庄村	19	男	1941 年
李修林	莱城区苗山镇亓家庄村	17	男	1941 年
毕云德	莱城区雪野镇南栾宫村	31	男	1941 年
吴戴友	莱城区雪野镇南栾宫村	20	男	1941 年
张佃信	莱城区雪野镇南栾宫村	26	男	1941 年
孟庆贤	莱城区雪野镇南栾宫村	28	男	1941 年
邢炳业	莱城区雪野镇邢家峪村	22	男	1941 年
王善书	莱城区大王庄镇小王庄村	20	男	1941 年
李德忠	莱城区大王庄镇小王庄村	22	男	1941 年
陈贯山	莱城区大王庄镇龙亭峪村	21	男	1941 年
程之芳	莱城区大王庄镇程家庄村	30	男	1941 年
吴子美	莱城区大王庄镇温家庄村	30	男	1941 年
刘亮培	莱城区大王庄镇大下河村	24	男	1941 年
彭金锡	莱城区大王庄镇止凤村	33	男	1941 年
赵松春	莱城区大王庄镇后卞村	34	男	1941 年
陈俊江	莱城区大王庄镇大槐树村	24	男	1941 年

姓 名	籍 贯	年 龄	性 别	死难时间
周美环	莱城区大王庄镇焉家庄村	34	男	1941 年
苏庆德	莱城区大王庄镇安子村	22	男	1941 年
程树杰	莱城区大王庄镇岔峪村	22	男	1941 年
赵俊垣	莱城区寨里镇水北西街村	28	男	1941 年
李汉栋	莱城区寨里镇水东村	23	男	1941 年
毛少文	莱城区寨里镇曹大下村	18	男	1941 年
曹学周	莱城区寨里镇曹大下村	23	男	1941 年
王子洲	莱城区寨里镇王围子村	36	男	1941 年
王宪仓	莱城区寨里镇寨南村	20	男	1941 年
周庆年	莱城区寨里镇寨南村	20	男	1941 年
刘汝海	莱城区寨里镇小下村	22	男	1941 年
边峰时	莱城区寨里镇边王许村	21	男	1941 年
赵孟兰	莱城区寨里镇大高庄村	32	男	1941 年
赵孟举	莱城区寨里镇大高庄村	23	男	1941 年
陈江俊	莱城区寨里镇公王庄村	23	男	1941 年
周美贵	莱城区寨里镇周王许村	20	男	1941 年
崔代之	莱城区寨里镇周王许村	43	男	1941 年
鹿桂兰	莱城区杨庄镇侯家洼村	18	男	1941 年
刘春荣	莱城区杨庄镇小埠头村	36	男	1941 年
陈常安	莱城区杨庄镇冷家庄村	29	男	1941 年
鹿光明	莱城区牛泉镇西牛泉村	19	男	1942 年 1 月
韩文莲	莱城区羊里镇仪封村	28	男	1942 年 1 月
王京来	莱城区方下镇王家义村	24	男	1942 年 1 月
鹿增芳	莱城区牛泉镇西牛泉村	19	男	1942 年 1 月
潘公正	莱城区方下镇沟头村	34	男	1942 年 2 月
吴道源	莱城区方下镇丰登官庄村	42	男	1942 年 2 月
李子安	莱城区牛泉镇渐河村	27	男	1942 年 2 月
亓玉振	莱城区高庄街道西汶南村	44	男	1942 年 2 月
张敬顺	莱城区苗山镇东张家庄村	22	男	1942 年 2 月
魏振东	莱城区羊里镇东魏家庄村	22	男	1942 年 3 月
张心成	莱城区苗山镇横山口村	20	男	1942 年 3 月
亓义鸿	莱城区凤城街道南十里铺村	34	男	1942 年 3 月
贾若功	莱城区张家洼街道东王善村	23	男	1942 年 3 月
陈克节	莱城区苗山镇祝上坡村	22	男	1942 年 3 月

姓 名	籍 贯	年 龄	性 别	死难时间
唐芳荣	莱城区苗山镇唐上坡村	30	男	1942年3月
郇心绍	莱城区和庄乡西平州村	20	男	1942年3月
陈兴堂	莱城区杨庄镇小埠头村	18	男	1942年3月
王作顺	莱城区方下镇谢官庄村	35	男	1942年4月
苏月赞	莱城区苗山镇苏上坡村	21	男	1942年4月
王生德	莱城区苗山镇崮山村	25	男	1942年4月
王道恕	莱城区羊里镇东土屋村	25	男	1942年4月
黄在京	莱城区苗山镇东泉村	32	男	1942年4月
张敬孝	莱城区苗山镇东张家庄村	21	男	1942年4月
张松东	莱城区寨里镇寨东村	20	男	1942年4月
李灿忠	莱城区寨里镇宜山村	32	男	1942年4月
鹿 林	莱城区牛泉镇西牛泉村	24	男	1942年5月
秦克禹	莱城区牛泉镇上峪村	31	男	1942年5月
马春礼	莱城区和庄乡关西坡村	46	男	1942年5月
蔺少东	莱城区方下镇石泉官庄村	26	男	1942年6月
李子新	莱城区牛泉镇渐河村	19	男	1942年6月
朱连欣	莱城区杨庄镇太平官庄村	23	男	1942年6月
王家荣	莱城区方下镇谷台子村	18	男	1942年7月
田子燕	莱城区牛泉镇双泉村	36	男	1942年7月
柳建德	莱城区牛泉镇西王庄村	27	男	1942年7月
房常龙	莱城区茶业口镇崖下村	19	男	1942年7月
刘学元	莱城区寨里镇寨东村	25	男	1942年7月
胡际河	莱城区寨里镇寨东村	18	男	1942年7月
牛其杰	莱城区牛泉镇绿凡崖村	21	男	1942年8月
郝庆禄	莱城区羊里镇郝中荣村	22	男	1942年8月
朱洪生	莱城区牛泉镇八里沟村	30	男	1942年8月
谷家祥	莱城区高庄街道野店村	30	男	1942年8月
郭俊德	莱城区苗山镇南辛庄村	27	男	1942年8月
王俊贵	莱城区苗山镇北柳子村	22	男	1942年8月
李荣成	莱城区茶业口镇吉山村	32	男	1942年8月
张明瑞	莱城区牛泉镇绿凡崖村	38	男	1942年8月
周长福	莱城区牛泉镇绿凡崖村	15	男	1942年8月
张西富	莱城区牛泉镇绿凡崖村	28	女	1942年8月
张亓氏	莱城区牛泉镇绿凡崖村	56	女	1942年8月

姓 名	籍 贯	年 龄	性 别	死难时间
李焕忠	莱城区牛泉镇张家庄村	36	男	1942 年 8 月
王书庆	莱城区牛泉镇张家庄村	32	男	1942 年 8 月
亓风常之妹	莱城区牛泉镇张家庄村	26	女	1942 年 8 月
吕安一之母	莱城区牛泉镇张家庄村	71	女	1942 年 8 月
吕爱山	莱城区牛泉镇张家庄村	47	男	1942 年 8 月
蔺增厚之妻	莱城区牛泉镇蔺家庄村	49	女	1942 年 8 月
蔺增荣之妻	莱城区牛泉镇蔺家庄村	46	女	1942 年 8 月
蔺增荣之女	莱城区牛泉镇蔺家庄村	18	女	1942 年 8 月
蔺迎圣	莱城区牛泉镇蔺家庄村	32	男	1942 年 8 月
杜 二	莱城区牛泉镇蔺家庄村	37	男	1942 年 8 月
杜育才	莱城区牛泉镇蔺家庄村	26	男	1942 年 8 月
高太云	莱城区牛泉镇蔺家庄村	52	男	1942 年 8 月
高太云之子	莱城区牛泉镇蔺家庄村	20	男	1942 年 8 月
高太云之侄子	莱城区牛泉镇蔺家庄村	23	男	1942 年 8 月
秦汉道之母	莱城区牛泉镇蔺家庄村	58	女	1942 年 8 月
蔺迎贵之母	莱城区牛泉镇蔺家庄村	62	女	1942 年 8 月
蔺景圣之祖母	莱城区牛泉镇蔺家庄村	73	女	1942 年 8 月
蔺福胜之兄	莱城区牛泉镇蔺家庄村	36	男	1942 年 8 月
蔺廷友之妻	莱城区牛泉镇蔺家庄村	34	女	1942 年 8 月
刘学孔	莱城区牛泉镇李条庄村	52	男	1942 年 8 月
亓永才之母	莱城区牛泉镇李条庄村	47	女	1942 年 8 月
吕庆甫	莱城区牛泉镇李条庄村	40	男	1942 年 8 月
吕庆甫之妻	莱城区牛泉镇李条庄村	43	女	1942 年 8 月
吕庆甫之子	莱城区牛泉镇李条庄村	20	男	1942 年 8 月
吕庆甫之女	莱城区牛泉镇李条庄村	16	女	1942 年 8 月
刘昌文	莱城区牛泉镇李条庄村	33	男	1942 年 8 月
亓风台之母	莱城区牛泉镇李条庄村	60	女	1942 年 8 月
纪玉琢	莱城区牛泉镇李条庄村	66	男	1942 年 8 月
亓廷生	莱城区牛泉镇李条庄村	46	男	1942 年 8 月
亓东山	莱城区牛泉镇李条庄村	27	男	1942 年 8 月
亓会吉	莱城区牛泉镇李条庄村	26	男	1942 年 8 月
谷传信	莱城区牛泉镇李条庄村	50	男	1942 年 8 月
谷传信之妻	莱城区牛泉镇李条庄村	48	女	1942 年 8 月
亓希贵之妻	莱城区牛泉镇李条庄村	53	女	1942 年 8 月

姓 名	籍 贯	年 龄	性 别	死难时间
谷孝青	莱城区牛泉镇李条庄村	42	男	1942 年 8 月
吕文曰	莱城区牛泉镇李条庄村	60	男	1942 年 8 月
谷传娣	莱城区牛泉镇李条庄村	43	女	1942 年 8 月
亓新木之妻	莱城区牛泉镇李条庄村	46	女	1942 年 8 月
吕庆彪	莱城区牛泉镇李条庄村	56	男	1942 年 8 月
吕庆普	莱城区牛泉镇李条庄村	61	男	1942 年 8 月
亓仁禄	莱城区牛泉镇李条庄村	55	男	1942 年 8 月
亓德俊	莱城区牛泉镇李条庄村	31	男	1942 年 8 月
亓德发之姑	莱城区牛泉镇庞家庄村	30	女	1942 年 8 月
戴孝斋之妻	莱城区牛泉镇庞家庄村	27	女	1942 年 8 月
吴培祥之妻	莱城区牛泉镇庞家庄村	30	女	1942 年 8 月
亓德常	莱城区牛泉镇庞家庄村	31	男	1942 年 8 月
吴培祥之女	莱城区牛泉镇庞家庄村	10	女	1942 年 8 月
亓常顺	莱城区牛泉镇庞家庄村	23	男	1942 年 8 月
刘凤礼之母	莱城区牛泉镇西凤阳村	65	女	1942 年 8 月
亓元昌之母	莱城区牛泉镇西凤阳村	57	女	1942 年 8 月
吕庆更之妻	莱城区牛泉镇西凤阳村	60	女	1942 年 8 月
冯丙章	莱城区牛泉镇西凤阳村	50	男	1942 年 8 月
马京荣	莱城区牛泉镇西凤阳村	60	男	1942 年 8 月
吕传一	莱城区牛泉镇西凤阳村	25	男	1942 年 8 月
田月纯	莱城区牛泉镇西凤阳村	30	男	1942 年 8 月
冯丙夏之母	莱城区牛泉镇西凤阳村	93	女	1942 年 8 月
冯丙夏	莱城区牛泉镇西凤阳村	50	男	1942 年 8 月
冯良辰	莱城区牛泉镇西凤阳村	35	男	1942 年 8 月
冯俊良	莱城区牛泉镇程家庄村	20	男	1942 年 8 月
亓成一	莱城区牛泉镇程家庄村	55	男	1942 年 8 月
亓清云之姑	莱城区牛泉镇程家庄村	28	女	1942 年 8 月
李西义	莱城区牛泉镇程家庄村	31	男	1942 年 8 月
程世然	莱城区牛泉镇程家庄村	60	男	1942 年 8 月
程世然之子	莱城区牛泉镇程家庄村	23	男	1942 年 8 月
程世然之外甥	莱城区牛泉镇程家庄村	14	男	1942 年 8 月
程俊秀	莱城区牛泉镇程家庄村	36	男	1942 年 8 月
程俊秀之弟媳	莱城区牛泉镇程家庄村	24	女	1942 年 8 月
程绪汉	莱城区牛泉镇程家庄村	35	男	1942 年 8 月

姓 名	籍 贯	年 龄	性 别	死难时间
程绪俭	莱城区牛泉镇程家庄村	51	男	1942 年 8 月
程绪众	莱城区牛泉镇程家庄村	45	男	1942 年 8 月
郑其卿	莱城区牛泉镇程家庄村	38	男	1942 年 8 月
李海涛	莱城区牛泉镇程家庄村	29	男	1942 年 8 月
程书伦	莱城区牛泉镇程家庄村	53	男	1942 年 8 月
程张氏	莱城区牛泉镇程家庄村	62	女	1942 年 8 月
程雪梅之母	莱城区牛泉镇程家庄村	57	女	1942 年 8 月
温连众	莱城区牛泉镇程家庄村	45	男	1942 年 8 月
亓连俊	莱城区牛泉镇程家庄村	43	男	1942 年 8 月
亓更祥	莱城区牛泉镇程家庄村	62	男	1942 年 8 月
李西荣之女	莱城区牛泉镇东凤阳村	10	女	1942 年 8 月
张明恒之母	莱城区牛泉镇东凤阳村	50	女	1942 年 8 月
李西宝之妻	莱城区牛泉镇东凤阳村	27	女	1942 年 8 月
张美生之妻	莱城区牛泉镇东凤阳村	18	女	1942 年 8 月
李西右之妻	莱城区牛泉镇东凤阳村	27	女	1942 年 8 月
亓星辰之母	莱城区牛泉镇孙家庄村	60	女	1942 年 8 月
谷传义	莱城区牛泉镇孙家庄村	58	男	1942 年 8 月
谷传教	莱城区牛泉镇孙家庄村	50	男	1942 年 8 月
谷效德	莱城区牛泉镇孙家庄村	62	男	1942 年 8 月
亓玉贵	莱城区牛泉镇孙家庄村	55	男	1942 年 8 月
亓玉贵之妻	莱城区牛泉镇孙家庄村	53	女	1942 年 8 月
谷效桂之妻	莱城区牛泉镇孙家庄村	42	女	1942 年 8 月
谷传华之妻	莱城区牛泉镇孙家庄村	36	女	1942 年 8 月
谷传信之女	莱城区牛泉镇孙家庄村	20	女	1942 年 8 月
谷效清之女	莱城区牛泉镇孙家庄村	18	女	1942 年 8 月
吴文月之女	莱城区牛泉镇孙家庄村	21	女	1942 年 8 月
谷效德之女	莱城区牛泉镇孙家庄村	19	女	1942 年 8 月
谷传吉之女	莱城区牛泉镇孙家庄村	22	女	1942 年 8 月
朱玉锡	莱城区羊里镇西温石埠村	45	男	1942 年 9 月
时兆贵	莱城区方下镇大辛庄村	22	男	1942 年 9 月
孟继贞	莱城区方下镇鲁西村	22	男	1942 年 9 月
李加诗	莱城区方下镇李家义村	19	男	1942 年 9 月
鹿秀勤	莱城区牛泉镇东牛泉村	18	男	1942 年 9 月
秦克文	莱城区牛泉镇东牛泉村	26	男	1942 年 9 月

姓 名	籍 贯	年 龄	性 别	死难时间
李印章	莱城区牛泉镇八里沟村	26	男	1942 年 9 月
李玉彬	莱城区牛泉镇八里沟村	25	男	1942 年 9 月
秦绍庆	莱城区牛泉镇上峪村	18	男	1942 年 9 月
吕福一	莱城区牛泉镇蔺家庄村	18	男	1942 年 9 月
李光本	莱城区苗山镇陡峪村	20	男	1942 年 9 月
张得同	莱城区苗山镇栾家庄村	21	男	1942 年 9 月
栾兆和	莱城区苗山镇栾家庄村	29	男	1942 年 9 月
秦聚春	莱城区苗山镇南文字村	35	男	1942 年 9 月
王思召	莱城区苗山镇西坡村	26	男	1942 年 9 月
李钦佑	莱城区茶业口镇吉山村	28	男	1942 年 9 月
李春堂	莱城区茶业口镇吉山村	26	男	1942 年 9 月
李国恒	莱城区茶业口镇吉山村	23	男	1942 年 9 月
李龙昌	莱城区茶业口镇吉山村	29	男	1942 年 9 月
李常来	莱城区茶业口镇吉山村	22	男	1942 年 9 月
孟继深	莱城区张家洼街道大洛庄村	21	男	1942 年 9 月
朱茂川	莱城区张家洼街道尚家泉村	30	男	1942 年 9 月
吕同华	莱城区凤城街道孙花园村	26	男	1942 年 9 月
陶英芍	莱城区口镇陶北村	23	男	1942 年 9 月
吕文选	莱城区羊里镇仓上村	21	男	1942 年 9 月
朱玉聚	莱城区羊里镇北傅家庄村	26	男	1942 年 9 月
许道增	莱城区羊里镇辛兴西北村	22	男	1942 年 9 月
彭玉欣	莱城区羊里镇北留村	27	男	1942 年 9 月
刘浩田	莱城区方下镇刘封邱村	23	男	1942 年 9 月
朱会云	莱城区方下镇卢家庄村	36	男	1942 年 9 月
孟宪章	莱城区方下镇大辛庄村	25	男	1942 年 9 月
王子久	莱城区张家洼街道高家洼村	30	男	1942 年 9 月
许灿岭	莱城区方下镇石家泉村	22	男	1942 年 9 月
吴俊源	莱城区方下镇丰登官庄村	23	男	1942 年 9 月
何克昌	莱城区方下镇何家庄村	32	男	1942 年 9 月
李学忠	莱城区方下镇李家义村	22	男	1942 年 9 月
李凡亭	莱城区方下镇李家义村	29	男	1942 年 9 月
闫兴有	莱城区方下镇蔺家楼村	22	男	1942 年 9 月
马湘云	莱城区牛泉镇侯家沟村	29	男	1942 年 9 月
亓金苓	莱城区牛泉镇西上庄村	21	男	1942 年 9 月

姓 名	籍 贯	年 龄	性 别	死难时间
毕研理	莱城区牛泉镇上峪村	21	男	1942 年 9 月
耿怀兴	莱城区牛泉镇上峪村	20	男	1942 年 9 月
丁兆启	莱城区牛泉镇圣井村	20	男	1942 年 9 月
亓英文	莱城区牛泉镇圣井村	34	男	1942 年 9 月
亓升科	莱城区牛泉镇吕家楼村	20	男	1942 年 9 月
蔺增瑞	莱城区牛泉镇西蔺家庄村	19	男	1942 年 9 月
戴新斋	莱城区牛泉镇庞家庄村	17	男	1942 年 9 月
亓一兆	莱城区高庄街道塔子村	31	男	1942 年 9 月
纪仁爱	莱城区高庄街道老君堂村	24	男	1942 年 9 月
邵传禄	莱城区苗山镇灰堆村	20	男	1942 年 9 月
王和春	莱城区苗山镇东见马村	42	男	1942 年 9 月
仲吉敬	莱城区苗山镇漫道村	24	男	1942 年 9 月
赵金具	莱城区和庄乡和庄村	24	男	1942 年 9 月
苏合芹	莱城区茶业口镇崖下村	23	男	1942 年 9 月
王砚田	莱城区雪野镇冬暖村	23	男	1942 年 9 月
李丰忠	莱城区雪野镇吕祖泉村	23	男	1942 年 9 月
薛永祥	莱城区大王庄镇西凤炉村	26	男	1942 年 9 月
苏贤之	莱城区大王庄镇杨家圈村	23	男	1942 年 9 月
丁安柱	莱城区寨里镇唐王许村	25	男	1942 年 9 月
潘道后	莱城区杨庄镇龙尾村	44	男	1942 年 9 月
吕永贞	莱城区羊里镇羊里村	39	男	1942 年 9 月
李海申	莱城区羊里镇仓上村	22	男	1942 年 9 月
刘加顺	莱城区张家洼街道白龙店村	24	男	1942 年 9 月
常振寅	莱城区口镇北街村	23	男	1942 年 9 月
滕西太	莱城区张家洼街道北山阳村	34	男	1942 年 9 月
张丰祥	莱城区口镇山口村	26	男	1942 年 9 月
马方盈	莱城区口镇山口村	23	男	1942 年 9 月
马方书	莱城区口镇山口村	25	男	1942 年 9 月
万逢乾	莱城区羊里镇大增家庄村	43	男	1942 年 9 月
孔庆章	莱城区羊里镇城子县村	28	男	1942 年 9 月
席汝贵	莱城区羊里镇院上村	24	男	1942 年 9 月
孟继秋	莱城区羊里镇院上村	32	男	1942 年 9 月
张子刚	莱城区羊里镇戴家庄村	27	男	1942 年 9 月
张登坤	莱城区羊里镇戴家庄村	35	男	1942 年 9 月

姓 名	籍 贯	年 龄	性 别	死难时间
郝庆久	莱城区羊里镇郝中荣村	22	男	1942 年 9 月
郝传读	莱城区羊里镇郝中荣村	—	男	1942 年 9 月
孙佑峰	莱城区羊里镇三官庙村	18	男	1942 年 9 月
孙佐峰	莱城区羊里镇三官庙村	15	男	1942 年 9 月
玄冠民	莱城区羊里镇玄王石村	28	男	1942 年 9 月
玄冠吉	莱城区羊里镇玄王石村	23	男	1942 年 9 月
王恒春	莱城区羊里镇西魏家庄村	22	男	1942 年 9 月
李华田	莱城区方下镇铁牛岭村	19	男	1942 年 9 月
刘文华	莱城区方下镇刘家庙村	23	男	1942 年 9 月
马文海	莱城区方下镇沟头村	25	男	1942 年 9 月
亓象文	莱城区方下镇鲁西村	28	男	1942 年 9 月
李 英	莱城区方下镇鲁西村	29	男	1942 年 9 月
高现法	莱城区方下镇东五龙口村	35	男	1942 年 9 月
曹树仁	莱城区方下镇西五龙口村	30	男	1942 年 9 月
亓明堂	莱城区方下镇龙泉官庄村	30	男	1942 年 9 月
何民先	莱城区方下镇何家庄村	24	男	1942 年 9 月
李曙光	莱城区方下镇韩官庄村	22	男	1942 年 9 月
邹法德	莱城区方下镇李家义村	23	男	1942 年 9 月
梁清田	莱城区方下镇梁家庄村	38	男	1942 年 9 月
高长河	莱城区牛泉镇毕毛埠村	18	男	1942 年 9 月
毕于才	莱城区牛泉镇毕毛埠村	36	男	1942 年 9 月
鹿观月	莱城区牛泉镇鹁鸽楼村	22	男	1942 年 9 月
郭子云	莱城区牛泉镇圣井村	19	男	1942 年 9 月
秦保信	莱城区牛泉镇圣井村	23	男	1942 年 9 月
毕于伟	莱城区牛泉镇圣井村	31	男	1942 年 9 月
亓善相	莱城区牛泉镇圣井村	20	男	1942 年 9 月
蔺相德	莱城区牛泉镇蒲洼村	28	男	1942 年 9 月
刘 振	莱城区牛泉镇东王庄村	23	男	1942 年 9 月
吕有江	莱城区牛泉镇吕家楼村	20	男	1942 年 9 月
亓习公	莱城区高庄街道南梨沟村	21	男	1942 年 9 月
翟孝增	莱城区高庄街道尚家庄村	22	男	1942 年 9 月
翟玉海	莱城区高庄街道圣水庵村	31	男	1942 年 9 月
卜光圣	莱城区高庄街道沙王庄村	23	男	1942 年 9 月
亓祥斋	莱城区高庄街道西汶南村	33	男	1942 年 9 月

姓 名	籍 贯	年 龄	性 别	死难时间
亓金华	莱城区高庄街道坡草洼村	19	男	1942 年 9 月
李秋才	莱城区高庄街道曹家庄村	21	男	1942 年 9 月
亓宗雨	莱城区高庄街道小庄村	20	男	1942 年 9 月
张德庚	莱城区高庄街道团山村	26	男	1942 年 9 月
王作孝	莱城区高庄街道五龙村	21	男	1942 年 9 月
刘奉吉	莱城区苗山镇苗山村	25	男	1942 年 9 月
王子英	莱城区苗山镇苗山村	21	男	1942 年 9 月
郭笃忠	莱城区苗山镇南辛庄村	19	男	1942 年 9 月
郭笃荣	莱城区苗山镇南辛庄村	30	男	1942 年 9 月
高友材	莱城区苗山镇干桥村	20	男	1942 年 9 月
李明增	莱城区苗山镇大后坡村	34	男	1942 年 9 月
吕其相	莱城区苗山镇下方山村	22	男	1942 年 9 月
李禄笃	莱城区苗山镇北于家庄村	18	男	1942 年 9 月
李贡实	莱城区苗山镇北于家庄村	22	男	1942 年 9 月
任木先	莱城区苗山镇北祝家洼村	26	男	1942 年 9 月
张洪水	莱城区苗山镇小山前村	23	男	1942 年 9 月
闫玉太	莱城区和庄乡草庙头村	28	男	1942 年 9 月
赵金英	莱城区和庄乡和庄村	23	男	1942 年 9 月
苏立善	莱城区苗山镇上周村	41	男	1942 年 9 月
任恒良	莱城区苗山镇北古德范村	30	男	1942 年 9 月
李东宝	莱城区苗山镇西邢村	20	男	1942 年 9 月
高专云	莱城区苗山镇西邢村	19	男	1942 年 9 月
高凤线	莱城区苗山镇西邢村	52	男	1942 年 9 月
高 莲	莱城区苗山镇西邢村	28	男	1942 年 9 月
张恒居	莱城区苗山镇北文字村	22	男	1942 年 9 月
秦美春	莱城区苗山镇西坡村	25	男	1942 年 9 月
韩同祥	莱城区苗山镇西古德范村	20	男	1942 年 9 月
赵文海	莱城区苗山镇东古德范村	30	男	1942 年 9 月
尚禄桂	莱城区茶业口镇上茶业村	19	男	1942 年 9 月
高明珠	莱城区茶业口镇下石城村	29	男	1942 年 9 月
范京保	莱城区茶业口镇下石城村	19	男	1942 年 9 月
张少正	莱城区雪野镇东抬头村	32	男	1942 年 9 月
韩洪雨	莱城区雪野镇小楼村	31	男	1942 年 9 月
朱尔光	莱城区雪野镇西山子村	27	男	1942 年 9 月

姓　名	籍　贯	年　龄	性　别	死难时间
许丰圣	莱城区雪野镇西下游村	19	男	1942 年 9 月
王登甲	莱城区雪野镇北双王村	41	男	1942 年 9 月
王子居	莱城区雪野镇北双王村	19	男	1942 年 9 月
刘才松	莱城区雪野镇北双王村	23	男	1942 年 9 月
赵西水	莱城区大王庄镇前卞庄村	21	男	1942 年 9 月
陈俊瑞	莱城区大王庄镇大槐树村	21	男	1942 年 9 月
焉维海	莱城区大王庄镇道洼村	22	男	1942 年 9 月
王道松	莱城区大王庄镇华山村	22	男	1942 年 9 月
孟兆敦	莱城区寨里镇寨西村	17	男	1942 年 9 月
赵连三	莱城区寨里镇赵官庄村	27	男	1942 年 9 月
李　灿	莱城区寨里镇后枯河村	24	男	1942 年 9 月
赵东旭	莱城区寨里镇太平村	27	男	1942 年 9 月
苏西海	莱城区寨里镇周王许村	19	男	1942 年 9 月
毕于奎	莱城区口镇狂山村	24	男	1942 年 9 月
王化清	莱城区茶业口镇暗摇头村	31	男	1942 年 9 月
赵连申	莱城区寨里镇寨西村	20	男	1942 年 9 月
李效文	莱城区羊里镇北陈家庄村	40	男	1942 年 11 月
张训义	莱城区羊里镇西留村	27	男	1942 年 11 月
高俊水	莱城区和庄乡北平州村	21	男	1942 年 12 月
亓京宗	莱城区高庄街道楼子村	22	男	1942 年 12 月
赵保仃	莱城区苗山镇五色崖村	27	男	1942 年 12 月
张增田	莱城区寨里镇公王庄村	34	男	1942 年 12 月
吕端庄	莱城区口镇上水河村	22	男	1942 年
张振谦	莱城区口镇上水河村	22	男	1942 年
魏专业	莱城区口镇官水河村	22	男	1942 年
彭怀斗	莱城区羊里镇北留村	32	男	1942 年
邹现迎	莱城区方下镇孙封邱村	22	男	1942 年
杜玉英	莱城区牛泉镇杜官庄村	17	男	1942 年
亓成礼	莱城区牛泉镇祥沟村	29	男	1942 年
毕发耜	莱城区牛泉镇上峪村	27	男	1942 年
秦绍堂	莱城区牛泉镇上峪村	24	男	1942 年
张林弼	莱城区和庄乡蔺泉村	21	男	1942 年
唐连珍	莱城区苗山镇南峪村	19	男	1942 年
李国申	莱城区茶业口镇吉山村	33	男	1942 年

姓　名	籍　贯	年　龄	性　别	死难时间
刘俊林	莱城区茶业口镇刘白杨村	23	男	1942 年
李金山	莱城区茶业口镇李白杨村	21	男	1942 年
刘玉胜	莱城区茶业口镇李白杨村	21	男	1942 年
亓贵南	莱城区凤城街道曹东村	44	男	1942 年
许东嵩	莱城区凤城街道曹东村	48	男	1942 年
亓立华	莱城区凤城街道曹东村	28	男	1942 年
马润田	莱城区凤城街道西关村	31	男	1942 年
亓呈迎	莱城区凤城街道西关村	26	男	1942 年
王曰浩	莱城区张家洼街道黄梁坡村	22	男	1942 年
王曰祷	莱城区张家洼街道黄梁坡村	21	男	1942 年
韩玉兴	莱城区口镇西街村	27	男	1942 年
李光亭	莱城区口镇西街村	46	男	1942 年
谷逢春	莱城区口镇谷堆山村	17	男	1942 年
马树礼	莱城区口镇马陈村	24	男	1942 年
李庆璧	莱城区张家洼街道李家镇村	37	男	1942 年
牛其贵	莱城区羊里镇羊里村	32	男	1942 年
牛占松	莱城区羊里镇羊里村	32	男	1942 年
吕逢真	莱城区羊里镇仓上村	21	男	1942 年
韩书申	莱城区羊里镇北傅家庄村	24	男	1942 年
单明伦	莱城区羊里镇北傅家庄村	20	男	1942 年
胥法成	莱城区羊里镇北傅家庄村	24	男	1942 年
孟广远	莱城区羊里镇孟中荣村	45	男	1942 年
张云汉	莱城区羊里镇北留村	25	男	1942 年
李金勇	莱城区羊里镇西土屋村	27	男	1942 年
吴长录	莱城区方下镇刘封邱村	21	男	1942 年
刘成先	莱城区方下镇刘封邱村	22	男	1942 年
焦文美	莱城区方下镇嘶马河村	21	男	1942 年
王云龙	莱城区方下镇丰登官庄村	46	男	1942 年
任海峰	莱城区牛泉镇西泉河村	21	男	1942 年
刘书山	莱城区牛泉镇西上庄村	39	男	1942 年
孟继新	莱城区牛泉镇西上庄村	30	男	1942 年
窦兆功	莱城区牛泉镇鹁鸽楼村	22	男	1942 年
耿子白	莱城区高庄街道塔子村	44	男	1942 年
毕华山	莱城区牛泉镇榭林村	32	男	1942 年

姓 名	籍 贯	年 龄	性 别	死难时间
刘贯生	莱城区高庄街道南十里河村	22	男	1942 年
吴茂均	莱城区高庄街道吴家岭村	23	男	1942 年
丁慎德	莱城区和庄乡丁南峪村	21	男	1942 年
丁学木	莱城区和庄乡丁南峪村	27	男	1942 年
丁学本	莱城区和庄乡丁南峪村	41	男	1942 年
赵立宝	莱城区和庄乡北平州村	28	男	1942 年
王其文	莱城区苗山镇崮山村	23	男	1942 年
李奎林	莱城区苗山镇南峪村	24	男	1942 年
唐连吉	莱城区苗山镇南峪村	21	男	1942 年
李英兰	莱城区茶业口镇中茶业村	40	男	1942 年
吴京坤	莱城区茶业口镇下冗子村	22	男	1942 年
陈玉聪	莱城区茶业口镇南嵬石村	23	男	1942 年
陈连桂	莱城区茶业口镇南嵬石村	38	男	1942 年
王德禄	莱城区雪野镇吕祖泉村	23	男	1942 年
张同厚	莱城区雪野镇南圈村	22	男	1942 年
王兆申	莱城区大王庄镇四合街村	26	男	1942 年
贾西亮	莱城区大王庄镇焉家林村	17	男	1942 年
边振魁	莱城区寨里镇边王许村	26	男	1942 年
陶代庆	莱城区寨里镇郗鱼池村	26	男	1942 年
曹焕友	莱城区寨里镇太平村	31	男	1942 年
潘道兴	莱城区杨庄镇龙尾村	35	男	1942 年
亓秉路	莱城区凤城街道孟家庄村	33	男	1942 年
亓传圣	莱城区凤城街道孟家庄村	27	男	1942 年
王文水	莱城区凤城街道东风村	21	男	1942 年
孟光慎	莱城区张家洼街道东王善村	34	男	1942 年
王化良	莱城区张家洼街道东王善村	34	男	1942 年
吕京华	莱城区凤城街道孙花园村	28	男	1942 年
田克成	莱城区张家洼街道马头梁坡村	27	男	1942 年
韩玉伟	莱城区口镇北街村	29	男	1942 年
张金洪	莱城区张家洼街道许家沟村	20	男	1942 年
赵建周	莱城区口镇山口村	22	男	1942 年
宋传永	莱城区口镇山口村	24	男	1942 年
魏述雨	莱城区口镇山口村	20	男	1942 年
苏 亮	莱城区口镇南岭子村	28	男	1942 年

姓 名	籍 贯	年 龄	性 别	死难时间
黄庆祥	莱城区口镇江水村	23	男	1942 年
郑焕业	莱城区口镇下水河村	24	男	1942 年
李国良	莱城区口镇陶南村	22	男	1942 年
董曰礼	莱城区口镇马陈村	44	男	1942 年
李光文	莱城区口镇郭陈村	25	男	1942 年
康诵三	莱城区口镇康陈村	19	男	1942 年
亓逢祥	莱城区张家洼街道片家镇村	21	男	1942 年
潘立成	莱城区张家洼街道片家镇村	22	男	1942 年
蔡守存	莱城区张家洼街道片家镇村	29	男	1942 年
任春恒	莱城区张家洼街道北任家洼村	32	男	1942 年
任兴成	莱城区张家洼街道北任家洼村	26	男	1942 年
徐立芹	莱城区张家洼街道王楼村	44	男	1942 年
李书贤	莱城区张家洼街道王楼村	21	男	1942 年
卢维纪	莱城区羊里镇仪封村	30	男	1942 年
卢诗亭	莱城区羊里镇仪封村	31	男	1942 年
王云会	莱城区羊里镇城子县村	29	男	1942 年
朱光祥	莱城区羊里镇朱家庄村	28	男	1942 年
刘元三	莱城区羊里镇北陈家庄村	22	男	1942 年
郝庆水	莱城区羊里镇郝中荣村	22	男	1942 年
孟广洲	莱城区羊里镇孟中荣村	22	男	1942 年
张训泗	莱城区羊里镇西留村	20	男	1942 年
张庆山	莱城区羊里镇西留村	24	男	1942 年
陈德功	莱城区羊里镇陈王石村	20	男	1942 年
陈元祥	莱城区羊里镇陈王石村	32	男	1942 年
朱尔兴	莱城区羊里镇西温石埠村	26	男	1942 年
张灿周	莱城区羊里镇东温石埠村	33	男	1942 年
李金莲	莱城区方下镇铁牛岭村	24	男	1942 年
李宾元	莱城区方下镇铁牛岭村	32	男	1942 年
亓兆福	莱城区方下镇孙封邱村	25	男	1942 年
王盛业	莱城区方下镇沟头村	25	男	1942 年
潘洪奎	莱城区方下镇沟头村	26	男	1942 年
王万玉	莱城区方下镇石桥子村	30	男	1942 年
常振永	莱城区方下镇鲁西村	27	男	1942 年
李希敏	莱城区方下镇店子村	22	男	1942 年

姓 名	籍 贯	年 龄	性 别	死难时间
谷安乾	莱城区方下镇谷台子村	25	男	1942 年
刘金芝	莱城区方下镇耿公清村	24	男	1942 年
亓良山	莱城区方下镇贾官庄村	22	男	1942 年
李玉祥	莱城区方下镇何家庄村	21	男	1942 年
张子林	莱城区方下镇亓官庄村	21	男	1942 年
李雪峰	莱城区方下镇李家义村	20	男	1942 年
鹿加珍	莱城区牛泉镇西牛泉村	32	男	1942 年
鹿加礼	莱城区牛泉镇西牛泉村	34	男	1942 年
杨金山	莱城区牛泉镇上峪村	—	男	1942 年
秦保坤	莱城区牛泉镇圣井村	18	男	1942 年
亓树村	莱城区牛泉镇圣井村	22	男	1942 年
刘玉忠	莱城区牛泉镇冯徐冶村	23	男	1942 年
杨富来	莱城区牛泉镇青沙沟村	19	男	1942 年
吕兰陵	莱城区牛泉镇向阳村	18	男	1942 年
吕有钥	莱城区牛泉镇吕家楼村	23	男	1942 年
吕树润	莱城区牛泉镇吕家楼村	20	男	1942 年
亓伙报	莱城区牛泉镇渐河村	18	男	1942 年
任其方	莱城区牛泉镇任家庄村	47	男	1942 年
亓仲永	莱城区高庄街道塔子村	22	男	1942 年
毕研礼	莱城区高庄街道槲林村	21	男	1942 年
毕春德	莱城区高庄街道槲林村	27	男	1942 年
毕玉秀	莱城区高庄街道冢子村	24	男	1942 年
亓汝寅	莱城区高庄街道羊庄村	28	男	1942 年
亓习增	莱城区高庄街道南梨沟村	23	男	1942 年
尚怀田	莱城区高庄街道对仙门村	23	男	1942 年
杨化林	莱城区高庄街道上亓家峪村	25	男	1942 年
刘学亮	莱城区高庄街道后王峪村	22	男	1942 年
任印会	莱城区高庄街道任家洼村	20	男	1942 年
任印利	莱城区高庄街道任家洼村	35	男	1942 年
何延吉	莱城区高庄街道郭家园村	23	男	1942 年
亓福仁	莱城区高庄街道东汶南村	18	男	1942 年
张桂田	莱城区高庄街道东汶南村	18	男	1942 年
孙守志	莱城区高庄街道南冶村	20	男	1942 年
亓振标	莱城区高庄街道薄板台村	40	男	1942 年

姓　名	籍　贯	年　龄	性　别	死难时间
亓明俊	莱城区高庄街道野店村	22	男	1942 年
李孝义	莱城区高庄街道黑峪村	22	男	1942 年
李汉臣	莱城区高庄街道五龙村	28	男	1942 年
张希言	莱城区苗山镇苗山村	23	男	1942 年
吕元山	莱城区苗山镇苗山村	24	男	1942 年
王宜焕	莱城区苗山镇苗山村	33	男	1942 年
宋作文	莱城区苗山镇苗山村	24	男	1942 年
郭笃胜	莱城区苗山镇苗山村	24	男	1942 年
王其荃	莱城区苗山镇苗山村	20	男	1942 年
魏书贤	莱城区苗山镇小后坡村	33	男	1942 年
吕宜勉	莱城区苗山镇南龙角村	24	男	1942 年
张星光	莱城区苗山镇下郭家沟村	26	男	1942 年
郭庆年	莱城区苗山镇灰堆村	39	男	1942 年
田敬贡	莱城区苗山镇田家楼村	20	男	1942 年
李海涛	莱城区苗山镇陡峪村	22	男	1942 年
李元乾	莱城区苗山镇北柳子村	23	男	1942 年
王俊极	莱城区苗山镇北柳子村	22	男	1942 年
李　学	莱城区苗山镇杨家嘴村	40	男	1942 年
孙光美	莱城区苗山镇杨家嘴村	47	男	1942 年
尚连登	莱城区苗山镇东孟家峪村	27	男	1942 年
陈殿开	莱城区苗山镇小漫子村	22	男	1942 年
陈善化	莱城区苗山镇小漫子村	30	男	1942 年
陈善言	莱城区苗山镇小漫子村	42	男	1942 年
唐欣荣	莱城区苗山镇唐上坡村	28	男	1942 年
夏英利	莱城区苗山镇北古德范村	30	男	1942 年
张式发	莱城区苗山镇栾家庄村	39	男	1942 年
张万城	莱城区和庄乡张家台村	28	男	1942 年
王保汉	莱城区和庄乡张家台村	19	男	1942 年
王钦四	莱城区和庄乡张家台村	24	男	1942 年
张贯三	莱城区和庄乡张家台村	23	男	1942 年
张建瑞	莱城区和庄乡张家台村	42	男	1942 年
王秉贵	莱城区和庄乡老姑峪村	26	男	1942 年
李昌厚	莱城区和庄乡左家峪村	31	男	1942 年
焦方正	莱城区和庄乡左家峪村	27	男	1942 年

姓 名	籍 贯	年 龄	性 别	死难时间
尚连珠	莱城区和庄乡上崔家庄村	22	男	1942 年
程意明	莱城区和庄乡上崔家庄村	24	男	1942 年
徐日瑞	莱城区和庄乡上崔家庄村	23	男	1942 年
李福德	莱城区和庄乡下崔家庄村	21	男	1942 年
张言祥	莱城区和庄乡和庄村	22	男	1942 年
孙加贵	莱城区和庄乡和庄村	32	男	1942 年
郭庆爱	莱城区和庄乡官家村	26	男	1942 年
杨志连	莱城区和庄乡关西坡村	21	男	1942 年
张仁存	莱城区和庄乡东车辐村	28	男	1942 年
郇宜行	莱城区和庄乡东车辐村	37	男	1942 年
王仲学	莱城区和庄乡东车辐村	37	男	1942 年
王仲贤	莱城区和庄乡东车辐村	22	男	1942 年
刘佃孔	莱城区和庄乡大英章村	23	男	1942 年
王道亭	莱城区和庄乡小英章村	21	男	1942 年
王汝纪	莱城区和庄乡小英章村	20	男	1942 年
王在学	莱城区苗山镇常庄村	30	男	1942 年
苏尊善	莱城区苗山镇上崮村	26	男	1942 年
王汉杰	莱城区苗山镇下周村	25	男	1942 年
谢训芳	莱城区苗山镇东邢村	34	男	1942 年
谢寅芳	莱城区苗山镇东邢村	21	男	1942 年
孙连友	莱城区苗山镇东邢村	42	男	1942 年
谢功芳	莱城区苗山镇东邢村	26	男	1942 年
谢丙芳	莱城区苗山镇东邢村	27	男	1942 年
白玉栋	莱城区苗山镇崮山村	22	男	1942 年
任照田	莱城区苗山镇高塘村	29	男	1942 年
郎德安	莱城区苗山镇高塘村	21	男	1942 年
邹玉聚	莱城区苗山镇高塘村	23	男	1942 年
刘德法	莱城区苗山镇南围村	32	男	1942 年
张兆贵	莱城区苗山镇南文字村	37	男	1942 年
张效平	莱城区苗山镇北文字村	38	男	1942 年
安尚祥	莱城区苗山镇北文字村	32	男	1942 年
田慎俭	莱城区苗山镇北文字村	24	男	1942 年
李海深	莱城区苗山镇北文字村	35	男	1942 年
张保海	莱城区苗山镇西坡村	26	男	1942 年

姓 名	籍 贯	年 龄	性 别	死难时间
秦英奎	莱城区苗山镇南古德范村	24	男	1942 年
夏洪波	莱城区苗山镇北古德范村	27	男	1942 年
王廷发	莱城区茶业口镇北崀石村	22	男	1942 年
李国仓	莱城区茶业口镇吉山村	18	男	1942 年
高万才	莱城区茶业口镇茶业口村	25	男	1942 年
李作贞	莱城区茶业口镇刘白杨村	23	男	1942 年
李念信	莱城区茶业口镇高白杨村	21	男	1942 年
姚佩才	莱城区茶业口镇中法山村	21	男	1942 年
王富有	莱城区茶业口镇卧铺村	28	男	1942 年
周兴承	莱城区茶业口镇上茶业村	24	男	1942 年
郭光经	莱城区茶业口镇上茶业村	33	男	1942 年
郭田方	莱城区茶业口镇上茶业村	22	男	1942 年
周兴法	莱城区茶业口镇上茶业村	23	男	1942 年
郭端禄	莱城区茶业口镇上茶业村	21	男	1942 年
杨玉过	莱城区茶业口镇上茶业村	24	男	1942 年
张元恒	莱城区茶业口镇花林村	30	男	1942 年
房贞奎	莱城区茶业口镇崖下村	25	男	1942 年
姜成月	莱城区茶业口镇北腰关村	18	男	1942 年
李海石	莱城区茶业口镇西腰关村	21	男	1942 年
高末堂	莱城区茶业口镇西腰关村	22	男	1942 年
陈方书	莱城区茶业口镇峪门村	32	男	1942 年
李东林	莱城区茶业口镇峪门村	24	男	1942 年
李光玉	莱城区茶业口镇峪门村	21	男	1942 年
孙迎爱	莱城区茶业口镇姜家峪村	36	男	1942 年
李加章	莱城区茶业口镇暗摇头村	36	男	1942 年
陈书香	莱城区雪野镇西抬头村	21	男	1942 年
李光禄	莱城区雪野镇西峪河南村	55	男	1942 年
朱玉元	莱城区雪野镇西峪河南村	22	男	1942 年
许淑圣	莱城区雪野镇西下游村	37	男	1942 年
王丰武	莱城区雪野镇东栾宫村	29	男	1942 年
吕济孔	莱城区雪野镇雪野村	21	男	1942 年
胥先文	莱城区雪野镇雪野村	21	男	1942 年
王春甲	莱城区雪野镇北双王村	26	男	1942 年
李德寅	莱城区大王庄镇接驾埠村	21	男	1942 年

姓 名	籍 贯	年 龄	性 别	死难时间
朱尔所	莱城区大王庄镇炉厂子村	21	男	1942 年
温凤祥	莱城区大王庄镇照嘴村	43	男	1942 年
景如礼	莱城区大王庄镇照嘴村	23	男	1942 年
刘传海	莱城区大王庄镇照嘴村	44	男	1942 年
苏之友	莱城区大王庄镇温家庄村	24	男	1942 年
曹现典	莱城区大王庄镇独路村	27	男	1942 年
李义东	莱城区大王庄镇东牛头河村	20	男	1942 年
崔登同	莱城区大王庄镇王石门村	25	男	1942 年
景商学	莱城区寨里镇水北西街村	24	男	1942 年
杨新立	莱城区寨里镇吴家洼村	29	男	1942 年
曹洪贞	莱城区寨里镇曹大下村	21	男	1942 年
曹京申	莱城区寨里镇曹大下村	24	男	1942 年
边学进	莱城区寨里镇边王许村	41	男	1942 年
王恒发	莱城区寨里镇涝坡村	33	男	1942 年
王丰瑞	莱城区寨里镇涝坡村	23	男	1942 年
刘才田	莱城区寨里镇前枯河村	22	男	1942 年
郗志典	莱城区寨里镇水东村	18	男	1942 年
苏道生	莱城区寨里镇公王庄村	25	男	1942 年
苏步水	莱城区寨里镇宜山村	20	男	1942 年
唐宝元	莱城区寨里镇唐王许村	21	男	1942 年
韩营东	莱城区寨里镇韩王许村	31	男	1942 年
苏中功	莱城区寨里镇韩王许村	45	男	1942 年
赵凤庭	莱城区寨里镇周王许村	20	男	1942 年
苏增之	莱城区寨里镇苏坡村	29	男	1942 年
周美兴	莱城区寨里镇周家洼村	22	男	1942 年
毕德录	莱城区杨庄镇凤凰官庄村	41	男	1942 年
朱清义	莱城区杨庄镇朱屈街村	39	男	1942 年
亓廷如	莱城区凤城街道南十里铺村	20	男	1943 年 10 月
王振华	莱城区方下镇兰沟崖村	32	男	1943 年 1 月
支望亭	莱城区牛泉镇绿凡崖村	18	男	1943 年 1 月
孙积强	莱城区和庄乡车南峪村	29	男	1943 年 1 月
王在兴	莱城区苗山镇常庄村	31	男	1943 年 1 月
王维松	莱城区羊里镇北陈家庄村	23	男	1943 年 2 月
李子箱	莱城区方下镇台头村	25	男	1943 年 2 月

姓 名	籍 贯	年 龄	性 别	死难时间
李庆林	莱城区苗山镇南峪村	25	男	1943 年 2 月
马同尽之母	莱城区苗山镇常庄村	52	女	1943 年 3 月
亓保刚之子	莱城区苗山镇常庄村	12	男	1943 年 3 月
董立芳之妻	莱城区苗山镇常庄村	42	女	1943 年 3 月
尚怀学之父	莱城区苗山镇常庄村	48	男	1943 年 3 月
阎俊红	莱城区苗山镇常庄村	12	男	1943 年 3 月
吕文成	莱城区苗山镇常庄村	44	男	1943 年 3 月
张焕德	莱城区苗山镇常庄村	27	男	1943 年 3 月
刘春美	莱城区苗山镇常庄村	29	男	1943 年 3 月
刘美德	莱城区苗山镇常庄村	23	男	1943 年 3 月
杜占太	莱城区牛泉镇杜官庄村	28	男	1943 年 3 月
尹延青	莱城区张家洼街道东王善村	25	男	1943 年 3 月
张正士	莱城区牛泉镇新张庄村	21	男	1943 年 3 月
李兴诗	莱城区牛泉镇绿凡崖村	20	男	1943 年 3 月
于同美	莱城区苗山镇上方山村	26	男	1943 年 3 月
任成先	莱城区苗山镇北祝家洼村	41	男	1943 年 3 月
黄庆惠	莱城区张家洼街道李梁坡村	24	男	1943 年 4 月
亓勤生	莱城区凤城街道南十里铺村	26	男	1943 年 4 月
亓德先	莱城区凤城街道小曹村	29	男	1943 年 4 月
亓相曾	莱城区方下镇柳行沟村	31	男	1943 年 4 月
亓效清	莱城区牛泉镇渐河村	25	男	1943 年 4 月
刘盛会	莱城区高庄街道五龙村	29	男	1943 年 4 月
张元福	莱城区茶业口镇下迷马村	22	男	1943 年 5 月
张敦全	莱城区方下镇亓官庄村	21	男	1943 年 5 月
宋永海	莱城区牛泉镇南三官庙村	25	男	1943 年 7 月
温胜苓	莱城区牛泉镇八里沟村	26	男	1943 年 8 月
尚连等	莱城区苗山镇东孟家峪村	31	男	1943 年 8 月
闫玉常	莱城区和庄乡草庙头村	27	男	1943 年 8 月
王 堂	莱城区苗山镇崮山村	23	男	1943 年 8 月
刘均贡	莱城区茶业口镇刘白杨村	22	男	1943 年 8 月
邵传先	莱城区苗山镇灰堆村	25	男	1943 年 9 月
常凤奎	莱城区方下镇柳行沟村	20	男	1943 年 9 月
王 震	莱城区牛泉镇东上庄村	24	男	1943 年 9 月
田继宗	莱城区高庄街道田家林村	27	男	1943 年 11 月

姓 名	籍 贯	年 龄	性 别	死难时间
刘振林	莱城区苗山镇南峪村	34	男	1943 年 11 月
刘精选	莱城区口镇太平村	35	男	1943 年
朱司隆	莱城区口镇三山村	37	男	1943 年
朱司光	莱城区羊里镇朱家庄村	25	男	1943 年
玄玉顶	莱城区羊里镇玄王石村	22	男	1943 年
曹树松	莱城区方下镇西五龙口村	29	男	1943 年
刘加桐	莱城区方下镇西五龙口村	26	男	1943 年
张清德	莱城区方下镇张公清村	19	男	1943 年
刘玉河	莱城区方下镇石家泉村	23	男	1943 年
张士英	莱城区方下镇兰沟崖村	23	男	1943 年
鹿述训	莱城区牛泉镇西牛泉村	31	男	1943 年
张梅林	莱城区牛泉镇东上庄村	22	男	1943 年
葛增璧	莱城区牛泉镇蔺家庄村	21	男	1943 年
李光景	莱城区苗山镇陡峪村	22	男	1943 年
李海南	莱城区苗山镇陡峪村	23	男	1943 年
左东赢	莱城区和庄乡崮泉村	33	男	1943 年
张式恩	莱城区苗山镇南文字村	27	男	1943 年
张宗辉	莱城区苗山镇西坡村	24	男	1943 年
陈兴斌	莱城区茶业口镇北嵬石村	30	男	1943 年
李常人	莱城区茶业口镇吉山村	26	男	1943 年
李兆田	莱城区茶业口镇吉山村	22	男	1943 年
李寿×	莱城区茶业口镇刘白杨村	21	男	1943 年
李金恒	莱城区茶业口镇李白杨村	20	男	1943 年
刘玉寅	莱城区张家洼街道小洛庄村	19	男	1943 年
杨西庚	莱城区口镇西街村	25	男	1943 年
赵玉川	莱城区口镇小洼村	31	男	1943 年
李登生	莱城区羊里镇羊里村	26	男	1943 年
王圣法	莱城区羊里镇北傅家庄村	23	男	1943 年
张连森	莱城区羊里镇院上村	31	男	1943 年
许方欣	莱城区羊里镇辛兴东北村	36	男	1943 年
许会元	莱城区羊里镇辛兴西南村	25	男	1943 年
许同龙	莱城区羊里镇辛兴西北村	44	男	1943 年
彭秀德	莱城区羊里镇北留村	31	男	1943 年
纪荣桂	莱城区羊里镇东温石埠村	21	男	1943 年

姓　名	籍　贯	年 龄	性 别	死难时间
孟继商	莱城区羊里镇孟家庄村	38	男	1943 年
孟继勤	莱城区羊里镇孟家庄村	25	男	1943 年
张灿贵	莱城区羊里镇响水河村	27	男	1943 年
房西同	莱城区方下镇鲁西村	26	男	1943 年
许德俊	莱城区方下镇石家泉村	30	男	1943 年
李爱连	莱城区方下镇小义和村	35	男	1943 年
李爱曾	莱城区方下镇小义和村	23	男	1943 年
毕德芳	莱城区牛泉镇毕毛埠村	30	男	1943 年
李增录	莱城区牛泉镇圣井村	28	男	1943 年
李焕忠	莱城区牛泉镇蔺家庄村	25	男	1943 年
亓庚元	莱城区高庄街道塔子村	36	男	1943 年
亓竹海	莱城区高庄街道南梨沟村	29	男	1943 年
苏圣贵	莱城区苗山镇苏上坡村	21	男	1943 年
唐西晋	莱城区和庄乡官家村	24	男	1943 年
许德秀	莱城区茶业口镇北腰关村	24	男	1943 年
姜成秀	莱城区茶业口镇北腰关村	20	男	1943 年
高末顺	莱城区茶业口镇西腰关村	25	男	1943 年
张元增	莱城区茶业口镇下石臼村	23	男	1943 年
刘义德	莱城区雪野镇花峪村	18	男	1943 年
王成香	莱城区雪野镇胡荂萝村	27	男	1943 年
吕其安	莱城区苗山镇南方山村	23	男	1943 年
秦少睿	莱城区雪野镇南圈村	21	男	1943 年
张同恒	莱城区雪野镇南圈村	38	男	1943 年
张克英	莱城区大王庄镇前张街村	25	男	1943 年
陈佃全	莱城区大王庄镇西店子村	50	男	1943 年
倪灿松	莱城区大王庄镇蛤蟆石村	22	男	1943 年
李增纯	莱城区寨里镇前枯河村	26	男	1943 年
朱茂先	莱城区寨里镇郗鱼池村	27	男	1943 年
张茂臣	莱城区寨里镇前裴王村	25	男	1943 年
陈兰堂	莱城区杨庄镇西李家庄村	27	男	1943 年
王　克	莱城区杨庄镇梅官庄村	38	男	1943 年
孟光明	莱城区凤城街道曹西村	19	男	1943 年
亓宪廷	莱城区凤城街道南十里铺村	35	男	1943 年
吕同荣	莱城区张家洼街道沈家庄村	32	男	1943 年

姓　名	籍　贯	年　龄	性　别	死难时间
郑家俊	莱城区口镇南街村	31	男	1943 年
吕晋昌	莱城区张家洼街道御驾泉村	24	男	1943 年
马秀山	莱城区张家洼街道南山阳村	40	男	1943 年
李逢刚	莱城区张家洼街道北山阳村	30	男	1943 年
马方同	莱城区口镇山口村	23	男	1943 年
魏振斌	莱城区口镇江水村	39	男	1943 年
吕全珍	莱城区口镇江水村	23	男	1943 年
高　战	莱城区口镇江水村	29	男	1943 年
胥桂英	莱城区口镇陶南村	18	女	1943 年
郑觉民	莱城区口镇陶南村	32	男	1943 年
郑维书	莱城区口镇陶南村	22	男	1943 年
王纪永	莱城区口镇陶南村	23	男	1943 年
潘林书	莱城区张家洼街道片家镇村	25	男	1943 年
景春和	莱城区张家洼街道藕池村	26	男	1943 年
景海和	莱城区张家洼街道藕池村	27	男	1943 年
郭宗尚	莱城区张家洼街道郭家镇村	21	男	1943 年
郭清源	莱城区张家洼街道郭家镇村	31	男	1943 年
田冬亭	莱城区张家洼街道港里村	23	男	1943 年
冯玉铭	莱城区张家洼街道港里村	22	男	1943 年
朱司增	莱城区羊里镇朱家庄村	23	男	1943 年
刘永顺	莱城区羊里镇北留村	25	男	1943 年
王峰苓	莱城区羊里镇陈王石村	24	男	1943 年
玄宝善	莱城区羊里镇玄王石村	27	男	1943 年
孙守宾	莱城区方下镇孙封邱村	19	男	1943 年
张京文	莱城区方下镇鲁西村	27	男	1943 年
张恒盛	莱城区方下镇东五龙口村	47	男	1943 年
谷全吉	莱城区方下镇张公清村	21	男	1943 年
张先德	莱城区方下镇张公清村	31	男	1943 年
何英奎	莱城区方下镇何家庄村	26	男	1943 年
李星五	莱城区方下镇韩官庄村	20	男	1943 年
郭举鉴	莱城区方下镇兰沟崖村	36	男	1943 年
张云锋	莱城区方下镇亓官庄村	38	男	1943 年
李敬书	莱城区方下镇乔家义村	38	男	1943 年
吴钦耀	莱城区牛泉镇吴小庄村	23	男	1943 年

姓　名	籍　贯	年　龄	性　别	死难时间
吴文章	莱城区牛泉镇东五斗村	31	男	1943 年
吴朝贵	莱城区牛泉镇东五斗村	18	男	1943 年
张玉芳	莱城区牛泉镇鹁鸽楼村	26	女	1943 年
亓善法	莱城区牛泉镇圣井村	22	男	1943 年
李振泉	莱城区牛泉镇圣井村	23	男	1943 年
秦立祥	莱城区牛泉镇圣井村	23	男	1943 年
张子正	莱城区牛泉镇张积庄村	20	男	1943 年
亓清文	莱城区牛泉镇渐河村	31	男	1943 年
吕化一	莱城区牛泉镇西凤阳村	25	男	1943 年
崔玉珠	莱城区牛泉镇庞家庄村	47	男	1943 年
彭连彩	莱城区高庄街道羊庄村	21	男	1943 年
尚克福	莱城区高庄街道对仙门村	34	男	1943 年
毕华山	莱城区高庄街道赵家峪村	23	男	1943 年
亓现富	莱城区高庄街道蜂崖村	23	男	1943 年
任学笃	莱城区高庄街道任家庄村	27	男	1943 年
亓永清	莱城区高庄街道团山村	33	男	1943 年
亓进玉	莱城区高庄街道团山村	27	男	1943 年
亓淑元	莱城区高庄街道响山口村	26	男	1943 年
亓贵标	莱城区高庄街道五龙村	32	男	1943 年
吕宜信	莱城区苗山镇中方山村	21	男	1943 年
郭笃芳	莱城区苗山镇上郭家沟村	27	男	1943 年
乔俊端	莱城区苗山镇西枓山村	21	男	1943 年
赵承维	莱城区苗山镇田家楼村	21	男	1943 年
李光显	莱城区苗山镇陡峪村	24	男	1943 年
王俊端	莱城区苗山镇小山前村	25	男	1943 年
陈善发	莱城区苗山镇陈家峪村	23	男	1943 年
刘廷俊	莱城区苗山镇北古德范村	28	男	1943 年
张书太	莱城区和庄乡张家台村	30	男	1943 年
左呈华	莱城区和庄乡左家峪村	22	男	1943 年
任即如	莱城区和庄乡丁南峪村	—	男	1943 年
任辉良	莱城区和庄乡丁南峪村	21	男	1943 年
丁学杰	莱城区和庄乡丁南峪村	24	男	1943 年
丁学增	莱城区和庄乡丁南峪村	27	男	1943 年
丁玉盛	莱城区和庄乡丁南峪村	37	男	1943 年

姓　名	籍　贯	年龄	性别	死难时间
孙兆发	莱城区和庄乡下崔家庄村	23	男	1943 年
张敬林	莱城区和庄乡和庄村	15	男	1943 年
王才吉	莱城区和庄乡青石关村	30	男	1943 年
邹仁木	莱城区和庄乡西车辐村	23	男	1943 年
姜万具	莱城区和庄乡车南峪村	36	男	1943 年
姜来全	莱城区和庄乡车南峪村	17	男	1943 年
唐京严	莱城区和庄乡下洼村	27	男	1943 年
郭玉栋	莱城区和庄乡下洼村	22	男	1943 年
王法增	莱城区和庄乡北麻峪村	26	男	1943 年
闫有银	莱城区和庄乡峨峪村	24	男	1943 年
王道忠	莱城区和庄乡小英章村	26	男	1943 年
王汉民	莱城区苗山镇下周村	22	男	1943 年
周长梓	莱城区苗山镇崮山村	25	男	1943 年
邹之连	莱城区苗山镇高塘村	24	男	1943 年
邹玉富	莱城区苗山镇兰子村	21	男	1943 年
刘素贞	莱城区苗山镇北文字村	28	男	1943 年
亓志厚	莱城区苗山镇磨石峪村	34	男	1943 年
初青吉	莱城区苗山镇西坡村	28	男	1943 年
韩云祥	莱城区苗山镇西古德范村	33	男	1943 年
陈玉珍	莱城区茶业口镇南嵬石村	29	男	1943 年
范春广	莱城区茶业口镇北嵬石村	26	男	1943 年
李国昌	莱城区茶业口镇吉山村	22	男	1943 年
马立平	莱城区茶业口镇上法山村	23	男	1943 年
高连文	莱城区茶业口镇上法山村	36	男	1943 年
齐文禄	莱城区茶业口镇下王庄村	22	男	1943 年
刘廷贵	莱城区茶业口镇珍峪村	19	男	1943 年
崔荣德	莱城区茶业口镇下宅科村	26	男	1943 年
范春合	莱城区茶业口镇下石城村	29	男	1943 年
付玉珠	莱城区茶业口镇南腰关村	22	男	1943 年
王丙银	莱城区茶业口镇中温峪村	18	男	1943 年
李方花	莱城区茶业口镇埠口村	21	男	1943 年
高万举	莱城区茶业口镇埠口村	25	男	1943 年
栾尚永	莱城区茶业口镇峪门村	28	男	1943 年
李加文	莱城区茶业口镇姜家峪村	32	男	1943 年

姓 名	籍 贯	年 龄	性 别	死难时间
刘义奎	莱城区雪野镇西抬头村	32	男	1943 年
韩佃元	莱城区雪野镇小楼村	28	男	1943 年
程纪福	莱城区雪野镇石泉村	24	男	1943 年
魏宗明	莱城区雪野镇岭东村	37	男	1943 年
康凤太	莱城区苗山镇桃花峪村	36	男	1943 年
康凤江	莱城区苗山镇桃花峪村	24	男	1943 年
吕玉振	莱城区张家洼街道青杨行村	25	男	1943 年
王希平	莱城区雪野镇南栾宫村	31	男	1943 年
邢护业	莱城区雪野镇邢家峪村	17	男	1943 年
邢萃业	莱城区雪野镇邢家峪村	30	男	1943 年
邢占业	莱城区雪野镇邢家峪村	18	男	1943 年
邢曰来	莱城区雪野镇邢家峪村	19	男	1943 年
孙丰义	莱城区雪野镇邢家峪村	23	男	1943 年
苏灿敬	莱城区大王庄镇张家庄村	21	男	1943 年
周美扬	莱城区大王庄镇焉家庄村	22	男	1943 年
薛安宝	莱城区大王庄镇独路村	37	男	1943 年
倪灿正	莱城区大王庄镇蛤蟆石村	26	男	1943 年
燕维迎	莱城区大王庄镇安子村	22	男	1943 年
谷灿义	莱城区大王庄镇岔峪村	37	男	1943 年
张圣庚	莱城区大王庄镇造甲峪村	23	男	1943 年
李子绍	莱城区寨里镇水北西街村	34	男	1943 年
赵正宽	莱城区寨里镇水北西街村	38	男	1943 年
郭常德	莱城区寨里镇水北西街村	31	男	1943 年
李西云	莱城区寨里镇前枯河村	18	男	1943 年
李爱凤	莱城区寨里镇前枯河村	40	男	1943 年
李安元	莱城区寨里镇太平村	26	男	1943 年
唐乾元	莱城区寨里镇唐王许村	21	男	1943 年
司茂芹	莱城区杨庄镇张里村	33	男	1943 年
李德奎	莱城区杨庄镇东李家庄村	38	男	1943 年
吕肜河	莱城区张家洼街道吕家河村	25	男	1944 年 1 月
陈克桂	莱城区茶业口镇崖下村	21	男	1944 年 1 月
房公秀	莱城区茶业口镇崖下村	21	男	1944 年 1 月
刘光希	莱城区凤城街道孟家庄村	25	男	1944 年 1 月
亓延廷	莱城区凤城街道南十里铺村	21	男	1944 年 1 月

姓　名	籍　贯	年龄	性别	死难时间
王维禄	莱城区羊里镇北陈家庄村	21	男	1944 年 1 月
李天钦	莱城区羊里镇北陈家庄村	27	男	1944 年 1 月
陈书中	莱城区雪野镇西抬头村	24	男	1944 年 1 月
闫兆荣	莱城区雪野镇官正村	39	男	1944 年 1 月
张西海	莱城区牛泉镇东泉河村	22	男	1944 年 2 月
邢守业	莱城区牛泉镇南刘家庄村	48	男	1944 年 2 月
董元瑞	莱城区高庄街道西汶南村	24	男	1944 年 2 月
谷道彬	莱城区羊里镇郝中荣村	24	男	1944 年 2 月
陶秀三	莱城区羊里镇郝中荣村	26	男	1944 年 2 月
景西站	莱城区大王庄镇照嘴村	33	男	1944 年 2 月
白升利	莱城区苗山镇牛旺泉村	27	男	1944 年 3 月
彭怀德	莱城区雪野镇涝洼村	17	男	1944 年 3 月
王庆长	莱城区苗山镇祝上坡村	26	男	1944 年 4 月
李福其	莱城区高庄街道西沟里村	23	男	1944 年 4 月
亓永节	莱城区高庄街道团山村	26	男	1944 年 4 月
张效韩	莱城区苗山镇北文字村	38	男	1944 年 4 月
刘明林	莱城区苗山镇祝上坡村	19	男	1944 年 5 月
赵文安	莱城区苗山镇北古德范村	18	男	1944 年 6 月
李国茂	莱城区茶业口镇吉山村	24	男	1944 年 6 月
李来章	莱城区口镇三山村	36	男	1944 年 8 月
周茂芝	莱城区凤城街道东方红村	25	男	1944 年 8 月
亓玉景	莱城区口镇田庄村	24	男	1944 年 8 月
武汉卿	莱城区方下镇王家义村	26	男	1944 年 8 月
张淑桓	莱城区高庄街道北十里河村	28	男	1944 年 8 月
张淑山	莱城区高庄街道北十里河村	22	男	1944 年 8 月
栾尚勇	莱城区苗山镇五色崖村	26	男	1944 年 8 月
李瑞亭	莱城区羊里镇北陈家庄村	39	男	1944 年 9 月
郭子郁	莱城区方下镇兰沟崖村	43	男	1944 年 9 月
毕于范	莱城区牛泉镇圣井村	31	男	1944 年 9 月
郭笃成	莱城区苗山镇苗山村	19	男	1944 年 9 月
陈汉孟	莱城区苗山镇西见马村	27	男	1944 年 11 月
吕志科	莱城区苗山镇北围村	38	男	1944 年 11 月
王兆平	莱城区羊里镇西魏家庄村	18	男	1944 年 12 月
吕树一	莱城区牛泉镇向阳村	32	男	1944 年 12 月

姓　名	籍　贯	年龄	性别	死难时间
宋遵成	莱城区苗山镇东见马村	25	男	1944 年 12 月
刘玉纪	莱城区雪野镇胡家庄村	26	男	1944 年 12 月
张训成	莱城区口镇陶北村	25	男	1944 年
魏更会	莱城区方下镇方北村	27	男	1944 年
李东广	莱城区方下镇沟头村	29	男	1944 年
王佃英	莱城区方下镇西五龙口村	22	男	1944 年
李 苏	莱城区牛泉镇西蔺家庄村	28	男	1944 年
任立祥	莱城区牛泉镇任家庄村	22	男	1944 年
付洪林	莱城区茶业口镇南腰关村	37	男	1944 年
亓海秀	莱城区凤城街道曹东村	28	男	1944 年
郑子海	莱城区口镇古城村	29	男	1944 年
李乐勤	莱城区口镇大冶村	33	男	1944 年
李玉亭	莱城区口镇陶北村	20	男	1944 年
陶从树	莱城区口镇陶北村	35	男	1944 年
陶京云	莱城区口镇陶北村	35	男	1944 年
赵振吉	莱城区口镇陶南村	19	男	1944 年
赵爱先	莱城区口镇陶南村	21	男	1944 年
杨玉胜	莱城区羊里镇羊里村	32	男	1944 年
高逢龙	莱城区方下镇西五龙口村	27	男	1944 年
毕存德	莱城区牛泉镇圣井村	24	男	1944 年
周美常	莱城区苗山镇西见马村	28	男	1944 年
王其和	莱城区苗山镇西见马村	26	男	1944 年
王立军	莱城区苗山镇王家庄村	24	男	1944 年
庞秀芬	莱城区和庄乡张家台村	43	男	1944 年
郭金玉	莱城区和庄乡张家台村	20	男	1944 年
张乐春	莱城区和庄乡张家台村	24	男	1944 年
崔生贞	莱城区和庄乡老姑峪村	23	男	1944 年
崔生桂	莱城区和庄乡老姑峪村	25	男	1944 年
李冲德	莱城区和庄乡下崔家庄村	23	男	1944 年
赵立宝	莱城区和庄乡和庄村	34	男	1944 年
杨贯荣	莱城区和庄乡官家村	31	男	1944 年
高俊胜	莱城区和庄乡北平州村	19	男	1944 年
郇存德	莱城区和庄乡普通村	43	男	1944 年
李松林	莱城区苗山镇南峪村	28	男	1944 年

姓　名	籍　贯	年　龄	性　别	死难时间
杨法德	莱城区茶业口镇下冗子村	40	男	1944 年
程遵厚	莱城区茶业口镇下石臼村	22	男	1944 年
孙其进	莱城区雪野镇花峪村	36	男	1944 年
杨学香	莱城区雪野镇胡芟萝村	36	男	1944 年
毕同德	莱城区雪野镇北峪村	22	男	1944 年
刘振利	莱城区雪野镇北峪村	36	男	1944 年
王宪文	莱城区大王庄镇孤山子村	24	男	1944 年
边振河	莱城区寨里镇边王许村	26	男	1944 年
丁凤仁	莱城区寨里镇太平村	36	男	1944 年
石学周	莱城区杨庄镇高家店村	35	男	1944 年
陈中堂	莱城区杨庄镇西李家庄村	28	男	1944 年
亓盛德	莱城区凤城街道曹东村	17	男	1944 年
亓修仁	莱城区凤城街道南十里铺村	23	男	1944 年
颜景云	莱城区张家洼街道北王家庄村	29	男	1944 年
王瑞虎	莱城区张家洼街道三官庙村	28	男	1944 年
王洪德	莱城区张家洼街道西十字村	36	男	1944 年
周美杏	莱城区口镇山口村	42	男	1944 年
魏传敏	莱城区口镇江水村	21	男	1944 年
胥曰寅	莱城区口镇陶南村	19	男	1944 年
潘立勤	莱城区张家洼街道片家镇村	21	男	1944 年
刘清泉	莱城区张家洼街道片家镇村	26	男	1944 年
景玉珊	莱城区张家洼街道片家镇村	19	男	1944 年
亓敬之	莱城区张家洼街道王楼村	30	男	1944 年
付传道	莱城区羊里镇院上村	24	男	1944 年
卢士河	莱城区羊里镇院上村	28	男	1944 年
杨西铨	莱城区羊里镇东留村	20	男	1944 年
王恒夏	莱城区羊里镇西魏家庄村	20	男	1944 年
朱本庆	莱城区羊里镇西温石埠村	40	男	1944 年
魏广英	莱城区羊里镇红岭子村	17	女	1944 年
耿志毅	莱城区方下镇方北村	26	男	1944 年
吴乃亮	莱城区方下镇石桥子村	28	男	1944 年
王德祥	莱城区方下镇石桥子村	23	男	1944 年
马希古	莱城区方下镇大辛庄村	41	男	1944 年
耿革修	莱城区方下镇耿公清村	24	男	1944 年

姓　名	籍　贯	年　龄	性　别	死难时间
刘宗周	莱城区方下镇石家泉村	34	男	1944 年
李海连	莱城区方下镇乔家义村	24	男	1944 年
马金甫	莱城区牛泉镇马小庄村	24	男	1944 年
雷印清	莱城区牛泉镇西上庄村	26	男	1944 年
雷现习	莱城区牛泉镇西五斗村	28	男	1944 年
李会友	莱城区牛泉镇祥沟村	30	男	1944 年
亓朝明	莱城区牛泉镇亓省庄村	29	男	1944 年
吕树范	莱城区牛泉镇向阳村	36	男	1944 年
刘文俊	莱城区牛泉镇李条庄村	21	男	1944 年
戴盛斋	莱城区牛泉镇庞家庄村	24	男	1944 年
亓一本	莱城区高庄街道劝礼村	27	男	1944 年
刘训文	莱城区高庄街道上亓家峪村	22	男	1944 年
高逢一	莱城区高庄街道东汶南村	21	男	1944 年
何式城	莱城区高庄街道站里村	30	男	1944 年
谷兰玉	莱城区高庄街道野店村	22	男	1944 年
王其水	莱城区苗山镇北辛庄村	38	男	1944 年
吕宜贤	莱城区苗山镇南龙角村	37	男	1944 年
吕济彬	莱城区苗山镇中方山村	23	男	1944 年
吕济琛	莱城区苗山镇中方山村	21	男	1944 年
邹务兰	莱城区苗山镇中方山村	25	男	1944 年
王京轩	莱城区苗山镇东见马村	27	男	1944 年
郭洪德	莱城区苗山镇南祝家洼村	21	男	1944 年
魏洪仁	莱城区苗山镇唐上坡村	22	男	1944 年
尚怀清	莱城区苗山镇栾家庄村	35	男	1944 年
郭金锡	莱城区和庄乡张家台村	32	男	1944 年
王呈蒿	莱城区和庄乡张家台村	29	男	1944 年
王钦人	莱城区和庄乡张家台村	56	男	1944 年
刘忠增	莱城区和庄乡上崔家庄村	28	男	1944 年
刘忠朝	莱城区和庄乡上崔家庄村	22	男	1944 年
岳廷年	莱城区和庄乡下崔家庄村	29	男	1944 年
高建尧	莱城区和庄乡西车辐村	29	男	1944 年
郇升印	莱城区和庄乡普通村	42	男	1944 年
丁龙其	莱城区和庄乡普通村	33	男	1944 年
孙英欣	莱城区和庄乡北麻峪村	32	男	1944 年

姓 名	籍 贯	年 龄	性 别	死难时间
王世交	莱城区和庄乡横顶村	23	男	1944 年
王子和	莱城区苗山镇常庄村	28	男	1944 年
王振先	莱城区苗山镇常庄村	24	男	1944 年
谢加士	莱城区苗山镇东邢村	20	男	1944 年
张生俭	莱城区苗山镇东邢村	24	男	1944 年
王其章	莱城区苗山镇崮山村	19	男	1944 年
熊仕刚	莱城区苗山镇黄崖村	29	男	1944 年
张佃森	莱城区苗山镇黄崖村	34	男	1944 年
崔江汉	莱城区苗山镇南文字村	28	男	1944 年
张华臣	莱城区苗山镇南文字村	60	男	1944 年
陈善文	莱城区苗山镇响水湾村	22	男	1944 年
初光吉	莱城区苗山镇西坡村	24	男	1944 年
张延清	莱城区苗山镇西坡村	48	男	1944 年
赵文起	莱城区苗山镇东古德范村	32	男	1944 年
陈作本	莱城区茶业口镇西嵬石村	24	男	1944 年
秦光喜	莱城区茶业口镇刘白杨村	19	男	1944 年
王文玉	莱城区茶业口镇下法山村	21	男	1944 年
高元贞	莱城区茶业口镇上法山村	30	男	1944 年
亓连才	莱城区茶业口镇上法山村	33	男	1944 年
逯云强	莱城区茶业口镇上法山村	22	男	1944 年
贾长兴	莱城区茶业口镇上茶业村	26	男	1944 年
李常福	莱城区茶业口镇上石城村	22	男	1944 年
宋念本	莱城区茶业口镇崖下村	22	男	1944 年
宋作海	莱城区茶业口镇崖下村	22	男	1944 年
许京明	莱城区茶业口镇西腰关村	23	男	1944 年
高明珍	莱城区茶业口镇中温峪村	19	男	1944 年
李海秀	莱城区茶业口镇董家峪村	20	男	1944 年
李方林	莱城区茶业口镇埠口村	24	男	1944 年
李杰林	莱城区茶业口镇峪门村	24	男	1944 年
夏兴义	莱城区茶业口镇西榆林村	20	男	1944 年
王曰生	莱城区雪野镇冬暖村	23	男	1944 年
韩连森	莱城区雪野镇花峪村	30	男	1944 年
毕于顺	莱城区雪野镇东峪村	40	男	1944 年
段明红	莱城区苗山镇大古山村	22	男	1944 年

姓 名	籍 贯	年 龄	性 别	死难时间
毕先久	莱城区雪野镇南栾宫村	26	男	1944 年
张义胜	莱城区雪野镇北白座村	23	男	1944 年
赵如仲	莱城区大王庄镇陡崖村	23	男	1944 年
刘绍生	莱城区大王庄镇猪石槽村	33	男	1944 年
张九田	莱城区大王庄镇猪石槽村	28	男	1944 年
陈佃启	莱城区大王庄镇南店子村	33	男	1944 年
王兆行	莱城区大王庄镇虎口崖村	24	男	1944 年
苏登望	莱城区大王庄镇苏家庄村	27	男	1944 年
赵孟春	莱城区寨里镇大高庄村	40	男	1944 年
徐连珂	莱城区寨里镇后枯河村	24	男	1944 年
刘丙文	莱城区寨里镇韩王许村	30	男	1944 年
沈善德	莱城区杨庄镇侯家洼村	18	男	1944 年
马京佑	莱城区杨庄镇马家庄村	17	男	1944 年
王立臣	莱城区杨庄镇西宅科村	30	男	1944 年
常奎茂	莱城区茶业口镇上宅科村	17	男	1944 年
李西增	莱城区寨里镇太平村	21	男	1945 年 1 月
苏动之	莱城区寨里镇大鱼池村	24	男	1945 年 2 月
雷茂贞	莱城区牛泉镇西五斗村	21	男	1945 年 2 月
王子孝	莱城区苗山镇亓家庄村	30	男	1945 年 2 月
许恒昌	莱城区羊里镇南魏家庄村	34	男	1945 年 3 月
许善彬	莱城区羊里镇辛兴东南村	27	男	1945 年 3 月
靳成先	莱城区方下镇方北村	31	男	1945 年 3 月
董善堂	莱城区高庄街道小洼子村	33	男	1945 年 3 月
刘明玉	莱城区羊里镇院上村	25	男	1945 年 3 月
刘保泉	莱城区羊里镇北陈家庄村	32	男	1945 年 3 月
赵万荣	莱城区方下镇方北村	18	男	1945 年 3 月
时茂来	莱城区方下镇大辛庄村	24	男	1945 年 3 月
毕继德	莱城区牛泉镇毕毛埠村	19	男	1945 年 3 月
曹士一	莱城区牛泉镇南三官庙村	31	男	1945 年 3 月
亓丙禄	莱城区高庄街道团山村	28	男	1945 年 3 月
亓振川	莱城区高庄街道井峪村	23	男	1945 年 3 月
邵玉圣	莱城区苗山镇横山口村	27	男	1945 年 3 月
陈传功	莱城区茶业口镇西峣石村	21	男	1945 年 3 月
毕平德	莱城区雪野镇上游村	20	男	1945 年 3 月

姓 名	籍 贯	年 龄	性 别	死难时间
巩代增	莱城区寨里镇水东村	19	男	1945 年 3 月
卢志甲	莱城区杨庄镇大桥沟村	22	男	1945 年 3 月
尚慎民	莱城区苗山镇上崮村	23	男	1945 年 4 月
温春芝	莱城区牛泉镇八里沟村	27	男	1945 年 5 月
李乃曾	莱城区羊里镇仓上村	28	男	1945 年 5 月
王冠军	莱城区凤城街道东风村	44	男	1945 年 5 月
李梅芝	莱城区高庄街道西沟里村	25	男	1945 年 5 月
陈兆祥	莱城区和庄乡张家台村	22	男	1945 年 5 月
李遵宝	莱城区茶业口镇北腰关村	23	男	1945 年 5 月
刘洪才	莱城区雪野镇富家庄村	18	男	1945 年 6 月
翟向水	莱城区雪野镇东峪村	31	男	1945 年 6 月
周长水	莱城区苗山镇亓家庄村	27	男	1945 年 6 月
闫振恒	莱城区雪野镇鹿野村	17	男	1945 年 6 月
李富先	莱城区方下镇蔺家楼村	23	男	1945 年 7 月
白兆法	莱城区苗山镇五色崖村	58	男	1945 年 7 月
张公修	莱城区羊里镇三官庙村	18	男	1945 年 7 月
时顺吉	莱城区方下镇时方下村	24	男	1945 年 7 月
刘焕军	莱城区方下镇刘封邱村	22	男	1945 年 8 月
谭业德	莱城区高庄街道谭家楼村	25	男	1945 年 8 月
张乔三	莱城区苗山镇牛旺泉村	33	男	1945 年 8 月
苏庆安	莱城区寨里镇宜山村	23	男	1945 年 8 月
吕胜田	莱城区张家洼街道马头梁坡村	24	男	1945 年
黄庆来	莱城区张家洼街道李梁坡村	22	男	1945 年
赵之齐	莱城区张家洼街道北山阳村	22	男	1945 年
毕增进	莱城区牛泉镇毕毛埠村	25	男	1945 年
吕慎昌	莱城区苗山镇南龙角村	18	男	1945 年
刘汉斌	莱城区苗山镇东杓山村	21	男	1945 年
刘振传	莱城区苗山镇西杓山村	19	男	1945 年
张洪军	莱城区苗山镇王家庄村	18	男	1945 年
郭会海	莱城区苗山镇上崮村	26	男	1945 年
王传信	莱城区牛泉镇西王庄村	26	男	1945 年
白升友	莱城区苗山镇牛旺泉村	31	男	1945 年
蔺少全	莱城区方下镇石泉官庄村	19	男	1945 年
唐连其	莱城区苗山镇崮山村	22	男	1945 年

姓 名	籍 贯	年 龄	性 别	死难时间
秦继仁	莱城区高庄街道邵家庄村	27	男	1945 年
李进笃	莱城区苗山镇北于家庄村	26	男	1945 年
张鹏苓	莱城区方下镇鲁西村	24	男	1945 年
李 亭	莱城区方下镇柳行沟村	28	男	1945 年
张清福	莱城区苗山镇西坡村	25	男	1945 年
高庆双	莱城区茶业口镇中温峪村	18	男	1945 年
朱英训	莱城区口镇西街村	21	男	1945 年
韩道伦	莱城区口镇西街村	25	男	1945 年
韩玉超	莱城区口镇北街村	37	男	1945 年
毕于吉	莱城区口镇狂山村	26	男	1945 年
陶述忠	莱城区口镇陶北村	33	男	1945 年
胥士远	莱城区口镇陶南村	50	男	1945 年
陶建亨	莱城区口镇陶南村	24	男	1945 年
陶富修	莱城区口镇陶南村	23	男	1945 年
李连元	莱城区口镇陶南村	29	男	1945 年
吕恕善	莱城区羊里镇仓上村	19	男	1945 年
卢松年	莱城区羊里镇院上村	25	男	1945 年
索振英	莱城区羊里镇院上村	25	男	1945 年
李广德	莱城区羊里镇辛庄子村	44	男	1945 年
郑希永	莱城区羊里镇北留村	27	男	1945 年
潘东奎	莱城区方下镇沟头村	36	男	1945 年
亓海龙	莱城区方下镇大辛庄村	37	男	1945 年
申立吉	莱城区方下镇蔺家楼村	27	男	1945 年
李洪生	莱城区方下镇乔家义村	22	男	1945 年
亓沿海	莱城区牛泉镇范庄村	22	男	1945 年
李俊洪	莱城区苗山镇苏上坡村	18	男	1945 年
邵玉举	莱城区苗山镇灰堆村	31	男	1945 年
张佑全	莱城区苗山镇王家庄村	19	男	1945 年
徐增祥	莱城区和庄乡左家峪村	39	男	1945 年
赵桂贞	莱城区和庄乡和庄村	24	男	1945 年
张兆正	莱城区和庄乡和庄村	24	男	1945 年
陈孔文	莱城区和庄乡普通村	25	男	1945 年
张福祥	莱城区苗山镇崮山村	29	男	1945 年
李龙法	莱城区茶业口镇茶业口村	32	男	1945 年

姓 名	籍 贯	年 龄	性 别	死难时间
宋焕章	莱城区茶业口镇上茶业村	25	男	1945 年
韩秀泉	莱城区茶业口镇中温峪村	21	男	1945 年
李庆福	莱城区雪野镇胡荽萝村	23	男	1945 年
杨学文	莱城区雪野镇胡荽萝村	32	男	1945 年
张道安	莱城区大王庄镇小王庄村	27	男	1945 年
张松林	莱城区大王庄镇李家庄村	21	男	1945 年
陈丹峰	莱城区杨庄镇陈东村	30	男	1945 年
王圣一	莱城区杨庄镇梅官庄村	45	男	1945 年
韩玉恕	莱城区口镇西街村	21	男	1945 年
郇心荣	莱城区张家洼街道御驾泉村	35	男	1945 年
耿庆福	莱城区口镇花水泉村	30	男	1945 年
曹玉生	莱城区口镇大冶村	24	男	1945 年
胥冠珠	莱城区口镇陶南村	20	男	1945 年
胥维汉	莱城区口镇陶南村	22	男	1945 年
王纪堂	莱城区口镇陶南村	20	男	1945 年
戴兆瑞	莱城区张家洼街道片家镇村	22	男	1945 年
吕福一	莱城区张家洼街道邹高庄村	32	男	1945 年
张西永	莱城区张家洼街道张高庄村	19	男	1945 年
耿逢其	莱城区张家洼街道郭家镇村	19	男	1945 年
郇元其	莱城区张家洼街道港里村	23	男	1945 年
潘清川	莱城区张家洼街道港里村	33	男	1945 年
吴长忠	莱城区羊里镇院上村	25	男	1945 年
孟广运	莱城区羊里镇孟中荣村	51	男	1945 年
聂增禄	莱城区羊里镇西留村	34	男	1945 年
聂加义	莱城区羊里镇西留村	30	男	1945 年
孙树吉	莱城区羊里镇三官庙村	35	男	1945 年
陈少孟	莱城区羊里镇西土屋村	32	男	1945 年
李金堂	莱城区方下镇沟头村	31	男	1945 年
姜连荣	莱城区方下镇沟头村	27	男	1945 年
孟继存	莱城区方下镇鲁西村	23	男	1945 年
房西桂	莱城区方下镇鲁西村	20	男	1945 年
耿秀业	莱城区方下镇耿公清村	18	男	1945 年
高凤聚	莱城区张家洼街道高家洼村	28	男	1945 年
张汉烈	莱城区方下镇亓官庄村	27	男	1945 年

姓 名	籍 贯	年 龄	性 别	死难时间
孙书贵	莱城区方下镇鹿家堂村	25	男	1945 年
蔺延坤	莱城区方下镇陈家庄村	26	男	1945 年
张 玉	莱城区牛泉镇东上庄村	25	男	1945 年
亓维兆	莱城区牛泉镇圣井村	30	男	1945 年
李达善	莱城区牛泉镇蒲洼村	23	男	1945 年
宿奉爵	莱城区牛泉镇青沙沟村	25	男	1945 年
吕宪祥	莱城区牛泉镇吕家楼村	27	男	1945 年
李清白	莱城区牛泉镇蔺家庄村	28	男	1945 年
李宏昌	莱城区牛泉镇蔺家庄村	27	男	1945 年
蔺信普	莱城区牛泉镇西蔺家庄村	30	男	1945 年
毕兑亭	莱城区高庄街道槲林村	22	男	1945 年
亓忠庆	莱城区高庄街道羊庄村	26	男	1945 年
亓德普	莱城区高庄街道羊庄村	24	男	1945 年
王其祥	莱城区高庄街道羊庄村	47	男	1945 年
刘恒先	莱城区高庄街道后王峪村	24	男	1945 年
田法宗	莱城区高庄街道田家林村	30	男	1945 年
王其同	莱城区苗山镇苗山村	21	男	1945 年
姚克昌	莱城区苗山镇南龙角村	35	男	1945 年
王仲文	莱城区苗山镇西枛山村	39	男	1945 年
焦念圣	莱城区和庄乡左家峪村	26	男	1945 年
任善良	莱城区苗山镇北古德范村	23	男	1945 年
王言吉	莱城区和庄乡青石关村	22	男	1945 年
刘同华	莱城区和庄乡西车辐村	21	男	1945 年
姜万更	莱城区和庄乡车南峪村	38	男	1945 年
张敬文	莱城区和庄乡车南峪村	27	男	1945 年
陈奉义	莱城区和庄乡峨峪村	21	男	1945 年
王其宝	莱城区苗山镇崮山村	25	男	1945 年
刘春生	莱城区苗山镇南峪村	—	男	1945 年
张居安	莱城区苗山镇南文字村	21	男	1945 年
董立亭	莱城区苗山镇响水湾村	27	男	1945 年
孙瑞兆	莱城区苗山镇磨石峪村	28	男	1945 年
刘孔福	莱城区苗山镇南古德范村	23	男	1945 年
王加玉	莱城区茶业口镇北崼石村	20	男	1945 年
吴先水	莱城区茶业口镇北崼石村	24	男	1945 年

姓 名	籍 贯	年 龄	性 别	死难时间
陈花春	莱城区茶业口镇西崀石村	30	男	1945 年
李京元	莱城区茶业口镇吉山村	29	男	1945 年
李国境	莱城区茶业口镇吉山村	22	男	1945 年
刘都堂	莱城区茶业口镇曼里村	17	男	1945 年
秦光爱	莱城区茶业口镇刘白杨村	27	男	1945 年
李在进	莱城区茶业口镇卧铺村	25	男	1945 年
翟呈光	莱城区茶业口镇下王庄村	22	男	1945 年
郭传胜	莱城区茶业口镇桑科村	24	男	1945 年
张合山	莱城区茶业口镇南腰关村	24	男	1945 年
张桂山	莱城区茶业口镇南腰关村	21	男	1945 年
张松山	莱城区茶业口镇南腰关村	25	男	1945 年
吕丰玲	莱城区茶业口镇东腰关村	25	男	1945 年
魏玉顺	莱城区茶业口镇龙子村	22	男	1945 年
张元贞	莱城区茶业口镇下迷马村	23	男	1945 年
李方建	莱城区茶业口镇董家峪村	30	男	1945 年
李方照	莱城区茶业口镇董家峪村	24	男	1945 年
孙兆庆	莱城区茶业口镇下石臼村	25	男	1945 年
高庆贵	莱城区茶业口镇埠口村	23	男	1945 年
王之皋	莱城区茶业口镇峪门村	32	男	1945 年
王福思	莱城区茶业口镇峪门村	34	男	1945 年
张佃明	莱城区茶业口镇中榆林村	40	男	1945 年
贾德龙	莱城区茶业口镇暗摇头村	34	男	1945 年
王乃海	莱城区茶业口镇尧舜村	33	男	1945 年
王双木	莱城区雪野镇冬暖村	23	男	1945 年
朱玉仁	莱城区雪野镇上游村	21	男	1945 年
韩传三	莱城区雪野镇西下游村	24	男	1945 年
耿化先	莱城区雪野镇岭东村	44	男	1945 年
周常东	莱城区苗山镇亓家庄村	23	男	1945 年
李太泉	莱城区雪野镇北栾宫村	25	男	1945 年
魏清培	莱城区雪野镇北栾宫村	34	男	1945 年
魏昌培	莱城区雪野镇北栾宫村	20	男	1945 年
郇心贤	莱城区雪野镇北栾宫村	24	男	1945 年
李玉学	莱城区雪野镇东栾宫村	20	男	1945 年
吕全汝	莱城区雪野镇东栾宫村	21	男	1945 年

姓 名	籍 贯	年 龄	性 别	死难时间
刘元利	莱城区雪野镇东栾宫村	22	男	1945 年
王春付	莱城区雪野镇东栾宫村	22	男	1945 年
邢庚业	莱城区雪野镇邢家峪村	22	男	1945 年
张西才	莱城区雪野镇北白座村	23	男	1945 年
高竹双	莱城区雪野镇南双王村	19	男	1945 年
高洪仁	莱城区雪野镇南双王村	26	男	1945 年
玄冠吉	莱城区大王庄镇小王庄村	29	男	1945 年
景西文	莱城区大王庄镇照嘴村	23	男	1945 年
刘西桂	莱城区大王庄镇照嘴村	26	男	1945 年
曲凯庆	莱城区大王庄镇温家庄村	36	男	1945 年
彭嵩荣	莱城区大王庄镇止凤村	21	男	1945 年
苏将富	莱城区大王庄镇陡崖村	20	男	1945 年
李久行	莱城区大王庄镇苏家庄村	30	男	1945 年
孙光义	莱城区寨里镇王大下村	20	男	1945 年
赵灿文	莱城区寨里镇寨西村	20	男	1945 年
刘洪进	莱城区寨里镇小下村	27	男	1945 年
苏久之	莱城区寨里镇苏坡村	23	男	1945 年
刘俊松	莱城区杨庄镇刘家店村	22	男	1945 年
张九儒	莱城区杨庄镇营房村	20	男	1945 年
陈志顺	莱城区杨庄镇大埠头村	23	男	1945 年
王和德	莱城区杨庄镇西李家庄村	23	男	1945 年
李如生	莱城区杨庄镇张里村	25	男	1945 年
宋士忠	莱城区杨庄镇陈徐村	28	男	1945 年
赵永昌	莱城区方下镇东五龙口村	—	男	—
王京贤	莱城区方下镇王家义村	35	男	—
亓立用	莱城区牛泉镇亓毛埠村	19	男	—
亓仲钦	莱城区牛泉镇亓毛埠村	19	男	—
焦佃文	莱城区牛泉镇将山后村	30	男	—
亓慎泽	莱城区牛泉镇上峪村	24	男	—
吴志亨	莱城区牛泉镇茂盛堂村	31	男	—
吕树杨	莱城区牛泉镇向阳村	22	男	—
纪玉宗	莱城区牛泉镇绿凡崖村	43	男	—
亓玉才	莱城区牛泉镇李条庄村	26	男	—
蔺青圣	莱城区牛泉镇西蔺家庄村	22	男	—

姓　名	籍　贯	年　龄	性　别	死难时间
张士孝	莱城区高庄街道石棚村	36	男	—
丁洪瑞	莱城区高庄街道小北冶村	34	男	—
薛玉福	莱城区和庄乡荣科村	29	男	—
信吉成	莱城区苗山镇东邢村	18	男	—
段明高	莱城区张家洼街道北山子后	—	男	1938 年
谷献明	莱城区张家洼街道北山子后	—	男	1938 年
刘仲新	莱城区寨里镇小下村	—	男	1939 年 5 月
焦高德	莱城区方下镇嘶马河村	20	男	1939 年 12 月
焦连德	莱城区方下镇嘶马河村	18	男	1939 年 12 月
郭汉会	莱城区和庄乡关西坡村	28	男	1940 年 1 月 15 日
李维祥	莱城区和庄乡关西坡村	28	男	1940 年 1 月 15 日
刘振仉	莱城区和庄乡关西坡村	28	男	1940 年 1 月 15 日
刘家密	莱城区凤城街道汶阳村	21	男	1940 年 8 月 13 日
蒋正坤	莱城区和庄乡	—	男	1940 年 12 月
李仲德	莱城区和庄乡	—	男	1940 年 12 月
杨阴松	莱城区杨庄镇杨家庄村	—	男	1940 年 12 月
张志传	莱城区杨庄镇谭家庄村	—	男	1940 年 12 月
吕庆富	莱城区张家洼街道吕家河村	18	男	1940 年
亓西元	莱城区方下镇田封邱村	37	男	1940 年
宋建起	莱城区和庄乡	—	男	1940 年
孙应利	莱城区和庄乡	—	男	1940 年
滕西图	莱城区张家洼街道北山阳村	29	男	1940 年
王书正	莱城区凤城街道近崮村	25	男	1940 年
柳兴业	莱城区凤城街道任花园村	—	男	1941 年 1 月
李海龙	莱城区苗山镇苗山村	—	男	1941 年 7 月 14 日
王京一	莱城区苗山镇苗山村	—	男	1941 年 7 月 14 日
王其臣	莱城区苗山镇苗山村	—	男	1941 年 7 月 14 日
王其荣	莱城区苗山镇苗山村	—	男	1941 年 7 月 14 日
王淑英	莱城区苗山镇苗山村	—	男	1941 年 7 月 14 日
王义顺	莱城区苗山镇苗山村	—	男	1941 年 7 月 14 日
王玉怀	莱城区苗山镇苗山村	—	男	1941 年 7 月 14 日
姜万太	莱城区苗山镇南峪村	—	男	1941 年 7 月 25 日
付常之	莱城区茶业口镇龙堂村	—	男	1941 年 8 月 5 日
王传寅	莱城区茶业口镇王白杨村	—	男	1941 年 8 月 20 日

姓 名	籍 贯	年 龄	性 别	死难时间
陈连京	莱城区茶业口镇冗子村	—	男	1941 年 8 月 21 日
崔刘氏	莱城区茶业口镇冗子村	—	女	1941 年 8 月 21 日
韩宝堂	莱城区茶业口镇温峪村	—	男	1941 年 8 月 21 日
韩光云	莱城区茶业口镇温峪村	—	男	1941 年 8 月 21 日
韩秀平	莱城区茶业口镇温峪村	—	男	1941 年 8 月 21 日
刘更阶	莱城区茶业口镇温峪村	—	男	1941 年 8 月 21 日
刘君玉	莱城区茶业口镇冗子村	—	男	1941 年 8 月 21 日
亓文德	莱城区张家洼街道西十字路村	32	男	1941 年 8 月
郭春圣	莱城区凤城街道近崮村	34	男	1941 年
刘大入	莱城区凤城街道近崮村	35	男	1941 年
刘义岭	莱城区方下镇刘家庙村	21	男	1941 年
吕遵恒	莱城区张家洼街道吕家河村	42	男	1941 年
亓林生	莱城区张家洼街道许家沟村	21	男	1941 年
冯玉水	莱城区大王庄镇马场村	—	男	1942 年 1 月
程松林	莱城区苗山镇西坡村	27	男	1942 年 2 月 23 日
董化有	莱城区苗山镇响水湾村	28	男	1942 年 2 月 23 日
李开杰	莱城区苗山镇西坡村	32	男	1942 年 2 月 23 日
刘昌中	莱城区苗山镇响水湾村	30	男	1942 年 2 月 23 日
宋学明	莱城区苗山镇西坡村	25	男	1942 年 2 月 23 日
张立吉	莱城区苗山镇南文字村	32	男	1942 年 2 月 23 日
张申业	莱城区苗山镇南文字村	30	男	1942 年 2 月 23 日
张兆胜	莱城区苗山镇南文字村	29	男	1942 年 2 月 23 日
魏佑甲	莱城区张家洼街道西十字路村	25	男	1942 年 6 月
陈善纪	莱城区苗山镇石龙口村	21	男	1942 年 8 月 16 日
陈善伦	莱城区苗山镇石龙口村	35	男	1942 年 8 月 16 日
刘春朋	莱城区苗山镇石龙口村	42	男	1942 年 8 月 16 日
刘春青	莱城区苗山镇石龙口村	40	男	1942 年 8 月 16 日
陈善庆	莱城区苗山镇石龙口村	29	男	1942 年 8 月 16 日
陈善增	莱城区苗山镇石龙口村	31	男	1942 年 8 月 16 日
陈兴录	莱城区羊里镇东温石村	25	男	1943 年 1 月
李秋贵	莱城区羊里镇东温石村	23	男	1943 年 1 月
刘传龙	莱城区大王庄镇照嘴村	—	男	1943 年 2 月 17 日
陈佃如	莱城区大王庄镇西风炉村	43	男	1943 年 8 月
张灯河	莱城区大王庄镇西风炉村	18	男	1943 年 8 月

姓　名	籍　贯	年　龄	性　别	死难时间
刘振孝	莱城区凤城街道汶阳村	20	男	1943 年 11 月
李　廷	莱城区方下镇柳行沟村	28	男	1943 年
吕李氏	莱城区凤城街道吕花园村	33	女	1943 年
吕善洪	莱城区凤城街道吕花园村	47	男	1943 年
吕宜都	莱城区凤城街道吕花园村	30	男	1943 年
王　珂	莱城区杨庄镇朱屈街村	43	男	1943 年
张孝思	莱城区寨里镇周王许村	—	男	1943 年
赵廷端	莱城区寨里镇周王许村	—	男	1943 年
魏振顺	莱城区羊里镇东魏庄村	13	男	1944 年 2 月
张云亭	莱城区羊里镇中土屋村	26	男	1944 年 4 月
李英泉	莱城区凤城街道孔家庄村	36	男	1944 年 7 月
任香元	莱城区凤城街道孔家庄村	23	男	1944 年 7 月
朱玉仁	莱城区凤城街道孔家庄村	55	男	1944 年 7 月
陈贵吉	莱城区大王庄镇西店子村	38	男	1944 年
陈玉尧	莱城区寨里镇宋埠村	—	男	1944 年
刘俊儒	莱城区凤城街道孙花园村	32	男	1944 年
刘明一	莱城区方下镇沈家岭村	30	男	1944 年
吕棠华	莱城区凤城街道孙花园村	25	男	1944 年
王曰泉	莱城区张家洼街道徐家河村	33	男	1944 年
陈佃雨	莱城区大王庄镇西店子村	30	男	1945 年
陈雨吉	莱城区大王庄镇西店子村	30	男	1945 年
王夫田	莱城区凤城街道小山村	—	男	1945 年
合　计	2059			

责任人：刘佃银　　　　　　　　填表人：李秋玲　　　　　　　　核实人：亓洪刚

填报单位（盖章）：莱芜市莱城区党史史志办公室　　　　　　填报时间：2009 年 5 月 15 日

后　记

在中央党史研究室组织指导下，山东省于 2006 年开展了抗日战争时期人口伤亡和财产损失大型调研活动（以下简称"抗损调研"）。抗损调研的成果之一，是通过全省普遍的乡村走访调查，广泛收集见证人和知情人的口述资料，如实记录伤亡者的姓名、籍贯、性别、年龄、死难时间等信息，编纂一部《山东省抗日战争时期伤亡人员名录》（以下简称《名录》）。《名录》于 2010 年编纂完成后，共收录抗日战争时期日军造成的山东现行政区域范围内的伤亡人员 46.9 万余名。以《名录》为基础，我们选择信息比较完整、填写比较规范的 100 个县（市、区）抗日战争时期死难人员名录，经省市县三级党史部门进一步整理、编纂，形成了《山东省百县（市、区）抗日战争时期死难者名录》，共收录死难者 169173 人。

2005 年，中央党史研究室部署开展《抗日战争时期中国人口伤亡和财产损失》这一重大课题的调研工作。考虑到这项课题是一项艰巨复杂的浩大工程，山东省委党史研究室确定先行试点，在取得经验的基础上全面展开。2006 年 3 月，山东省委党史研究室在全省 17 个市选择 30 个县（市、区）作为抗损调研试点单位。在中央党史研究室指导下，山东省委党史研究室按照全国调研工作方案确定的指导思想、组织领导、调研项目、工作步骤、基本要求等，制定下发了《山东省抗日战争时期人口伤亡和财产损失调研试点工作方案》。各试点县（市、区）建立了两支调研队伍：一是县（市、区）建立由党史、档案、史志等单位人员组成的档案与文献资料查阅队伍；二是乡（镇）、村建立走访调查队伍。调查的方式是：以村为单位，以 70 岁以上老人为重点，走访调查见证人和知情人，调查人员根据访问情况填写调查表，被调查人员确认填写的内容准确无误后签字（按手印）；以乡（镇）为单位对调查表记录的人员伤亡和财产损失情况进行汇总统计；以县（市、区）为单位查阅历史档案和文献资料，细致梳理人员伤亡和财产损失情况记录，汇总统计本县（市、区）人口伤亡和财产损失情况。试点工作于 7 月底结束。

试点期间，中央党史研究室不仅从方案规划设计，调研方法步骤确定，以及走访调查和档案查阅等各个环节需要把握的问题，给予我们精心指导，而且一再提出把调研工作做成"基础工程、精品工程、警世工程、传世工程"的标准要求，不断提升我们对这项工作的认识高度。

在中央党史研究室的悉心指导下，试点工作不仅取得重要成果，而且深化了我们对抗损调研工作的认识，增强了我们做好这项工作的责任意识。

一是收集了大量历史档案和文献资料，掌握了历史上山东省对抗损问题的调研情况，对如何深化调研取得了新的认识。

试点期间，30个试点县（市、区）共查阅历史档案2.36万卷，文献资料6859册，收集档案、文献资料3.72万份。主要包括：抗日战争胜利后，山东解放区政府、冀鲁豫解放区政府和国民党山东省政府、国民党青岛市政府对抗日战争时期山东省境内人口伤亡和财产损失所做的调查资料；新中国成立后，为收集日本战犯罪行证据，由山东省人民政府统一组织领导，各级公安、检察机关所做的调查资料；20世纪五六十年代和改革开放以来，各级党史、史志、文史部门，社科研究单位和民间人士对抗日战争时期发生在山东省境内的人口伤亡和财产损失重大事件所做的典型调查资料等。

通过分析这些资料，可以看到，解放区政府和国民党政府所做的调查，调查时间是抗战胜利后至1946年初，调查方法是按照联合国救济总署设定的战争灾害损失调查项目进行的，调查目的在于战后救济与善后，着重于人口伤亡和财产损失的数据统计，其调查覆盖山东全境，统计数据全面、可靠，但缺少伤亡者具体信息的记录。新中国成立后及改革开放新时期的调查，留存了日本战犯和受害人、当事人的大量口供和证词。这些口供和证词记录了伤亡者姓名、被害经过等许多具体信息，但仅限于部分重大事件中的少数伤亡者。据此，我们认识到，虽然通过系统整理散落在各级档案馆、图书馆、博物馆的档案和文献中的历次调查资料，可以在确凿的历史档案、文献资料以及人证、物证等证据的基础上，进一步查明山东省抗日战争时期人口伤亡和财产损失的情况，但还是难以在全省范围内查明伤亡者更多的具体信息。因此，还需要我们做更多的工作。

二是收集了大量见证人、知情人口述资料，掌握了乡村走访调查的样本选择和操作方法，深化了对直接调查重要性的认识。

30个试点县（市、区）走访调查19723个村庄、103.6万人，召开座谈会13.13万人次，收集证人证言22.42万份。这些证言证词记载了当年日军的累累罪行。虽然时间已经过去了六七十年，见证人的有些记忆已很不完整、有些仅是片段式的，但亲眼目睹过同胞亲人惨遭劫难的老人们，仍能清晰讲述出其刻骨铭心的深刻记忆；虽然有些村庄已经消失，有些家族整个被日军杀绝，从而导致一些信息中断，但大多数村庄仍然保留有历史记忆，大量死难者有亲人或后人在世。

基于对证言证词的分析，我们认识到：村落是民族记忆的历史载体、家族生活的社会单元，保留着家族绵延续绝的历史信息；70 岁以上老人在抗日战争胜利时已有十几岁，具备准确记忆的能力。以行政村为调查样本、以全省 609 万在世的 70 岁以上老人为重点人群，采用乡村走访调查的方法，可以收集更多的抗日战争时期伤亡人员信息，以弥补过去历次调查留下的缺憾。

三是查阅了世界其他国家对二战时期死难者调查的文献资料，增强了我们对历史负责、对死难者亡灵负责、对国际社会和人类文明负责的民族担当意识。

试点期间，山东省委党史研究室组织研究人员查阅了世界各国对二战时期死难者调查和纪念的相关资料。"尊重每一个生命，珍惜每一个人的存亡"，在第二次世界大战灾难的调查和纪念中得到充分体现。2004 年，以色列纪念纳粹大屠杀的主题是"直到最后一个犹太人，直到最后一个名字"。在美国建立的珍珠港纪念碑上，死难者有名有姓，十分具体。在泰国、缅甸交界的二战遗址桂河大桥旁，盟军死难者纪念公墓整齐刻写着死难者的名字。铭记死难者的名字，抚平创伤让死难者安息，成为国际社会通行的做法。但是，日本全面侵华战争中造成数百万山东人民伤亡，60 多年来在尘封的历史档案中记录的多是一串串伤亡数字，至今没有一部记录死难者相关信息的大型专著。随着当事人和见证者相继逝去，再不完成这方面的调查，将会成为无法弥补的历史缺憾。推动开展一次乡村普遍调查，尽可能多地查找死难者的名字、记录死难者的相关信息，既可告慰死难者的冤魂亡灵，又可留存日军残酷暴行的铁证。这是我们历史工作者的良心所在，责任所在！

中央党史研究室对山东试点工作及取得的成果给予充分肯定和高度评价，同意山东省委党史研究室对试点成果的分析和对抗损调研工作的认识，提出了开展山东省抗日战争时期人口伤亡和财产损失大型调研活动的指导意见，并要求努力实现以下两个主要目标：

一是在收集整理以往历次抗损调研成果的基础上，准确查明山东省抗日战争时期人口伤亡和财产损失的情况。即由省市县三级党史、史志、档案等部门具有一定研究能力的人员，广泛收集散落在各地档案馆、图书馆、博物馆的抗损资料，在系统整理、深入分析研究 60 多年来各级政府、社会团体、研究机构等调查和研究成果的基础上，准确查明山东省抗日战争时期人口伤亡和财产损失的情况；

二是开展一次普遍的乡村走访调查，尽可能多地调查记录伤亡者的信息，弥补以往历次调查的不足。即按照统一方法步骤，由乡村两级组成走访调查队伍，以行政村为调查样本、以70岁以上老人为重点调查人群，通过进村入户走访调查，广泛收集见证人和知情人的口述资料，如实记录死难者的姓名、性别、年龄、籍贯、伤亡时间、伤亡原因等信息。

在中央党史研究室的指导下，山东省委党史研究室研究制定了《山东省抗日战争时期人口伤亡和财产损失课题调研工作方案》，明确了抗损调研的指导思想、目标任务、方法步骤和保障措施等要求。在中央党史研究室的推动下，山东省成立了由党史、财政、史志、档案、民政、文化、出版、统计、司法等单位组成的大型调研活动领导小组，下设课题研究办公室（重大专项课题组）。

2006年10月中旬，山东省抗损调研领导小组研究通过并下发了《山东省抗日战争时期人口伤亡和财产损失课题调研工作方案》及关于录制走访取证声像资料、重大惨案进行司法公证、编写抗损大事记等相关配套方案，统一复制并下发了由中央党史研究室设计制定的"抗日战争时期人口伤亡调查表"、"抗日战争时期财产损失调查表"、"抗日战争时期人口伤亡统计表"、"抗日战争时期财产损失统计表"。

各市、县（市、区）按照方案要求进行了筹备部署：

一是组织调研队伍。各市、县（市、区）成立了抗损调查委员会，从党史、史志、档案、民政、统计、图书馆等单位抽调10～20名人员组成抗损课题办公室，主要负责本地调研工作的组织协调，历史档案和文献资料的查阅、收集、分析整理、汇总统计等任务。全省共组织档案文献查阅人员3910名。各乡（镇）抽调5～10人组成走访调查取证组，具体承担本乡（镇）各村的走访调查取证工作。全省各乡（镇）调查组依托村党支部、村委会共组织走访调查取证人员32万余名。

二是培训调研人员。各市培训所属县（市、区）骨干调研队伍，培训主要采取以会代训的形式，重点推广试点县（市、区）调研工作中的成功做法。各县（市、区）培训所属乡（镇）调研队伍，培训采取选择一个典型村或镇进行集中调研、现场观摩的形式。

三是乡（镇）以行政村为单位对辖区内70岁以上老人登记造册，统一印制并向70岁以上老人发放了"抗日战争时期人口伤亡和财产损失入户调查明白纸"，告知调查的目的和有关事项。

2006年10月25日，山东省抗损调研领导小组召开了全省抗损调研动员会议。10月26日，走访取证工作在全省乡村全面展开。各乡（镇）走访调查取证组携带录音、录像设备和"抗日战争时期人口伤亡调查表"、"抗日战争时期财产损失调查表"等深入辖区行政村走访调查。调查人员主要由乡（镇）调查组人员和村党支部、村委会成员以及离退休老干部和退休教师组成。调查对象是各村70岁以上老人。

调查人员按照"抗日战争时期人口伤亡调查表"设置的栏目，主要询问被调查人所知道的抗日战争时期伤亡者姓名、年龄，伤亡时间、地点、经过（被日军枪杀、烧杀、活埋、砍杀、奸杀、溺水等情节）、伤亡者人数等情况。被调查人讲述，调查人员如实记录。记录完成后调查人员当场向被调查人宣读记录，被调查人确认无误后签名或盖章、按手印，调查人同时填写调查单位、调查人姓名、调查日期。证人讲述的死难者遇难现场遗址存在或部分存在的，调查组在证人指证的遗址现场（田埂、河沟、大树、坟地、小桥、水井、宅基地等）拍摄照片、录制声像资料。至此，形成一份完整的证言证词。

对于文献资料中记载的一次伤亡10人以上的惨案，各县（市、区）课题办公室组织党史、档案、史志等部门专业人员进行了专题调查，调查主要采取召开见证人、知情人座谈会的形式，调查过程全程录音、录像。对证言证词准确完整、具备司法公证条件的惨案，司法公证部门进行了司法公证。

为加强对调研工作的协调和指导，确保乡村走访调查目标的实现，山东省抗损课题研究办公室建立了督导制度、联系点制度、信息通报制度。省市县三级抗损课题研究办公室主任负本辖区调研工作的督查指导，分别深入市、县（市、区）、乡（镇）检查调研工作开展情况。各市抗损课题研究办公室向所属县（市、区）派出督导员，深入乡（镇）、村检查指导调查取证工作，解决遇到的具体问题。省、市抗损课题研究办公室每位成员确定一个县（市、区）或一个乡（镇）为联系点，各县（市、区）抗损课题研究办公室每位成员联系一个乡（镇）或一个重点村，具体指导调研工作开展。为交流经验，落实措施，山东省抗损课题研究办公室编发课题调研《工作简报》150多期。

截止到2006年12月中旬，大规模的乡村走访取证工作结束，全省乡村两级走访调查队伍共走访调查8万余个行政村、507万余名70岁以上老人，分别占全省行政村总数和70岁以上老人总数的95%和80%以上，共收集证言证词79万余份。录制了包括证人讲述事件过程、事件遗址、有关实物证据等内容的大量影像资料，其中拍摄照片7376幅（同一底片者计为一幅），录音录像49678分钟，制作光盘 2037 张，并对专题调查的 301 个惨案进行了司法公证。

自 2006 年 12 月中旬开始，调研工作进入回头检查和分类汇总调研材料阶段。各乡（镇）调查组回头检查走访调查取证是否有遗漏的重点村庄和重点人群，收集的证言证词中证人是否签名、盖章、留下指纹，证言是否表述准确，调查人、调查单位、调查日期等是否填写齐全。在回头检查的基础上，将有关事件、伤亡者信息等如实记载下来，填写"抗日战争时期人口伤亡统计表"、"抗日战争时期财产损失统计表"。

12 月 16 日，山东省抗损课题研究办公室印制并下发了《山东省抗日战争时期伤亡人员名录》表格。《名录》包括死难人员和受伤人员的"姓名"、"籍贯"、"年龄"、"性别"、"伤亡时间"、"伤亡地点"、"伤亡原因"等要素。《名录》以乡（镇）为单位填写，以县（市、区）为单位汇总，于 2007 年 7 月完成。

自 2007 年 8 月开始，山东省抗损课题研究办公室对各地上报的调研资料进行分类整理和分析研究，发现《名录》明显存在以下不足：一是《名录》收录的伤亡人员数远远少于档案资料中记载的抗日战争时期全省伤亡人数。山东解放区政府和冀鲁豫解放区政府调查统计的山东省平民伤亡人口为 518 万余人，国民党山东省政府和青岛市政府调查统计的全省平民伤亡人口为 653 万余人，《名录》收录的查清姓名的伤亡人员仅有 46 万余人，不到全省实际伤亡人口数的十分之一。分析其中原因，从见证人、知情人的层面看，主要是此次调研距抗日战争胜利已达 61 年之久，大多数见证人、知情人已经去世，加之部分村庄消失、搬迁，大量人口流动，调研活动中接受调查的 70 岁以上老人仅是当时见证人和知情人中的极少部分，而且他们中有些当时年龄较小、记忆模糊，只能回忆印象深刻的部分。从死难者的层面看，主要是记录伤亡者名字信息的家谱、墓碑在"文化大革命"时期大多已被销毁、损坏，许多名字随着时间流逝难以被后人记住。受农村传统习俗的影响，大多数农村妇女没有具体名字，而许多儿童在名字还没有固定下来时就已遇难。许多家族灭绝的遇难者，因没有留下后人而造成信息中断，难以通过知情人准确回忆姓名等信息。二是各县（市、区）名录收录的查清姓名的伤亡人员在人数的多少上与实际伤亡人数的多少不成正比，其中部分县（市、区）在抗日战争时期遭日军破坏程度接近，但所收录的伤亡人员在数量上存在较大差异。主要原因是调研活动的走访调查阶段，各县（市、区）对此项工作的重视程度、投入力量和走访调查的深入细致程度存在较大差异，有些县（市、区）在走访调查中遗漏见证人和知情人，有的在证言证词的梳理中遗漏伤亡者的填写。三是《名录》确定的各项要素有的填写不全，有些填写不完整、不规范。主要原因是，《名录》所依据的"证言证词"记录的要素有许多本身就不完整、不全面，而《名录》填写者来自乡（镇）调查组的数万名调查人员，在填写规范上也难以达到一致。

根据中央党史研究室关于编纂《抗日战争时期中国人口伤亡和财产损失调研丛书》的要求，针对《名录》中存在的主要问题，山东省抗损课题研究办公室于 2009 年初制定下发了《关于编纂〈山东省抗日战争时期伤亡人员名录〉有关要求的通知》（以下简称《通知》）。《通知》要求各市、县（市、区）党史部门以对历史高度负责的精神，集中时间、集中力量，对《名录》进行逐一核实和修订，真正把《名录》编纂成经得起历史检验和各方质疑的精品工程、传世工程、警世工程。《通知》明确了各市、县（市、区）的编纂任务和责任要求，各市委党史研究室负责所辖县（市、区）、高新技术开发区、经济开发区伤亡人员名录补充和核实校订工作的具体部署、组织指导、督促检查和汇总上报工作。各市委党史研究室主任为第一责任人，对本市所辖县（市、区）伤亡人员名录核实校订工作质量和完成时限负总责；确定一名科长为具体责任人，协助第一责任人做好工作部署和组织指导工作，具体做好督促检查和汇总上报工作。各县（市、区）委党史研究室具体负责本县（市、区）伤亡人员名录的补充、核实和校订工作。县（市、区）委党史研究室主任为责任人，对伤亡人员名录的真实性、可靠性负总责。各县（市、区）分别确定 1 至 2 名填表人和核实人。填表人根据《名录》表格的规范标准认真填写，确保无遗漏、无错误。《名录》正式出版后，责任人和填表人、核实人具体负责对来自各方的质询进行答疑。责任人、核实人、填表人在本县（市、区）伤亡人员名录最后一页页尾签名，并注明填报单位和填报时间。

《通知》下发后，各市委党史研究室确定了本市抗日战争时期伤亡人员名录编纂工作第一责任人和直接责任人。全省 140 个县（市、区）和 16 个经济开发区、高新技术开发区共确定了 460 余名责任人、核实人、填表人，并明确了责任。各县（市、区）党史研究室根据《通知》要求，细致梳理调研资料特别是走访调查资料，认真核实伤亡人员各要素，补充遗漏的伤亡人员。部分县（市、区）还针对调研资料中存在的伤亡人员基本要素表述不清、填写不完整等情况，进行实地回访或电话回访，补充了部分遗漏和填写不完整的要素。各县（市、区）抗日战争时期伤亡人员名录补充、核实工作完成后，各市委党史研究室按照《通知》提出的要求，进行了认真审核把关，对达不到要求的，返回县（市、区）进一步修订。

至 2010 年 10 月，全省 140 个县（市、区）和 16 个经济开发区、高新技术开发区共 156 个区域单位全部完成了《名录》的补充、核实和校订工作，共收录抗日战争时期因战争因素造成的、查清姓名的伤亡人员 46 万余名。此后，中央党史研究室安排中共党史出版社对《名录》进行多次编校，但终因《名录》存在伤亡原因、伤亡地点等要素不规范、不完整和缺失较多等诸多因素，未能正式出版。

2014 年初，中央党史研究室组织展开新一轮抗损课题调研成果审核出版工作，并把《名录》纳入《抗日战争时期中国人口伤亡和财产损失调研丛书》第一批出版。按照中央党史研究室的部署要求，山东省抗损课题研究办公室组织力量对 2010 年整理编纂的《名录》再次进行认真审核，从中选择死难者信息比较完整、规范的 100 个县（市、区）死难者名录，组织力量集中进行编纂。在编纂中，删除了信息缺失较多的死难者死难原因、死难地点等要素，保留了信息比较完整的姓名、籍贯、性别、年龄、死难时间等 5 项要素。2014 年 8 月，《山东省百县（市、区）抗日战争时期死难者名录》编纂完成后，山东省抗损课题研究办公室将其下发各市和相关县（市、区）进行了再次核对。

山东省抗日战争时期人口伤亡和财产损失大型调研活动和《山东省百县（市、区）抗日战争时期死难者名录》的编纂工作是一项极其复杂的系统工程。这项工程自始至终按照中央党史研究室设定的调研项目、方法步骤和基本要求开展，自始至终得到中央党史研究室的精心指导，倾注着中央党史研究室领导和专家的智慧和心血；这项工程得到了全省各级各有关部门和广大基层干部的积极支持和热情参与，包含着全省数十万名调研人员的辛勤奉献和全省各级党史部门数百名编纂人员历时数年的艰辛付出。

在调研活动和《名录》编纂过程中，每位死难者的名字，都激起亲历者、知情人难以言尽的惨痛回忆和血泪控诉，他们的所说令人震颤、催人泪下。我们深知：通过系统、详尽、具体的调查，将当年山东人民的巨大伤亡和损失尽可能完整地记载下来，上可告慰死难者的冤魂亡灵，表达后人的祭奠和怀念，下可教育子孙后代"牢记历史、珍爱和平"。我们深感：对发生在六七十年前的巨大灾难进行调查，由于资料散失、在世证人越来越少，调查和研究的难度难以想象，但良心和责任驱使我们力求使调查更加扎实、有力、具体和准确，给历史、给子孙一个负责任的交代。由于对那场巨大的战争灾难进行调查研究，毕竟是一项复杂的浩大工程，需要经过一个长期的研究过程，我们对许多调研资料的梳理还不够细致全面，对调研资料的研究还需进一步深化，我们目前取得的调研成果和研究编纂成果，都与中央党史研究室的要求存在一定差距。我们将以对历史负责、对人民负责、对死难者负责、对子孙负责的态度，不断深化研究，陆续推出阶段性研究成果，为推动人类和平和文明进步作出应有的贡献。

山东省抗损课题研究办公室
山东省委党史研究室重大专项课题组
2014 年 8 月